국정 어젠다, 성공에서 실패까지

대 통 령 학

폴 C. 라이트 지음 | 차재훈 옮김

한울
아카데미

이 도서의 국립중앙도서관 출판시도서목록(CIP)은 e-CIP 홈페이지(http://www.nl.go.kr/ecip)에서 이용하실 수 있습니다.(CIP제어번호: CIP2009000148)

the president's agenda

domestic policy choice
from Kennedy to Clinton

third edition

Paul C. Light

The Johns Hopkins University Press
Baltimore and London

THIRD EDTION
The President's Agenda
Domestic Policy Choice from Kennedy to Clinton

by Paul C. Light

옮긴이 서문

『대통령학(The President's Agenda)』의 옮긴이 서문을 쓰기 위해 오랫동안 고민하고 자료를 수집했지만 학회지 논문이나 저서의 서문보다도 작성하기가 쉽지 않았다. 대부분의 옮긴이 서문처럼 번역기획 의도나 배경, 간략한 내용을 소개하는 정도에 그치기에는 이 책이 현재 이명박 정권이 안고 있는 국정 어려움과 혼란에 시사하는 바가 크기 때문이다. 게다가 옮긴이 입장에서 정권의 실수나 문제점을 꼬집으며 이 책이 지닌 함의가 훌륭한 돌파구를 마련할 것처럼 쓰면 여러모로 수월하겠지만, 난관을 돌파할 핵심적인 해답을 지니지 못했다는 솔직한 심정이 서문을 시작하는 데 고민을 더했다.

정권 출범 초기에, 성공한 대통령을 기대하며 단기 성과주의의 유혹을 경계했지만 2008년 2월 말에 장관 후보 세 명의 사퇴로 귀결된 인사 시스템 파문은 첫 출발부터 대통령 어젠다 선택에 문제가 있음을 보여줬다. 더군다나 쇠고기 파동에 따른 촛불집회 앞에 MB정권의 핵심 가치가 포기되는 상황에서, 정권의 트레이드마크인 경제 분야까지 흔들리자 '실종된 이명박 브랜드'라는 말이 나올 지경이었다.

여름휴가가 끝날 무렵부터 터져 나온 '9월 위기설'은 문제의 심각성을 극명하게 드러냈다. 당시 언론이 9월 위기설의 구조적 문제를 제기한 것은 대통령의 이미지, 즉 정체성과 리더십의 구조적 문제를 지적하려 한 것이라고 볼 수 있다. 대통령의 이미지에서 '대한민국 샐러리맨 성공신화 CEO'는 찾기 힘들고 인사정책의 실패를 거듭한 '강부자·고소영 내각', '쇠고기 파동과 촛불집회에 휘둘린 정권', 금융시장 불안이 눈앞의 현실인데도 여전히 7% 성장을 확신하는 '돌격대 바이러스에 감염된 관료', 그런 관료의 지지라도 기대려는 정치권의 영상만 뚜렷하게 남았다. 실물경제의 고통을 느끼는 서민들은 이제 대통령의 이미지에 환호하지 않는다. 대통령의 정체성과 리더십에 대한 불신이 해소되지 않는 한 '위기'는 사라지지 않을 것이다.

국정 혼란과 금융위기에 따른 서민경제 파탄 속에서 자기 역할을 하지 못하는 야당도 면책될 수 없다. 실물경제 파탄과 금융위기의 원인이 미국의 모기지 사태와 금융부실 등 외부 요인에서 출발된 것은 모든 국민이 다 아는 사실인데도, 국민을 빙자해 연일 대국민 사과를 요구한다. 사회적 이슈가 대두될 때마다 정책 대안은 내놓지 못한 채 대통령 사과만 요구하는 무능하고 속 좁은 야당도 국민의 불신을 해소하기에는 역부족이다. 국민이 어리석은가? 비전 있는 대안 생산과 건전한 비판이 사라진 야당의 모습에서도 리더십을 발견하기란 어렵다.

금융과 경제 위기는 곧 정치 위기, 특히 리더십 위기이다. 그렇다면 폭락하는 리더십과 지지율 반등의 비법은 과연 무엇인가? 이른바 전문가들은 '성공하는 대통령'이 갖출 덕목으로 관용과 양보의 미덕을 보이며, 협조를 제공하는 조정자 역할을 수행하고, 부드러운 리더십을 지닐 것을 강조한다. 하지만 전문가들의 제안조차 극히 상식적이고 추상적인 수준에 그친다. 어디서 누구에게 관용을 베풀고, 어떤 제안을 가지고 조정에 임하며, 협조를 얻기 위한 대상과 시점은 언제인지를 파악하자니 막연할 뿐이다.

1981년 로널드 레이건(Ronald Reagan) 전 미국 대통령이 한 기자회견이 MB 정권에 리더십과 지지율 반등을 꾀할 실마리를 제공한다. "천국에 갈 수 있는 티켓이 한 장 있다면 어떻게 하시겠습니까?" 기자들이 묻자 레이건 대통령이 답했다. "찢어버리겠습니다!" 이유를 묻는 기자들에게, 레이건은 "민주당 하원

의장인 토머스 오닐(Thomas O'Neill) 없이 나만 갈 수는 없으니까요"라고 답했다. 공화당 소속 대통령인 레이건은 여소야대 정국에서 민주당 의원들을 만나는 것이 주요 일과였다. 오닐의 고희연을 백악관에서 열 정도였다. 이 책에서도 밝히고 있지만, 레이건은 그렇게 확보한 정치적 자원을 시민을 위한 어젠다 법안화에 주력해 사용했다. 역대 공화당 대통령들과 비슷한 정치적 자원을 지녔던 레이건은 자신의 자원을 효과적으로 집중시켰다. 과반수의 상원의원이 있었지만, 하원에서는 민주당이 1980년에는 242석 대 189석, 1983년에는 268석 대 167석, 1985년에는 253석 대 182석, 1987년에는 260석 대 175석으로 언제나 우위에 있었다. 이는 레이건이 닉슨이나 포드를 답습하지 않았음을 보여준다. 레이건의 경우는 화합과 관용을 통해 리더십을 발휘한 사례이지만 우리에게는 아직 그 시점과 범위를 제공할 동기가 약한 것 같다. 한국의 대통령제는 지나친 일원적 대통령제를 취하기에 효율성을 지니는 반면, 위기에 대처하는 화합 능력 면에서는 약점으로 작용한다.

『대통령학』은 대통령의 화합과 관용의 범위는 타이밍과 동기에 있다는 점에 초점을 둔다. 즉, 대통령 권한이 정치적 자원을 어떻게 규정하는지를 이해해야 한다는 것이다. 대통령의 권한은 내적·외적 자원의 정도에 의해 제약을 받으며 여기에서 범위와 타이밍의 차이가 발생한다. 내적 자원은 적어도 네 가지의 분리된 요소, 즉 시간, 정보, 전문지식, 에너지로 분류된다. 외적 자원은 의회의 지원과 국민 지지도, 득표율과 언론의 지지에서 나온다. 이러한 필수 자원이 없으면 대통령의 교섭권은 국정결과에 영향을 미칠 수 없다. 또한 이러한 자원은 영향력 감소 주기와 효율성 증가 주기라는 뚜렷한 두 가지 정책 주기를 나타내며 임기가 지날수록 더해지거나 감소된다. 영향력 감소 주기는 시간, 에너지, 의회 지원이 떨어지면서 나타난다. 효율성 증가 주기는 정보와 전문지식으로 임기가 지날수록 늘어난다. 두 주기 모두 대통령 어젠다에 상당한 영향을 미친다.

제1장에서는 어젠다의 기본 변수를 서술한다. 언제 어젠다가 설정되고 어떤 형태를 띠는지를 살피면서 각 행정부에 따른 어젠다의 특징과 차이의 원인을 규명한다. 제2장에서는 어젠다의 발의 타이밍을 분석한다. 어젠다의 발의 타이밍은 궁극적인 법안 성공에 영향을 미친다.

어젠다 발의 타이밍에는 인사교체도 포함된다. 대통령학에서 이야기되는 이른바 '정책 창문(Policy Windows)'이 언제 열리며 어떻게 해야 창문이 열리는지도 다뤄진다. 한편 국정 절차에서 특정 이슈가 출현하는 이유도 탐구한다. 앞에서 언급한 대로 어젠다 항목은 세 가지의 뚜렷한 구성 인자, 즉 이슈, 대안, 우선과제로 분류된다. 각 인자마다 압력의 크기가 다르다는 것이 지은이의 주장이다. 따라서 지은이는 어젠다 이슈를 대안이나 우선과제와는 별도로 다룬다. 제3장과 제4장에서는 대통령이 여러 이슈 중에서 어떻게 특정 이슈를 선택하는지를 묻는다. 대통령은 실제로 얼마나 많은 선택권을 갖고 있는가? 어젠다 이슈로 선택하는 주된 요인은 무엇인가? 이러한 질문에 해답을 찾아가면서, 지은이는 감지된 '이득'을 기초로 이슈가 선택된다고 분석한다. 다만 핵심 인물이 떠나자마자 활동과 기능이 약해지는 이슈와 정책 프로그램이라면 재고할 것을 요구한다.

이익을 기초로 하여 어젠다 이슈를 선택했다면 대안은 어떻게 선정되는지를 따져봐야 한다. 대안이 백악관에 늘 따라다니는 것이라면, '우선' 해결책은 어떻게 나오는가? 지은이는 수많은 선택안에 특정 정책 어젠다를 들여온 뒤 대통령이 대안을 선택하는 과정에 연구 초점을 뒀다. 즉, '좋은 전달성'에 아이디어의 개념이 적용되는지, 대통령은 그들이 선택하는 해결책의 종류에 제약을 받는지에 주목했다. 지은이는 제5장과 제6장에서 대안은 '비용'에 기초를 두고 평가된다고 말한다. 특히 민주당과 공화당 양당의 정책 결정 과정에서 나타난 대안의 종류와 비용의 평가가 명확히 다르다는 점을 지적한다.

이슈는 이익을 고려해 선정되고 대안은 비용에 따라 선정된다면, 우선과제는 어떻게 결정되는가? 제7장과 제8장에서는 대통령이 실제로 어떻게 우선과제를 서열화하며 선택을 내리는지를 제시한다. 어떤 어젠다 항목은 '필수 목록'에 들어가는 반면, 어떤 것은 그러지 못한다. 포드 대통령의 에너지 어젠다가 '필수 목록'에 들어가지 못한 정책 어젠다의 전형적인 예이다. 특히 공정한 선택에 필요한 여섯 가지 정책 결정 유형과 세 가지의 탐색 편견이 주요 국정 운영자들의 생생한 증언으로 정리된다.

제9장에서는 '승산 없는 대통령직'의 문제와 정부에 대한 신뢰도 하락 원인을 정리한다. 지금도 국정 어젠다 절차는 계속 변화하고 있다. 케네디와 존슨이 백악관에 입성한 후 채 몇 년이 되지 않아 대통령직은 극적인 변화를 겪었다. 존슨의 한 참모가 회고한 말이 리더십 회복에 목말라하는 우리에게 시사하는 바가 크다. "백악관이 전과 같은 것은 하나도 없습니다. 겉모습은 같아 보이지만 그 관계는 완전히 변했습니다. 대통령은 그것을 조금도 달가워하지 않았습니다. …… 논쟁을 벌이지 않은 적이 없었습니다. 대통령의 국정연설에는 항상 반대가 뒤따랐습니다. 주요 정책 어젠다와 구체적인 내용에 대해 항상 싸움

을 벌이곤 했지요. 우리가 좋아하거나 대통령이 강조한 프로젝트를 실행에 옮기기 위해 논쟁을 벌였습니다. 단락이나 구문, 단어, 심지어 구두점을 문제 삼아 논쟁을 벌이기도 했지요. 참모들 간에 화합할 수 있는 방법을 찾으려고 통속 심리학류의 결혼생활 안내책자까지 사봤습니다."

후반부는 국정 어젠다 절차를 변경시킨 1990년대의 변화를 살핀다. 1980년 대와 1990년대는 1960~1970년대의 대통령직과 아주 다르다는 점이 부각된다. 정책 어젠다의 정치적·경제적 비용은 상승했지만 어젠다의 '인플레이션'을 흡수할 수 있는 대통령의 능력은 이를 따라가지 못했다. 지은이는 다섯 가지 이유를 제시한다. 첫째, 의원 수와 규범의 변경, 특히 의회에서 어젠다를 채택하는 데 필요한 경쟁의 심화, 둘째, 의회 법안화 구조의 복잡성, 셋째, 의회 권력의 분산으로 정책 법안에 대한 대통령의 잠재적 영향력 감소, 넷째, 의회와 대중 언론매체의 감시 기능 강화, 마지막으로 '선거구가 없는' 새로운 이슈의 부상을 열거한다. 다섯 가지 요소 각각이 대통령 어젠다 설정에 문제를 낳았으며 '승산 없는 대통령직'이 부상하는 데 일조했다고 보는 것이다.

부족함이 많은 옮긴이에게 책을 낼 수 있게 도와준 많은 분들께 깊은 감사를 드린다. 특히 저작의 한국어판 출간을 허락해준 폴 라이트(Paul C. Light) 교수님 과 존스홉킨스 대학교 출판부에 감사드린다. 옮긴이의 능력 부족으로 원 저작의 뜻이 충분히 전달되지 못한 점이 죄송할 따름이다. 번역 내용과 교정 등 모든 문제에 대한 책임은 전적으로 옮긴이에게 있음을 밝힌다. 이 책을 번역할 용기를 얻은 것은 2006년도 경기대학교 정치전문대학원 공공정책학 박사과정 수

업이었다. 2007년 대선을 1년여 앞두고 리더십 부재와 정부 불신을 주제로 수업을 진행했는데, 당시 수업에 참여한 연구자들의 훌륭한 발표와 토론이 아니었으면 한국어판을 낼 용기를 내지 못했을 것이다. 구정 활동이 바쁜데도 발표와 초벌 번역에 도움을 준 이노근 노원구청장님, 박미례 박사님, 박건식 박사님, (사)한국여성정치문화연구소 차주희 연구원의 노고에 깊은 감사를 드린다.

이 책이 세상에 나올 수 있도록 번역 계획과 출판사 계약 등 복잡한 문제에 도움을 주신 행정안전부 비상정책과 황병수 박사님께 감사드린다. 교정과 타이핑 작업 등 번거로운 일을 도와준 정치대학원 장보원·이민정 조교에게도 감사드린다. 또한 편집 교정본에 대한 리뷰, 미국 인명과 각종 법률안에 대한 한국명 검색, 심지어 이 책의 제목에 대한 상담에 이르기까지 지난 1년 반 이상을 같이 고생해주신 민영뉴스통신사 뉴시스(Newsis) 부국장인 김홍국 박사님께도 깊은 감사를 드린다. 김홍국 박사님의 도움이 아니었다면 포기했을지도 모를 힘겨운 작업이었다. 그리고 이 책이 출간되는 마지막까지 노고와 인내를 아끼지 않은 도서출판 한울 기획부와 편집부 여러분께도 고마움을 전한다. 특히 편집부의 윤상훈 씨는 남다른 애정으로 세심하게 교정해주어 번역작업의 부족함을 많이 덜어줬다.

무엇보다 나를 진심으로 믿고 사랑으로 지켜주신 부모님께 이 책을 드린다. 편안히 연구에 몰두할 수 있게 뒷바라지해준 아내와 규화, 서정 두 딸에게도 감사한다.

2009년 1월 서울 서대문 연구실에서

차재훈

3판 서문

대통령 어젠다에 대한 연구를 시작한 이래 20여 년이 흘렀다. 그간 많은 것이 변했고, 필자의 시각도 바뀌었다. 책의 초판이 1980년에 출간된 이래 이 책에서 다루는 20년은 정말로 긴 시간처럼 느껴졌다. 필자의 논문 조언자들은 이 연구 프로젝트를 무사히 끝내려면 연구 대상범위를 넓히지 말라고 조언했다.

연구작업에 드는 시간을 두 배로 들여 재출간한 3판은 어젠다 설정 과정에 나타나는 매우 다양한 문제점을 보여준다. 제12장에서 설명하고 있듯이, 1960년대와 1970년대에는 그리 문제되지 않던 정책 어젠다들이 1980년대와 1990년대에는 새로운 아이디어와 관련된 문제점으로 복잡한 상황을 맞이했다. 제12장에서 3판을 마무리하며 이야기했지만 대통령의 상상 속에서 제한적이나마 정책추진의 의지가 있더라도 새로운 정당 정치, 예산 압박, 인구통계학적 문제 탓에 오늘날 정책 개혁의 여지는 충분하지 않다.

제12장에서는 부시와 클린턴 행정부 어젠다에 대한 세부적 평가를 통해 이른바 '승산 없는 대통령직'에 대해 논의하고자 했다. 초판이 출간되고 2판이 나오기까지 걸린 시간을 감안할 때, 레이건 혁명의 물결에서 대통령 어젠다의 정책적 콘텐츠에는 극적인 변화가 있었다. 그러나 거기에서도 정책 어젠다의 연속성을 발견할 수 있었다. 오늘날의 대통령들도 여전히 1960년대 및 1970년대의 어젠다 설정 과정을 형성했던 영향력 감소와 효율성 증대라는 두 개의 주기에 지배되고 있었다. 그들은 승산 없는 대통령직이라는 단순한 규칙에 순종할 것을 강요받고 있으며, 제한된 지식을 바탕으로 정책 입안 과정을 설정하는 데 드는 위험은 상당하지만, "움직이지 않으면 잃을 것이다"라는 경구는 모든 행정부에 중요한 교훈을 선사한다.

변한 것은 대통령들의 어젠다 내용뿐이었다. 심지어 유사한 정치적 환경 속에서도 부시와 클린턴은 그들의 전임자들보다 더 적은 수의 제안을 했고, 두 대통령은 과거를 대담하게 타파하는 경향이 있었다.

(클린턴과는 달리) 부시는 대체적으로 작은 스케일의 어젠다와 입안에 실패했던 어젠다를 선호했다. 이 연구를 통해 설명했듯이 두 대통령 사이에는 차이점이 있지만, 미래 지향적이기보다 과거 지향적이라는 뚜렷한 성향을 공유하기도 했다. 클린턴 대통령이 그의 재선 캠페인에서 얘기했던 '21세기로 향하는 다리'는 낡은 판자와 녹슨 못으로 만들어진 듯하다.

감사의 글

학계 동료와 친구들 그리고 이 책의 초판을 저작하고 연구하는 데 참여했던 많은 연구자들에게 감사의 마음을 전한다. 이 연구 프로젝트에 시간을 들이고 열정을 쏟은 존 킹던(John Kingdon), 잭 워커(Jack Walker), 조지 그래스먹(George Grassmuck)과 미시간 대학교의 모든 이에게 특별히 감사드린다. 미시간 대학교와 버지니아 대학교, 전미과학재단(National Science Foundation: NSF)이 제공한 초기 지원에 감사의 마음을 보낸다.

제10장과 제11장 일부는 1990년 11월 피츠버그 대학교에서 열린 대통령 임기 연구 컨퍼런스에서 발표되었다. 그 자리에서 통찰력 있게 제안해준 참석자에게 감사드린다. 필자의 견해에 명석하게 논평한 래리 버먼(Larry Berman), 조지 에드워즈(George Edwards), 프레드 그린스타인(Fred Greenstein), 찰스 존스(Charles O. Jones), 로버트 카츠만(Robert Katzman), 존 케셀(John Kessel), 버트 록먼(Bert Rockman), 노먼 토머스(Norman Thomas)에게 각별히 감사드린다.

부시와 클린턴에 대한 저서를 업데이트하는 핵심연구를 함께했던 일레인 케이시(Elaine Casey)에게도 감사드리고, 아내 샤론(Sharon Light)과 세 자녀에게도 고마움을 전한다. 존스홉킨스 대학교 출판부의 헨리 톰(Henry Tom)은 이 책의 초판을 발간하는 위험을 감수했는데도 수년간 필자의 변함없는 지원자로 남아 있다는 점에서 감사의 말을 빼놓을 수 없다.

차례

서론

introduction

■ 정책 어젠다로 격렬하게 논쟁을 벌여본 적이 있습니까?

논쟁을 벌이지 않은 적이 없습니다. 대통령의 국정연설에는 항상 반대가 뒤따랐습니다. 주요 정책 어젠다와 구체적인 내용에 대해 항상 싸움을 벌이곤 했지요. 우리가 좋아하거나 대통령이 강조한 프로젝트를 실행에 옮기기 위해 논쟁을 벌였습니다. 단락이나 구문, 단어, 심지어 구두점을 문제 삼아 논쟁을 벌이기도 했지요. 참모들 간에 화합할 수 있는 방법을 찾으려고 통속 심리학류의 결혼생활 안내책자까지 사서 봤습니다.

■ 효과가 있었나요?

전혀요. 그런 식으로는 실제 결혼생활에도 효과가 없을 겁니다.

대통령 어젠다 목록은 어렵다. 이해하기 쉽게 쓴 적이 거의 없다. 방향이 끊임없이 바뀐다. 대통령이나 최고 참모진에게도 유동적이다. 어젠다에 속해 있던 항목이 하루아침에 빠지기도 한다. 정책 절차상 대통령 어젠다는 심한 갈등을 낳는다. 쌍방의 동의 과정이나 '집단적' 거래를 거쳐, 때로는 심한 분쟁을 거처 어느 한 편이 이김으로써 내분이 가라앉기도 한다. 하지만 이에 대해 알려진 바는 거의 없다.

대통령은 선택하는 자리이다. 각료를 임명하거나 위기상황에서 내리는 전략 명령과 같이 중요한 선택도 있고, 백악관의 테니스 코트 사용 특권을 할당한다 든가 만찬 초대 손님을 고르는 것과 같은 사소한 선택도 있다. 대통령은 일상적 인 일과 특별한 일을 모두 처리해야 한다.

어느 행정부든 가장 중요한 결정은 정치적 논란을 일으키는 정책 어젠다를 선택하는 것이다. 백악관은 행정 집중력을 떨어뜨릴 만한 강한 압박을 받으며 서로 경쟁적인 항목 가운데 대통령 어젠다를 선택해야 한다. 이러한 결정은 임 기 중이나 그 이후에 국가 정책의 입안 방향과 성격을 규정한다.

대통령 어젠다 선택을 이해하려면 먼저 대통령이 여러 가지 이슈 중에서 어 떤 것을 잠재적인 어젠다의 주제로 인식하는지를 알아야 한다. 즉, 어떤 이슈가 대통령의 정책 어젠다로 선택되고 어떤 이슈가 기각되거나 지연되는지가 중요 하다. 따라서 이슈들이 다른 대안과 어떻게 연관되며, 대통령은 최종적으로 어 떻게 과제의 우선순서를 정하는지 등을 이해해야 한다. 많은 안건이 올라오지 만 대통령 어젠다로 선택되는 것은 아주 소수이다. 이 책의 주제는 선택되는 소 수의 어젠다가 지닌 특징과 과정을 분석하는 데 있다.

대통령 어젠다는 단순한 토론 안건 그 이상이다. 샤츠슈나이더(E. E. Schatt-schneider)는 "대안을 명확히 밝히는 것은 최고의 권력 수단"이라고 했다. 정책 논쟁에 관여하는 사람은 이슈를 이러저러한 것으로 규정짓는 것에 쉽게 동의 하지 않기 때문에 "정치의 개념을 결정짓는 자가 나라를 운영하게 된다. 대안 을 명시한다는 것은 대립을 선택하는 것이고, 대립의 선택은 곧 권력이 배분되 는 것을 의미하기 때문이다"(Schattschneider, 1960: 68). 대통령 어젠다는 '대안 명시'의 산물로 최종 결과를 결정하는 데 중요한 역할을 하며, 행정부가 자원의 한계나 정치적 압력으로 인해 가능성 있는 고려 사항 중 몇 가지 이슈를 골라야 하는 경우에는 더욱 그러하다. 정책 입안자들은 고려 대상을 결정함으로써 정치 논쟁의 한계를 설정하는데, 종종 특정 이슈가 깊게 논의되지 않도록 어젠다를 명시하기도 한다.

그러므로 어젠다 관리는 권력을 유지하고 확대하는 중요한 도구이다. 대통령들은 확실히 어젠다를 그렇게 보고 있다. 존 케네디(John F. Kennedy)의 한 참모는 이렇게 말했다. "우리는 법안을 재선과 국정에 대한 영향력 모두를 얻기 위해 싸울 때 필요한 아주 중요한 무기로 봤습니다. 의회의 어느 누구도 케네디가 지도자의 역량을 충분히 갖췄다고 생각하지 않았습니다. 우리는 어젠다를 통해 그들이 잘못 생각하고 있음을 일깨울 수 있다고 생각했습니다." 린든 존슨(Lindon B. Johnson)의 한 측근은 이렇게 말했다. "대통령은 다른 사람의 발의로 어젠다를 채울 수 없습니다. 대통령은 발의안이 자신의 요구에 부응하는지와 자신의 영향력을 키울지 아니면 시간만 버리는 것은 아닌지를 파악해야 합니다. 대통령은 수십 개의 안건 중에서 하나를 결정합니다. 그러니 최소 비용으로 최대 이익을 낼 수 있는 어젠다를 선택해야 합니다."

대통령의 국정 어젠다는 고정되고 한정된 자원의 배분도 반영한다. 임기 중에 선택된 각 어젠다는 백악관의 자원, 즉 시간과 에너지, 정보, 전문지식, 정치적 자산 등과 관련 있다. 따라서 각 어젠다 항목은 연방기금이나 관료 세력 같은 정책적 선택안과 관련 있다. 실제로 백악관 안팎에서 정책 절차에 참여하는 사람은 지난 20년 동안 급속도로 증가했다. 이익집단과 개인은 의회와 대통령직의 중요성을 '알아차렸다'. 압력이 증가하면서 어젠다는 정치적 갈등거리로 더 크게 부각되었다. 정책 입안자들은 부족한 자원의 배분에 대한 첫 싸움으로 어젠다에 점점 더 의존하게 된다. 점점 더 절박해지는 정책 선택을 감안한다면 이런 압박이 빠른 시일 내에 완화되지는 않을 것이다.

대통령 어젠다의 또 다른 특징은 이것이 '신호'로 해석될 수 있다는 점이다. 이는 대통령과 그의 행정부가 생각하는 가장 중요한 당면 이슈가 무엇인지 알려준다. 또한 문제를 해결하기 위해 대통령이 가장 적절한 대안이라 생각하고 있는 것을 밝혀준다. 그리고 대통령이 최우선과제라 생각하는 것을 보여준다.

그러므로 모든 어젠다 항목은 ① 이슈를 다루고, ② 특정 대안이 포함되며, ③ 여러 가지 국정 현안에서 최우선권을 갖는다.

이슈는 어젠다의 첫 번째 구성 성분으로 당면한 문제를 명확하게 밝힌다. 대통령은 어떤 문제가 국가적 관심을 경주할 가치가 있는지를 묻는다. 대통령의 문제의식은 정책 결정 과정에서도 나타난다.

즉, 대통령과 참모들은 연방 정부의 입장을 대변하는 정치적·사회적 이슈에 집중한다. 가령 1965년에 존슨의 어젠다였던 빈곤과 보건 문제, 고속도로 미화 작업, 교육, 시민권 이슈 등은 모두 존슨이 무엇을 중요한 문제로 인식했는지를 반영한다.

대안이란 어젠다의 두 번째 구성 성분으로 이슈를 다루는 정책안에 집중된다. 대통령은 이 문제들을 어떻게 풀 것인지 묻는다. 백악관에서 대안은 종종 상세한 법안의 초안 형태를 띠기도 한다. 그러나 일반적으로 대안은 가능성 있는 해결책에 대해 비공식적으로 윤곽을 잡아 놓은 것이다. 존슨의 한 측근은 이렇게 말했다. "자유 토론 이후에 정책 어젠다의 초안을 잡는 경우가 많았습니다. 우리는 테이블에 둘러앉아 잡담을 하고는 했지요. 토론거리가 있으면 존슨 대통령은 도대체 우리가 뭘 해야 하냐고 묻곤 했습니다. 그런 회의 이후에 나온 국정 어젠다가 얼마나 많은지 알면 놀랄 겁니다." 빈곤 퇴치가 목적일 경우에는 인력 재교육이 국정 활동으로 논의될 수 있고, 오염이 문제라면 대기의 질 표준안이 하나의 해결책이 된다.

우선사항은 어젠다의 세 번째 구성 성분으로 대통령의 관심 정도를 나타낸다. 대통령은 어떤 어젠다가 가장 중요하며 어떤 것을 지연시킬 수 있는지를 묻는다. 노인의료복지가 이슈라면 노인의료복지제도가 대안이다. 1964년에 압도적인 승리를 거둔 존슨은 노인의료복지제도에 대해 즉각적으로 발의함으로써 우선사항임을 명백히 했다. 리처드 닉슨(Richard Nixon)의 복지정책 개정도 마찬가지이다. 닉슨은 '무료 급식' 이슈의 대안인 가족지원책을 '6대 목표' 중 하나로 결정해 이 사안이 우선사항에 가까움을 드러냈다. 어젠다에 속했다는 것만으로도 우선사항이지만 대통령은 어떤 항목이 최우선인지 결정한다. 존슨은 노인의료복지제도를 고속도로 미화작업보다 더 중요하게 여겼다. 닉슨에게 복지정책 개정은 은행 규제보다 중요했다.

　이슈나 대안, 우선사항을 설정된 순서대로 늘어놓는 것은 별 의미가 없다. 실제로 어젠다 설정 과정에서 몇 가지 개념으로만 추상적으로 절차를 명시하려는 시도는 혼란을 야기한다. 대통령은 대안을 찾기 전에 우선사항을 설정할 수 있다. 최우선사항에 대한 공약은 주요 정책 어젠다를 짜는 데 중요한 동기가 될 수 있다. 그러한 전제가 없다면 참모들은 시간과 에너지를 쏟으려 하지 않을 것이다. 닉슨 행정부는 가족지원계획(Family Assistance Plan)을 기초하기 몇 달 전에 복지정책 개정을 국정 우선과제로 정했다. 한 측근의 설명이다. "사전에 그러한 인식을 공유하지 않았다면 우리는 참모들을 결집할 수 없었을 것입니다. 그것은 아주 복잡한 계획안이었고 참모들의 엄청난 노력이 필요했거든요." 또한 대통령은 이슈가 선택되기도 전에 대안을 갖기도 한다. 때때로 대안이 이슈를 초래한다. 1977년에 지미 카터(Jimmy Carter)가 도입한 의료비 삭감정책을 보자. 카터의 참모에 따르면 이 정책안은 이슈가 공론화되기도 전에 이미 완성되었다고 한다. 참모들은 의료비 삭감이 문제라는 데는 이의가 없었지만 그 이슈 틀을 어떻게 정할지는 결정하지 않았다. 이 안은 국민건강보험으로 가는 첫 단계로 보일 수도 있었고, 만연한 인플레이션을 잡는 방안으로 보일 수도 있었다. 또는 노인의료복지제도와 국민건강보험제도를 위해 연방 정부의 지출을 줄이는 방안으로 보일 수도 있었다. 이슈 선택은 잠재적인 지원과 절차에 중요한 영향력을 지녔다. 건강보험을 향한 첫 단계로 간주되면 반대가 다소 적을 수 있었지만 카터 행정부는 한사코 비용 억제를 건강보험과 연관시키고자 시도하지 않았다. 그 대신 이 정책안을 의료 인플레이션을 줄이는 방안의 일환으로 접근시켰다. 의료에 대한 국민의 관심을 감안하면 지지자가 없는 이슈였다.

1. 대통령의 어젠다 명시

법적으로 행정부에서 발의된 모든 법률과 행정 관련 제안은 대통령에게 속한다. 그 항목 수는 실로 엄청나다. 예산관리국(OMB: Office of Management and Budget)의 검증 절차는 행정부의 손을 떠나 의회로 상정된 모든 법률안과 보고서를 검토하기 위한 것이다. 당시 예산관리국 관리에 따르면, 1982년경에는 약 2만 5,000건의 행정부 어젠다 항목이 2년마다 검증 절차를 거쳐, 그중 약 절반의 법안 초안이 예산관리국의 감독에서 살아남았다고 한다. 예산관리국은 1977년에만 2,360건의 의회 발의안을 승인했고, 4,242건의 관청 보고서와 552건의 법안 초안을 승인했다. 그렇다면 예산관리국이 승인한 법안을 '대통령 어젠다'로 볼 수 있는가? 여기에는 대통령 어젠다로 분류할 수 없는 것이 훨씬 더 많다.

여러 가지 다양한 행정부 정책안에는 대통령의 정치적 공약과 일치하는 발의안이 있다. 예산관리국은 이들을 어떻게 구별하는가? 예산관리국 관리는 이렇게 말했다. "특정 초안의 예산상 요구와 정책 내용을 모두 분석해야 검토가 가능합니다. 국장의 지시에 따라 강조 사항이 달라집니다. 우리는 각 초안을 대통령의 선거 공약과 현재 법률 후보안과 대조해 평가합니다." 또 다른 예산관리국 직원은 이렇게 말했다. "카터는 그의 약속을 우리가 '공약'이라 부르는 간결한 요약본으로 편집해 훨씬 쉽게 만들었지만, 그의 목표는 대통령이 된 후에 바뀌었습니다. 대통령이 서명한 모든 법안은 '일치'로 분류됩니다."

예산관리국에서 검토가 끝나면 초안에 '일치', '부합', '이의 없음'으로 표시되고 분류된 것 이외의 다른 항목은 완전히 거부된다. 검증 시스템의 목적은 원래 의회에 행정부 정책안에 대한 지침을 전달하는 것이었지만, 예산관리국은 공식적인 정책안만 심사한다. 대통령의 전화, 편지, 대화, 또는 비공식적인 제안에 대한 기록은 없다. 가령 존슨이 의회 지도부와 수영장 구석에서 회의한 것은 결코 기록으로 남지 않는다. 관료에서 시작해 '철의 삼각지대'(정부에 압력을 가하는 기업, 의회의원, 관료)를 거친 셀 수 없이 많은 비공식적 발의안에 대한 기록도 없다. '일치'로 분류된 초안은 대통령 어젠다를 구성하는가? 다시 강조하지만 이 목록에는 대통령 어젠다 항목이 아닌 것이 매우 많다.

'일치' 항목 중에서 대통령 발의안은 아주 낮은 비율을 차지할 뿐이다. 오히려 백악관을 통과하지 못한 발의안이 훨씬 많다. 대통령이 우선사항으로 인식하는 것은 거의 없다. 행정부가 수많은 행정 관련 발의안은 말할 것도 없고 검증 절차를 거친 발의안을 모두 알 수는 없다. 예산관리국의 검증 기능이 만들어진 이유가 여기에 있다(Neustadt, 1954). 대통령은 중요성이 덜한 항목을 처리하기 위한 제도적인 틀이 필요했고, 법률적인 검증 절차가 그 해답이었다.

대통령의 정책안이나 백악관의 관심 주제와 모두 '일치'한다고 분류된 항목안에 대통령의 중심 발의안인 최종 항목이 있다. 대통령의 개인적인 우선사항도 있고 집무실에서 토론하고 가다듬은 아이디어도 있다. 이러한 항목들은 대통령의 시간을 빼앗고 가장 큰 자원을 소비한다. 특이한 형태의 '대통령 발의안'이 그렇다. 케네디가 대통령으로 당선된 지 채 2주도 안 되어 기자회견에서 밝혔듯이, 행정부는 대국민 메시지에서 이 어젠다를 명확히 할 수 있다. 또한 닉슨이 1971년 국정연설에서 '6대 목표'를 발표했던 것처럼 행정부는 의회의 주요 연설에서 그 어젠다를 분명히 나타낼 수 있다. 다른 행정부를 보면 어젠다는 공개적으로 발표하지 않을 수도 있지만 주요 관련자들에게는 항상 알린다. 행정부 관리들이 알게 되고 언론이 알게 되고 의회가 알게 되는 것이다.

이 어젠다에는 대통령에게 속하는 항목이 포함되는데, 이 항목들은 대통령의 전폭적인 지원을 받는다. 이 항목이야말로 행정부의 최우선사항인 정책안이기 때문이다. 이것이 대통령의 '어젠다'가 되는데 공식·비공식 발의안이 포함된다. 특정 법안 초안과 관련해 국정 어젠다에 대해 언급하긴 하지만 이 어젠다는 필연적으로 비공식적인 요구도 담고 있다. 그러나 이에 대해 다소 제한적으로 규정할 필요가 있다. 즉, 이 어젠다 항목은 발의안이 몇 개 안 되고 주로 법률적 제안에만 집중한다. 그러나 이러한 규정은 참모진의 인식에서 비롯된다. 몇몇 측근들은 고작 한두 가지 정책 어젠다만이 어느 한순간에 대통령 어젠다를 차지하게 된다고 주장했다. 케네디의 참모는 이렇게 말했다. "교육과 노인의료복지에 대한 연방 보조는 케네디의 다른 발의안과 비교할 때 너무 극적이었습니다. 그 두 가지는 실업, 농업 또는 세제 개혁과는 별도로 고려해야 합니다. 이 두 가지 정책안은 대통령의 역사적 입지에 중요한 영향을 미칠 장기적인 영향력을 지녔습니다."

이것을 어떻게 대통령 정책 과정에 적용할 수 있을까? 최우선사항인 정책안은 어떻게 찾을 수 있을까? 인터뷰한 참모들은 대부분 어젠다 항목을 알려면 국정연설을 보면 된다고 말했다. 국정연설에는 대통령 발의안의 '상세한 항목'까지 나열되기는 하지만, 여전히 워싱턴에서는 대통령 어젠다를 전달하는 수단으로 여겨진다. 참모진에 따르면 대통령의 최우선사항은 임기 중 어느 시점의 국정연설에 포함된다고 한다. 필자는 대통령 어젠다가 법률적인 우선사항을 중시한다고 생각한다. 법률적인 우선사항은 시간이 지나면서 대통령 어젠다를 판단하는 데 도움이 된다. 인터뷰 자료와 함께 행정관 다섯 명의 이야기를 다양하게 비교해보면 알 수 있다.

2. 범위와 방법

필자가 가장 관심을 기울이는 것이 어젠다 설정이기는 하지만, 국내적으로 대통령직에 대한 관념을 바꾼 최근 변화에 대해서도 서술할 것이다. 지난 20년 동안 '승산 없는 대통령직'이라고 할 만한 수많은 변화가 있었다. '승산 없는 대통령직'이라는 말에는 타협의 여지가 거의 없는 쌍방 압력이 특징적으로 나타난다. 대통령은 입법상의 성공과 '좋은 정책' 중에서 또한 단기적인 정치적 영향력과 장기적인 정책의 효과 중에서 선택해야만 한다. 대통령은 의회 절차에서 정당의 영향력이 감소되는 것을 확연히 느낄 뿐 아니라 점점 더 내적 자원에 의해 심각한 제약을 받게 된다. 이러한 영향력의 감소는 국가 정책 절차가 점점 더 단편화되는 것과 맞물려 국정 어젠다에 직접적으로 영향을 미친다. 정책의 대가는 극적으로 늘어났지만, '인플레이션'을 흡수하는 대통령의 능력이 거의 확대되지 않아 대통령의 '달러' 가치는 떨어졌다.

이 책은 두 가지 목적을 갖는다. 첫째, 케네디·존슨·닉슨·포드·카터 행정부를 비교하고 레이건 행정부에 대해서도 언급할 것이다. 국정 어젠다를 어떻게 선택하는가? 정책 어젠다를 채택하는 이유는 무엇인가? 어젠다 결정은 어떻게 이뤄지는가? 이 책에서는 시간이 지나면서 안정된 형태를 취하게 되는 과정을 살펴볼 것이다. 둘째, 지난 20년간 정책 결정 과정의 변화를 검토해볼 것이다. 정책 결정의 절차는 1960년부터 본격적으로 변화해 '승산 없는 대통령직'으로까지 이어졌다. 이 책을 통해 '승산 없는 대통령직'이 어떻게 국정정책 결정 과정에 영향을 미치는지 알 수 있게 될 것이다.

그러나 이 책의 최우선 관심사는 대통령 어젠다이다. 1960년대 이후의 정책 역사를 논하자는 것이 아니며 그렇게 서술하지도 않았다. 그러한 연구는 다른 사람들에 의해 시작되었고 여전히 계속되고 있다(Sundquist, 1968).

이 책의 연구 범위는 대통령의 '국내' 어젠다로 국한한다. 외교정책과 국정정책 간 차이가 점점 희미해지고는 있지만, 이러한 연구 범위 설정은 연구 과제의 한계를 고려할 뿐 아니라 대통령 정책 절차에 존재하는 차이를 강조한다. 외교 담당과 국정 담당 부서 참모들은 독립된 환경에서 일한다. 그들의 결정 고리는 서로 다른 부서와 기관으로 연결되어 있다. 그들의 정보 연락은 분리되고 연간 계획은 서로 일치하지 않으며, 의회는 대통령의 자의권을 국내 정책보다는 해외 정책에 더욱 부여하려 한다. 더군다나 대통령 참모진과 협약 대표자, 대통령의 보고서 등에서 차이가 두드러진다. 이 책에서는 국정정책 가운데 사회정책과 종합적인 경제정책을 구분한다. 이러한 차이는 제도적·정치적 실체를 반영한다. 이 책에서는 주로 사회정책에 집중할 것이며, 실업과 인플레이션 같은 경제정책을 언급하겠지만 예산과 세제 결정 과정에 대해 상세하게 분석하지는 않을 것이다.

이 책의 연구가 국정 어젠다의 한계점에 주안점을 둔다고 느낄 수도 있다. 대통령이 해외 정책에 더 많은 시간을 쏟는데, 왜 국내 정책을 연구해야 하는가? 그러나 의회에 상정된 법률의 과반수가 여전히 국내 정책을 다루고 있다는 점을 감안한다면 이 문제는 중요하다. 또한 1976년과 1980년의 국정 이슈는 대통령의 정책 실패를 극명하게 보여줬다. 대통령은 엄청난 개인적 에너지를 해외 정책에 쏟을 수 있지만, 백악관은 보유한 자원의 대부분을 국내 정책에 배분해야 한다.

해외 정책이든 국내 정책이든 대통령 정책을 연구하는 데는 여러 문제가 있었다. 많이 봤던 'N = 1'이라는 문제가 계속 연구 과제로 남는다. 존 케셀(John Kessel)이 주장하듯, 대통령직과 그 참모에 대해 우리가 알고 있는 것은 세 가지 주요 정보 출처에서 나온 것이며 각기 시기도, 행정부도 다르다.

> 먼저 대통령의 스타일에 대해 설명하고 있는 극히 신중한 심리적 연구이다. 둘째, 대통령이 연루된 일련의 이벤트를 분석해 얻어낸 일반론이다. 셋째, 공식적·비공식적인 대통령 권한이라는 측면에서 제도를 전통적으로 이해하는 것이다. 우리는 이런 연구에서 많은 것을 알게 되었다. 여러 정부에서 표본을 이끌어낸 연구들은 대통령직에 대해 많은 것을 말할 수 있다. 그러나 우리가 지닌 정보의 특성상 한계가 있다. 대통령 행동의 동력에 대해 알고 있는 것은 특정 대통령과 특정한 경우에 한해서이다(Kessel, 1972: 1).

학자들은 이 문제를 해결하기 위한 다양한 방법을 사용했다. 그러나 안타깝게도 기존 연구들이 'N = 1 딜레마'를 해결하는 것에 초점을 둠으로써 다른 행정부와의 비교나 다양성이 상실되었다. 정책 연구에 대한 초점으로서 대통령직은 의회나 대법원과는 완전히 다르다. 어떤 결정을 내릴 때 단 한순간도 대통령과 분리될 수 없다. 대통령직은 과반수나 원내 표결로 결정하지 않는다. 대통령직에 대한 상세한 분석과 함께 다양성을 유지하는 가장 효과적인 방법은 두 세계의 좋은 점을 혼합하는 것일 수 있다. 즉, 적당한 시간의 틀에 따라 유사한 자료들을 찾아내고 임기 중의 복잡성을 인식한 상태에서 그러한 기록들을 검토해야 한다.

이 책은 그러한 과제에 답하는 하나의 시도이다. 지난 21년간을 다루고 있는데 역사적으로 볼 때는 그리 길다고 할 수 없지만 대통령 연구 차원에서는 확실히 긴 시간이다. 또한 이번 책에서 대통령 어젠다를 구성하는, 확연히 구별되는 정책의안들을 살펴볼 것이다. 어젠다 선택에 영향을 미치는 것으로 보이는 변수들을 독립적으로 살펴봄으로써 두 가지 주요 자료 공급원의 장단점을 집중적으로 알아볼 것이다.

이 책은 대부분 5대 행정부에서 참모를 지낸 126명의 인터뷰 자료를 기초로 한다. 인터뷰 대상자는 세 가지 방법으로 선정했다. 첫째, 행정부에 있던 사람은 당연히 유망 대상자로 선정했다. 과거와 현재의 참모진 리더, 의회 연락담당관, 예산관리국 처장, 국정 어젠다 참모, 백악관 자문위원, 홍보담당관 등은 처음부터 연락을 취했다. 둘째, 신문과 잡지, 기관지 보고서, 전기문 등은 인사부 차트에 올라 있지 않은 잠재 대상으로 분류되었다. 마지막으로 모든 대상자에게 이 연구에 유용할 것으로 생각되는 사람들을 추천해달라고 요청했다.

잠재 대상자를 선정할 때 필자는 행정부 내에서 다섯 개의 특정 그룹, 즉 ① 입법교섭실, ② 국정정책 참모, ③ 예산관리국, ④ 경제정책 참모, ⑤ 대통령의 개인 측근, 즉 자문위원, 교섭자, 연설문 작성자, 개인 비서, 홍보보좌관, 백악관 최고 참모들에 주목했다(응답자 표본은 「부록: 조사방법」에 소개된다). 필자는 이 다섯 그룹 외에 대중매체 담당자를 몇 명 선정했다. 이들은 참모진과의 인터뷰에서 나온 결론을 확인하는 데 특히 중요했다.

인터뷰마다 어느 정도 조직화된 설문지를 사용하기는 했지만, 다양한 주제를 다룬 것은 대화를 통해서였다. 대상자들에게 다섯 가지 구체적인 질문을 했다(인터뷰 질문 내용은 「부록: 조사방법」에 소개된다). 그러나 인터뷰 시간은 대부분 대상자가 속했던 행정부의 구체적인 실례를 다루는 데 할애되었다. 가장 중요한 질문은 특정 어젠다를 결정하는 것과 관련해 대상자가 느꼈던 압력과 그 요인에 관한 것이었다. 이들의 답변은 이 책의 결론을 이끌어내는 데 중요한 증거 자료가 된다. 대상자에게 완벽한 비밀 보장을 약속했으므로 직접 인용문으로 처리된 것은 없다.

인터뷰에 대한 답변율은 행정부마다 달랐다. 케네디·존슨·포드 행정부의 참모들은 말을 많이 해줬고, 필자는 이들의 도움으로 최고 보좌진들과 연락이 닿았다. 닉슨과 카터 행정부의 참모들은 매우 비협조적이었다. 답변율은 낮았으며, 최고 참모진들도 말하기를 꺼렸다. 그래서 닉슨과 카터 행정부 참모와의 인터뷰는 낮은 직책의 보좌관과 많이 이뤄졌다. 답변율을 비롯한 인터뷰 대상자 간의 편차는 이 책의 연구에 왜곡된 결과를 가져올 수 있다. 낮은 직책의 보좌관들은 닉슨과 카터 행정부에 대해 많이 알지 못할 수 있으며, 케네디와 존슨, 포드 참모들의 최측근은 대통령 임기에 자신들이 행사한 영향력을 과대평가할 수 있다. 게다가 모든 답변자의 중요성이 조직적으로 과대평가되었을 수도 있다. 이러한 인터뷰의 편견을 바로잡기 위해 필자는 두 번째의 독립적인 데이터를 활용했다.

두 번째 데이터는 예산관리국의 정기 기록에서 나왔다. 여기에는 행정부의 검증 발의안에 대한 기록이 있고 법안이 의회에 상정된 날짜가 기록되어 있었다. 이 수치는 어젠다 타이밍을 분석하는 데 아주 귀중한 자료가 되며 인터뷰 결과를 확인할 때도 유용하게 쓰였다. 또한 이 기록들은 '대통령' 어젠다라 불릴 만한 특정한 정책 어젠다를 확인하는 데 중요한 역할을 했다.

예산관리국 기록은 귀중한 자료이기는 하지만 몇 가지 문제점이 있었다. 법률상 직접적인 목적이 있을 경우에만 기록들을 보관한다는 검증 절차가 있다. 그러므로 시간을 거슬러 올라갈수록 예산관리국 기록은 흐릿해진다. 예산관리국이 정리 기록을 관리하기 위해 컴퓨터 시스템을 채택한 것은 고작 5년 안팎의 일이다. 1974년 이후의 검증 기록은 예산관리국의 보고서인 「행정부가 지지한 법안 상황(Status of Administration-Sponsored Legislation)」에서 의회 회기별로 쉽게 볼 수 있다. 1974년 이전의 기록은 잘 보관되어 있지 않았다. 필자는 1974년 이전의 기록들은 대통령의 정책 어젠다를 대부분 확인해줄 수 있다고 확신했지만 신중을 기했다.

그렇다고 해도 예산관리국 자료는 대통령 국정 어젠다 결정에 대한 중요한 정보원이다. 이 데이터들은 인터뷰에서 얻은 기초적인 결론을 재확인하거나 방향을 다시 설정하는 데 다양한 기회를 제공한다. 예산관리국의 검증 기록은 국정연설과 관련한 대통령 자료와 함께 대통령의 국정 어젠다에 대한 상세한 지침을 제시한다. 다양한 자료는 연구 조사 내용에 확신을 줄 수 있다. 결국 예산관리국 자료는 'N = 1 딜레마'를 다루는 데 도움이 된다. 대통령 어젠다에 대한 단순한 정의를 사용해 필자는 상당히 큰 데이터베이스를 개발할 수 있었다. 표본 항목으로 선정되기 위해서는 두 가지 기준에 부합해야 한다. ① 'i/a', 즉 대통령 어젠다와 '일치(in accordance)'로 분류되어 통과된 항목이고, ② 대통령이 재임할 때 국정연설에서 적어도 한 번은 다뤘던 항목이어야 한다는 점이다. 그 결과 예산관리국 파일에서 표본으로 266항목을 추출할 수 있었다.

대통령의 국정 어젠다를 이렇게 명시해놓으면 항목의 중요성을 가늠하려는 노력 — 일반적으로 그러한 노력은 편견으로 무력화된다 — 은 필요하지 않다. 존슨의 고속도로 미화사업 발의안은 노인의료복지제도 및 모델 도시와 함께 고려된다. 카터의 농업 관련 개정안에 대한 발의는 포괄적인 에너지·복지 개정안과 함께 계산에 넣는다. 닉슨이나 카터는 임기 첫해에 국정연설을 하지 않았기 때문에 대체할 기록을 찾아야 했다. 닉슨의 경우 1969년 4월 14일에 국정 우선사항 메시지를 이용했는데, 의회 연설에는 임기 첫해 닉슨의 주요 법안 발의안이 포함된다. 카터는 유사한 메시지를 제시하지 않았기에 1977년 초·중반의 기자회견에 의지했다. 또한 먼데일 국정 어젠다(Mondale Executive Agenda)로 알려진 일련의 서류도 사용할 수 있었다. 이 서류는 카터의 참모진이 제공한 것으로 최우선 국정안을 재구성할 수 있게 해준다(1977년 5월 행정 초안 복사본은

제8장에서 제시된다).

참모 인터뷰와 예산관리국 자료 두 가지 모두에 문제점이 내재한다는 데 유념해야 한다. 인터뷰를 할 때 백악관 직원 모두를 표본에 넣지는 않았으며, 예산관리국 기록도 모두 신뢰할 수 있는 것은 아니었다. 그러므로 이 자료는 특정 가정에 대한 절대적인 증거가 아니라 어젠다 설정 이론의 예시로 봐야 한다. 그러나 이러한 문제점이 있더라도 이 자료들이 있었기에 필자는 단순한 사례연구에서 벗어난 결론에 도달할 수 있었다.

3. 각 장의 내용

이 책은 대통령의 권한이 정치적 자원을 어떻게 규정하는지를 다룬다. 대통령의 권한은 내적·외적 자원의 정도에 의해 제약을 받는다는 것이 필자의 주장이다. 내적 자원은 적어도 네 가지의 분리된 요소, 즉 시간, 정보, 전문지식, 에너지로 구성된다. 외적 자원은 의회의 지원과 국민 지지도, 득표율 격차에서 나온다. 이러한 필수 자원이 없으면 대통령의 교섭권은 국정 결과에 영향을 미칠 수 없다. 또한 이러한 자원은 확실한 두 가지 정책 주기를 나타내며 이 주기는 임기가 지나면서 더해지거나 감소된다. 영향력 감소 주기는 시간, 에너지, 의회 지원이 떨어지면서 나타난다. 효율성 증가 주기는 정보와 전문지식이 늘어나면서 시작된다. 두 주기는 모두 대통령 어젠다에 상당한 영향을 미친다.

제1장에서는 어젠다의 기본적인 변수에 대한 서술로 시작한다. 언제 어젠다가 설정되는가? 어젠다는 어떤 형태를 띠는가? 각 행정부마다 어젠다가 변화무쌍하다는 것을 인식해야 한다. 그러나 대통령의 국정 어젠다는 몇 가지 지속적인 특징을 갖고 있다. 제2장에서 대통령 어젠다는 임기 초기에 설정된다는 사실을 밝힌다. 어젠다 발의 타이밍은 궁극적인 법안 성공에 영향을 미친다. 그리고 국정 어젠다의 규모는 필자가 대통령 '자산'이라고 부르는 것에 따라 달

라진다.

이 책에서는 국정 절차에서 특정 이슈가 나오는 이유를 탐구한다. 앞에서 언급한 대로 어젠다 항목은 세 가지 뚜렷한 구성 인자, 즉 이슈, 대안, 우선과제로 분리할 수 있다. 인자마다 압력은 각기 다르다. 따라서 필자는 어젠다 이슈를 대안이나 우선과제와는 별도로 탐구하고자 한다. 제3장과 제4장에서는 대통령이 여러 이슈 중에서 어떻게 선택하는가를 묻는다. 대통령은 실제로 얼마나 많은 선택권을 갖고 있는가? 어젠다 이슈로 선택하는 주된 요인은 무엇인가? 필자는 이러한 질문에 해답을 찾아가면서, 감지된 '이득'을 기초로 이슈가 선택된다고 분석한다. 즉, 대통령은 쓸 수 있는 자원에서 나온 아이디어를 아주 기꺼이 사용하며, 선거운동과 예비선거는 어젠다 아이디어의 중대한 제도적 제약사항이 아니다.

이익을 기초로 하여 어젠다 이슈를 선택했다면 대안은 어떻게 선정하는가? 대안이 백악관에 늘 따라다닌다면 '우선' 해결책은 어떻게 도출되는가? 필자는 정책 어젠다 구성에는 연구를 집중하지 않았다. 하지만 이는 중요한 문제이며 그 자체가 또 다른 주요 과제이다. 필자는 수많은 선택안에 특정 정책 어젠다가 들어온 후 대통령이 대안을 선택하는 과정에 큰 관심이 있어 연구초점도 여기에 뒀다. 즉, '좋은 전달성'에 아이디어의 개념이 적용되는지, 대통령은 그들이 선택하는 해결책의 종류에 제약을 받는지에 주목했다. 제5장과 제6장에서는 대안은 '비용'에 기초를 두고 평가됨을 제시한다. 또한 제5장에서는 민주당과 공화당의 정책 결정 과정에서 나타난 대안의 종류는 명확하게 다르다는 것을 지적하고자 한다. 대통령 자원은 대안 선택에 상당한 영향을 미친다.

이슈는 이익을 고려해서 선정되고 대안은 비용에 따라 선정된다면 우선과제는 어떻게 결정되는가? 제7장에서는 대통령이 실제로 어떻게 우선과제를 서열화하는지 제시한다. '필수 목록'에 들어가는 어젠다 항목이 있는 반면 그러지 못하는 어젠다 항목도 있다. 제럴드 포드(Gerald Ford)의 에너지 기업이 '필수 목록'에 들어가지 못한 정책 어젠다의 좋은 예이다. 어떤 이슈가 대통령의 최우선과제로 인식되며, 비용과 이익을 고려한 싸움에서 살아남은 이슈가 대통령의 '필수 목록'에 들지 못하는 이유는 무엇인가? 구체적으로 어떤 어젠다 항목은 '필수 목록'에 들어가고 어떤 것은 빠지는 이유는 무엇인가? 이 경우 성공 가능성이 필수 목록 등재 평가에 도움을 주는 반면, 과정 중에 비용이 변경되고 문제점이 생기면 목록에 오르지 못한다.

결론적으로 필자는 어젠다가 어떻게 결정되는지 묻는다. 대통령은 종합적인 선택안으로 볼 수 있는 것을 선택하는가? 대통령은 쓰레기통에 빠져 있지는 않은가? 대통령의 결정 스타일은 어젠다 선택에 영향을 미친다. 이득을 인식하고 비용을 산정하는 데 영향을 미친다. 제8장에서 보여주는 필자의 어젠다 수립 절차는 리처드 사이어트(Richard M. Cyert)와 제임스 마치(James G. March)가 최초로 도입한 회사의 행동 모델과 흡사하다(Cyert and March, 1963). 이 절차에서는 내적 갈등, 참모진 간 협력관계 조성, 표준 업무 지침, 조직적인 학습 등이 특징으로 나타난다.

제9장에서 '승산 없는 대통령직'의 개념을 짚어본다. 지금도 국정정책 절차는 계속 변화하고 있다. 케네디와 존슨이 백악관에 입성한 후 몇 년이 지나지 않아 대통령직은 극적인 변화를 겪었다. 존슨의 한 참모는 이렇게 말했다. "백악관이 전과 같은 것은 하나도 없습니다. 겉모습은 같아 보이지만 그 관계는 완전히 변했습니다. 대통령은 그것을 조금도 달가워하지 않았습니다."

마지막 부분에서는 국정 어젠다 절차를 변경시켰던 최근의 변화를 살펴본다. 1980년대의 대통령직은 1960년대의 대통령직과는 아주 다르다. 정책 어젠다의 정치적·경제적 비용은 상승했지만, '인플레이션'을 흡수할 수 있는 대통령의 능력은 이를 따라가지 못했다. 그 이유는 다섯 가지이다. 첫째, 의원 수와 규범이 변경되었거나 정책 어젠다 발의에 대한 제도적 자원이 지속적으로 증가되어 의회에서 어젠다를 채택시키기 위한 경쟁이 심해졌다. 둘째, 의회가 더욱 복잡해졌다. 1960년대 말 정부의 분과위원회가 발족해 국정정책 절차에 영향력을 행사하고 법안 로드맵에 실제로 관련된 의원 수가 증가했기 때문이다.

대통령의 정책안 통과에 실제 장애물은 거의 없어졌지만 막다른 길과 지연을 경험할 가능성은 훨씬 커졌다. 셋째, 의회가 더욱 경쟁적이고 복잡해지면서 각 정당의 힘이 약화되었다. 따라서 의회 권력이 분산되어 정책 법안에 대한 대통령의 잠재적인 영향력을 감소시켰다. 앞으로 보겠지만 이제 정당은 대통령 영향력의 '금본위제'가 아니다. 그러나 안타깝게도 대통령은 정치적 자산의 원천인 소속 당에 매달려야 했다. 넷째, 대통령은 의회와 대중매체의 감시가 강화된 상태에서 정책을 수행해야 했다. 필자는 이런 불확실한 분위기가 국정 어젠다에 대해 대통령이 효과적으로 지도력을 발휘할 수 있는 기회를 감소시켰다고 본다. 마지막으로 그리고 아마도 가장 중요한 점은 국정 어젠다 절차를 자극하는 기본적인 이슈이다. '선거구가 없는' 일련의 이슈가 새롭게 떠오르고 있다. 의회 지원이나 단일 이익집단의 반대가 거의 없는 이슈들이다. 에너지와 사회보장 재원 마련, 복지제도 개정, 의료비 삭감 등은 모두 '선거구가 없는' 이슈의 좋은 예이다. 이 다섯 가지는 각각 대통령 어젠다에 까다로운 문제를 야기했으며, '승산 없는 대통령직'이 부상하는 데 일조했다.

1

대통령과 자원
presidents and resources

대통령이 임기를 시작할 때는 호의적인 평판으로 가득하지만 시간이 지날
수록 퇴색해 좀처럼 호의적인 평판을 회복하기 힘들어지며 그러한 기회가
있더라도 단 한 번 정도인 것 같습니다. 상황이 이렇다 보니 대통령은 매사
에 신중해야 합니다. 대중의 신뢰를 얻으려 할수록 채워야 할 신뢰의 양이
더 늘어납니다. 대통령의 권력이란 법이나 대통령이라는 제도적 힘에서는
그다지 많이 나오는 것 같지 않습니다.

월터 먼데일 부통령, ≪워싱턴 포스트≫, 1981년 1월 20일자

1965년 1월, 린든 존슨은 최근 역사에서 가장 큰 득표 차로 당선되었다. 그는
민주당이 거대 다수당을 차지한 제89회기 의회와 함께 임기를 시작했는데, 제
88회기 의회와 비교할 때 민주당 의석이 36석 더 많았다. 그러나 취임식 전날
존슨은 참모들에게 신속하게 움직이라고 지시했다. 존슨의 최고 참모였던 해
리 맥퍼슨(Harry McPherson)에 따르면, 대통령은 그 자리에서 참모들에게 다음
과 같이 말했다.

첫해에 되도록 모든 것을 보여야 합니다. 얼마나 의석수를 차지했는지는 중요하지 않습니다. 그들은 딱 1년 동안 여러분을 제대로 대접할 뿐 그 이후로는 자신의 잇속을 차리기에 바쁩니다. 3년째가 되면 표를 잃게 됩니다. 4년째에는 모두 정치가가 됩니다. 의회의 반수가 어떻게 하면 당신을 패배시킬지에만 고심하고 있어 어떤 의안도 통과시킬 수 없습니다. 그러니 여러분에게 주어진 기간은 1년입니다(McPherson, 1972: 268).

존슨은 미국의 베트남 참전이 대중의 신뢰를 좀먹을 것임을 알았다. 그는 자신의 당에서 거부자가 나올 것임을 인식했던 것 같다. 그는 의회의 거대 다수당이 1966년 중간 선거에서 자신에 대한 지지를 철회하리라고 확신했다. 게다가 존슨은 자신이 지닌 정치력의 한계를 인정했다. 존슨은 점점 마비되어가고 있음을 알았는지, 힘이 소진되고 있음을 느낀다고 측근에게 털어놓았다. "밀월 기간은 끝났고 주어진 시간도 이미 다한 것 같습니다." 존슨은 맥퍼슨에게 이렇게 말하기도 했다. "그래서 노력해왔지만 너무 황급히 해치워버린 셈입니다"(McPherson, 1972: 268).

정치력에 관한 한 존슨은 최근 대통령 중에서 특별히 우수하지는 않았다. 점점 줄어드는 자원에 대해 대통령 첫해에 느끼는 공황은 그들 모두에게 영향을 미쳤다. 카터는 가까스로 총 투표 50%의 지지로 집권했다. 케네디와 닉슨은 절반에도 못 미쳤고 포드는 전무했다. 아마도 포드의 상황이 가장 나빴던 것 같다. 포드의 한 측근은 다음과 같이 말했다. "우리는 가장 나쁜 상황에서 임기를 시작했습니다. 선거를 통해 뽑힌 것이 아니었으니까요. 우리에겐 1976년 선거에 앞서 2년의 시간이 있을 뿐이었습니다. 직원들은 경악했습니다. 정책 과정은 실패로 치달았고 적대적인 의회와 마주해야 했습니다. 메일 '수신' 상자는 꽉 찼고, 해결되는 것은 아무것도 없었습니다. 포드는 눈감아줬습니다. 우리는 정치적인 '압력'을 충분히 보유하지 못했습니다."

1. 대통령 권한

대통령학을 연구하는 학자들은 최고 권력자가 갖는, 문자로 표현된 권력과 실제 영향력을 혼동하며 대통령의 '압력'을 과대평가했다. 이러한 혼란을 가져온 가장 중요한 이유는 '자원'과 '특권'을 구별하지 못했다는 데 있다. 공식적인 특권은 일정한 특혜를 보장하지만 대통령 개인 간의 큰 차이를 설명하지는 못한다. 그 특권은 존슨의 성공이나 닉슨과 포드의 실패를 설명하지 못한다.

정치적 자원의 문제는 대통령의 정치력을 설명하는 좋은 자료를 제공해왔다. 학자들은 개인적인 자원 — 권력에 대한 통찰력, 자신감, 협상력 — 이나 대통령의 정치적 자원 — 국민 지지율, 워싱턴의 평판, 의회 지지율 — 과 그 밖의 제도적 자원 — 예산관리국, 참모, 입법부의 연락사무소 등 — 에 대해 이야기했다. 그러나 정치적 자원과 공식적인 특권 간 차이는 흐릿해졌다. 예산관리국 관리의 말이다. "대통령 직책은 자동차의 엔진이라고 생각해야 합니다. 모든 대통령은 취임하면 같은 모델을 탑니다. 마력은 일반적으로 안정적이고 기어도 정상입니다. 차이는 '연료'에 있습니다. 각 대통령은 서로 다른 '연료'를 갖고 대통령직을 수행하는 것입니다. 존슨이 대통령이 되었을 때는 탱크에 연료가 가득 찼지만 포드는 빈 탱크로 취임했지요." 따라서 정책 어젠다 결과를 결정짓는 것은 견제와 균형 시스템이 아니라 대통령의 차를 움직이는 정치적 자원이다. 즉, 대통령 어젠다의 형태를 만드는 것은 바로 이 정치적 자원이다. 그런데 이 자원은 대개 부족하다.

대부분의 정책 분야 연구자들은 자원의 중요성에 동의하더라도 '연료'의 기본적인 구성요소가 무엇인지에 대해서는 합의를 이루지 못한다. 인격이 가장 중요한 자산이라고 말하는 학자도 있으며, 특권과 권한을 계속 혼동하는 사람도 있다. 리처드 노이슈타트(Richard Neustadt)는 전문성에 대한 평판과 지지율이 가장 중요하다고 주장한다(Neustadt, 1960). 피터 슈퍼리히(Peter W. Sperlich)는 지배력이 과대평가되었다고 지적한다(Sperlich, 1975). 누가 옳은지는 분명하지 않다. 백악관 참모 126명에 따르면 적어도 두 가지 중요 자원군, 즉 대통령 '연료'의 두 가지 성분은 국정 어젠다와 대통령의 평판과 관련 있다.

첫 번째 정치적 자원은 '내적' 자원, 즉 시간과 정보, 전문지식과 에너지이다. 시간은 대통령 임기를 의미한다. 그가 영향력을 행사할 시간이 얼마나 되는지이다. 포드는 2년이었고 닉슨은 6년이었다. 정보란 특정 프로그램에 대한 대통령의 지식뿐 아니라 특정 문제를 생각할 수 있게 하는, 대통령이 지닌 지식의 양을 의미한다. 전문지식이란 해당 행정부의 기술적·정치적 능력에 중점을 두어 파악한다. 대통령이 얼마나 효율적으로 정책 과정을 이끌며, 참모들은 얼마나 유능한지 등이다. 마지막으로 에너지는 선택에 사용할 수 있는 신체적·정서적 힘을 의미한다. 대통령이 일상 업무에 얼마나 시간을 할애할 수 있으며 참모진은 그러한 문제를 어느 정도까지 관리할 수 있는지가 해당한다.

두 번째 자원군은 '외적' 자원이다. 비용과 혜택의 인지문제뿐 아니라 어젠다의 기본적인 변수와 관련된 자원이다. 이러한 외적 자원은 의회에 대한 대통령의 영향력과 관련된다. 인터뷰에 응한 많은 사람들이 대통령의 '정치적 자산'이라 부른 것이 이에 해당한다. 참모들에 따르면 대통령의 정치적 자산은 몇 가지 외적 자원에 의존한다. 즉, 의회에서 소속 정당의 지지, 국민 지지율, 선거 득표 차이, 요직 임명권 등이다. 참모들이 보기에 '대통령의 자산'이란 계층이나 권한, 영향력에 대한 특별한 견해를 반영한다. 예산관리국 보좌관은 대통령의 정치적 자산에 대해 다음과 같이 말한 바 있다.

모든 대통령은 일정한 양의 자산을 가지고 있습니다. 권력, 압력, '정당성' 등인데 수많은 요인, 즉 대통령의 과거 업적, 선거 유세에서의 성공, 입법부의 지원 등이 해당됩니다. 특정한 일련의 항목을 규명하기는 매우 어렵지만 자본은 아주 실질적인 대통령의 자산입니다. 행정부마다 이를 부르는 이름이 다릅니다. 카터 행정부는 그것을 '압력'이라고 부르기 좋아했지요. 그러나 모든 행정부에 공통된 것을 꼽으라면 대통령 자신이 원하는 것을 얻을 수 있는 능력입니다.

자본은 내적 자원인 시간, 정보, 전문지식, 에너지와 구별되어야 한다. 내적 자원은 정책 결정 비용을 부담할 수 있게 하는 반면, 자본은 대통령의 정치력에 영향을 미친다. 시간과 정보, 전문지식, 에너지가 어젠다에 영향을 미치기는 하지만 이 요소들은 일반적으로 의사결정 과정에 사용된다. 내적 자원이 덜 중요하다는 의미가 아니다. 내적 자원은 내부의 의사결정 구조를 전개할 때는 물론 정책 과제를 요청하는 시점에서 중요한 역할을 한다. 그러나 백악관 참모들에 따르면, 대통령의 정치력과 내적 자원은 미미하게 관련될 뿐이다. 존슨의 보좌관은 이렇게 말했다.

> 정책보좌관들은 대개 시간을 결정에 필요한 것으로 봅니다. 시간이 없다면 우리는 참모들을 한데 모아 결정을 내리지 못하니까요. 우리에게 그 시간이 없다면 공청회 날짜도 잡지 못하고 연락사무소와 연락도 취하지 못하게 되지요. 우리는 의회의 지원을 완전히 다른 시각으로 봤습니다. 기본적인 지원이 없다면 시간은 문제가 되지 않습니다. 재임 기간이 24년이라도 소용이 없습니다. 의회는 우리가 성공하기 위해 필요한 가장 근본적인 힘입니다. 시간은 타협이 최종적으로 해결될 기회를 주는 데 중요한 역할을 합니다. 협상도 시간이 필요하지요. 그러나 시간이 있다고 해서 대통령이 협상에서 이기는 것은 아닙니다.

2. 내적 자원

백악관 참모진은 모든 대통령이 선거에서의 득표 차와 의회의 지원, 국민의 지지도가 어떠했든지 간에 국정 어젠다에서 구조적인 한계에 직면한다고 밝힌다. 이러한 한계는 내적 자원인 시간, 정보, 전문지식, 에너지와 밀접하게 관련된다. 대통령직에 처음 취임할 때 그 자원을 얼마나 많이 가졌는지와 상관없이 임기 동안 모든 대통령은 시간과 에너지가 줄어들고 정보와 전문지식은 늘어가는 현상을 경험하게 된다. 이런 변화는 백악관의 독특한 정책 주기를 만드는 데 일조하고 궁극적으로 대통령의 정책 어젠다를 결정짓는다.

　바로 이러한 내적 자원의 속성 때문에 대통령의 최우선사항은 엄청난 내적 자원의 투자를 요구한다. 대통령의 최우선사항은 일반적인 입법 행위보다 훨씬 더 복잡하고 더 많은 시간이 든다. 닉슨의 복지 개혁을 예로 들어보자. 닉슨 행정부의 정책보좌관이었던 마틴 앤더슨(Martin Anderson)은 다음과 같이 주장한다. "선거 유세 중에 대통령과 참모진이 어떻게 나라의 정책을 망칠 수 있는지에 대해 명철하고 뚜렷한 생각을 개진했습니다. 우리는 순진하게도 어떤 문제이든 검토하고, 가장 어려운 분야를 규명하며, 우수한 전문가와 상의해 그들의 도움을 받아 공들이면 해결책을 만들어낼 것이라고 생각했습니다." 복지정책의 개혁에 애쓴 아서 번즈(Arthur Burns)의 일급 보좌관이었던 앤더슨은 얼마 지나지 않아 이 정책이 "국민에게 믿음을 주기까지 너무 많은 시간이 필요하며, 연방 정부의 내무 관련 부분은 너무 크기 때문에 말 그대로 이를 온전히 파악하기가 힘들다는 것을 알게 되었다"라고 술회한다(Anderson, 1978: 7). 복지 개혁의 위험한 상태는 닉슨 행정부에만 있었던 것은 아니었다. 포드 정부와 카터 행정부에서도 시간, 정보, 전문지식, 에너지의 확보는 중요한 과제였다.

　대통령의 최우선사항에는 행정부 안팎의 더 많은 갈등도 포함된다. 갈등이 클수록 이를 해결하는 데 필요한 시간, 정보, 전문지식, 에너지는 더 필요했다. "견해 차이를 조율하는 데 얼마나 많은 시간이 드는지 알면 놀랄 것입니다. 타협이 하룻밤 사이에 이뤄지는 것이 아니니까요. 대통령은 엄청난 영향력과 노력을 쏟아 부어야 합니다." 존슨의 입법보좌관이 한 말이다.

　다시 한 번 복지 개혁을 예로 들어 보자. 닉슨 정부의 고위층 자문위원은 다음과 같이 주장했다. "(가족지원책이) 좀 더 일찍 발표되었어야 그런 싸움이 없었을 것입니다. 아서 번즈와 다니엘 모이니한(Daniel Moynihan)이 서로 다투는 바람에 우리는 나아갈 수 없었습니다. 한 사람이 공격하면 다른 사람이 반격했으니까요. 이 문제는 아주 복잡했지만 내분 없이 훨씬 더 빨리 해결되었어야 했지요. 하지만 상황이 이러니 석 달간 꼼짝도 못했습니다."

대통령의 최대 관심사는 다른 사안보다 훨씬 많은 사람이 관여하기 때문에 더 복잡하게 얽힌다. 다양한 기관과 관계자의 협조 없이는 어떤 중요한 계획도 기안할 수 없다. 더군다나 대통령의 최대 관심사가 의회에 상정되고 나면 좀 더 확실한 결말을 이끌어내야만 한다. 이러한 정책 발의 과정은 공식적인 정책 어젠다 발표로 끝나지 않는다. 참모들이 심의하고 질의문답 시간을 가지며 초안을 개정한다. 대통령 어젠다를 위해 특정 정책 과제를 채택하기 위한 결정에는 상당한 양의 자원이 투여되어야 한다. 닉슨 행정부에서 일했던 한 정책보좌관은 다음과 같이 말한다. "백악관에서 나오는 연락은 시간이 너무 오래 걸리고 그 답을 받는 데도 오래 걸립니다. 백악관의 정책 지시가 관련 부서의 실무자에게 전달되기까지 1년이 걸렸던 적도 많았습니다"(Cronin, 1974: 239). 그러므로 대통령의 우선사항 목록에 올라 있는 중요 정책 항목들이 결과를 얻는 데도 그만큼 더 많은 시간과 정보, 전문지식, 에너지가 사용된다.

1) 시간

예상치 못한 비극적인 일이나 정치 스캔들을 막는 것은 대통령의 임기 1,460일 동안 계속되는 일이다. 질적으로 볼 때 임기는 그보다 더 짧다. 백악관 보좌관은 "재선거 유세를 위한 1년은 빼야 합니다. 중간 선거 기간 6개월과 처음 시작할 때 6개월, 임기 만료 전 6개월, 그리고 휴가철 2~3개월을 빼보십시오. 대통령이 실제로 일할 수 있는 기간은 고작해야 2년입니다"라고 말한다. 대통령이 재선에서 당선되면 시간은 더 빨리 지나간다. 헌법 수정안 제22조의 중임 제한과 계속 늘어만 가는 선거 유세 기간을 감안하면 대통령은 취임 후 두 번째 해 말에 레임덕에 빠진다. 닉슨의 측근은 다음과 같이 말했다.

워터게이트 사건이 없었어도 1974년 중반쯤에 임기의 나사가 풀렸을 것입니다. 취임 직후 대통령에게서 관심이 멀어졌습니다. 국민은 후임자 문제에만 관심을 가졌지요. "민주당은 1976년에 이길 것인가? 의회는 민주당 대통령을 기다릴 수 있을 것인가?" 첫 선거 이후에 나타난 협동심은 존재하지 않았습니다. 의회는 협조하는 대신 관망했습니다.

대통령의 정책 과제를 준비하는 데 시간은 핵심 요소이다. 특별팀을 만들고 현안을 선택하며 대안의 초안을 작성하고 최고 관심사를 수행하는 데는 시간이 필요하다. 필요한 시간은 사안마다 다르다. 빨리 해결되는 문제도 있고 몇 년이 걸리는 사안도 있다. 케네디의 참모는 다음과 같이 말했다.

백악관에서 정책 평가 같은 것을 깊게 생각할 시간은 없었습니다. 언제나 급하게 사안들을 처리해야 했지요. 우리가 할 수 있는 것은 그저 일을 벌이는 것이었습니다. 대통령직의 책임은 일을 벌이는 것입니다. 대통령직은 대통령의 목표를 수행할 수 있는 기관이 아닙니다. 그렇게 되어야 하지만 그럴 시간이 없었습니다. 그런 식으로 일할 수 없었습니다(Cronin, 1974: 237).

게다가 시간의 질은 재임하는 동안 계속 변한다. 대통령 어젠다에 필요한 시간이 점점 줄어든다는 것이다. 노이슈타트는 다음과 같이 말한다. "대통령이라면 누구든지 가장 먼저 급한 정책 과제를 해결하게 됩니다. 하지만 이를 위해서는 대통령 임기 전부가 필요합니다"(Neustadt, 1960: 156). 포드 대통령의 경우 긴급 현안 정책에 들일 시간이 없었다고 한다.

정책 과제를 발의하면서 허비한 시간이 너무 많았습니다. 가장 아까운 것은 겉치레의 의식적인 행사에 드는 엄청난 시간입니다. 전 임기 중 15% 내지 20%를 여기에 쓴 것 같습니다. 선거철이면 더 많이 쓰게 되지요. 하지만 그렇게 해야 합니다. 그렇지 않으면 대통령이 백악관의 서관에 틀어박혀 사람들을 만나지 않으려

한다는 등 대통령에 대한 국민의 인식이 나빠집니다. 그러나 사용된 시간 대비 비용 혜택 면에서 보면 대통령 집무실을 들락날락하기보다는 직무에만 시간을 쏟았어야 했다고 생각합니다(≪타임(Time)≫, 1980년 11월 10일자).

임기 초기에는 매일 계획하는 데 많은 시간을 들인다. 서로 교류하고 토의할 수 있는 기회도 많다. 시간이 무심하게 흘러가면 달력은 일상 업무로 꽉 채워진다. 창의적인 정책 결정에 사용되었던 시간들은 이제 수많은 회의에 사용된다. 임기 중반쯤 되면 새로운 분야에 쓸 시간은 거의 없어진다. 대통령과 참모들은 사소한 일들의 늪에 빠져 허우적거린다. 정부가 시간을 필요로 하면 할수록 시간은 점점 더 부족해진다. 결국 대통령과 참모들은 중대한 계획에 쓸 시간마저 확보하지 못한다.

시간의 속성은 임기 중에 변화한다. 하루가 더 짧아지고 참모진들은 지쳐간다. 카터의 한 보좌관이 이렇게 언급했다. "전환기의 하루는 대통령 임기 첫해 말의 일주일, 임기 말의 두 달에 해당됩니다." 카터는 선거 유세 기간을 입안을 위한 기회로 최대한 활용한 첫 대통령에 속한다. 안타깝게도 카터의 그러한 노력은 선거 후 참모들과 갈등이 심해지면서 무산되었다.

2) 정보

정책연구자는 정보가 좋은 정책의 핵심 요건이라고 곧잘 강조한다. 정보가 없으면 신중한 입안은 이루기 힘든 목표가 된다. 대통령이 국내 어젠다를 설정하려면 다양한 주제에 대한 엄청난 정보, 즉 문제 그 자체에 대한 정보와 잠재적인 해결방안에 대한 정보, 정치 상황과 국민 여론, 의회 지지도, 관료 저항 등에 대한 정보가 필요하다. 케네디의 비서실장이었던 시어도어 소렌슨(Theodore C. Sorensen)은 다음과 같이 말한 바 있다. "정보를 토대로 결정하려면 대통령은 엄청난 양의 정보를 잘 알아야 합니다. 그는 한 번도 경험해보지 못한 문제에 대해서도 준비되어 있어야 합니다. 결정의 핵심은 선택인데, 선택하기 위해서는 먼저 알아야 하니까요"(Sorensen, 1963: 38~39). 그러나 정보는 당장 필요한데도 부족하기만 하다. 백악관 참모들은 많은 결정들이 부족한 정보를 바탕으로 이뤄진다고 인정한다.

행정부에서 정보를 손에 넣을 수 없다고는 할 수 없다. 종종 사람을 통해 얻을 수 있는 것보다 더 많은 미가공 데이터를 손에 넣을 수도 있다. 최근의 몇몇 대통령들은 정보 채널을 통해 들어오는 정보의 압도적인 양에 대해 불평하고는 했다. 연방제도하에서 대부분의 문제는 어떻게든 답을 얻을 수 있다. 문제는 그 답을 찾아 사용하는 것이다. 특히 정보가 존재하는 경우에는 대통령의 요구에 좀처럼 맞춰지지를 않는다. 대통령과 참모들은 일반적으로 대부분의 미가공 자료를 유용한 정보로 바꾸는 데 필요한 준비가 부실하다. 또한 특정 세부사항을 찾는 데 필요한 시간과 에너지를 쏟을 준비도 되어 있지 않다. 닉슨의 참모는 이렇게 말했다. "행정부는 올바른 답을 제공하지 않습니다. 우리는 수치 그 이상의 자료가 필요했습니다. 그 자료가 옳다거나 정보가 우리 문제와 맞는지 어떻게 알 수 있겠습니까? 우리는 정확한 정보가 필요했고 믿을 수 있는 데이터가 필요했습니다. 엄청난 양의 데이터를 얻는 것과 그 의미를 파악해내는 것은 별개라고 생각합니다. 결국 미가공 자료는 대부분 내부용으로 쓰이게 됩니다."

정보는 대통령 정책 과정에서 부족한 자원이다. 어떤 경우에는 문제가 너무 빨리 발생해 정보를 쉽게 구할 수 없다. 일반적으로 새로운 이슈를 파악하는 것과 확실한 정보 근거를 전개하는 것 사이에는 차이가 있다. 전문가들조차 그 정보를 이용할 수 없고 종합하지도 못한다. 데이터의 중요한 실체가 있다 하더라도 대통령은 충분히 빨리 그것을 흡수하지 못할 수 있다. 1973년에 발생한 에너지 파동은 행정부를 놀라게 했다. 정신없이 이 문제에 대한 자료를 모으기 시작했는데 그 과정에서 민간업체에 많이 의존했다. 닉슨 행정부의 전문가는 이렇게 말했다. "우리는 이 문제에 대한 공적인 자료를 더 선호했지만 이용할 수 없었습니다. 우리는 민간 자료가 편향적일 수 있음을 알았지만 다른 방도가 없었습니다. 너무 갑작스럽게 문제가 발생했고 주무부서나 기관에서는 거의 전망을 내놓지 못하고 있었으니까요."

또 다른 문제는 행정부가 정보를 고의로 알리지 않거나 왜곡하는 경우이다. 이는 의회의 지지를 얻지 못한 행정부가 직면한 문제이기도 하다. 닉슨의 백악관 시절, 이러한 문제는 매우 심각했다. 닉슨의 백악관과 관료들의 갈등이 문서화되었다(Nathan, 1975 참조). 닉슨의 참모는 다음과 같이 불평했다. "우리는 관료들이 근본적으로 우리의 정책 과제에 전적으로 반대하는 탓에 솔직한 답변을 얻을 수 없다는 것을 알았습니다. 정책 과제를 이행하려는 우리의 노력을 방해했고 정보 제공도 제한했습니다. 우리가 찾으려 해도 언제 답을 찾게 될지, 그리고 그 답이 정확할지에 대해서도 확신이 없었습니다. 특히 보건교육복지부(HEW)와 주택도시개발부(HUD)는 일을 과도하게 지연시키거나 노골적으로 거부했습니다."

그러나 대부분의 경우 대통령 집무실에서 정보를 생산하고 활용할 수 있는 준비가 되어 있지 않았다. 일반적으로 대통령은 장기적인 계획에 대해서는 별로 관심을 두지 않는다. '먼저 통과시키고 그 다음에 입안한다'는 방식을 더 선호했다. 이런 기존의 임시변통 전략이 최근 집중 포화를 받고 있지만 대통령은 그 속성상 입안에는 거의 의욕을 보이지 않는다. 대통령은 '좋은 정책'을 내놓는 것보다는 완전한 어젠다를 빠른 시간 안에 제시해야만 보상을 받을 수 있다. 존슨의 보좌관은 이렇게 주장했다. "우리는 정책 과제가 통과된 다음 그것을 변경할 수 있다는 것을 알고 있었지요. 완벽한 정책 과제를 기다릴 수는 없었습니다. 먼저 통과시키고 그 이후에 개정하자는 방식이었습니다"(이 문제는 제2장에서 다시 다룬다).

대통령이 특정 정보를 정확히 파악하지 못한다는 것은 대통령 지지율 하락으로 연결될 수 있음을 의미했다. 예산청(BOB: Bureau of Budget)의 부청장이었던 윌리엄 케리(William Carey)에 따르면, "교육부와 인디언 보호구역 담당국은 말할 것도 없고 국방부, 국무부, 중앙정보국(CIA)에서 진행 중인 활동에 대해 대통령이 모르고 있는 것이 부지기수였습니다. 대통령이 늦게까지 집무실에 앉아 나쁜 상황을 타개할 방도를 찾고 있을 때, 주변사람들은 대통령이 전혀 이해하지 못하게 하거나 일을 수포로 돌리고 있었습니다"(Carey, 1969: 453). 궁극적으로 오보를 막는 최선의 방법은 특정 문제와 대안에 대한 대통령의 과거 경험이었다. 정보는 이용할 수 있는 기초이자 대통령이 가진 이용 능력의 산물이다. 케네디의 참모는 이 방정식을 다음과 같이 요약했다.

> 케네디가 취임했을 때, 그는 다양한 정책 과제에 대해 세부적으로까지 경험이 있었습니다. 그는 어떤 것이 옳은지 어떤 일을 해야 하는지를 잘 알고 있었습니다. 그는 교육 법안 개정 문제와 관련해 지방교육청의 지원이 내포한 중요성을 숙지했습니다. 서부 버지니아 재개발 사업의 문제점도 알고 있었습니다. 하원 법사위원회의 문제점도 알고 있었습니다. 참모진이 조언하면 케네디는 정보의 정확성을 감지할 줄 알았고 그 가치를 꿰뚫고 있었습니다. 퍼즐을 맞출 자리가 어디인지 알고 있었다고나 할까요? 어떤 문제를 직접 맞닥뜨리면 이미 준비되어 있어 빠르게 결정을 내렸습니다. 다만 경제 분야에 관해서는 문외한이었던 탓에 자문단 압력에 특히 취약했습니다. 그것이 무엇을 의미하는지를 모르니 경제적 선택안 중 어느 것을 골라야 할지 몰랐지요.

대통령은 합당한 정보 없이도 마음대로 선택할 수 있다. 조언을 자의적으로 해석해도 된다. 그러나 그러한 선택은 실패할 가능성이 높다. 존슨의 보좌관은 이렇게 말했다. "눈을 가리고 권총을 쏠 수 없듯이 어떤 일이 벌어질지에 대한 기본적인 지식 없이 주요 정책 과제를 제안해서는 안 됩니다. '위대한 사회'는 예기치 않은 결과로 무력해졌습니다. 우리는 밤에 전조등을 켜지 않은 채 운전하고 있었습니다."

3) 전문지식

대통령은 대부분 적어도 몇 가지 정치적 경험을 거친 후 취임한다. 국민 경선과 전당대회, 총선거를 거치고 차가운 식사를 하며 살아남은 사람들이다. 임명에 의해 대통령이 된 사람도 있다. 하원의원이나 상원의원이었던 사람도 있고 주지사로 복무했던 사람도 있다. 최근에는 상원의원 출신 대통령이 종종 나온다. 로버트 피버디(Robert I. Peabody), 노먼 온스타인(Norman J. Ornstein), 데이비드 로드(David W. Rohde) 등은 대통령 지명 과정이 상원의원 경쟁자들의 비위를 맞추고 있다고 주장하면서 상원을 '대통령 산실'이라 부르기도 한다(Peabody, Ornstein and Rohde, 1976). 1976년과 1980년에 주지사가 최후의 승자가 되었는데 이는 새로운 당선 경향의 신호탄이 되었다. 상원은 여전히 많은 후보자를 내놓았지만 결국 승자는 주지사들이었다.

그러나 후보자들의 경험이 어느 정도 공통되더라도 대통령은 서로 다른 능력을 가지고 취임하게 된다. 한 의회 정책 전문가는 다음과 같이 말한다. "누구든 대통령의 경험과 인격을 나무랄 수 있습니다. 중요한 것은 대통령직을 완벽하게 수행할 수 있도록 준비시킬 수 없다는 것입니다. 미국 시스템에서의 다른 직책과는 다릅니다. 주지사도 문제가 있고 상원의원도 문제가 있습니다. 단 한 가지 차이는 문제의 종류가 다르다는 것입니다. 그들 모두 서로를 보며 상대의 문제가 무엇인지 알게 됩니다."

그러므로 전문지식은 경험과는 다르다. 오히려 전문지식은 연방 기구를 움직이는 대통령의 능력에 의존한다. 드와이트 아이젠하워(Dwight D. Eisenhower)의 특별 보좌관이었던 에밋 휴스(Emmet J. Hughes)는 "정부의 크기와 복잡성은 참신한 정책 대안을 조롱하고 방해해서 전혀 엉뚱하고 새로운 방향으로 만들어놓습니다. 국가를 움직이는 대형 장치, 수십만 개의 지렛대와 스위치, 기어는 손가락으로 성급하게 누르거나 화가 나서 주먹으로 친다고 해서 반응하지 않습니다"(Hughes, 1963: 53~55)라고 말한다. 전문성은 확실히 과거의 경험과 관런 있지만 항상 똑같이 작용하지는 않는다.

주지사가 가장 훌륭한 대통령이 될까? 주지사는 필시 지렛대를 움직일 수 있는 행정 기술을 가지고 있을 것이다. 하원의원은 어떠한가? 그도 기어의 선거구 압력을 필시 잘 알고 있을 것이다. 상원의원은? 그는 국가 문제를 장기간 다뤄왔기에 어떤 스위치가 가장 중요한지 알고 있을 것이다. "중요한 것은 자리가 아닙니다. 대통령이 그 자리에서 얼마나 배웠는지가 중요합니다." 한 참모의 말이다. "그 경험이 백악관으로 전이되지 않는다면 후보자가 무엇을 했든 상관없습니다. 대통령의 이력만으로 어떤 일들을 할 것인지를 추측하기보다는 후보자의 별자리를 보는 것이 더 나을 것입니다. 자리의 중요성이 문제를 설명하지 못한 대표적인 사례가 닉슨 대통령입니다. 닉슨은 하원의원과 상원의원을 지냈으며 부통령이었습니다."

똑같이 대통령이라는 자리에 있으면서도 그 자리에서 나타나는 전문성은 아주 다를 수 있다. 린든 존슨과 마이크 맨스필드(Mike Mansfield)는 둘 다 1960년대에 상원의원을 지냈다. 그들은 유사한 대통령이었을까? 존 케네디와 그의 형 테드 케네디(Ted Kennedy)는 둘 다 매사추세츠 주를 대표한 상원의원이었다. 그들이 비슷한 의원이었을까? 문제는 자리가 아니다. 대통령의 전문성에 영향을 미치는 지위에서 얻은 성과와 지식이 중요하다.

국내 문제를 해결하는 데 과연 어떤 전문지식이 가장 필요한가? 참모들은 두 가지 분야를 지적한다. 첫째, 대통령은 연방제도가 어떻게 운영되고 있는지를 알아야 한다. 존슨과 카터의 대조를 눈여겨볼 만하다. 존슨은 사법 능력에서 견줄 만한 사람이 없었던 데 반해, 카터는 의회 절차에서 허둥댔다. 상원 원내총무로서의 경험은 존슨의 국내 어젠다가 미국 정부에 상정되는 데 크게 일조했다. 당시 언론사 간부였던 사람은 "존슨은 자신이 무엇을 언제 해야 하는지 알고 있었습니다. 그는 절차와 적용법을 알았습니다. 그는 제도상의 기구들을 잘 파악했고 정치적 영향력을 완전히 이해했습니다. 그는 정책 대안이 법안으로 통과하려면 얼마나 철저히 준비해야 하는지를 정확하게 알았습니다"라고 회고했다.

그러나 카터는 완전히 풋내기로 입성했다. 카터의 참모가 털어놓았다. "우리는 일을 배우는 데 많은 시간을 소비했습니다. 우리가 감당할 수 없을 정도로 실수를 저질렀습니다. 대통령은 우리가 조지아 주에서 했던 것보다 훨씬 많은 일을 해야 한다고 말했습니다. 그러나 워싱턴은 조지아 주가 아니었고 백악관은 주지사 공관이 아니었습니다." 카터는 마땅히 갖춰야 할 정치적 기술도 지니지 못했다. "그는 관여해야 되는 일에 끼어들지 않으려 했습니다. 그는 지지자들에 둘러싸여 있어야 할 때조차 혼자 있기를 원했습니다. 그는 공격이 최선의 방법일 때도 갈등을 피하려 했습니다. 카터는 정치적 공격의 필요성을 이해하지 못했습니다." 1979년에 예산관리국에 근무했던 직원이 카터 행정부를 이와 같이 평가했다.

"대통령의 영향력에는 수많은 채널이 있습니다. 어떤 것은 예산관리국이나 의회의 연락사무소처럼 확실한 곳도 있고, 달가워하지 않는 상원의원에게 때맞춰 전화하거나 저녁 초대를 하는 등 눈에 보이지 않는 것도 있습니다. 정책 과정 내에서 경쟁하기 위해 대통령은 항로를 조정할 수 있어야 합니다." 이는 노이슈타트의 주장이다. 국가 정치를 해본다는 것은 이를 배울 수 있는 좋은 기회이다.

둘째, 적어도 외교정책에서 대통령이 정책 과제의 준비 과정을 어떻게 관리해야 하는지 알고 있어야 한다. "최우선과제가 행정부에서 꽃피지는 않습니다. 국정 어젠다를 어떻게 처리하는지 알아야 합니다. 닉슨의 가장 큰 짐 중 하나는 새로운 정책 과제를 어떻게 관리하는지였습니다. 그는 이를 어떻게 이끌어야 할지 몰랐습니다. 그는 행정부에 의존했고 행정부는 공화당이 아닌 민주당을 대변했습니다." 닉슨 참모의 주장이다.

대통령의 중요한 정책 과제 초안을 만드는 것은 계획보다 오래 걸렸다. 케네디의 교육정책 경험은 대통령 임기 초기에 국정 어젠다의 틀을 잡는 데 엄청난 영향을 미쳤다. 그는 상원의 노동국민복지위원회에 다양한 아이디어를 개진했다. 그리고 그러한 생각들은 대통령 재임 기간의 업적에 지대한 영향을 미쳤다. 대통령의 이전 정치적 경험이 정책 입안에 영향을 미친 또 다른 사례는 카터이다. 조지아 주 개편 문제의 경우 카터 행정부의 백악관 개입이 두드러졌다. "그 프로젝트는 그렇게 문제가 많았던 것이 아닙니다. 카터는 뭘 원하며 어떻게 해야 하는지를 너무 잘 알고 있었습니다. 우리는 기본적인 개념을 잘 알고 있었고 실제로 많이 해봤습니다. 우리는 결국 카터가 검토할 수 있도록 21개의 별도 안을 제안했습니다." 카터 참모가 회고하며 말했다.

의원과 마찬가지로 대통령은 어떤 분야의 전문가가 되었다. 닉슨은 그 자신이 외교 문제의 전문가로 비치는 것을 좋아했다. 포드는 자신이 예산정책의 전문가라고 생각했다. 참모들도 똑같이 전문화될 수 있다. 대통령과 참모진이 정책 형성에 있어 장애물과 지름길을 어느 정도까지 알고 있는지는 대통령 어젠다의 자원으로 간주되어야 한다. 어느 의회 자문위원은 다음과 같이 말했다. "대통령에게 가장 마지막으로 필요한 것은 당선된 후 정책을 어떻게 수립하는지를 다시 배우는 것입니다. 대통령은 법안 초안을 어떻게 잡는지, 의회가 어떻게 운영되는지, 정책을 어떻게 수행하는지 알아야 합니다. 대통령은 자신과 참모들의 전문 분야가 무엇인지 알아야 합니다. 그러나 그들이 얼마나 모르는지 알면 놀랄 것입니다. 카터와 닉슨은 취임했을 때 시스템이 어떻게 돌아가는지 정말 몰랐습니다." 미숙하다는 것은 결국 국정정책 과제를 추진하는 속도에 영향을 미친다.

백악관에 입성하면 대통령은 먼저 뭔가를 배우려 할 것이다. 대통령과 참모진은 행정부 기구에 대해 잘 알고 있고 효과적으로 선택하기 위해 전략을 짜게 된다. 시간이 지나면서 이들은 더 많은 자신감을 얻는다. 표준관리규정이 만들어지고 의사전달 라인이 수립되며 결정 고리가 확실해진다. 지난 다섯 번의 행정부 모두 취임 첫해에 공식적 의안 절차를 전개하고자 확실히 시도했다. "6개월쯤 지난 뒤 우리는 좀 더 안정적인 절차가 필요하다고 생각했습니다. 첫해는 너무 혼란스러웠으니까요. 그해 말경 우리는 결정을 관리할 수 있는 방법이 필요하다는 것을 알았습니다. 시간은 흘러가고 우리의 선택권을 고수해야 했으니까요." 존슨의 참모가 설명했다. 각 경우마다 대통령은 부족한 자원의 낭비를 막고 늘어난 갈등을 관리하기 위해 국정 어젠다 과정에 질서를 부여하려 했다. 이러한 현상은 레이건 행정부에서 다시 생겨났다.

4) 에너지

만약 정책 입안 과정에 많은 시간과 정보, 전문지식이 필요하다면 정치가의 신체적·정서적 에너지는 모두 고갈될 것이다. 존슨의 특별 보좌관이었던 호레이스 버스비(Horace Busby)는 1968년에 다음과 같이 언급했다. "우리는 사람이 부족했고 경험이 일천했으며 인내가 부족했습니다. 우리는 과로했고 지나치게 부담이 많았고 책임이 막중했으며 수많은 사안에 대해 과도하게 걱정했습니다. 하나의 분야가 끝나면 또 다른 분야 ─ 의료 서비스 제공은 물론 매일의 우편배달까지 ─ 를 진행했지만 그것이 얼마나 지속될지 확신하지도 못한 채 제대로 업무를 수행하지도 못했습니다"(Wood, 1970: 39). 포드 대통령은 다음과 같이 회고했다.

대통령이란 직업은 참 어려운 일입니다. 그러나 무거운 책임에 대한 이야기가 많지만 대통령이란 직업은 누구에게나 그렇게 큰일은 아닙니다. 나는 사람들이 두 명의 대통령이 있어야 한다고 말하는 데 질렸습니다. 그런 주장에 동의하지 않습니다. 오해는 마십시오. 대통령은 하루 12~14시간 일해야 하는 직업입니다. 그러나 그것이 잘못된 일일까요? 미합중국 대통령은 기꺼이 그 정도 시간을 바칠 수 있어야 합니다. 아침 9시에 출근 카드를 찍고 5시에 퇴근할 수 있다고 생각하면, 대통령에 당선되었더라도 다시 생각해야 할 것입니다. 그런 생활을 하라고 대통령을 뽑아놓은 것이 아니니까요(≪타임≫, 1980년 11월 10일자).

대통령이 되기 전후의 사진을 비교해보면 대통령 임기 동안 얼마나 늙었는지 금방 알 수 있을 것이다. 이 직업은 체력 소모가 심한데, 소극적인 방법을 좋아하는 사람들도 금방 지치게 된다. 어느 전직 비서실장은 다음과 같이 말한다. "선거 유세 기간에 현관 정문에 앉을 수 없었다면 모든 대통령은 취임했을 때 벌써 지쳐 있을 것입니다. 정책 과제를 이미 준비해 기다리고 있는 상태가 아니라면 모든 대통령은 인수인계 시에 벌써 쇠진해 있을 것입니다. 백악관에 입성하면 우리는 7시에 출근해 밤 10시에도 퇴근하지 못합니다. 지치지 않을 수 없습니다. 사실 지칠 때까지 하지 않으면 이 일을 해내지 못합니다." 정신적 긴장 상태의 영향은 어디에서나 나타난다. 카터의 한 보좌관이 다음과 같이 말했다.

피곤한 것이 사실이지만 아무도 그렇게 말할 수 없습니다. 그것을 인정해버리면 이 일에 만족하지 못하는 것으로 보일까봐 두려워하기 때문입니다. 그러나 첫해 말쯤 되면 참모들은 긴장을 풀 수 없어서 고통을 받기 시작합니다. 1월에는 중요한 연두교서가 제출되기 때문에 가족과 휴일을 보낼 수 없습니다. 10월에는 예산안이 제출됩니다. 그러니 가을을 느낄 여유도 없습니다. 첫 임기 말에는 거의 지옥 같다고 볼 수 있습니다. 그런 종류의 압력밥솥에서 보내기에는 4년이란 시간이 너무 길다고 생각합니다. 계속 남을 수 있을까 싶습니다.

에너지의 고갈은 여러 차원에서 발생된다. 일정 자체는 내적 힘에 전반적인 한계를 가져온다. 대통령이 시간 계획을 어떻게 세우든 거의 쉴 시간이 없다. 대통령들은 대부분 일정을 늦추려고 하지 않는다.

대통령은 자신의 일정을 소화하기 위해 다양한 방법을 동원한다. 존슨은 낮에 선잠 자는 데 명수였다. 케네디는 일정 중이라도 필요한 경우 특정 사안을 젖혀두고 쉬었다. 닉슨은 건강을 많이 우려해 쉬는 데 공을 들였다. 1910년의 윌리엄 하워드 태프트(William Howard Taft)는 오후에 세 시간씩 낮잠을 잘 수 있었지만 행정 관리들은 전혀 쉴 시간이 없었다. 레이건에게는 잠재적인 문제가 있었다. 노령에 따른 영향이 임기 후반에 뚜렷하게 나타났던 것이다.

참모진도 백악관의 빡빡한 일정을 소화하는 능력이 다양했다. 아무리 스트레스가 심해도 담배 몇 대 피는 것으로 해결할 수 있는 보좌진도 있었고 스트레스를 견뎌내지 못하는 사람도 있었다. "워싱턴은 백악관과 결혼한 사람들로 넘쳐납니다. 업무 스트레스가 가장 먼저 생기는데 압박감이 너무 심했고 고혈압과 스트레스에 대한 내성이 약했습니다. 그래서 살아남기 위해 2년이 지나 보좌관직을 그만뒀습니다." 한 백악관 참모는 이렇게 밝혔다. 존슨의 백악관도 다르지 않았다.

존슨은 참모들에게 많은 것을 요구했다. 그들은 그 대가로 많은 것을 받았다. 많은 일들에 관여할 수 있고 엄청나게 큰 활동 무대에서 자신의 재능을 발휘할 수 있었으며 훌륭한 사람과의 관계에서 존중받았다. 그는 참모들이 시간을 어떻게 쓰는지, 누구를 만나는지, 어디를 가는지에 대해 정확하게 설명할 것을 요구했다. 1분도 소중하게 여겼고, 휴일이 찾아와도 제대로 쉬지 못했다. 존슨은 참모들이 일요일에 백악관이 아니고 가족과 함께 시간을 보내는 것을 반역죄에 가까운 행동으로 간주했다(Kearns, 1976: 252).

결과적으로 존슨 행정부는 그 악명 높은 '존슨 대우'를 견디지 못한 참모진의 사직으로 어수선해졌다. 다른 행정부도 참모진 교체로 비슷한 위기를 겪었지만 그 정도는 아니었다. 카터의 참모진은 모든 참모의 문제를 다음과 같이 요약해 말했다. "움직일 수가 없지요. 아침에 일찍 일을 시작해 밤늦게까지 일이 끝나지 않으니까요. 점심 먹을 시간도 없으니 어쩌다 밖에서 식사하더라도 먹으면서 일하게 됩니다. 참석해야 하는 회의가 항상 있었고 하루에도 수백 건의 전화를 받아야 했습니다. 대통령이 전화하면 당장 달려가야 했고요."

에너지는 국정 어젠다에 영향을 미치는가? 아무리 지쳤어도 결국 대통령들이 정책안을 선택하게 된다. 유능한 참모 몇 명을 잃고 나면 에너지는 중요한 자원인가? 확실히 정책 과제 기획에는 '창조적 에너지'가 많이 필요하다. 주의력을 집중하는 것만으로는 충분하지 않다. 이 점에 귀를 기울여야 한다. 특정 정책 기획의 경우 임기 말년에는 일반적으로 발견되지 않는, 어느 정도의 활동과 관심이 있어야 작용하게 된다. 창조성은 지친 상태에서는 나오지 않는다.

스트레스는 판단과 이행에 오류를 낳는다. 대통령과 참모진이 지치기 시작하면 필요한 비교 검토를 무시하고 그대로 넘어가는 경향을 낳는다. 정책 과정은 에너지를 필요로 한다. 그러므로 피터 스퍼리히(Peter W. Sperlich)는 모든 대통령의 행동은 협상 행위라는 주장을 비판한다. "더 많은 협상을 선택할수록 대통령은 스스로 더 많이 일해야 합니다. 올바른 협상을 위해서 대통령 스스로 자신의 참모가 되어야 합니다. 협상인으로서의 대통령은 누구에게도 의지할 수 없습니다. 대통령은 자신 이외에는 누구도 믿을 수 없습니다"(Sperlich, 1975: 423). 스퍼리히는 "대통령은 슈퍼맨이 아니다"라고 말한다.

> 항상 협상하고 성공적인 협상과 관련된 모든 일을 자신이 시행하려는 대통령은 오래도록 대통령직을 수행하지 못한다. 신체적·정신적 장치에 지속적으로 엄청난 양의 과부하가 걸리면 곧 고장 나기 때문이다. 대통령은 대안 전략과 충직한 도움을 구하도록 노력해야 하며 그러한 전략이나 도움에 이념적이고 개인적인 편견이 이용되지 않게 해야 한다(Sperlich, 1975: 426).

케네디 행정부의 한 참모는 모든 행정부처에 대해 다음과 같이 지적했다. "대통령은 행정부에 군대와 마찬가지로 더 많은 휴식과 오락 시간을 주어야 합니다. 최고 참모진이 잠깐 쉴 수 있도록 다른 부서로 자리를 옮겨줘야 합니다. 대통령은 비서실장을 농업예산처로 옮겨 우편업무를 보게 할 수 있습니다." 안타깝게도 휴식에 대한 이러한 요구는 백악관의 일정에 맞지 않는다. 대통령 임기가 제한되어 있기에 쉬지 않고 계속 움직여야 대통령에게 도움이 된다고 생각한다. 예를 들면 카터 임기 초에 대통령은 구체적으로 참모진에게 다음과 같이 말했다. "난 여러분이 가족과 함께 지낼 수 있는 시간이 있었으면 합니다. 우리는 오랫동안 이곳에 있을 것입니다. 그리고 여러분 모두 휴식과 편안한 가

정생활이 있어야 나와 나라에 더욱 소중한 인물이 될 것입니다." 대통령 자신과 참모들은 첫 달부터 이를 무시했다. 현실적으로 불가능한 기대였다.

3. 대통령의 자산

압력, 압박, 영향력, 힘, 권력은 모두 같은 의미이다. 대통령의 자원 중 가장 기본적이고 중요한 것은 정치적 자산이다. 내적 자원인 시간, 정보, 전문지식, 에너지 모두 국정 어젠다에 영향을 미치지만 대통령은 정치적 자산 없이는 국정 운영에서 심각한 한계에 직면한다. 그리고 이러한 자산은 의회의 정당과도 직접 연결되어 있다. 대통령의 협상 능력은 당의 필요한 지원 없이는 어젠다의 구성과 성공에 영향을 미칠 수 없다. 전문지식은 거의 차이를 만들지 못한다. 협상력은 대통령 권한의 중요한 도구이지만 중립적 환경에서는 차이를 나타내지 못한다. 대통령은 좋은 것과 나쁜 것을 협상 테이블로 이끌어낸다.

자산의 영향을 가장 잘 설명하는 사례로 케네디의 초기 입법 실패와 존슨의 성공 사례를 비교해볼 수 있다. 『의회 연감(Congressional Quarterly Almanac)』에 따르면 존슨은 1965년에 입법 제안의 60%를 의회에서 통과시켰는데 케네디는 1963년에 27%만을 통과시켰다. 대통령 특권에 어떤 변화가 있어 존슨이 성공한 것일까? 존슨이 입법 협상자로서의 능력이 있어서일까? 정답은 협상 능력과는 상관없다는 것이다. 제도상의 특권이든지 협상 능력이든지 간에 존슨의 극적인 성공을 설명하지 못한다. 존슨 대통령이 많은 제안을 의회에서 통과시킨 것은 1964년 선거 이후 그의 정치적 자원이 증가된 것과 관련된다. 존슨의 큰 영향력은 하원에서 민주당, 특히 북부 자유지역의 민주당원이 엄청나게 늘어난 결과이다. 존슨은 제87회기 의회에서 263석의 민주당원을 확보하고 있었고 제88회기에는 294석을 확보했다. 더군다나 존슨의 지지 세력인 북부 민주당 연합은 1964년의 152석에서 1965년에는 194석으로 늘었다. 결국 케네디는 총 투표율의 49.7%로 당선되었지만 존슨은 1965년에 압도적 승리를 거두며 백악관으로 돌아왔다. 선거 득표 차와 의회 지지의 증가는 존슨이 큰 승리를 거두는데 일조했다. 존슨의 성공은 대통령 자산이 극적으로 늘어난 데 기인한 것이었다. 존슨의 능력이 그의 부족한 자원을 메울 수 있었다 할지라도 그 변화에 대한 기본적인 설명은 외부 자원, 즉 그의 정치적 '자산'이 증가된 데 있었다.

권력은 대통령의 기록으로는 설명되지 않지만, 대통령 참모들 간에 권력은 일반적으로 의회에서 대통령이 얻을 수 있는 정당 지지 같은 것으로 이해되었다. 대부분의 백악관 참모진은 자본을 대통령이 특정 사안에 대해 의회에서 가져올 수 있는 표결수로 규정한다. 그렇기에 자산은 대통령에 대한 국민 지지율과 득표율의 차이에 반응을 보인다. 그러나 대통령 자산의 기저는 대통령이 의회에서 갖고 있는 의석수이다. 어떤 참모들은 '자산'이라는 말을 자주 사용하지만 다른 말로 표현하는 참모들도 있다. 자산의 매력은 시간이 지나면서 사용된 영향력의 이미지에 달려 있다. 이 정의는 국정 어젠다만으로 제한되는데, 굉장히 입법적인 내용을 가진 제한임을 기억해야 한다. 이 정의는 외교 문제에서는 틀림없이 변하게 된다.

1) 당의 지원

당의 지원은 대통령 자산 중 가장 중요한 요소이다. 이것은 의회 지원의 '금본위제'와 같다. 백악관 참모들 중에 정당의 지지나 자원을 국민 지지율보다 훨씬 더 안정된 것으로 보는 경우가 많다. 여론 조사에서 지지율이 떨어지면 대통령은 의회 지지, 특히 대통령이 소속된 정당의 지원에 의지하게 된다. 의회 지원이 중요한 선거에서 승리를 보장할 수 없다 하더라도 대통령과 참모진은 그러한 지원이 국민의 지지보다는 안정적이라고 확신한다. 국민의 지지처럼 의회 지지도 임기 중에 항상 변화한다. 그러나 국민의 지지처럼 빠르고 현저하게 떨어지지는 않는다. 카터의 보좌관이 말했다. "여론의 포화를 받고 있는 상황에서도 우리는 의회 내에서 항상 지지를 받을 수 있었습니다. 의회는 여전히 정당제도를 채택하기 때문에 정당의 기준만 확실하게 해도 몇 표는 더 얻을 수 있었습니다."

또한 대통령과 참모들은 당의 지원이 일상적인 국내 현안 처리에 결정적인 역할을 하는 것으로 보고 있다. 국민의 지지가 의회 득표를 좌우하기도 하지만 그렇게 성공하는 데는 한계가 있다. "모든 사람에게 투표권이 있습니다. 몇 개의 그룹이 주어진 안건을 지지하게 할 수 있습니다. 그 문제를 어떻게 규정하고 표본을 어떻게 추출하는지에 따라 긍정적인 결과를 얻을 수 있습니다. 의회는 교섭 도구로서의 여론을 믿지 못하고 국민 지지율은 너무 포괄적이어서 그다지 만족스럽지 못합니다." 한 참모의 말이다. 임기 중 국민 여론은 중요하다. 중간 선거의 당락에도 영향을 미치고 대통령 재선에도 영향을 미친다. 그러나 국민 여론은 국내 정책 과정에는 쉽게 직접적인 영향을 미치지 않는다. 의회 내의 정쟁에서 간접적인 요인을 제시할 뿐이다. 대통령은 여론을 무시할 수는 없다. 그러나 워싱턴 정치처럼 폐쇄된 세계에서 임기 중 매일 실제로 활동하는 것은 정당이다. 그러므로 당의 지원은 대통령 자산의 중요한 구성 요인이 된다.

대통령은 필연적으로 의회 정당의 지지에 의지해야 하므로 입법권의 잠재적 지지를 측정하게 된다. 당이 차지한 의석수가 곧 지지를 보장하는 것이 아니더라도 의석수는 영향력의 근간이 된다. 존슨 대통령의 한 정책 참모의 말이다. "의회를 구워삶아 투표권을 얻어낼 수는 있지만 당이 힘쓰게 하지 못하면 희망은 많지 않습니다. 대통령의 입법 성공은 정당에서 시작됩니다. 복잡할 것이 없습니다." 의원들은 여론을 주시하고 선거에서의 위임을 평가한다. 그러나 국민 지지와 투표의 압승이 의회 소수당을 다수당으로 전환시키지는 못한다. 의회 의원들이 대통령에게 협조하는 것은 그것이 서로에게 이득이기 때문이다. 당은 교환의 기초를 설정한다. 그러므로 1981년에 레이건이 하원에서 예산을 성공적으로 통과시키고자 할 때 직면한 가장 어려운 문제는 남부 민주당원을 공화당에 편입시키지 않으면서 공화당원을 그대로 지켜내는 것이었다. 레이건은 대체 예산에 대한 문제가 시작된 6월 싸움에서 자유로운 공화당원이 보수적인 민주당원보다 더 걱정되었다고 한다. 1981년 7월 초에 레이건의 한 정책 자문위원은 이렇게 언급했다. "진짜 문제는 190석의 공화당을 결집시키는 것이었습니다. 레이건이 공화당의 북쪽 날개를 잃었다면 그는 예산안도 통과시키기 못했을 것입니다. 30명의 공화당원을 잃는다면 29명의 민주당원을 얻더라도 아무 소용 없습니다. 연락팀은 공화당원을 결집시켜야 한다는 전제에서 시작했습니다. 그런 다음 보수적인 민주당원을 끌어들이는 것을 생각해도 충분했습니다."

2) 국민 지지와 득표율

국민 지지는 의회의 지지를 얻는 데 중요한 도구이다. 그러나 앞서 언급했듯 의석수가 지지를 보장하지는 않는다. 지지는 의회와 대통령에게 이득이 있을 때에만 나타난다. 국민의 지지가 의회에서 대단한 이익을 발생시키지 않더라도 국민의 지지가 없다면 결과적으로 성공 잠재성을 떨어뜨린다. 카터의 한 보좌관은 이 문제를 다음과 같이 요약했다.

아이젠하워 대통령은 여론 지지율이 가장 높았을 때도 제대로 의정활동을 할 수 없었습니다. 가장 인기 있는 대통령이었지만 그는 의회에서 충분한 힘을 갖지 못했던 것입니다. 여론은 유권자들이 그에게 주지 않았던 것, 즉 하원과 상원에서의 당의 지지를 만들어내지 못했습니다. 우리는 의회 의석수도 확보했습니다. 우리에게 잠재적인 지원도 있었습니다. 그러나 아이젠하워가 받았던 국민의 지지를 누리지는 못했습니다. 우리의 지지율은 상당히 빠르게 떨어지기 시작했고 의회는 후퇴하기 시작했습니다. 의석수를 얻었지만 국민의 지지는 얻지 못했습니다. 어떤 상황인지 알겠습니까? 여론은 당신에게 도움은 되지 않지만 당신을 지옥에 빠뜨려 다치게 할 수는 있습니다.

또 다른 카터의 참모가 피력한 의견도 이와 일치했다. "여론 지지율은 우물이 말라갈 때 아주 중요합니다. 지지율이 30%가 되면 우리는 최고 권력자가 되어 지지율을 뒤집을 수 있습니다. 큰 은행의 소액 투자자가 되는 셈입니다." 게다가 국민 지지율이 당에 미치는 영향은 큰 듯하다. 다수당 당원은 지지율에 대한 의존도가 소수당 당원보다 높다. 실제로 조지 에드워즈(George Edwards)에 따르면, 대통령의 지지율이 오를 때 소수당들은 대통령에 대한 반대 수위를 높인다(Edwards, 1980). 즉, 당은 영향력의 '금본위제'이다.

선거 득표율도 대통령 자산에 비슷한 영향을 미친다. 대통령이 근소한 차이로 당선되었다면 의회 지원은 미온적이다. 설사 압도적으로 승리했다 해도 움직임은 극히 제한적이다. 이제까지 본 바와 같이 정치적 지원과 지지가 중요한 요인이다. 대통령이 의회에 충분한 의석을 확보하지 못했다면 선거 득표율은 거의 영향을 미치지 못할 것이다. "의회는 가까스로 일을 해낸 사람과 거래하기를 원하지 않습니다." 케네디의 한 참모가 말했다. "대통령이 당신 지역구를 바탕으로 유세를 펼쳤다면 그는 약점을 잡힌 사람이 됩니다. 대통령이 당신을 돕지 못한다면 당신이 왜 대통령을 돕겠습니까?" 존슨 참모도 이 문제에 동의했다. "중요한 것은 약한 후보자도 같이 당선시킬 수 있는 강한 후보자가 필요하다는 것입니다. 하원의원으로 당선되는 데 당신의 도움을 받았다면 당신은 더 큰 지원을 받게 됩니다. 우리 모두는 1965년에 대통령에게 빚을 진 신참자였습니다."

대통령의 강한 영향력이 없다면 선거 득표율은 자산을 생산하지 못한다. 대통령의 득표율 자체는 민주당원 의석을 공화당원 의석으로 돌리거나 소수당을 통합해 다수당을 만들지 못한다. 닉슨의 참모가 통탄했듯이, "1972년은 우리에게 도움이 되지 못했습니다. 1956년의 아이젠하워 대통령이 당면한 상황과 비슷했습니다. 우리는 여론 지지와 엄청난 득표율을 얻었습니다. 그러나 그것으로는 10센트짜리 커피 한 잔도 살 수 없었습니다. 여전히 우리가 무엇을 갖지 못했는지가 의문이었는데 그것은 바로 공화당원이었습니다."

국민 지지와 선거 득표율 간의 상관관계는 잘 설명될 수 있다. 대통령이 50% 이상의 지지율을 얻고 있는 상태라면 국민 지지는 의회의 지지 기반 마련에 그리 큰 효과를 미치지 않는다. 그러나 대통령에 대한 국민 지지율이 임계치 아래로 떨어진다면 입법적인 지원을 침식시키는 데 여론 지지가 상당한 영향력을 행사한다. 국민 지지율은 대통령에게 도움은 되지 않더라도 해를 입힐 수는 있다. 그러나 선거 득표율에 관한 임계 효과는 규명하기 매우 어렵다. 승리 득표 차는 집권당의 경우 이득으로 해석될 수 있기 때문에 관계가 애매하다. 그러나 득표 차가 낮으면 낮을수록 강한 영향력을 행사할 수 있는 기회가 그만큼 적어진다는 것은 분명하다.

3) 평판

평판은 대통령의 자산에 어떠한 영향을 미칠까? 노이슈타트는 전문성 평판이 대통령의 설득력에서 '가장 중요한 요소'라고 설명한다.

> 정부 관계자들이 자신들과 대통령의 관계를 검토할 때 헌법을 조사하거나 대통령이 기존의 권한 이상으로 유리한 입장에 있다는 사실을 떠올리는 일은 별로 도움이 되지 않습니다. 이들의 과제는 대통령이 이론상 무엇을 하느냐가 아니라 현직 대통령이 실제로 무슨 일을 할지에 달려 있습니다. 협상에서 유리한 입장을 최대한 활용할 수 있는 대통령의 '능력'과 '의지'를 예측해야 합니다. 대통령이 다른 사람에게 영향력을 행사할 기회가 주어질지는 그들이 대통령을 어떻게 보는지에 따라 달라집니다. 대통령이 효율성과 가능성을 최대화하려면 사람들이 무슨 생각을 하는지에 신경을 써야 합니다(Neustadt, 1960: 60).

노이슈타트는 이렇게 말한다. "대통령이 의회에 행사할 수 있는 영향력의 최대 위험은 현재의 무능함이 아니라 어제, 지난달, 지난해에 저질렀던 일의 성격과 유사한 무능함에 있습니다. 대통령의 실패가 반복되면 결국 다른 정책 대안 마련과 관련된 능력 면에서 신뢰도를 잃게 마련입니다"(Neustadt, 1960: 61).

이러한 문제에 대해 참모진은 동의했을까? 일정 부분 동의하고 있었다. 닉슨 대통령의 참모는 다음과 같이 주장했다. "대통령이 하는 실수는 늘 따라다니게 마련이지만 장기적으로는 중요하지 않습니다. 임기 초에는 기대하는 분위기이지만 실제로 결정할 때 그러한 기대는 쉽게 사라집니다. 복지 개혁에서 발생한 실수가 세입 분할 법안에 영향을 미쳤다고 보지는 않습니다." 한편 카터의 참모는 유사한 문제에 대해 이렇게 설명하고 있다.

카터 행정부가 들어섰을 때 사람들은 분명 우리를 촌놈으로 봤습니다. 이러한 시각이 의회에 영향을 미친 건 사실입니다. 하지만 무엇에 비교할 수 있었겠습니까? 그게 근소한 차의 당선만큼 중요했을까요? 대중의 지지가 떨어지는 일만큼 위태로웠을까요? 아니면 버트 랜스(Bert Lance)[*]의 경우는 어떠했을까요? 평판은 시간이 지나면 바뀝니다. 지금의 우리 평판은 취임 첫해보다 훨씬 더 좋습니다. 협상력은 강해졌고 참모진은 많은 것을 배웠습니다. 그런데 우리의 성공률을 보셨습니까? 별로 높아지지 않았습니다. 예상 반응이 중요한 줄은 압니다만 그 반응이 무엇을 근거로 하는지는 잘 모르겠습니다.

평판을 고려하지 않는 이유에는 몇 가지가 있다. 일부 참모들이 제시한 바에 따르면 평판은 유형 자원이 아니라 추상적 개념인데, 흔히 대통령의 정치활동이라는 현실 세계와 상충한다. 게다가 노이슈타트의 견해가 옳다면 평판의 영향은 누적되어 임기 말에야 그 영향을 깨닫게 될지도 모른다. 대통령의 취임 전 이미지에 관계없이 평판의 영향은 시간이 지나면서 눈덩이처럼 불어난다. 하

---

* 카터 행정부 예산국장(옮긴이 주).

지만 국내 정책에서 결정적 사안은 초기에 선택된다. 평판은 흔히 이러한 초기 선택의 산물이다. 의회가 대통령을 감시하는 것은 사실이지만, 평판은 첫 임기가 끝날 무렵과 재선된 이후까지 정치적 자산에 의회보다 큰 영향을 미칠 가능성이 높다. 카터는 1977년에 불거진 무능하다는 인상 때문에 1980년에도 계속 방해를 받았다. 평판이 국민의 지지도 하락이나 초기의 정당 결속력 결여만큼 해를 끼쳤는지는 여전히 규명되지 않았다.

4) 선거의 상호 작용

정치 시스템이 분리된 경우 당의 지지, 국민의 지지, 득표율, 평판에는 큰 의미가 없다. 그러나 네 가지 변수가 상호 작용한다는 증거는 충분하다. 선거 득표율은 의회 내 의석 점유율에 영향을 미칠 수 있다. 국민의 지지도는 입법 성공률을 높이면서 평판을 얻는 데 기여한다. 대통령의 참모진은 의회 내에서 다수 의석 확보를 중시하지만 지지율과 득표율, 평판은 선거와 관련된 정치적 상호 작용에 영향을 미친다. 예컨대 1980년 레이건의 당선은 의회에서 엄청나게 다른 분위기를 만들어냈다.

레이건은 민주와 공화 양당 선거구에서 카터보다 월등히 앞섰고 새롭게 상원에 다수당을 만들 수 있었다. 설사 공화당이 하원을 다시 장악하지는 못했다고 해도 상원에서 대참패를 당하고 하원에서 33석을 잃은 민주당의 하원의원들은 전폭적으로 지지하지는 않더라도 어느 정도 다수당에 협조했다. 이런 면에서 레이건의 선거 득표율은 공화당이 의회의 의석을 확보하는 데 일조했으며 민주당원들 사이에 상당한 불안을 조성했다. 레이건의 보좌관은 1981년 초에 이렇게 말했다. "우리는 되도록 권한을 밀고 나갈 것입니다. 국민이 우리에게 되풀이해서 말한 소리를 여러분이 듣지 않는다면 우리는 목적을 달성하지 못합니다. 이 전략은 계속 민주당원들에게 압력을 가하고 1980년 11월 4일의 충격을 상기시키는 데 있습니다. 이 전략은 곧 끝나겠지만 우리는 최대한 이를 활용할 겁니다."

하원의원들이 선거 추세를 주시하는 경향은 익히 알려져 있다. 레이건 후보의 당선은 공포 분위기를 조성했다. 민주당이 상원의 과반수를 얻지 못한 것은 레이건이 국민의 엄청난 지지를 받은 것과 맞물려 그의 초기 의회 승리에 지대한 영향을 미쳤다. 레이건은 전통적으로 '성역'에 속하는 분야의 예산 삭감을 모색한 덕분에 보수파 민주당원과 여당인 공화당원들의 지지로 다수파를 만들 수 있었다. 그러나 그의 선거 득표율과 3월의 암살 기도 후에 국민이 폭발적으로 호응했는데도 레이건의 국민 지지도는 임기 첫해 한여름이 되자 떨어지기 시작했다. 레이건의 참모들은 지출 삭감에 대한 국민의 반발로 지지도가 한층 더 하락하리라는 예측을 공공연하게 내놓았다. 레이건은 1981년 7월에 미시시피 주의 네 번째 의회 선거구 보궐 선거에서 처음으로 공화당 하원 의석을 잃었다. 이곳의 공화당 보궐 후보는 레이건의 승인하에 레이건의 정책 과제를 내걸고 유세를 벌였지만 패했다.

5) 자산 평가 방법

대통령마다 자신의 정치적 자산을 평가하는 방법이 달랐다. 존슨은 선거 득표율의 투표수를 기준으로 자산을 평가했다. 도리스 컨스(Doris Kearns)가 주장한 대로, 1965년 취임 초 몇 달 사이에 "존슨의 낙관론과 에너지는 대중의 신임이 급격히 약화될지 모른다는 심한 불안감으로 이어졌다".

1965년 1월, 백악관 서관의 피시 룸에 모든 행정부의 의회 교섭 담당자들을 부른 자리에서 존슨은 당면한 다양한 어젠다에 주목해야 할 이유를 설명했습니다. "나는 우리나라 역사상 1,600만 표라는 최다 득표로 대통령에 당선되었습니다. 사람들이 당연하게 생각하는 방식과 배리 골드워터(Barry Goldwater)가 단순히 국민을 굉장히 두려워했다는 이유만으로 나는 1,600만 표 가운데 300만 표를 이

<표 1-1> 대통령 자산 측정

대통령	연도(년)	상원의석(석)	하원의석(석)	국민 지지율(%)[1]	득표율(%)
케네디	1961	65	261	72	49.7
	1962			77	
	1963	67	258	76	
존슨 제1기	1964			79	
존슨 제2기	1965	67	295	80	61.1
	1966			61	
	1967	64	248	46	
	1968			48	
닉슨 제1기	1969	43	192	59	43.4
	1970			61	
	1971	45	180	51	
	1972			49	
닉슨 제2기	1973	42	192	65	60.7
	1974			27	
포드	1974			71	0.0
	1975	37	144	39	
	1976			46	
카터	1977	61	292	66	50.1
	1978			55	
	1979	59	287	43	
	1980			80	

주: 1) 갤럽 여론 조사 지수에 따르며, 이 수치는 그해의 첫 지지율을 나타낸다.

미 잃었습니다. 의회와 정책 입안 문제로 싸우고 나면 다시 수백만 표를 잃게 됩니다. 몇 달 사이에 800만까지 내려갈 수 있습니다"(Kearns, 1976: 226).

백악관 참모진에게 정치적 자산은 각기 다른 세 가지 지표를 의미했다. 즉, 의회 내 소속 정당의 의석수, 국민 지지도, 당선 득표율이다〈표 1-1〉에서 과거

20년 동안의 세 가지 지표를 간추렸다). 따라서 선거를 통한 국민의 지지가 없다면 의회의 지지는 의석수만을 뜻할 뿐이다. 그러나 의석이 없으면 국민의 지지나 선거의 힘이 크다 해도 아무런 소용이 없다. 카터의 참모가 말했다. "의회의 민주당 의원 292명은 잠재적 지지자였습니다. 존슨보다 겨우 세 명이 적었지요. 하지만 근소한 차로 당선이 예상되고 지지율이 하락하는 상황에서 그들은 여전히 '잠재적' 지지자로 남았을 뿐입니다. 우리는 억지로 이들에게 적극적인 지지자가 되라고 할 수는 없었습니다."

닉슨의 측근은 이렇게 말했다. "대통령의 기본적인 영향력은 의회의 힘, 즉 실제 득표수에 달려 있습니다. 1968년에 공화당이 190석만을 확보했던 탓에 우리는 무력했습니다. 대통령의 당선 득표율은 어느 정도 효과를 줄 수 있었습니다. 1968년 선거에서 44%의 득표율을 얻는 데 그쳤던 우리는 심각한 상황에 처했습니다. 결국 대통령에 대한 국민의 지지가 도움이 될 수 있었습니다. 대통령의 세 가지 정치적 자본 중 우리가 우세했던 부분이 한 곳 있었으니까요. 하지만 세 분야 중 한 분야의 지지로는 정책을 수행하기에 부족했습니다."

대통령의 자산은 재임 기간 내내 공급될 수 있을까? 정책 선택으로 그 자산을 써버릴 경우 이를 회복할 수 있을까? 자산은 시간이 지나면 분명 감소한다. 국민의 지지도가 계속 떨어지면서 중간 손실이 발생한다. 이런 추세를 반전시킬 수 있을까? 참모진은 대체로 자산을 다시 쌓을 수 있지만 그 정도는 미미하다고 주장했다. 이들은 대체로 여론 문헌에서 자주 볼 수 있는 '국기를 중심으로 단결하는 현상(Rally Round-the-Flag)'에 관해 의견을 개진했다(Kernell, Sperlich and Wildavsky, 1975). 이 개념에 따르면 대통령은 평상시보다는 외교 문제에서 위기에 처해 있을 때 지지율이 높아진다. 과거에 이런 위기 현상에서 국민의 지지도가 올라간 경우가 많았다. 그 예로 쿠바 미사일 위기와 베트남전쟁 당시 통킹 만의 위기를 들 수 있다. 1979년에 카터에 대한 국민 지지도는 이란의 미국 대사관 점령 후 50%로 껑충 뛰었다. 이러한 현상은 국내 정책에서도 흔하다. 1964년 존슨의 시민권리운동이 승리한 경우도 이에 해당하며, 1979년 카터의 에너지 관련 종합법안도 이런 효과를 기대했다. 각각의 경우에 대통령은 감소하는 정치적 자산을 회복하기 위해 통상적인 위기를 이용했다. 존슨의 경우 그 방법이 먹혀들어갔지만 카터의 경우에는 의회가 끊임없이 발목을 잡았다.

자산은 임기 중에 다시 얻을 수 있지만 그 형태는 유지된다. 선택할 때마다 자산은 줄어들며 회복은 아주 한정적일 뿐이다. 외교 문제의 위기 상황에서 국기를 중심으로 단결하는 경우에도 국민 지지율이 얼마나 유지될지 확실하지 않다. 1979년에 이란의 테헤란 인질 위기가 계속된 2개월 사이에 카터의 국민 지지율은 80%에서 50%까지 떨어졌다. 그리고 1980년 민주당 전당대회 바로 2주 전에 시작된 '카터 퇴진' 운동은 당 지도자들이 11월 선거에서 당선할 수 있는 다른 후보자를 찾자 일시적으로 힘을 얻었다.

이러한 사례에서 보듯이 대통령의 정치적 자산은 국가의 위기를 통해 얼마나 많이 회복할 수 있는지 예측하기 어렵다. 더군다나 위기 시 단결할 때 국민의 지지는 국정 어젠다 결정에 얼마만큼의 영향을 미칠까? 인질 위기가 카터의 국정 어젠다에 도움이 되었는가? 국내 위기가 자산을 증가시켰는가? 과거 20년에 걸쳐 국민 지지율 추세가 자산 하락의 지표 구실을 하는 경우 에너지나 빈곤과의 전쟁 선언으로 지지율이 약간만 향상되었을 뿐 지속적으로 나타나지는 않았다.

시간과 아주 흡사하게, 대통령의 정치적 자산은 유지되지 않는다. 포드의 보좌관은 자산을 달러에 비유해 다음과 같이 말했다. "자산은 빨리 써버리지 않으면 가치가 떨어집니다." 대통령은 자신의 업적이 무엇이든 간에 의회의 정당 지지 여부를 통해 중간 손실을 예상할 수 있었다. 이러한 형태가 40여 년 동안 계속되었다. 따라서 대통령의 자산을 이용하는 최선의 방법은 되도록 신속하게 정책 과제를 제시하는 일이다. 대통령은 취임하자마자 국정 어젠다에 착수하는 데 신경을 써야 한다. 모든 대통령이 그렇게 하지는 않았다. 닉슨은 임기 초 몇 달 동안 외교 문제에 열중했다. 그는 분명 국정 어젠다를 연기함으로써 이미 부족한 자산의 상당 부분을 허비했다. 대통령이 어젠다를 의회에 일찍 제출하지 않으면 의회의 일정은 다른 경쟁 사업으로 채워진다. 의회는 대통령 어젠다를 마냥 기다리지는 않는다. 의회의 어젠다 확보 경쟁이 심해지기 때문에 대통령은 신속하게 움직이는 것이 바람직하다.

그러므로 대통령의 정치적 자산은 내적 자원과 밀접한 관련이 있다. 정보와 전문지식은 대통령이 자신의 자산을 계속 '현명한 투자'에 쏟는 데 도움이 된다. 이를테면 시간을 통해 특별한 기회를 얻을 수 있고 에너지는 지속적인 노력을 경주하게 한다. 이와 반대로 대통령은 자신의 정치적 자산을 통해 많은 시간과 정보에 접근할 뿐 아니라 더 많은 전문지식과 에너지 보완에도 영향을 줄 수 있다. 대통령의 자원이 많을수록 내적 자원 낭비를 극복할 수 있다.

4. 결론

자원은 대통령의 국정 어젠다의 핵심이다. 참모진에 따르면 대통령의 자원은 존재한다. 대통령의 참모진은 자원을 두 그룹으로 나누는 경향이 있다. 즉, 내적 자원인 시간, 에너지, 전문지식과 외적 자원인 의회 지지, 국민 지지율, 선거 득표율이다. 하지만 대통령의 자원은 유동적이며 내적 자원인 시간이나 에너지 같은 자원은 당선되는 순간부터 감소하기 시작한다.

대통령과 참모진은 자원이 존재하는 것처럼 행동한다. 이 점이 가장 중요한지도 모른다. 자원이 객관적으로 존재하지 않는다 해도 백악관의 인식은 자원을 중요하게 만든다. 자신의 정치적 영향력이 시간이 지나면서 줄어들지 모른다는 존슨의 믿음은 타이밍과 정책 어젠다의 내용과 밀접한 관계로 나타났다.

제2장에서 필자는 자산이 어떻게 국정 어젠다 형성 과정의 기본적인 매개변수에 영향을 미치는지 살펴보고자 한다. 내적 자원이 타이밍과 규모에 영향을 주는 중요한 요인이라 해도 자산은 여전히 결정적인 요소이며 국정 어젠다를 이해하는 데 긴요하다. 대통령 개인의 전문지식이나 성품, 역량이 무엇이든지

간에 자산은 가장 중요한 자원이다. 과거 대통령학을 연구한 전문 학자들은 백악관의 결정 사항을 다루면서 개인적 요소에 초점을 두면서 인격을 주된 요소로 봤다. 그러나 대통령의 자산 수준이 낮은 경우 지극히 긍정적이고 적극적인 행정조차도 영향력을 발휘하지 못했다. 대통령이 역량과 매력, 카리스마가 넘치는 진정한 입법의 귀재일 수는 있지만 기본적인 의회의 지지가 없다면 국정 어젠다는 심각하게 제한을 받는다. 이러한 점에서 자산은 대통령의 최우선과제의 수와 내용 형성에 영향을 미친다.

이처럼 대통령이 세세한 국내 정책 과제를 제시할 기회를 가져올지, 한정된 주도권과 거부권으로 제약을 받을지 결정하는 요소는 자산이다. 자산은 기본적인 어젠다의 매개변수를 설정하고 안건의 규모를 결정하며 선택의 범위를 좌우한다. 대통령의 인격에 관계없이 자산은 국정 어젠다 배후의 중추적인 힘이다.

2

선택의 기회

the opportunities for choice

1972년 선거 직후 닉슨의 참모진은 향후 4년에 대한 토론의 장을 마련했다며 자신만만했다. 닉슨이 국민투표에서 60%가 넘는 지지율로 당선되었고 매사추세츠 주를 제외한 모든 주에서 주도권을 잡았기 때문이다. 닉슨에 대한 국민의 신임은 가장 높았다. 닉슨은 각료를 새로 임명하고 새로운 중국정책에 착수해 정책 과제를 새로 작성할 수 있었다. 하지만 닉슨의 입법 관련 어젠다는 여전히 제한을 받는 상태였다. 결국 닉슨은 입법권이 아닌 행정권을 대안으로 선택했다.

닉슨의 근본적인 문제는 대통령의 정치적 자산이었다. 선거인단에게는 신임받고 있었지만 의회에서의 지지율이 아주 낮았다. 상원의원 중에 공화당은 고작 42명이었고 하원의원도 192명에 불과했다. 심지어 남부 민주당의 지지를 받는다고 가정하더라도 안정된 다수파를 형성할 수 없었다. "의회에서 아무 도움도 받지 못하리라는 것을 우리는 너무 잘 알고 있었습니다. 도대체 우리가 뭘 하고 있는 것입니까? 문이나 계속 두드리고 있어야 합니까? 1972년 선거 훨씬 이전에 우리가 승리한다면, 그것도 압도적으로 승리한다면 협상 방법을 반드시 바꿀 거라고 이미 결정한 바 있습니다. 백중지세의 선거를 또 치를 수는 없습니다. 길들이고 훈련하는 데는 이유가 있다고 생각합니다"라고 닉슨의 한 측근이 말했다. 닉슨 행정부는 새로운 법안 마련 의지를 완전히 포기하지는 않았다. 오히려 닉슨 대통령과 참모들은 의회와의 싸움에 소요될 막대한 양의 자본 투자를 포기했다. 정치적 자원에 제한이 심했기 때문에 닉슨은 국정 선택을 위한 기회를 활용할 수 없었다.

국정 어젠다에서 최소 두 가지 기본 요소가 닉슨의 기회를 제한하고 있었다. 첫째는 닉슨의 어젠다 발의 타이밍이다. 닉슨 행정부는 1969년과 1973년 국정 어젠다 선정에서 항목, 대안, 우선순위 등을 정하는 데 눈에 띄게 느렸다. 둘째는 닉슨의 정책 규모이다. 닉슨 행정부는 첫 번째와 두 번째 임기 모두 어젠다를 발의할 수 있는 항목 수에서 절대적인 제한을 받고 있었다.

1. 정책 주기

모든 대통령에겐 국정 어젠다를 발의할 수 있는 기회가 주어진다. 일반교서 (State of the Union Message)를 작성할 수 있으며 연간 예산을 고칠 수도 있다. 거의 마음대로 새로운 의안 제출권을 공표할 수 있으며, 공표에 따라 각기 별개의 대중매체를 동원할 수도 있다. 게다가 대통령은 예산관리국, 입법부, 연방 정부 부처를 통해 의회의 어젠다를 이용할 수 있다. 또한 대통령은 임명, 행정절차나 연례 정책 과정을 통해 관료식 어젠다를 만든다. 하지만 모든 대통령이 국정 어젠다를 발의하는 역량을 갖더라도 어젠다를 실행할 수 있는 기회활용 능력과 의지에서는 각각 상당히 차이가 있다.

정책을 실행에 옮길 기회에 대한 자원의 영향력은 정책 주기의 문제라고 해야 가장 옳은 설명이 된다. 어떤 자원은 임기가 지나면서 쇠퇴하는 반면 어떤 자원은 성장한다. "우리가 국정 시스템에 대해 더 많이 배울수록 우리가 할 수 있는 것은 더 적어집니다. 임기 초에는 최선을 다해 도전했지만 이용할 수 있는 조직이 없었습니다. 그러나 우리가 조직을 얻게 되자 기회의 문이 닫혔습니다"
라고 닉슨의 한 측근이 불만을 털어 놓았다. 대통령의 자원이 성쇠를 거듭하면
서 정책 과정에는 두 가지 기본 주기가 생긴다.

첫 번째 형태는 영향력 감소 주기(cycle of decreasing influence)라 할 수 있다.
이는 대통령의 자원, 시간, 에너지의 감소에 근거한다. 대통령들이 보기에 임기
중반이 되면 의회 의석수가 감소하며 국민의 신임도 지속적으로 하락한다. 적
어도 과거 50년 동안 민주당이나 공화당에 관계없이, 대통령은 중간 선거에서
하원 의석수가 감소하는 경험을 했다. 존슨 대통령은 1966년 47명의 민주당 하
원의원을 잃었고, 닉슨 대통령은 1970년에 12명의 공화당 하원의원을 잃었다.
적어도 조지 갤럽이 처음으로 국민의 신임도를 조사하기 시작한 이후 모든 대
통령은 임기가 지나면서 국민의 지지도가 어느 정도 하락한다는 것을 경험해
왔다.

최근 20년 동안 이러한 감소 추세가 더욱 심해졌다. 1980년대 이후에는 처음
3년간 지지율은 거의 직선에 가깝게 감소하며 임기 말에는 소폭 회복된다는 것
을 예상할 수 있었다. "결정을 내릴 때마다 반드시 피해를 봅니다. 하나를 결정
할 때마다 지지도는 점점 줄어들었습니다. 대통령이 이길 수 있는 방법은 정말
없습니다. 대통령이 선택하지 않으면 결단력이 없다고 공격하고, 선택하면 한
단체는 만족하겠지만 나머지 세 단체는 화를 냅니다"라고 포드 대통령의 한 측
근이 말했다.

자원 감소는 궁극적으로 국정 과정의 중단을 초래한다. 임기 말이 다가오면
대통령은 그냥 의사일정표나 지우면서 자원 확충에 시간을 보내야 했다. 대통
령이 초기 발의에서 좋은 성과를 거두지 못했다면 정책 어젠다는 '낡은 과제'가
되어버린다. 레이건 대통령을 포함해 최근 다섯 명의 대통령 중에서 존슨만이
꾸준히 높은 수준의 어젠다 활동을 임기 2~3년까지 계속할 수 있었다. 나머지
네 명의 대통령은 임기 1년이 끝나갈 무렵의 정책 발의를 반복할 수밖에 없었
다. 존슨 대통령조차 이러한 문제를 인식했다. 그의 한 참모는 다음과 같이 말

했다. "대통령은 취임 첫날부터 정책을 철회해야 합니다. 정책이 어젠다에서 벗어나지만 않는다면 대통령은 시간이 나는 대로 어젠다 제거에 주력해야 합니다. 또 예전에 만든 항목을 새로운 생각으로 대체하지 말고 그 항목에 심혈을 기울여야 합니다."

시간과 에너지도 영향력 감소 주기에 기여한다. 임기가 끝나갈수록 대통령이 주요 의안 제출권을 수행할 시간은 충분하지 않다. 대통령의 관심 사항은 다가오는 선거의 재선 문제에 놓인다. 첫 번째 임기에서 대통령은 국정 어젠다와 선거운동에 시간을 할애할 수밖에 없다. 1979년에 카터는 임기 3년째에 재선용 연설을 발표하는 최초의 현직 대통령이 되었다. 두 번째 임기에서는 대통령이 중간 지점에 이르기도 전에 레임덕 현상이 나타난다. 임기가 끝나갈수록 참모진의 에너지도 바닥에 다다른다. 새로운 주요 의안 제출권을 이끌 에너지도 건설적인 지구력도 모두 부족해진다. 임기 첫해의 대통령은 불가피하게 몇 가지 주요 정책을 임기 4년째에 상정하지만 국정 어젠다를 대규모로 수정하는 일은 거의 없다.

대통령 자원의 두 번째 형태는 효율성 증가 주기(cycle of increasing effectiveness)이다. 시간이 지나면서 대통령은 여러 경험을 통해 국정 운영 전반을 학습한다. 대통령의 정보 기반이 확충되어 전문지식이 많아지고 대통령과 참모들이 대통령 직무에 좀 더 익숙해질 때 학습효과가 나타난다. 정보 자원의 유용성 여부도 확인할 수 있고 국정 선택을 위한 효과적인 전략을 펼칠 수 있다. 구체적인 정책 문제를 지속적으로 대하다 보면 전문화되고 지식도 얻는다.

카터 대통령의 임기 첫해가 학습효과의 좋은 예이다. 카터의 참모진과 정책 자문들에 따르면 그의 임기 첫해는 일련의 실수로 점철되었다. 50달러 세금 환급, 버트 랜스(Bert Lance) 사건,* 진료비 억제 및 복지 개혁에 관한 입법 실패

---

* 카터 행정부의 예산국장 버트 랜스가 관련된 특혜 금융 스캔들(옮긴이 주).

등을 들 수 있다. 입법부와의 협상이 가장 먼저 개선해야 할 일이었다. 임기 초반 쟁점 노선에 따라 의회 연락(교섭)사무국이 조직되었다. "상원 전문가나 하원 내 다양한 세력을 상대할 전문가를 두기보다는 에너지 문제, 외교정책 문제, 건강 문제, 환경 문제를 다루는 전문가를 두는 것이 좋습니다"라고 에릭 데이비스(Eric L. Davis)가 언급한 바 있다. 이러한 전략은 의회에서 상당한 문제를 야기했으며 거의 6개월 동안 지속되었다. "1977년 초여름, 백악관 연락사무국 내에 주요 조직 대개편이 있었습니다. 조직 개편과 인사이동까지 포함해서 말입니다"(Davis, 1979: 289). 카터의 참모진에 따르면 그러한 변화는 전문지식의 증가를 반영한 것이다.

우리는 특정 사안에 대해서만 협상하는 것이 아니라 의회 의원들과의 긴밀한 교섭까지 포함해야 한다는 걸 인식했습니다. 그러한 협상은 의회의 요구에 훨씬 더 민감해야 하고 거만하지 않아야 한다는 것도 배웠습니다. 이슈에 중점을 둔 시스템은 표를 의식해야 했던 연락사무국에는 부적절했습니다. 결과적으로 우리는 의원 모두를 잘 지켜봐야 하며 관심도 보여야 한다는 것을 배웠습니다. 의원들은 자신이 알고 있는 사람, 그리고 문제가 있을 때마다 찾아갈 수 있는 사람을 원했습니다. 항목 시스템은 우리가 필요해서 만든 것이었지만 의원들의 요구에 맞는 시스템도 있어야 한다는 것을 깨달았습니다.

카터 대통령의 협상 참모진은 차츰 일을 터득해갔다. 새 보좌관이 보강되었고 전문지식은 증가했다. 다른 사무국에서도 변화를 감지했다. 정책 참모진은 체계화에 훨씬 정통해졌다. 의안을 보면 계획 입안이 얼마나 견고한지 알 수 있었다. "확실히 우리는 이해력이 많이 늘었습니다. 백악관에 오기 전에 우리가 지닌 경험이란 극히 한정된 것들이었죠. 백악관에 오래 근무할수록 우리는 아주 많이 배우게 될 겁니다. 결함도 어느 정도 해결했고 조직도 안정되었습니다. 만약 재임하게 된다면 얼마나 달라졌는지 알게 될 것입니다." 카터 대통령의 한 보좌관이 말했다. 한 미디어 응답자가 이러한 생각을 뒷받침했다.

내 생각에는 카터 대통령이 재임했다면 아주 유능했을 것입니다. 처음 3년 동안 많이 배웠으니까요. 그가 사소한 판단착오를 반복할까봐 은근히 걱정했지만, 의회와의 관계도 아주 신중해졌다고 생각하며 동떨어지게 행동하지도 않았습니다. 대통령직이 정치적 자리이며 일련의 지침이 필요하다는 걸 알게 된 것 같았습니다. 그는 확실히 정치 전략에 대해 많이 알게 되었습니다. 그가 선거 초반에 유세 활동 자금을 어떻게 사용했는지를 보면 알 것입니다. 지지자에게는 자금을 나눠줬지만 나머지 사람들이 제외되면서 곤란을 겪었죠. 그러나 1977년에 그는 그렇게 하지 않았습니다. 이를 보면 단지 방법을 몰라서 그랬던 것임을 알 수 있습니다.

카터 대통령의 전문지식은 많이 늘었지만 임기가 지날수록 눈에 띌 정도의 좋은 결과는 나오지 않았다. 오히려 카터의 정보와 전문지식이 많아질수록 영향력은 줄었다. 효율성 증가 주기와 영향력 감소 주기는 상호 공존할 수 없기 때문이었다. 그것이 바로 첫 임기를 맞는 대다수 행정부에 나타나는 형태이다. 대통령의 시간, 에너지, 자산이 감소하면 전문지식과 정보는 증가한다. 따라서 참모들은 처음 2년 동안은 기회가 없다고 불평하게 된다. 카터의 한 정책보좌관의 말이다. "백악관에서 우리는 특별 정책에 대해 많이 토론해야 합니다. 시간이 지나야 비로소 이해되는 국가보건계획이 있습니다. 어느 정도 위력을 발휘할 새로운 도시정책도 있습니다. 하지만 의회에서는 이러한 계획을 그다지 원하지 않았습니다. 선거가 있는 해에는 우리가 화제가 되지만 그러면서도 사람들은 케네디가 내정될지 지켜보고 있습니다." 대통령의 초기 전문지식과 정보에 상관없이 첫 임기 첫해는 엄청나게 혼란스럽다. 대통령과 참모진이 혼란을 수습하고 나면 기회가 사라진다. 임기 3~4년차가 될수록 대통령과 참모진은 국정 선택에는 충분히 숙달되지만 어젠다 설정은 제한될 수밖에 없다.

1) 첫 번째와 두 번째 임기

과거에 대통령학 연구자들은 첫 번째와 두 번째 임기의 본질이 같다고 봤다. 임기는 물론 각각 4년이다. 대통령 선거를 기점으로 임기가 시작되거나 끝난다. 하지만 첫 번째 임기와 두 번째 임기의 차이점은 헌법 수정안 제22조에 의해 더욱 중요한 차이를 갖는다. 즉, 두 번째 임기에서의 대통령 권력 제한이나 효율성 증가와 영향력 감소 주기를 고려하면 대통령의 임기에서는 차이가 없다는 전통적 관점을 폐기하게 된다. 자원을 바라보는 관점에서 두 번째 임기 4년은 적어도 세 가지 측면에서 다르다.

첫째, 두 번째 임기는 질적으로 더 짧다. 길어진 대통령 선거 유세, 그리고 레임덕 정부와는 일하기 싫어하는 의회 때문에 두 번째 임기는 분명히 제한받는다. "두 번째 임기에서는 가능하면 빨리 주요 정책 제안을 발의할 필요가 있다고 닉슨 대통령은 생각했습니다. 시간이 많지 않다는 걸 알고 있었던 것입니다. 당내에서는 다음 후보를 찾으려는 움직임이 있었습니다. 심지어 취임식을 하는 중에도 차기 대통령에 관한 소문이 무성했습니다. 닉슨 대통령은 1976년에 차기 대통령 지명 관련 캠페인이 이미 시작되었으며 민주당 의원들은 자신과 일하고 있지 않다는 것을 느꼈습니다"라고 예산관리국의 한 직원이 말했다. 실제로 닉슨의 측근에 따르면 1974년의 국민건강보험 관련 법안 실패는 두 번째 임기의 대통령 권한 제한에 일부 기인한다. 그는 "타협을 성사시켜 케네디는 출마할 준비가 되었고 절충안도 마련했습니다. 하지만 다음 선거까지 2년도 남지 않았는데 정치 연합이 깨졌습니다"라면서 워터게이트 사건에 대해 "스캔들의 일종이지만 다음 선거에 영향을 미쳤습니다. 민주당을 뽑으면서 왜 공화당과 일하겠습니까? 타협할 필요가 없는데 타협을 왜 하겠습니까"라고 말했다.

둘째, 두 번째 임기에서는 밀월 관계가 거의 없다. 다시 말해 두 번째 임기는 흔히 첫 번째 임기의 연장이라고 생각한다. 대통령은 두 번째 임기 처음 얼마 동안은 예전과 똑같은 존경을 기대할 수 없다. 아이젠하워 대통령의 한 참모는 다음과 같이 회고한다. "언론과 국민은 이제 우리를 희망과 구세주로 바라보지 않습니다. 같은 사람이 그대로 남아 있고 정책도 근본적으로 바뀐 것이 없다고 느낍니다. 대통령에게 호의를 베풀 명분이 없어진 것입니다. 출마한다고 하더니 정말 출마해버린 것이니까요."

셋째, 효율성 증가 주기와 영향력 감소 주기 모두 두 번째 임기에서 최고조에 이른다. 첫 번째 임기의 초기 특징이 무경험과 조직 와해인 데 반해, 두 번째 임기의 초기 특징은 역량과 조직화의 탁월성이다. 잘 알려진 바와 같이 닉슨의 뛰어난 전문지식에 힘입어 두 번째 임기에서는 정책 어젠다를 신속하게 발의했다. "1973년 초반에 훨씬 더 많이 시스템에 대해 알고 있었습니다. 발의할 준비도 아주 잘 되어 있었습니다. 필요한 부분에 대해 더 많이 알았고 정보 입수 방법도 잘 알고 있었습니다"라고 닉슨의 한 참모가 조심스레 말했다. 두 번째 임기 초기에 대통령의 능력을 발휘할 수 있는 최고의 기회가 주어진다. 처음 4년간의 직무 훈련은 두 번째 임기에서 중대한 결과를 가져온다. 이는 1980년에 카터의 선거운동 연설에서 두드러진 사실이다. 하지만 이런 상황에서조차 대통령은 승리할 수 없다. 자원은 이용할 수 있지만 영향력 감소 주기가 두 번째 임기에서 가속화되기 때문이다. 밀월 관계도 없는 두 번째 임기의 제한은 3~4년차 해의 대통령 자원을 축소시킨다. 영향력에서의 급속한 쇠퇴는 분명 타이밍의 효과를 강조한다. 즉, 첫 번째 임기와 두 번째 임기에서 모두 대통령이 더 빨리 발의할수록 성공할 수 있는 기회도 더 많아진다.

2. 국정 어젠다 선택의 타이밍

대통령 리더십을 비판하는 내용으로 타이밍을 자주 거론한다. 주요 정책의 발표에서 타이밍은 의안 승인과 이행에 상당한 영향을 주는 것으로 알려져 있다. 가장 쟁점화된 법안을 서둘러 발의하는 것이 극적인 전략일 수도 있지만 때로는 돌이킬 수 없는 실책이 되기도 한다. 불화를 일으키는 항목을 끝까지 상정하는 것은 흔히 전략적 자원 손실로 이어진다. 대통령은 법안이 최대의 효율성을 발휘할 순간을 인식해야 한다. 포커를 할 때처럼 어젠다를 잡고 있다가 최대효과가 나는 순간 카드를 내보여야 한다. 다음은 존슨이 한 말이다.

> 의회는 대통령을 위해 일하도록 길들여야 할 야수라고 할 수 있습니다. 아주 살짝 밀면 바라던 방향으로 갑니다. 하지만 너무 많이 밀어붙이면 갑자기 멈춰선 채 공격하기 시작합니다. 날마다 기분이 어떤지 얼마나 일할 수 있는지 감지해야 합니다. 제대로 감지하지 못하면 갑자기 돌변해 난폭해집니다. 이 모든 것은 대통령의 타이밍 감각에 달려 있습니다(Kearns, 1976: 238).

대통령은 육감의 일종인 '타이밍 감각', 즉 실행에 옮길 정확한 순간에 대한 초인적 판단력을 갖추고 있어야 한다. 안타깝게도 이런 감각은 신화에나 나올 법하다.

대통령의 타이밍에 대한 분석은 다음과 같은 두 가지 기본 질문으로 집중된다. 첫째, 어젠다 결정은 언제 이뤄지며, 이때 타이밍 감각을 반영할 실질적인 변화가 있는가? 둘째, 대부분의 어젠다 활동이 임기 첫해에 힘을 잃는다면 대통령은 연초나 연말에 발의하는가? 이와 같은 어젠다 제안과 발의의 선택이 성공에 중요한 영향을 미친다. "정책을 늦게 발의할수록 성공 확률은 더 낮아집니다. 1969년 8월이 아니라 5월에 복지 개혁을 상정했더라면 더 잘 되었을 겁니다. 실제 발의할 때 의사일정표는 벌써 그해 일정이 완료된 상태였으니까요. 시간이 날 때까지 기다릴 수밖에 없었죠. 우리는 탄력을 잃었고 승리를 위해 비싼 가격을 지불한 셈입니다"라고 닉슨의 한 보좌관이 말했다.

노이슈타트에 따르면 현대의 대통령직에는 어떤 리듬이 있다. 임기 첫해는 직무에 관한 많은 것을 배워야 하는 — 배우지 않더라도 — 신임 대통령에게는 학습 시간이 된다. 이 집중 학습 시간이 처음 2년을 좌우한다. 대통령이 첫 임기에서 어떤 성과를 내고자 한다면, 3년째가 되어야 한다. 노이슈타트는 이에 대해서, 4년째가 되면 대통령이 재선에 돌입해야 하기 때문이라고 분석하고 있다. 대통령이 두 번째 임기를 잡았다면 5년째와 6년째에 성공할 수 있는 길이 있다. 7년째는 임기 말의 시작이며 모든 이목은 차기 지명자와 정부에 집중된다(Neustadt, 1960: 198~199).

학습을 위한 첫 임기의 처음 두 해는 어젠다 활동에 가장 주안점을 둔 시간이기도 하다. 예산관리국 법안 삭제기록과 126명의 백악관 응답자에 따르면, 어젠다 활동은 대부분 노이슈타트가 말하는 '학습 시간'에 이뤄졌다. 결론은 명백하다. 대통령이 첫해를 학습에만 투자한다면 능력(효력)을 발휘할 수 있는 기회의 대부분이 없어질 것이다. 첫해는 학습에 주력해야 한다는 노이슈타트 주장과는 반대로 백악관 참모진은 행동에 주력해야 한다고 강조한다. 즉, 첫해가 임기 말까지의 성과를 확실히 결정한다는 것이다. 대통령의 당이 어디이고 임기가 언제냐에 상관없이 첫 임기의 첫해는 결정적으로 중요하다. 비록 첫해에는 정보나 전문지식이 일반적으로 적지만 대통령은 빠른 시간 내에 주요 논제와 방침을 선택해야 한다. 그러한 선택은 첫 임기와 두 번째 임기의 남은 기간 내내 그대로 가는 경향이 있다. 그 선택이 두 번째 임기 초의 판단 지침이 되고 임기 말까지 행정부는 그 지침을 따르게 된다. "대통령은 두 번째 임기에서 정책을 수립할 제2의 기회를 갖게 됩니다. 하지만 대부분의 선택은 첫 번째 임기에서 이미 결정된 것들입니다. 첫 번째 임기에서 실패하면 두 번째 임기에서도 종종 실패하게 됩니다"라고 한 법률 보좌관은 말했다.

예산관리국 법안 삭제기록이 이러한 주장을 뒷받침한다. 대통령의 정책에 맞게 삭제된 것과 대통령 연두교서에서 언급된 것의 법률 초안 수를 세보면 어젠다 발의 계정(計定)을 만들 수 있을 정도이다. 기획 원칙은 간단하다. 정책에 맞게 삭제하고 대통령 연두교서에 발의된 사항들은 대통령 어젠다에서 단일 항목으로 간주된다. 〈표 2-1〉은 전년도 대통령 연두교서에서 단순 반복된 수와 각 행정부가 해당 연도에 만든 법안 발의 수를 요약한 것이다. 반복된 수는 각

<표 2-1> 임기 내 법안 발의 현황

대통령	연도(년)	총 발의 건수(건)	총 반복 수(건)
케네디	1961	25	0
	1962	16	8
	1963	8	12
존슨 1기	1964	6	11
존슨 2기	1965	34	4
	1966	24	7
	1967	19	8
	1968	14	12
닉슨 1기	1969	17	0
	1970	12	9
	1971	8	12
	1972	3	14
닉슨 2기	1973	20	3
	1974	5	11
포드	1975	10	3
	1976	6	7
카터	1977	21	0
	1978	8	3
	1979	8	5
	1980	4	7

자료: 예산관리국(OMB) 법률 참고문헌과 삭제기록 및 전년도 연두교서.

대통령의 많은 어젠다가 초기 시절부터 그대로 남아 있음을 암시한다.

예산관리국의 주요 연도별 자료를 검토해볼 때 <표 2-1>은 임기 첫해가 지나면 모든 대통령 어젠다 발의 수가 줄어든다는 것을 보여준다. 어젠다 발의 수가 임기 둘째 해에 줄어드는 반면 연두교서의 반복 횟수는 꾸준히 늘어난다. 대통령은 자신의 국정 어젠다를 미리 정해놓고 여러 번 반복할 뿐이다. 대통령 어젠다 발의 하락률도 다양한 형태로 나타나고 있다. 다섯 행정부를 살펴보면, 닉슨은 1973년에 20개를 발의했으나 1974년에 다섯 개로 감소해 가장 크게 하락했다. 존슨은 자신만의 어젠다 활동을 가장 오랫동안 유지했다. 대부분의 대통령이 비슷한 수준으로 하락한 반면, 닉슨의 극적인 하락은 워터게이트 사건과 연관이 있다. 워터게이트 사건이 확대되자 닉슨의 어젠다는 축소되었다.

1) 취임 첫해

왜 취임 첫해가 대통령 정책 과제에 그렇게 중요한가? 그 답은 영향력 감소 주기에 있다. 대통령과 참모진은 자신들의 아주 소중한 자원이 임기가 지나면서 차츰 감소하고 있음을 매우 잘 인식한다. 필요한 자원과 자본이 시간이 지남에 따라 반드시 사라진다는 것과 정책 과제를 수립할 최대 기회가 첫해에 있다는 것도 잘 알고 있다. 정보와 전문지식이 특히 첫해에 최고조에 이르지만 자원은 유지되지 않는다. 대통령은 되도록 모든 힘을 다 이용해야 한다. 다시 말해 기다린다는 것은 가장 중요한 혜택을 낭비하는 셈이다.

따라서 국정 어젠다는 시간을 다투는 경주에 종종 비유된다. 케네디 행정부의 한 참모가 가진 생각을 눈여겨볼 만하다. "우리는 개발정책에 필요한 만큼 많은 시간을 할애하지 못했습니다. 1961년에 우리가 힘차게 도약하지 못했다면 4년 동안 꼼짝 못했을 것입니다. 정확히 말해 우리는 선거에서 압승하지 못했습니다. 빨리 스타트를 끊어 좋은 성적을 거둬야만 했습니다. 그렇게 하지 않았다면 누가 우리를 진지하게 고려했을까요?" 닉슨의 한 보좌관도 이에 공감하며 말했다. "1968년 12월에 닉슨 대통령이 충분히 쉬는 것을 상당히 우려하는 보좌관도 있었습니다. 워싱턴에 있었던 그들은 의회가 우리에게 6개월간 제안 발의에 필요한 시간을 줄 것임을 알았습니다. 대통령이 서둘러 발의할 필요가 있다고 느꼈는지는 확실하지 않습니다. 대통령은 아이젠하워와 함께 있었죠. 신만이 아는 일이지만, 아이젠하워는 그렇게 서두르지는 않았습니다."

서둘러 의결하는 것에 대한 우려는 각 행정부마다 나타났다. 카터 행정부의 한 관계자 말에서도 알 수 있는 대목이다. "확실히 경주가 맞습니다. 처음 몇 달이 출발선입니다. 빨리 장애물을 넘지 못한다면 경주에서 지게 됩니다. 의회가 맨 먼저 들어오면 우리의 출발이 잘못되었다고들 말할 것입니다."

처음 1년 동안 정책 효과를 볼 수 있는 기회가 가장 많이 주어진다. 연방 정부의 역할 확대나 축소에 따른 대통령의 정책 목적과는 상관없이 주요 의안 제출권은 시간을 필요로 한다. "인간적으로 되도록 빨리 발의하는 것이 이해는 됩니다. 메디케어* 같은 주요 정책은 단지 의회를 통과하는 데만 족히 1년이 걸립니다. 실행에는 최소 2년이 걸립니다. 그때쯤이면 자금 증액이나 조례 개정 같은 법안 수정이 필요할지 모릅니다. 이런 식으로 또 2년이 소요됩니다. 만약 일찍 발의하지 않는다면 정책을 발의하기도 전에 임기가 끝날 것입니다"라고 케네디의 한 참모는 주장했다. 모든 정책 수립에는 반대 세력이 있게 마련이다. 대통령이 빨리 발의할수록 정책이 보호되고 살아남을 기회도 더 확실해진다. 예산안조차 속도를 요한다. 닉슨 대통령의 예산관리국 직원은 다음과 같이 말했다. "대통령이 예산안에 영향을 주려면 2년은 지나야 합니다. 그런데 대통령이 빨리 발의하면 전임자의 예산에서도 어느 정도 개정을 요청할 수 있습니다. 처음 6개월이 끝날 무렵에도 발의 준비가 되어 있지 않다면 1년 총예산은 세울 수 없습니다."

결국 임기 첫해가 주는 압박감은 경쟁의 산물이다. 대통령은 많은 사람에게 둘러싸인 배우 같은 존재이다. 카터가 일찍이 깨달은 바와 같이, 의회가 처리할 수 있는 어젠다의 수가 제한되기 때문에 경쟁이 아주 심했다. 언론의 관심을 끄는 것도 경쟁이었고 심지어 관료의 지지를 얻는 것도 경쟁적 상황이었다. 이처럼 어젠다 선택에 필요한 공간 때문에 경쟁해야 한다면 되도록 빨리 발의하는

---

* 고령자와 장애자를 대상으로 한 의료보험(옮긴이 주).

것이 대통령에게는 이로울 것이다. 대통령도 반대 세력을 우려해야 한다. 정책 상정까지 시간을 오래 끌수록 반대 세력은 조직화될 가능성이 아주 높다. 닉슨의 한 측근의 말이다. "가족지원계획을 반대하는 세력에게 경쟁할 시간을 충분히 줬습니다. 우리가 초안을 발표하는 데 적어도 6개월이 걸렸습니다. 그렇게 지체되면 정책은 위원회에서 발목을 잡힙니다. 결국 우리를 공격할 기회를 제공한 셈이죠." 의회 의존도의 증가는 임기 첫해에 주는 압박을 분명 커지게 하고 차기 정부에, 그것도 임기 초반에 더 큰 부담을 떠넘기게 된다. 의회와의 경쟁이 빈번하고 복잡한 사안에 대한 의견 일치가 많다 보니 부족한 어젠다 공간을 서로 차지하려 했다. 대통령은 그나마 많지도 않은 기회를 허비할 처지가 아니다.

2) 처음 몇 달

대통령이 임기 첫해에 의결 자문을 받는다면 첫해가 가기 전에 되도록 빨리 발의하도록 독촉받는다. 많은 면에서 임기 한 해 한 해는 모두 비슷하다. 케셀의 말을 인용하면 다음과 같다. "차기 연도 의회에 상정할 정책이 준비되는 노동절이 지나면 대통령은 연간 정책 주기를 맞게 됩니다. 가을은 백악관 정책 담당 보좌관에게는 업무 부담이 가중되는 시기입니다. 내년에 입안할 정책도 준비해야 하고 의회에서는 금년 정책에 관한 심의가 이뤄지고 있기 때문입니다. 연간 정책 주기는 12월 예산 관련 기본 결정사항을 시작으로, 1월과 2월에는 주요 교서를 준비하며 봄에는 로비 활동이 이어지고 6월에 잠시 압박감에서 한숨을 돌리다가 다시 8월이 되면 입안으로 복귀하는 식의 일정이 반복됩니다. 선거가 있는 해에는 주요 어젠다가 바닥에 널려 있고 바로 선거운동에 맞춰 운용방식을 전환해야 합니다. 이런 상황에서 내년도 정책 입법에 대한 현실적인 고려가 과연 11~12월까지 지속될지 의문입니다"(Kessel, 1975: 9).

케셀의 설명이 임기 둘째, 셋째, 넷째 해까지는 정확할 수 있어도 첫해에는

<표 2-2> 임기 첫해 법안 발의 현황

대통령	발의율(%)				
	연도(년)	1~3월	4~6월	7~9월	10~12월
케네디	1961	76	24	0	0
존슨 1기	1965	94	6	0	0
닉슨 1기	1969	12	41	41	6
닉슨 2기	1973	40	30	15	15
카터	1977	33	57	10	0

자료: OMB 법률 참고문헌과 삭제기록.

맞지 않는다. 대통령은 일단 직책을 이용해 다양한 입안 도구, 즉 예산관리국, 국가정책 참모, 여러 부처와 정부기관을 마음대로 이용할 수 있지만 첫해에는 인수 기간에 전체적인 계획을 짜게 된다. 참모가 새로 오면서 — 전화기가 설치되고 사무실이 제공되고 자리가 정돈되면서 — 정책이 구체적으로 입안된다. 임기 첫해 어젠다는 적잖은 혼란의 산물이다. 대통령이 혼란과의 고투에서 성공하는 정도에 따라 정책이 상정되는 속도는 달라진다.

대통령이 서둘러 어젠다를 정하는 역량도 많이 다르다. 예산관리국 자료를 통해 최근 다섯 행정부의 상대적인 능력을 비교해보자. 대통령의 국정 어젠다는 예산관리국 정책에 맞게 삭제된 것과 최소 한 개의 대통령 연두교서에서 언급된 항목으로 정의한다. 예산관리국 자료는 삭제된 정확한 날짜를 기록하고 있다. 1965년 연두교서에서 존슨은 생태하천 시스템 법안을 발의했지만 2월 2일에 기각되었다. 1969년에 닉슨은 종합교부세 법안을 발의했고 초안이 8월 13일에 상정되었다. 첫해의 법안 발의를 분기별로 나눌 수 있다. 케네디, 존슨, 닉슨, 카터의 첫해 기록은 <표 2-2>에 나와 있다(포드는 취임 상황이 이례적이어서 포함하지 않았다).

<표 2-2>는 케네디와 존슨이 정책 조기 상정에서 닉슨이나 카터보다 훨씬 좋은 결과를 나타낸 것을 보여준다. 케네디와 존슨의 정책은 대부분 1~3월에 상

정된 반면, 닉슨과 카터의 국정 어젠다는 여름까지 지체되었다. 1961년의 케네디를 1969년의 닉슨이나 1977년의 카터와 비교하면 극적인 상이함이 나타난다. 세 대통령 모두 야당의 관리하에 직무를 시작했고 근소한 차이로 선출되었다. 하지만 케네디 정책의 71%는 3월 말에 의회로 상정된 반면, 닉슨은 고작 11%, 카터는 38%에 그쳤다. 존슨의 1965년 경험과 닉슨의 1973년 기록 사이의 차이점도 뚜렷하다. 존슨과 닉슨은 전임 대통령 임기를 이어받았지만 효율성에서 존슨은 닉슨보다 현저히 뛰어나다. 존슨의 정책은 3월이 끝나갈 무렵 의회의 손으로 넘어갔다.

1965년 존슨의 발의 시기보다 1973년 닉슨이 6개월 더 늦었다는 점이 중요한가? 1969년 3월이 아닌 8월에 교부세 법안이 나왔다는 점이 중요한 것인가? 이는 제안 타이밍이 법안 성공에 확실히 영향을 준다는 점을 시사하고 있다. 첫해 1~3월에 상정된 항목의 72%는 결국 법률로 제정되었다. 4~6월에 상정된 항목의 성공률은 39%로 떨어졌고, 7~9월에는 25%로 하락해 10~12월을 지나 살아남게 된다. 이 모형을 보면 우선 '좀 더 쉬운' 항목을 상정하는 것이 수고를 줄일 수 있음을 알 수 있다. 성공률이 여러 변수에 영향을 받는다 하더라도 상정일은 궁극적으로 의회에서의 성공과 확실히 관계있는 것으로 나타난다.

초기 성공은 밀월 관계, 초기의 장점과 좋은 분위기를 수반하는 경우가 많다. 대통령은 최소한으로 제한된 밀월 관계를 항상 염두에 둔다. 그러나 첫 번째 임기의 여름 중반이 되면 행복감은 서서히 사라지고 워싱턴 의회는 대통령의 발의를 별로 지지하지 않게 된다. 국민의 신임이 처음 6개월 동안 최고조에 있지만 첫해가 끝나갈 무렵 하락하기 시작한다. 행정부는 단 하나의 의안도 발의할 수 없는데, 대통령의 자산은 고갈되고 있다. 1~3월에 정책 어젠다가 하나 상정되면 가장 유리한 상황에 있는 것으로 여겨진다. 어젠다 상정이 여름까지 지연되면 대통령은 슬라이딩하듯 의회에 어젠다를 밀어넣어야 한다. 대통령과 참모진은 최대한 빨리 정책을 초안할 필요성을 인식하지만 성공 여부까지는 확신할 수 없다. 카터의 한 측근은 말한다. "우물쭈물 시간 낭비하고 있다는 걸 알았지만 몇 사람이 아무리 강력히 추진한다 해도 입법화는 아주 어려운 일이었습니다. 복지 개선안이 진행되던 중에 틀어졌고 대통령 임기가 끝난다고 해서 법안에서 벗어날 수는 없었습니다. 우리가 실제로 그렇게 느꼈던 건 아니었지만 그렇다고 빠르지도 않았습니다."

속도의 필요성이 레이건에게는 참으로 중요한 문제였다. 경제 문제에서는 특히 더했다. 레이건의 예산 담당 보좌관인 데이비드 스토크먼(David Stockman)에 따르면, 입법을 빨리 하는 것이 '공화당의 경제 위기'를 피하는 데 반드시 필요했다고 한다.

임기 1년 동안 상황이 아주 나빠지더니 공화당 세력, 결속력, 국민의 신임 등 헤아릴 수 없을 정도의 쇠퇴를 가져왔습니다. 처음 6개월 동안에 과감한 정책을 신속하고 능숙하고 대담하게 이행시키지 못한다면 워싱턴은 주변의 경제 혼란에 버금가는 정치적 혼란에 빠져버릴 것입니다. 보수파 정책안과 정치적 재편성을 위한 절호의 기회는 레이건 행정부가 속도 한 번 내보기 전에 완전히 사라질 수도 있습니다(≪워싱턴 포스트(Washington Post)≫, 1980년 12월 14일자).

정치 환경에서의 최근 변화를 보면 의회나 국민은 대통령 어젠다를 그다지 기다리고 있지 않음을 알 수 있다. 의원들 개개인은 좋아하는 프로젝트가 있고 선거구 관심사에 집중할 수밖에 없다. 연구 그룹은 별도의 어젠다와 목표가 있다. 미래 후보들은 경쟁력 있는 어젠다를 갖고 있지만 국민은 결과에만 조급해한다. 의회에는 경쟁력 있는 의안들로 넘쳐난다. 로버트 쇼건(Robert Shogan)에 따르면, 카터 행정부는 그런 사실을 이미 알고 있었다고 한다.

가장 최근의 두 공화당 대통령을 보면 민주당 의원들이 발의한 사회법안과 경제법안 대부분을 백악관에서 차단했습니다. 다음은 1977년 초에 월터 먼데일(Walter Mondale) 부통령의 참모회의에서 스튜어트 아이젠슈타트(Stuart Eizenstat)가 말한 내용입니다. "포드의 거부권 행사로 얼마나 많은 법안이 의회에 쌓여가는지 모를 지경입니다. 여러분은 8년 동안이나 민주당 의원이 수용할 정도의 강력한 법안을 상정하지 않은 소극적인 대통령을 모셨습니다. 그러니 의원들은 그들의 법안 더미를 진행시킬 수밖에 없습니다. 자, 이제 민주당 대통령이 있고 의안을 향해 아주 열렬히 나아가고 있습니다." 결과적으로 카터는 자신의 정책 어젠다를 정리하면서, 농산물가격 지원안이나 최저임금안 같은 의회 발의 문제도 처리해야 하는 압박을 받고 있었습니다. 이런 상황은 카터의 우선사안에 대한 권한을 위협하는 것이었습니다(Shogan, 1977: 205).

이러한 사실을 알고 있었는데도 카터는 왜 서두르지 않았을까? 케네디와 존슨은 왜 그렇게 서둘렀을까? 이 책을 통해 이러한 질문에 대해 해답을 얻고자 한다.

3) 전문지식

질문에 대한 첫 번째 해답은 대통령의 전문지식에 관한 것이다. 케네디와 존슨은 대통령이 될 준비를 끝마치고 입성했다. 둘 다 대통령이 되기 전 입법 절차에 대해 상당히 많이 알고 있었다. 둘 다 정책 어젠다를 발표하는 데 신속한 처리가 필요함을 알고 있었다. 그들은 속도의 중요성도 인식하고 있었고 결과를 이뤄낼 각오도 되어 있었다. 백악관 참모들에 따르면, 두 대통령 모두 첫 달에는 국정 절차에 비중을 많이 뒀다.

케네디는 1960년에 당선된 이후 바로 법안 작성 기획에 노력했다. "우리는 뼈 빠지게 일했습니다. 밤늦게까지 일했지요. 12월과 1월에는 쉴 시간이 없었습니다. 케네디는 대통령의 연두교서를 준비하면서 정책 어젠다 전반에 대한 것을 원했습니다. 케네디는 시간을 허비하고 싶어 하지 않았습니다." 한 보좌관이 말했다. 선거 후에 항상 찾아오는 피로감이 있었는데도 케네디는 그의 참모들이 모든 시간과 에너지를 국정 어젠다에 쏟아 붓기를 원했다. 케네디는 그의 첫 번째 연두교서를 취임 후 10일 만에 발표했다. 닉슨과 카터는 연두교서를 발표하는 데 1년이 걸렸다.

존슨은 1965년 그의 첫 임기를 시작할 때 매우 다른 상황에 직면했다. 존슨은 이미 경험이 많았다. 1년 동안 대통령직을 수행했고 행정부의 직원도 유능했다. 새 행정부가 들어설 때의 일반적인 불확실함과 혼란도 그만큼 적었다. 존슨의 수많은 어젠다는 이행되지 못한 케네디의 정책 어젠다에서 나왔지만 존슨은 '위대한 사회'의 초안을 작성하는 데 국정 어젠다 과정을 최대한 이용했다. 존슨의 보좌관은 이렇게 말했다. "우리는 취임 후 정책 어젠다를 제시하는 데 매우 유능했습니다. 6개월간 그것을 기획해왔으니까요. 골드워터가 후보자가 되었을 때 존슨은 1965년 정책 과제의 초안을 잡기 시작했습니다. 우리 모두 이길 것을 알고 있었고 되도록 빨리 움직이고자 했습니다."

닉슨과 카터는 케네디와 존슨만큼 대통령직을 인수할 준비가 되어 있지 않았다. 사실 닉슨은 당선되기는 했지만 특별한 정책 대안을 갖지 못했다. 그는 선거 후 특별조사단의 인원을 뽑기는 했지만 조사 내용에 별로 관심이 없었다. 닉슨은 외교정책에 그의 에너지를 쏟아 붓기를 좋아했다. 문제는 국내 현안이 복잡했고(복지 개정은 매우 복잡한 문제여서 상당한 심의를 필요로 했다), 집무실에는 관심 있는 일손이 없다는 데 있었다. 환멸을 느낀 한 참모의 이야기이다. "우리는 제자리를 지키는 데만도 엄청난 시간을 쏟아 부었습니다. 대통령은 국내 문제에는 관심이 없고 초기 결정 과정에 참여하지도 않았습니다. 백악관 참모들은 한 번 구체화된 후에는 갈등을 줄이기 위한 아무런 노력도 하지 않았습니다. 갈등이 있을 경우 닉슨이 관여하지 않으면 반목만 깊어졌지요." 닉슨의 무관심은 참모들 간의 갈등과 혼란을 부채질했다. 이러한 혼란은 대부분 아서 번즈와 다니엘 모이니한을 임명한 데서 불거졌다. 닉슨은 두 참모에게 각각 국내 현안을 해결하라고 지시했다. 그들은 국내 문제가 자신의 독자 소관이라고 생각했다. 닉슨은 이들의 업무를 분장하려는 어떠한 조치도 취하지 않았다. 닉슨은 한때 이렇게 주장하기도 했다. "이 나라의 국정은 대통령이 없어도 잘 운영된다. 단지 필요한 것은 나랏일에 정통한 유능한 각료일 따름이다." 1973년경에 닉슨의 전문지식은 많이 늘었다. 그는 대통령이 참모진을 조정하려면 국내 문제에 관여해야 한다는 것을 알게 되었다. 닉슨은 국정 운영 문제를 깨닫게 되어 두 번째 임기 초에 현안을 처리하는 데 놀랄 만큼 뛰어난 능력을 보였다.

닉슨은 첫 100일 동안 신중하게 국정 절차를 처리하기 위해 세심하게 의사결정하고 있었다. 이는 보좌관들의 평가이다. 1969년에 최고 연설문 작성자였던 레이 프라이스(Ray Price)에 따르면, 닉슨은 즉각적인 행동을 원하는 사람들과 신중론자들 간에 타협점을 찾아내기로 결심했다. 닉슨의 초기 메모를 보면 프라이스는 한계를 경고한 신중론의 입장이었다.

> 30여 년 동안 일류 비평가들은 루스벨트가 첫 100일 동안 설정해놓은 기준에 따라 대통령의 업무 추진력을 측정했습니다. 우리가 정부의 형태를 바꾸려 한다면 측정 기준을 바꿔야만 했습니다. 이 점이 중요합니다. 사실 존슨의 첫 100일과 케네디의 첫 100일에 대한 국정 운영 평가는 별로 좋지 않았고 심지어 루스벨트도 그의 첫 100일 때문에 질질 끌려 다녔습니다. 그러한 100일의 공중 곡예를 반복하는 것은 우리 계획이 될 수도 없었고 우리 스타일도 아니었습니다. 우리는 수동적인 가치 대신 적극적인 가치로 이에 대응하고자 했습니다(Price, 1977: 77).

카터의 첫해는 어떠했는가? 대중매체에 따르면 카터 행정부의 대통령직 인수 기획은 최근 역사에서 가장 우수했다. 그러나 실제 기록에 보면 몇 가지 중요한 문제가 대통령직 인수 노력을 복잡하게 한 것으로 나타났다. 카터는 확실히 어젠다를 제시하는 데 그의 민주당 선임자들보다 유능하지 못했다. 케네디와 마찬가지로 카터는 공화당 의원들이 장악한 하원에서 8년을 지낸 후 민주당 후보로 입성했다. 그러나 케네디와 달리 카터의 인수 기간은 갈등으로 점철되었다. 쇼건이 언급했듯이, 카터는 대통령직 인수 혼란을 최소화하기 위해 당시 사람들보다 더 많이 준비했어야 했다.

> (카터는) 선거가 끝난 뒤 며칠이 지나 성공적인 대통령직 인수를 위한 기초를
> 세우기 위해 6미터 높이의 브리핑 책들을 받았습니다. 이와는 대조적으로 케네디
> 대통령 연대기를 보면, 케네디는 당선 후 클라크 클리포드(Clark Clifford)와 리처
> 드 노이슈타트가 작성한 약간의 비망록을 건네받았을 뿐입니다. 닉슨은 뉴욕의
> 피에르 호텔에 인수 본부를 세워 '몇 가지 간단한 개념'만 염두에 두고 있었습니
> 다. 더군다나 카터는 이 기획이 큰 재정 지원이 있어야 지속될 수 있음을 알았습
> 니다. 의회는 선거 후 대통령직 인수 과정에서 쓰기 위해 200만 달러를 챙겨놓았
> 습니다. 이는 닉슨이 당선자였을 때 쓸 수 있었던 금액의 네 배에 달했습니다
> (Shogan, 1977: 75).

안타깝게도 카터의 대통령직 인수 노력은 선거정책팀장 잭 왓슨(Jack Watson)
과 정치 자문위원 해밀턴 조던(Hamilton Jordan) 간 갈등으로 문제를 겪고 있었
다. 선거 기간에 조던의 보좌관은 너무 많은 에너지를 한여름 기획에 쏟고 있다
고 불평했다. 즉, 비정치적인 곳에 너무 많은 노력을 쓰고 있다는 불평이었다.
왓슨의 보좌관은 인수위가 선거 후 어젠다에 너무 적은 관심을 기울인다고 맞
받아쳤다. 이러한 논쟁은 조던과 왓슨의 개인적인 권력 싸움이었다. 10월 말경
이 싸움은 표면화되었다. 이 갈등은 인수 기간 초에 가장 큰 손상을 입혔다. 다
음은 쇼건의 말이다.

> 자리 교체는 지연과 혼란을 가져왔고 한 인수위 위원이 인정하듯 인수 기간 10
> 일 동안 "기본적으로 아무것도 일어나지 않았습니다." 원안이 다시 정리된 후에
> 도 긴장과 불확실성이 인수위에 팽배했습니다. 다른 상황이었다면 얼마나 많은
> 일들을 해낼 수 있었을지 예측할 수 없지만 처음부터 덜컹대는 통에 차기 정부의
> 지도자가 확립하고자 했던 초기의 기동력이 사라져버린 것입니다.

카터의 무경험이 문제를 가중시켰다. 케네디는 입성할 때 연방 절차에 대해 자세히 알고 있었다. 그러나 카터는 초심자였다. 카터의 보좌관은 이렇게 회고한다. "미로와도 같았습니다. 대부분의 참모들은 알지 못하는 장애에 걸려 넘어졌습니다. 효과적인 선택을 위해 필요한 배경 지식이 없었습니다. 정책 어젠다를 의회에 상정하기 전에 이를 어떻게 해야 하는지 알고 있어야 합니다. 카터가 전혀 몰랐던 것은 아닙니다. 하지만 카터는 워싱턴 시스템에서 필요한 것을 파악하지 못했습니다." 카터는 대통령 정치의 '핵심'에 관여하려는 희망을 보이지도 않았다. 정책 자문자들은 그를 초연하고 고립된 사람으로 특징지었다. 이유야 어찌되었든지 간에 카터는 케네디나 존슨이 쏟았던 만큼의 에너지를 들여 정치적 싸움판에 끼어들지 않았다. 한 미디어 응답자가 의견을 말했다. "카터는 먼데일이 실제로 더 많이 관여했을 때에야 그 잘못을 인식했다고 봅니다. 카터는 다른 입법 스타일에 익숙해 있었지요. 시간을 충분히 두고 생각하는 그런 스타일이었습니다. 의회와는 맞지 않았습니다. 카터는 새로운 세기에나 맞는 스타일이었습니다." 카터에게 일이 지체되는 것은 아주 치명적이었다. 의회는 기다리지 않았기 때문이다.

4) 대안의 이용 가능성

대통령의 타이밍에 대한 좀 더 설득력 있는 설명은 특정 어젠다와 관련해 다른 대안을 고려할 가능성이 있다는 점이다. 정책 어젠다가 상대적으로 간단할지라도 대부분 대통령의 발의에서 초안은 어느 정도 구체적이며 포괄적이어야 한다. 어떤 대안을 구체적으로 발전시키는 데는 시간이 걸린다. 선거가 끝난 후 대통령이 정책 어젠다를 얼마나 사용할 수 있는지가 그 어젠다를 얼마나 빨리 제시하는지에 영향을 미친다. 카터의 경우 주요 정책은 초안을 잡는 단계에서 상당히 지체되었다. 의료비 삭감 문제는 비교적 간단해 1977년 4월에 제안되었지만 복지 개정안은 너무 복잡해 8월까지도 준비하지 못했다. 카터의 참모진에 따르면, 인수 초기 주요 어젠다 '이슈'에 대해 합의가 있었지만 대안을 만드는 데 시간이 걸렸다.

우리는 비교적 일찍 어젠다를 만들어놓았지만 몇 개월 동안 제안서를 제출하지 못했습니다. 부분적으로는 우리가 움직이는 데 시간이 걸렸지요. 하지만 지체된 문제들은 대개 어젠다의 목표와 관련된 것이었습니다. 우리는 너무 복잡한 정책 과제를 선택했습니다. 복지 개정안과 에너지는 대통령과 참모진의 시간을 좌우하고 있었습니다. 그것은 아주 전문적인 분야였고 상당한 업무량을 필요로 했습니다. 의료비 삭감 문제는 아주 최근 문제였습니다. 전문가 집단은 대안에 동의하지 않았습니다.

타이밍과 결단력의 관계는 다른 행정부에도 영향을 미쳤다. 케네디 행정부의 경우 집권 첫해 어젠다들을 일찍 제시할 준비가 되어 있었다. 제임스 선퀴스트(James L. Sundquist)는 이렇게 언급했다. "1960년에 국가정책으로 상정된 어젠다는 민주당의 어젠다였습니다. 강령을 작성한 사람과 대통령 후보자가 강조점과 스타일, 양식에 일조했습니다. 그러나 어젠다의 내용은 집권 이후 8년 동안 아주 간결하고 명쾌하게 유지되었습니다. 내내 초조했던 8년이었지만 되돌아보면 확실히 성과가 있었습니다"(Sundquist, 1968: 415). 간단히 말하면, 케네디의 정책 어젠다는 그가 당선될 때 이미 준비되었다. 교육과 지역 재개발 분야, 청소년 교육 보조비, 의료 서비스, 야생 보호, 시민권 등은 1953~1960년에 민주당에서 계획해온 어젠다였다. 케네디가 입성했을 때 그는 제안서의 초안을 잡는 데 많은 시간을 필요로 하지 않았다. "우리는 법안을 바꾸고 세세한 내용을 변경했습니다. 그러나 기본적인 내용은 선거전에서 제시한 대로였습니다. 문제는 여러 어젠다 중에서 어느 것을 선택하는 것이었습니다. 모든 것을 시행할 수는 없었으니까요."

닉슨은 이와 달랐다. 그는 만들어진 정책 어젠다 중에서 선택하지 않았다.

그런 것은 있지도 않았다. 닉슨은 민주당의 8년 집권 후 대통령이 되기는 했지만 공화당은 10년 동안 민주당원들이 했던 것만큼 의욕적으로 어젠다를 개진하지 않았다. 이념적인 이유에서이기도 했다. 공화당원들은 사회정책에 대한 어젠다를 초안으로 잡으려 하지 않았다. 소수당으로서 공화당은 민주당원들이 발의한 것을 일단 반대하는 데 익숙했다. 닉슨의 보좌관은 이렇게 말했다. "공화당은 행정부 초기 단계에서 우리에게 거의 쓸모가 없었습니다. 적어도 정책에서는 그랬습니다. 그들은 존슨 집권 기간에 새로운 의견을 많이 내지 않았습니다. 그들은 그 기간에 새로운 정책 어젠다를 내는 데 성공하지 못한 것으로 악명을 떨쳤습니다. 그들의 그러한 정책 입안 행동은 존슨의 다수당을 거스르는 것이었습니다." 그러므로 닉슨이 복지 개정에 대한 새로운 의견을 요구했을 때 민주당원만이 답을 줬다. 마틴 앤더슨은 이렇게 말했다. "닉슨이 복지 개정안을 밀어붙이려는 의도가 분명했을 때 모이니한은 재빨리 연방관리인으로 있는 동료 민주당원에게 상세한 계획안을 건네받았습니다. 존슨 대통령이 무뚝뚝하게 기각시켰던 복지 개정안을 다시 꺼내 먼지를 털어냈습니다. 그 안을 다시 고쳐 쓰고 수치도 업데이트하고 몇 가지 새로운 아이디어도 첨가했습니다"(Anderson, 1978: 8). 수익을 나누게 된 것이다. 닉슨은 케네디와 존슨 행정부의 수석 경제참모인 월터 헬러(Walter Heller)가 그동안 지지한 제안을 받아들였다. 소수 정당으로서 공화당은 제대로 된 초안조차 가지고 있지 않았다. 공화당은 그러한 어젠다를 발의할 만한 동기도 없었다. 중요한 것은 존슨의 '위대한 사회'에 대적하는 확실한 전선을 만드는 것뿐이었다. 결과적으로 닉슨은 집권 기간에 확실히 불리한 입장이었다. 비슷한 문제가 레이건 행정부 초기에도 나타났다. 레이건은 정부 예산을 줄이겠다고 공약했지만 공화당원들은 새 대통령을 위해 대체 예산을 제시할 수 없었다. 1970년대에 소수 정당으로서 공화당원은 민주당원을 반대하는 데만 힘을 쏟고 있었다. 당시 백악관에 공화당 대통령이 있었기 때문에 공화당원은 새로운 정치적 위상에 시급히 대처해야 했다. 하원도 상원도 새로운 정부에 많은 도움을 줄 수 없었다. 그 대신 예산관리국장인 스토크먼은 수백 개의 정책 어젠다를 시행하는 데 필요한 예산 추정치를 계산하면서 처음부터 예산 심의를 시작해야만 했다. 아주 빨리 끝내기는 했지만 스토크먼이 3월 중순에 2차 예산 개정을 너무 서두르는 바람에 계산이 많이 빗나갔다.

1977년에 카터는 어떠했을까? 카터는 민주당이 8년 동안 의회를 장악한 후 백악관에 들어왔다. 의회가 정책 어젠다를 내는 데 적극적이지 않았는가? 카터가 자신이 민주당의 주류가 아니었다는 것이 문제였다. 케네디나 존슨과는 달리 카터는 워싱턴을 많이 경험하지 못했다. 한 보좌관의 말이다. "우리는 스토브에 뭐가 있는지 몰랐습니다." 카터는 당연히 의회 민주당의 정책 어젠다를 파악하지 못했다. 카터는 국민건강보험의 싸움에 오래 관여하지 않았다. 그는 포드의 거부권 싸움에도 참여하지 않았다. 카터는 아웃사이더로 인식되었다. 연방정책에 대한 그의 무경험은 대통령직 수행에 문제를 가져왔다. 그는 확실히 케네디나 존슨이 그랬듯 대중적 지지를 얻지 못했다. 그는 정당의 정책 어젠다가 얼마나 없는지도 파악하지 못했다. 그러므로 카터의 참모진들은 1961년보다 1977년에 아이디어 창고로서 의회가 덜 중요했다고 말한다. "우리는 워싱턴에 반대하기만 했습니다. 우리가 당연히 표준적인 민주당 정책 어젠다를 채택하지 않는다는 것은 놀랄 만한 일이 아니었지요. 여러 지역에서 우리는 처음부터 시작해야 했습니다."

카터의 두 번째 문제는 일치된 민주당의 의견이 없었다는 것에서 비롯되었다. 민주당은 1977년에 국정 어젠다를 가지고 있었을까? 1950년대와 달리 의회는 어떤 정책에 대해서도 지속적으로 지원하지 않았으며 국가적 요구사항에 대해 합의하지 않았다. 1970년대에 민주당은 국민건강보험이나 세금 감면과 같은 전통적 정책에 관심이 없었다. 케네디가 일련의 중요한 당 제안서에 맞선 반면, 카터는 짜임새 없이 혼란스러운 당 제안에 맞서고 있었다.

5) 타이밍 감각

　대통령에게 과연 정책을 입안하는 타이밍 감각이 필요한가? 국내 문제의 경우 대통령이 효과적으로 법안을 처리하라는 압력에 반응하려면 타이밍 감각이 필요하다. 그렇다고 대통령이 시간을 조절하지 않는다는 것은 아니다. 대통령은 임기에 어젠다 발의를 항상 지체시킨다. 그들은 더 많은 의회 지원을 바라고 제안서를 더 강력하게 만들고자 하지만 입법 일정이 정확하게 나올 때까지는 기다려야만 한다. 컨스가 해석한 존슨의 국정 스타일은 다음과 같다.

　　존슨이 주택정책 제안서에 앞서 보건이나 교육 입법안을 서두르고 컬럼비아 지역에 지방자치권을 부여하려던 결정은 에너지를 고갈시킬 논쟁을 거쳐 각 법안을 처리하는 데 필요한 시간을 고려해 심사숙고한 후 내린 것이었습니다. 존슨 대통령은 케네디가 교육 관련 법안에 대해 연방의 지원을 얻으려다가 한 번의 입법 회기를 통째로 잃었음을 알았기 때문에, 행정 관료들이 대규모 압력단체 두 곳의 동의를 확보할 때까지는 교육 법안을 의회에 상정하지 못하게 했습니다(Kearns, 1976: 236).

　존슨은 컨스에게 입법 과정의 타이밍 감각에 대해 다음과 같이 말했다.

　　법안은 제때에 의회에 상정되어야만 하고 세 가지 기준으로 그 시점을 확인할 수 있습니다. 첫째, 추진력이 있는지, 둘째, 적절한 때와 장소에 후원자가 있는지, 셋째, 반대를 무력화할 수 있는 기회가 있는지입니다. 이 모든 것에 타이밍이 중요합니다. 추진력은 신비로운 여인이 아닙니다. 타이밍은 준비하는 것이 최선이라는 데 기초를 둔 조정 가능한 정치 현실입니다(Kearns, 1976: 238).

　존슨은 집권 첫해의 중요성을 인식했다. 대통령이 입법 타이밍에 주나 일일

단위로 영향을 미칠 수 있었지만 첫해 입법상 영향력은 비밀이었다. 존슨은 '최소의 시간에 최대의 관심'을 믿었다. 주택 법안과 자치 법안이 보건·교육 법안 때문에 보류되었지만 이 법안들은 여름 전에 상정되어야 했다. 주택 법안과 자치 법안은 두 달도 안 되는 기간에 다시 가다듬어졌다. 존슨은 다음과 같이 주장했다. "나는 밀월이 지속되지 않을 것임을 알았기에 계속 세게 부딪쳤습니다. 날마다 더 많은 정치 자산을 잃더라도 결코 포기하지 않고 그것에 매달려야 하는 이유입니다. 언제 혹평가나 저격수가 들어와 우리를 궁지에 빠뜨릴지 모릅니다. 지붕이 내려앉기 전인 바로 지금 우리가 얻을 수 있는 모든 것을 얻어야 합니다"(Valenti, 1975: 144).

1965년에 존슨은 중요한 법안의 상정 시기를 조절했지만, 연내에 모든 법안을 상정할 필요성을 절실히 느끼고 있었다. 보좌관이 자치 법규를 의료 서비스와 교육정책 다음에 바로 상정하기로 한 존슨의 결정에 의구심을 갖게 되자 존슨은 주저하지 않았다. "의원들은 모두 재선만을 생각하고 있습니다. 내가 실수를 하면 지지율은 떨어질 것이고, 의원들은 나와 거리를 두려 할 것입니다. 의원들은 적수에게 린든 존슨의 '고무도장'*이라고 불리며 궁지에 몰리기를 원하지 않습니다"(McPherson, 1972: 105~106). 존슨은 영향력이 줄어드는 주기를 알고 있었고, 그의 타이밍 감각은 이러한 이해를 바탕으로 한 것이었다.

대통령은 정책 어젠다를 빠른 시일 내에 결정하도록 독촉받는다. 대부분의 대통령들이 우선사안을 준비하기가 무섭게 발표한다고 해서 놀랄 일은 아니다. 기다려서 좋을 것이 없기 때문이다. 존슨의 보좌관은 다음과 같이 말한다. "의회는 아무도 기다려주지 않습니다. 서두르지 않으면 승산이 없습니다. 대통령이 느긋해야 할 때도 있습니다. 멈춰야 할 때도 있습니다. 그러나 일단 때가 되었으면 신속하게 움직여야 합니다." 그러므로 타이밍 감각은 늦지 않게 좀

---

* 생각해보지 않고 무턱대고 찬성하는 사람(옮긴이 주).

더 일찍 반응하는 대통령의 능력이라 할 수 있다. 이 대통령의 능력은 전문지식에 기반을 둔 대안의 확실한 이용 가능성으로 마무리된다.

3. 어젠다 규모

국정 발의의 타이밍과 더불어 대통령은 제안 발의 수도 결정해야 한다. 대통령은 적어도 외견상 합리적이며 성공을 극대화하려 한다. 그러한 노력의 일환으로 대통령은 어젠다 규모를 제한한다.

어젠다 규모란 대통령이 기획하는 제안 항목의 절대 수를 의미한다. 대통령은 국민이 원하는 모든 것을 수용할 수 없지만, 의회도 대통령의 발의를 모두 받아들이지 않는다. 그러므로 대통령과 참모진이 어떤 법안이 성사되기를 원한다면 그들은 의회에 상정하는 항목 수를 제한해야 한다. 1969년에 닉슨이 대통령이 되었을 때 그의 참모들은 국정 어젠다에 대한 한계를 확실히 알고 있었다. "아무도 우리가 의회에 많은 양의 어젠다를 보낼 수 있다고 생각하지 않았습니다. 우리는 가장 좋은 아이디어를 골라 총력을 기울여야 했습니다. 의회는 여지를 남기지 않기 때문에 신중하게 하나하나를 선택해야 했습니다."

케네디, 카터, 포드는 모두 비슷한 한계에 부딪쳤다. 포드의 보좌관은 이렇게 말했다. "우리는 정책 과제 중 어떤 것은 훌륭하고 또 어떤 것은 새롭다고 말할 수 없었습니다. 그럴 만한 여유가 없었습니다. 당시에는 대부분의 시간을 연방정책 과제를 검토하고 수정안 초안을 잡는 데 보냈습니다. 대통령이 새로울 것 없는 지출 법안을 내놓았을 때 이미 새로운 기회가 될 수 있었던 1977년이 가까워졌습니다. 포드 대통령이 당선되기를 바랐던 우리는 임기 중에 완전한 정책 어젠다를 제시하기를 희망했습니다." 카터의 보좌관은 다음과 같이 말했다. "통과되지 않을 것이 뻔한 일련의 정책 과제를 올리는 것에는 문제가 많았습니다. 대통령은 이 정책 과제가 그가 원하는 모든 것을 표현하고 있더라도

'아니다'라고 해야 했지요. 결국 통과되지 않을 어젠다를 그대로 상정한다는 것은 몇 년간, 심지어 다음 선거 때로 미루는 것보다 더 나빴습니다." 어젠다 규모를 제한하는 것은 대통령에게 유리하다. 때로는 필수 불가결하다. 존슨의 보좌관은 이렇게 회고했다. "존슨 대통령조차 자신의 발의를 제한할 필요가 있다고 느꼈습니다. 의회가 한 번에 처리할 수 있는 어젠다는 정해져 있었으니까요. 의회의 의사일정표는 매우 빨리 진행됩니다. 대부분의 정책 과제가 같은 위원회로 넘어가게 되어 있다면 대통령은 보류해야 했지요. 그 위원회에서 망쳐놓거나 미루는 것을 원하지 않았습니다."

1) 의회의 한계

대통령은 정책 어젠다 규모에서 몇 가지 구조적인 한계에 직면한다. 의회의 의사일정이 가장 큰 제도적 제약이다. 긴급한 상황이라면 의회도 신속하게 움직일 수 있지만 대부분의 입법은 제정 과정에서 몇 가지 결정 과정을 거쳐야 한다. 케네디에 따르면 이 과정에는 수많은 장애가 있다.

> 의회에서 법안을 통과시키지 못하는 것은 흔한 일입니다. 통과시키는 것이 훨씬 어렵기 때문입니다. 분과위원회를 거쳐 과반수가 찬성해야 하고, 전원위원회에서도 과반수를 얻어야 하며 '법률위원회'를 거쳐서 하원으로 이관해서는 과반수의 찬성을 얻은 후, 똑같은 과정을 상원에서도 반복해야 합니다. 끝없는 토론이 이어지기에 야당이 아무리 소수라 하더라도 충분한 합의가 이뤄지지 않는다면 투표에 부쳐 법안을 상원에서 통과시키기 어렵습니다. 그런 다음 법안을 조정하기 위해 하원과 상원의 위원회를 열어 만장일치로 통과해야 합니다. 한 명의 의원이라도 반대하면 법률위원회로 돌려보내 다시 의회를 통과하는 과정을 거쳐야 하는데 영향력 있는 집단이 반대하기라도 하면 엄청난 논란에 휩싸입니다. 아주 힘든 일입니다(Public Papers of the Presidents of the United States, 1963: 892, 894).

케네디의 불평은 분과위원회가 운영되고 입법 과정이 더 복잡해지기 훨씬 전의 것이었다. 과거의 대통령과 참모진은 일반적으로 의회 절차상의 요구에 민감하게 반응했다. "연락사무소는 항상 긴장 상태였습니다. 너무 조이면 위원회의 반감을 살 테니까요. 위원회는 할 일이 너무 많아 백악관의 압력을 그대로 수용할 수 없습니다. 그렇다고 해서 적당히 압력을 넣지 않으면 의회는 그 어젠다를 뒤로 밀어버립니다."

대통령은 의회의 업무가 많다는 것을 알았지만, 기다릴 때의 위험도 잘 인식한다. 대통령의 입법 전략과는 상관없이 의회는 한 번에 처리할 수 있는 양만을 처리하기 때문이다. 따라서 지난 수십 년 동안 하원의 법률위원회와 세입재정위원회는 대통령의 우선사안에 대해 병목 기능을 수행했다. 예를 들어 케네디는 법률위원회와 계속 싸웠다. 1961년에 더 많은 민주당 당원을 포함시켜 입지를 넓히려는 그의 노력이 성공을 거뒀지만 위원회는 그들이 심의할 수 있는 케네디의 정책 과제 수를 엄격히 제한했다. 케네디가 그 위원회에 충격을 가하는데 왜 그렇게 많은 자본을 투자했는지에 대해 한 보좌관은 이렇게 말한다. "우리는 한 발짝도 나갈 수 없었습니다. 그래서 우리는 싸워야 했지요. 법률위원회를 성공을 가로막는 가장 큰 방해물로 보고 먼저 그들과 싸웠습니다."

카터의 참모들은 1961년 이후에 구조적인 한계가 증가했다고 확신했다. 카터는 의회에 부담을 너무 많이 지운다고 비난받았지만, 사실 그것이 케네디나 존슨보다 많은 것은 아니었다. 그러나 의회는 어젠다 채택에 대한 싸움에 더 민감했다. 의회 상임위원의 말이다. "입법 시스템은 1960년 이래 훨씬 더 경쟁이 심해졌습니다. 이 시스템은 복잡한 관료적 절차와 더 많이 상호 관련되어 있습니다. 심의할 제안서가 많았습니다. 의회는 대통령이 비집고 들어오는 것을 좋아하지 않았습니다. 명확한 신호를 보내기 전에 더 많은 주의를 기울여야 합니다. 카터는 명확한 어투로 많은 것을 요구하지 않았습니다. 카터 행정부의 정책 어젠다는 상대적으로 작은 것들이었습니다." 그런데도 의회는 카터의 어젠다가 너무 늦게 제출될 때면 도발로 받아들이는 경향도 있었다. 이에 실망한 한 보좌관이 카터의 문제에 대해 이렇게 말했다.

참모들은 솔직히 자신들이 의회에 너무 많은 어젠다를 상정했다고는 생각하지 않았습니다. 우리는 입법 절차에 맞게 제출하고 있으며, 의회가 그중에서 선택하면 그만이라고 생각했습니다. 그러나 의회는 어젠다가 도착하기도 전에 일정이 꽉 찼습니다. 의회는 벌써 조세 개정안을 심의하고 있었습니다. 에드워드 케네디(Edward Kennedy)는 국가의 건강보험에 대한 법안을 제출했습니다. 실업 문제에 대한 노력도 있었습니다. 의회가 하지 않았던 단 하나는 에너지 문제였습니다. 인기가 없었거든요. 저는 이런 상황에서 카터가 물러앉아 의회가 심의해줄 때까지 기다리기를 바란다고 생각했습니다. 이를테면 대통령은 의회가 제안하는 대로 처리하기만 하는 고무도장에 지나지 않았지요.

2) 대통령직의 한계

의회가 모든 항목을 다 처리할 수 있다 하더라도 백악관의 정책 과정 자체는 국정 어젠다에 대해 일정한 한계를 가지고 있다. 최근 학자들은 대통령 참모의 규모를 불평하지만 백악관의 정책 과정은 한 번에 처리할 수 있는 양이 제한되어 있다. 대통령은 결정할 시간이 필요하고 참모들은 특정 법안의 초안을 잡는 데 정보가 필요하다. 기본적으로 대통령의 내적 자원은 선택하는 데 제약이 있다. 닉슨의 국정 보좌관의 말이다. "하룻밤 사이엔 아무런 일도 일어나지 않습니다. 대통령이 되면 하늘도 한계처럼 느껴집니다. 한 달이 지나면 기어가 맞물려 있지 않다는 것을 알게 됩니다. 한 번에 그저 한두 가지 정도의 문제를 처리할 수 있을 뿐입니다. 많은 정부기관이 있지만 중요한 결정을 할 수 있는 곳은 소수에 불과합니다."

1970년에 백악관 참모들이 632건의 법안을 올린 적이 있었지만 이때 정책 선택에 관여한 참모의 수는 극히 제한적이었다. 대다수 참모들은 '불을 끄는 일'에 정신없었고, 나머지는 한 번에 한두 가지 문제와 씨름할 뿐이었다. 포드의 한 보좌관은 이렇게 말했다. "사무실의 크기만을 보고 비판할 수는 없지만 크기는 아무 의미가 없습니다. 직원들은 대부분 사무직이었고 3분의 1이 부서에서 파견된 직원이었습니다." 1977년 참모 기록에 따르면, 카터의 국정 참모로 약 28명이 근무하고 있었다. 두 명은 보건정책에 직접 관여했고 세 명은 에너지를 담당했으며, 두 명은 도시 문제를 처리하고 있었다. 대통령이 관련 부서의 지원을 받지만 정책을 직접 다루는 백악관 참모의 수는 한계가 있었다. 적은 수였는데도 참모들은 각자 전문 분야가 있었지만, 역시 한 번에 여러 문제를 다루는 데는 한계가 있었다. 카터의 한 측근은 이렇게 말했다. "우리가 세상의 모든 시간을 다 가졌다 한들 더 빨리 움직일 수는 없었습니다. 이 문제들은 대부분 실무부서에서 시행해야 했기 때문입니다. 해결책을 하나 내놓으려면 시간이 걸리지요."

백악관에서 대통령 어젠다를 채택하려면 수많은 난관을 넘어야 한다. 예를 들면 카터 행정부의 경우 정책 어젠다는 예산관리국과 국정 어젠다 참모를 거쳐, 경제자문위원회, 부통령 심의회, 다시 대통령 공보비서, 정부 내정사무처, 대통령 자문위원단, 대통령 국정 인력위원회, 대통령 통신위원회, 대통령 보좌 사무소, 대통령 의회 연락 담당 보좌 사무소 등을 거쳐야 한다. 이러한 기관 중 어느 하나라도 늦장을 부려 기관이나 부서의 처리 목록에 실리지 못하게 될 수 있다. 카터의 정책 결정 과정을 보면 상당히 많은 백악관 내 관련 부서를 거쳤으며, 이를 다 거치는 데 몇 주가 걸리거나 상당한 마찰이 생기기도 했다. 이러한 정책 결정 과정에서 담당 참모들의 관점에 따라 카터는 어젠다 규모로 인해 일이 지체되는 심각한 한계에 부딪쳤다.

3) 정치적 한계

어젠다의 크기와 내용은 대통령의 정치적 자산에 따라 달라진다. 역대 대통령의 주요한 다섯 가지 정책 어젠다 중에서 존슨의 어젠다는 가장 광범위했고 포드의 어젠다는 가장 제한적이었다. 전직 예산청 관리의 말이다.

> 존슨의 정책 어젠다는 내가 본 네 가지 중 가장 큰 규모였습니다. 1965년 초, 존슨은 닉슨이 그의 첫 임기에 했던 것보다 더욱더 많은 것을 상정했습니다. 이는 임기 초기에는 걸맞지 않는 엄청난 양의 법안이었습니다. 존슨의 정책 어젠다는 1956~1975년 사이에 가장 광범위하게 제안되었습니다. 케네디는 집권 중에 많은 정책 어젠다를 발의했지만 의회에서 지체된 반면, 1965년 존슨은 의회에 대한 영향력도 상당했기에 이를 최대한 이용했습니다. 케네디도, 닉슨도, 포드도 정치적인 기회에서는 달랐습니다. 존슨의 입법 어젠다는 가장 완전하고 상세했습니다. 주요 정책 어젠다는 임기 첫해와 두 번째 해에 모두 상정되었고 나머지는 존슨이 거둔 성공의 연장선상에 있었습니다.

존슨의 어젠다를 케네디, 닉슨, 포드의 어젠다와 어떻게 비교할 수 있을까?

> 케네디, 닉슨, 포드는 모두 일정한 시점에 좌절감을 느꼈습니다. 그들은 정치적 상황에 맞추기 위해 자신의 정책 어젠다를 제한해야 했습니다. 물론 케네디는 닉슨이나 포드보다 정책 어젠다를 훨씬 더 성공적으로 수행했습니다. 케네디는 심각한 장애물에 직면했지만 여전히 상당한 양의 입법안을 상정했습니다. 물론 존슨만큼은 아니었습니다. 닉슨도 의회의 반대에 부딪혔습니다. 그는 의회가 원하는 것이 무엇인지를 확신하지 못하고 있었습니다. 포드에 대해서는 별로 이야기할 필요가 없습니다. 그는 내가 떠났을 때 막 대통령직을 수행하기 시작했으니까요. 취임 때의 상황을 고려한다면 포드가 할 수 있는 일은 많았을 것입니다.

예산관리국 자료는 이를 잘 뒷받침하고 있다. 〈표 2-3〉은 각 행정부의 발의안 중 새로운 것과 오래된 것을 모두 보여주고 있다. 새로운 것과 오래된 법안

〈표 2-3〉 어젠다 규모

대통령	전체 발의안		새로운 발의안		오래된 발의안	
	총수	연평균 발의 건수	총수	연평균 발의 건수	총수	연평균 발의 건수
케네디 - 존슨	53	13	33	8	20	5
존슨	91	23	55	14	36	9
닉슨 1기	40	10	25	6	15	4
닉슨 2기	25	13	21	10	4	2
포드	16	8	6	3	10	5
카터	41	10	25	6	16	4

주: 내용별 코딩은 「부록: 연구방법」에서 논의함.
자료: 예산관리국(OMB) 입법참고분류 비밀정보기록.

의 차이는 이 책의 연구에서 매우 가치 있는 것이다. 특히 제5장에서 정책 내용에 대해 토론할 때 더욱 중요하다. 그 차이는 어젠다 규모에 대한 대통령의 정치적 자산과 그 영향을 평가하는 데 도움이 된다. 새로운 제안서에는 연방정책의 혁신을 위한 발의안이, 오래된 발의안에는 과거 정책 어젠다의 수정안과 개정 사항이 포함되어 있다.

케네디의 의료 서비스 발의안과 존슨의 모델 도시에 대한 제안서, 닉슨의 종합교부세, 포드의 에너지 자립 프로그램, 카터의 의료비 삭감 등에 대한 법안은 어젠다 항목에 대한 좋은 예이다. 각각은 정부와 사회의 관계에 상당한 변화가 있었음을 의미한다(Campbell, 1978). 사회보장비 인상, 최소임금제 확대, 실업수당 확대, 식량 배급표 확대 등이 오래된 어젠다 발의안의 예이다. 각각은 기존의 틀에서 약간 변화된 것이다.

〈표 2-3〉을 통해 두 가지 결론을 이끌어낼 수 있다. 첫째, 대통령마다 어젠다 관련 활동 건수가 다르다. 존슨은 총 발의안이나 새로운 제안서 양에서 최고였다. 한 정책 자문위원의 말이다. "존슨 대통령이 그렇게 강하게 보인 데는 다 이유가 있습니다. 새로운 현상도 아니지요. 존슨은 모든 분야에서 유리했습니

다. 존슨은 필요한 추진력을 모두 갖추고 있었습니다. 그가 최근 대통령 중 첫째 - 결론적으로 포드가 최고였습니다 - 가 아닌 것이 놀라울 따름입니다." 둘째, 포드는 오래된 어젠다 항목 평균에서 다섯 명의 대통령을 앞섰다. 사실 그는 새로운 것보다는 오래된 어젠다가 더 많았던 유일한 대통령이었다. 포드의 측근들은 이러한 조사 내용에 이의가 없었다. "우리는 의회에서 우리의 입지가 어떠하며 물러난 뒤의 결과가 어떨지 잘 알고 있었습니다." 포드의 보좌관은 이렇게 말했다. "우리가 새로운 발의를 하기를 원하지 않았다는 것이 아닙니다. 우리는 포괄적인 복지 개정안과 국민건강보험을 처리하고 있었습니다. 의회를 이해했고, 예산을 검토해 연기하기로 결정했습니다. 우리는 새로운 정책 어젠다를 처리하려면 적어도 1977년까지 기다려야 한다는 것을 알았습니다."

4) 어젠다 규모의 변경

어젠다 규모를 변경하게 하는 주요 요인은 대통령의 정치적 자산과 관련된다. 대통령 자산이 축소될수록 대통령의 국정 어젠다도 축소된다. 이는 백악관 참모들 다섯 명에 의해 충분히 확인되었다. 존슨의 측근은 의회의 과반수 표결을 노골적으로 지적했다. "의회는 우리가 대규모 정책 어젠다를 상정하기를 기대했습니다. 이를 요청한 리더들도 있었습니다. 존슨이 극적인 정책 어젠다를 제시하면 팡파르를 울리며 그것을 선전하고는 했습니다." 존슨의 참모와 나눈 인터뷰는 좋은 기회였던 첫해에 대해 이야기하며 끝을 맺었다. 존슨의 임기 둘째 해쯤에 자산은 흩어져 없어지기 시작했다. 영향력의 감소가 그 시작이었다. 선퀴스트의 말이다. "전쟁의 늪과 같은 베트남전쟁에 대한 미국의 개입은 국민의 관심을 끌었습니다. 소비자 물가는 1년 만에 4%나 올랐지요. 그해 여름 폭동, 즉 38번의 소요는 '위대한 사회' 기획에 암운을 드리웠습니다. 존슨 대통령은 1966년 시민권 법안을 통과시키지 못하고 무참히 패하면서 괴로워했습니다"(Sundquist, 1968: 496). 존슨은 결국 '위대한 사회'라는 단어를 포기했다. 조지프 캘리파노(Joseph A. Califano, Jr.)는 어젠다 절차에서 자신의 권한을 강화시켰다. 존슨이 1965년에 34개의 별도 법안을 발의했는데 1967년까지 21개로 떨어졌다. 한 보좌관의 말이다. "존슨은 눈높이를 낮췄습니다. 1967년의 정책 어젠다는 자금 조달과 개정안에 대한 일련의 싸움이 되고 말았습니다. 극적 반전은 없었습니다. 정책 어젠다는 떠돌기 시작해 사소한 발의안과 초기 승리를 위한 방어 태세를 갖추기에 급급했습니다."

어젠다 규모에 대한 자산의 영향력은 포드 행정부에서 잘 설명된다. 포드는 선거로 당선된 대통령이 아니었다. 9월이 지나 닉슨을 사면하면서 포드의 인기는 빠르게 떨어졌다. 그의 거부권 행사는 몹시 많아졌다. 갤럽 조사에 따르면 포드의 국민 지지율은 1974년 9월 19일과 12월 12일 사이에 30퍼센트포인트나 떨어졌다. 대통령의 지지율을 조사한 이래 가장 큰 폭의 하락이었다. 그 기간에 포드는 이미 27건의 법안에 거부권을 행사했다. 포드가 확실하게 의회에서 인정받고 있었지만 하원에는 겨우 144명의 공화당원들만이 있었다. 이는 미국 의회 역사상 최저 수준이었다. 존슨, 케네디, 카터가 각각 임기를 시작할 때 의회 지지를 얻고 있었던 반면, 포드는 제한된 기회를 최대화하기 위해 거부권 전략을 짤 수밖에 없었다. 포드의 보좌관은 다음과 같이 회고했다. "완전한 입법안을 상정하는 것은 쓸데없는 짓이었습니다. 경제 상황은 연방 지출의 증가를 허락하지 않았고 정치 상황은 의회의 어떤 융통성도 인정하지 않았습니다. 의회가 나서기만을 기다려 우리가 '3분의 1 더하기 1'의 방법으로 해결할 수 있는지를 지켜보는 수밖에는 없었습니다."

초안이 법안으로 성공하는지 여부는 어젠다 크기에 영향을 받았다. 대통령의 정책 어젠다가 신속하게 제정된 경우, 제정된 발의안을 대신해 빈 공간을 채워줄 기회가 제한적으로나마 있었다. 즉, 존슨은 다른 대통령보다 훨씬 더 많이 그 기회를 최대로 활용할 수 있었다. 그는 초기 몇 달 동안만 승승장구했다. 그동안 존슨의 정책 어젠다는 빨리 통과될수록 다시 채워질 수 있었다. 의회의 의사일정이 재개되었을 때 존슨은 더 많은 입법안을 제의할 기회를 지녔다. 이 관계는 영향력이 커지면서 더욱 가속화되었다. 존슨의 참모들은 첫 임기를 맞이한 다른 대통령의 참모들보다도 제안서를 빼어나게 준비하고 있었다. 존슨의 국정 절차는 제89회기 의회 시작부터 최고조였다. 정책 어젠다가 입법 절차에 따라 제의되었을 때 존슨의 참모들은 제한된 대체안을 제시할 수 있었다.

닉슨은 이와 달랐다. 1969년에 닉슨이 이와 유사한 입법 성공을 거뒀지만 닉슨 행정부는 주요 대체안을 제시할 준비가 되지 않았다. 닉슨의 국정 절차는 '가족 지원안'을 제시하는 데 8개월을 소비했다. 어젠다 대기 행렬에서 일련의 정책 어젠다를 갖고 있지 못했다. 첫 임기의 대통령으로서 닉슨은 그다지 유능하지 못했다. 카터도 그랬다. 의료비 삭감안이 의회에서 치열한 논쟁을 벌이고 있을 때 카터는 복지 개정안에 대한 심도 있는 논의를 시작했다. 이 연구와 관련된 내부 문건에 따르면, 카터는 의료비 삭감안 이후 꼭 한 달 만인 1977년 3월 초에 복지 개정안을 기획하기 위해 6개월 동안 예산을 세웠다. 의료비 삭감안이 신속하게 통과되었다면 카터는 빈 어젠다 공백을 채우지 못했을 것이다.

5) 이데올로기의 영향

이데올로기와 지지 정당이 어젠다 규모에 영향을 미치는가? 1953년에 아이젠하워는 의회에 확고하게 자리 잡은 공화당의 과반수와 강한 여론 지지를 바탕으로 입성했다. 그의 활동은 확실히 이용할 수 있는 정치적 자산을 발생시키지 못했다. 공화당 대통령은 원래 소극적인 경향이 있는가? 공화당 행정관들을 임명한 것이 편견을 불러와 더 작은 입법 '판'을 짜게 된 것인가? 전통적으로 소극적인 행태는 닉슨이나 포드에게는 맞지 않았다. 둘 다 말 그대로 '활동적'이었기 때문이다. 두 명의 참모진에 따르면 닉슨과 포드는 모두 '위대한 사회'의 출현이 공화당의 반대 반응을 필요로 했다고 생각했다. 두 대통령 모두 취임할 때 입법적 영향에 대한 큰 기대를 가졌다가 의회가 반대하자 실망했다. 아이젠하워는 소극적이었지만 자신의 정책 목표를 수행하는 데 문제는 없었다. 하지만 닉슨과 포드는 그럴 수 없었다. 1953년에 연방의 역할은 여전히 상대적으로 작았지만, 1969년경에 크게 확대되었다. '신개척자'와 '위대한 사회'는 프랭클린 루스벨트(Franklin Roosevelt)의 뉴딜정책의 많은 부분을 완성시켰다. 새로운 연방주의로 정부를 재편하기 위해 닉슨은 경쟁력 있는 아이디어와 정책 어젠다의 판을 제시해야 했다. 닉슨의 한 보좌관은 이렇게 말했다. "임기 중에 하고자 했던 것이 많았습니다. 집행부서에서 훼손시킨 것도 있고 참모들 간 갈등으로 못 쓰게 된 것도 있었습니다. 너무 의욕만 넘쳤던 어젠다도 있었고 전문적으로 실현할 수 없던 것도 있었습니다. 그러나 우리가 나서고 싶지 않았다는 것은 사실이 아닙니다. 우리는 일련의 의안을 가지고 있었고 의회가 돕지 않아 화가 났습니다. 우리도 상정하고 싶었습니다."

그러므로 닉슨처럼 '행정적 스타일의 대통령직'은 대통령의 이데올로기보다는 정치적 상황에 더 많은 반응을 보였다. 한 보좌관의 말이다. "우리는 입법 채널을 통해 훨씬 더 많은 것을 해낼 수 있었습니다. 지속적인 영향을 원한다면 법규를 통해 얻어내야 했습니다. 우리는 복지 법규를 강화시킬 수 있었지만 기본적인 신뢰를 바꿀 수 없었습니다. 우리는 기관을 재정비할 수 있었지만 기본적인 틀은 바꿀 수 없었습니다." 포드의 측근도 비슷한 생각을 표현했다.

공화당 대통령의 경우에는 상황이 많이 변했습니다. 아이젠하워가 1970년대에 살아남을 수 있을지 매우 의심스럽습니다. 그냥 앉아서 나라가 원하는 대로 흘러가기만을 기다릴 수는 없습니다. 거기에 개입해 미친 듯이 싸워야 합니다. 정책 어젠다를 통과시킬 수 없다면 다른 전략을 사용해야 합니다. 거부권을 행사하거나 행정명령을 이용하거나 예산을 편성해야 합니다. 요새는 많은 공화당원들이 공을 들인 입법안을 통과시키기 위해 노력하고 있습니다. 레이건과 필립 크레인(Phillip Crane)도 여기에 속합니다.

이데올로기와 당파심이 국정 어젠다에 중요하지 않다고 말하는 것은 아니다. 특정 문제와 대안을 선택하는 데 이들은 중요한 요소이다. 그러나 닉슨과 포드의 참모들과 인터뷰를 해보면 어떤 행정부도 의식적으로 소극적인 공화당 스타일로 인해 어젠다 규모를 제한하지 않았다는 것은 명확하다. 두 사람 모두 자신이 원하는 정책 어젠다가 있었지만 통과시키지 못했다. 둘 다 목표가 있었지만 이르지 못했다. 그들의 목표는 민주당의 목표와는 확실히 달랐다. 닉슨과 포드는 목표를 추구하는 데 민주당 대통령만큼 활동적이었지만, 그들의 정책 어젠다를 부채질할 수 있는 정치적 자산이 적었다. 닉슨과 포드의 연락 보좌관은 다음과 같이 강조했다. "우리가 존슨이나 그 외 다른 민주당 대통령들보다 덜 활동적이었다는 평가는 받아들이고 싶지 않습니다. 우리의 입법 어젠다는 야심찬 것이었지만 기회가 없었을 뿐입니다. 공화당 의회였다면 훨씬 더 확실했을 것입니다." 레이건 행정부도 근본은 보수였지만 비슷하게 활동했다. 어떤 공화당 대통령도 국가 사안을 해결하는 데 소극적인 스타일을 주된 방편으로 삼지 않았다. 레이건 행정부는 취임 후 6주 만에 1981년도 회기와 1982년도 회기 예산을 전면적으로 검토할 수 있었다. 통상 적어도 12개월에서 14개월 걸리는 사안이었다.

4. 결론

국정 어젠다의 기본적인 매개변수는 대통령의 자원과 직접적으로 연관되어 있다. 대통령 정책 어젠다의 타이밍과 규모는 시간과 정보, 전문지식, 에너지 그리고 가장 중요한 자산의 성쇠 주기에 따라 달라진다. 영향력이 줄어들고 효율성이 증가하는 복합 주기는 대통령 임기 중 언제라도 항목의 수를 제한할 필요성을 느끼게 할 뿐 아니라 되도록 빨리 어젠다를 상정하도록 압력을 가한다. 이러한 복합 주기의 영향은 각 임기 초기에 지닌 자원의 정도를 포함한 몇 가지 요인에 따라 달라진다. 임기가 2년이었던 포드에게는 시간이 줄어드는 것이 훨씬 중요한 요소였다. 초기에 경험이 없었던 카터에게는 효율성이 증가하는 것이 더 중요한 요소였다.

궁극적으로 이 주기는 상계 압력을 만들어낸다. 영향력이 줄어드는 주기는 대통령이 어젠다를 신속하게 발의할 수 있도록 독려한다. 효율성이 증가되는 주기는 자제하라는 주의를 준다. 대통령 임기 중에 이 주기가 최대한 잘 결합되어 있을 때가 두 번째 임기의 첫 순간이다. 대통령과 참모는 4년 동안 직무 훈련을 받았으므로 시간과 에너지, 자산이 가장 많은 상태이다. 그런 다음 두 번째 임기에 한계가 생기면 영향력이 감소되는 주기는 가속화된다. 헌법 수정안 제22조는 대통령의 첫 임기에 얻은 더 큰 효과를 사용하는 능력을 제한하고 있다. 케네디의 보좌관은 이렇게 주장했다. "대통령은 이길 수 없습니다. 그가 너무 천천히 발의하면 아무것도 통과되지 못할 것이고 그가 두 번째 임기를 무작정 기다리면 너무 짧게 지나가 버립니다. 첫 번째 임기에서 너무 빨리 발의하면 그 실수 때문에 재선에서 실패하게 됩니다. 도대체 누가 이런 일을 하고 싶어 하는지 모르겠습니다."

3
이슈 선택
selecting the issues

1963년의 케네디 암살 직후 존슨은 국가 어젠다를 논의하기 위해 몇 명의 자문위원을 만났다. 회담 내용에는 광범한 이슈와 대안이 포함되었지만 국내 정책 프로그램에 집중되었다. 감세정책을 진행할 것인가, 시민권리 법안을 추진할 것인가? 관련자들에 따르면, 존슨은 의심할 여지 없이 케네디 대통령이 추진하던 정책 어젠다를 채택할 것 같았다. 비록 존슨이 시민권리 법안과 빈곤 프로그램의 중요성을 높이 사긴 했지만, 케네디 어젠다는 그대로 추진되었다.

존슨의 의사결정에는 그의 인간성과 즉각적인 기대 분위기가 모두 반영되었다. 존슨은 자신을 '케네디 행정부의 수탁자이자 관리인'이라고 믿었다.

옳건 그르건 나는 취임 첫날부터 케네디 대통령이 남긴 과제들을 추진해야 한다고 느꼈습니다. 나는 자신을 케네디의 국민과 정책에 대한 관리인이라고 생각했습니다. 선출되었을 때 케네디는 나를 자신에게 어떤 일이 생기면 국정을 관리하기 위해 필요한 러닝메이트로 알고 있었습니다. 나는 내가 직접 해주길 케네디가 바랐을 것으로 보이는 일을 했습니다. 심지어 내 힘으로 선출된 이후에도 최종 재임일까지 결코 그 책임감을 포기한 적이 없습니다(Johnson, 1971: 19).

존슨의 의사결정에는 그의 개인적·정치적 목표가 반영되었다. 실제로 모든 대통령의 이슈 선택은 이익이 되는 부분, 즉 대통령의 정책 목표와 직접 연계된 이익과 관련된다. 대통령은 국내 이슈를 선택하는 일에 집중하기 때문에 의도적인 행동으로 나타난다. 인센티브가 존재하지 않는 한 대통령으로 하여금 특정 이슈를 선택하라고 강요할 수는 없다.

케네디가 추진하던 어젠다를 지속하기로 한 존슨의 의사결정은 적어도 세 가지 특정 목표와 관련을 갖고 있었다. 존슨은 분명히 실용적인 영향력을 원했다. 그는 국내 프로그램에 대한 자신의 선택을 이끈 개인적 신념이 있었다. 게다가 존슨은 자력으로 대통령에 선출되기를 원했다. 당파성 때문이건 야심 때문이건 간에 그는 완전히 자의로 민주당 지명전에 뛰어들었다. 존슨은 이러한 과도기적 시기를 역사에 길이 남을 만한 기회로 봤다. 과도기 내내 존슨의 행동은 선거에서 승리하고, 역사적 업적을 남기며, 훌륭한 정책을 제공하는 데 뜻을 뒀다. 존슨의 대통령직 취임 목표는 자신의 국내 정책 선택에 영향을 미쳤다.

1. 대통령의 목표

대통령이 어젠다 이슈를 선정하는 데는 등급이 있다. 목표가 재선인지, 역사적 업적인지, 훌륭한 정책인지를 불문하고 대통령은 특정한 목표를 품고 이슈를 선택한다. 설령 정치 여건상 어떤 이슈를 높이 사고 다른 것은 버릴지라도 대통령은 보이지 않는 특정 원칙에 의해 조정당하지 않는다고 믿는다.

재임 기간에 새로운 주제가 표면에 떠오를지라도, 대통령은 어젠다를 선택하는 데 상당한 결정권이 있다. 비록 연례적인 연두교서를 준비해야 하지만, 대통령이 새로운 법안을 제안해야 하는 것은 아니다. 연간 예산안을 제출해야 하지만, 행정부가 이슈 전체를 관리하지는 않는다. 대통령은 필요한 법령을 선택할 뿐이다. 의회 의원이 선거를 고려해 행동하는 것처럼(Mayhew, 1974), 대통령은 법정 요건이나 추상적인 책임 때문이 아니라 자신의 개인적·정치적 목표에 일치하는 이슈에 집중한다. 따라서 특정 인센티브가 있으면 이 점이 특정 이슈를 선택하는 중요한 구성요소가 된다. 극단적으로 말해서 대통령에게 어떤 이슈에 잠깐 관심을 기울이는 것 이상의 헌신을 강요할 수는 없다. 대통령은 자력으로 성공하고 실패할 자유가 있다. 대통령이 경제를 무시하는 이슈를 선택한다면 그는 아마도 실패할 것이다. 인센티브가 표면화되지 않는 한 어떤 것도 대통령의 관심을 끌 수는 없다. 이런 관점에서 보면 국내 어젠다의 틀을 짜는 엄청난 결정력이 대통령에게 있는 셈이다. 이슈 선택을 이해하려면 대통령의 목표를 이해해야 한다. 그래서 정치적 '필요성'은 특정 이슈를 선택하는 데 동기를 제공한다. 특정 목표가 상실되지 않는 한 대통령은 계획한 대로 행동한다.

목표가 행동에 영향을 미친다는 명제는 대통령 관련 문헌에서는 새로운 것이 아니다. 하지만 대통령학 학자들은 주된 동기로서 권력 문제를 논의한다. 그러나 권력이 중요하다면 반드시 이렇게 물어봐야 한다. 무엇을 위한 권력인가? 대통령의 활동(예를 들면 권력 극대화 행동)과 목표(재선이나 훌륭한 정책)를 구별하는 것도 필수적이다. 제3장에서는 주로 대통령의 정책 목표에 관심을 둔다. 불행하게도 대통령직에 관한 지난 연구는 인간성이 대통령의 목표에 어떻게 영향을 미치는지, 그리고 이런 목표가 어떻게 특정 성과로 바뀌는지는 연구하지 않으면서 기본적인 인간적 특성을 파악하는 데만 공을 들였다. 대통령의 개인적 목표와 신념은 국내 이슈 선택에 극적인 영향을 미치지만, 문헌에서는 오직 일시적 관심만 불러일으켰을 뿐이었다.

목표와 이익 간 연관성은 암묵적이다. 목표는 개인에 속하고, 이익은 이슈와 관련된다. 대통령이 재선을 목표로 할 때 경제가 안정되면 원했던 목표를 얻을 수 있다. 대통령이 훌륭한 정책(가령 전국적인 건강보험정책)을 목표로 설정할 경우 이러한 정책은 원하는 이익을 가져다줄 수 있다. 그 때문에 목표는 이익에 대한 인식에 영향을 미친다. 일부 이슈는 대통령의 목표 달성에 도움이 되는 반면 다른 이슈는 그렇지 않다. 대통령과 참모들은 잠재적 어젠다 주제를 평가할 때 최대의 인센티브를 제공하는 이슈를 추구한다. 대통령은 경쟁적인 이슈 중에서 선택할 때 잠재적 이익이라는 원칙에 집중한다. 여기서는 대통령의 이익을 부추기는 세 가지 주요 목표를 중심으로 논의하고자 한다. 재선, 역사적 업적 그리고 홀륭한 정책이다.

1) 재선

모든 초선 대통령은 재선에 관심이 있다. 대통령, 주지사, 시장을 불문하고 재선 욕구는 바로 최초 캠페인의 부작용이다. 포드의 보좌관 중 한 명은 이렇게 말했다. "일부 후보는 캠페인 정치에 관심이 없다고 말하겠지만, 이를 곧이곧대로 믿으면 안 됩니다. 공직 후보라면 모두 이를 원합니다. 그것이 바로 그들이 자유와 사생활을 기꺼이 포기하는 이유입니다. 더 광범위한 목표에 관심이 있다고 말하는 후보는 일부를 전체인 것처럼 포장해 말하는 것뿐입니다. 후보로 나섰으면 당선되고 볼 일입니다."

선거에서 승리하려는 목표가 첫 임기 취임식을 거행했다고 해서 수그러들지는 않는다. 설령 대통령이 나중에 연임에 대한 계획을 포기했다고 하더라도 첫 임기 내내 재선은 여전히 매우 중요한 목표로 남아 있다. 대통령과 참모는 연임을 위해 상당한 에너지를 투자한다. 존슨의 고위 보좌관 중 한 명이었던 잭 발렌티(Jack Valenti)는 다음과 같이 말했다.

어떤 대통령이든지 주된 목표는 4년 더 연임하기 위해 선거가 있는 해 11월에 충분한 표를 얻어 승리하는 데 있음을 의심할 여지는 없습니다. 나는 재선 과정이 쓸모없는 군더더기이며, 대통령직을 수행하는 데 부담을 주는 국가적인 낭비라고 믿습니다. 즉, 대통령은 선출되는 순간 이미 재선 준비를 시작합니다. 매일 재선 캠페인용 유세차량을 준비합니다. 이와 다르게 말하는 사람이 있다면 그는 거짓말을 하고 있는 것입니다(Valenti, 1980: 4).

선거에서 승리하겠다는 목표가 정책 성과에 어떤 영향을 미치는가? 이는 주로 대통령과 참모로 하여금 특정 이슈가 대중의 반응을 결정한다고 믿게 함으로써 영향을 미친다. 그 믿음이 유권자의 이성적인 견해에 기반을 둔 것인지는 접어두고 그들은 이슈가 선거 승리에 영향을 미친다고 확신한다. 설령 이슈가 모든 투표에서 차지하는 비율이 낮다고 하더라도 대통령은 그 영향을 극적이라고 인식하는 경향이 있다. 의회가 다음과 같은 유용한 실례를 제공한다.

정치학자들이 선거에서 유리하다고 말해줘도 하원의원들은 항상 불확실하고 취약하다고 느낍니다. 자신의 의석은 안전하다고 하는 하원의원조차 암묵적으로는 "내가 이 의석을 안전하게 유지하기 위해 적극적으로 활동하기 때문에, 그리고 그렇게 하는 한"이라는 말을 덧붙일 것입니다. 게다가 선거의 어려움이 예상되기 때문에 수많은 의원들이 하원에서의 은퇴를 결정합니다(Fenno, 1978: 233~234).

이런 태도는 대통령 정치에도 반영된다. 비록 어젠다 선택에는 대중적 지지에 대한 간단한 계산보다 더 많은 것이 관련되지만, '선거 관련성' 때문에 재임 초기에는 아이디어가 난무한다. 백악관 참모들은 아이디어의 원천으로서 캠페인이 갖는 한계를 인정했지만, 여전히 특정 이슈가 선거에서 승리하는 데 중요한 구성요소라고 인식했다. 존슨의 한 보좌관은 다음과 같이 회고한다.

모든 대통령에게는 선거에서 승리를 가져올 열쇠라고 믿는 이슈가 있습니다. 여론 조사 때문이든 직관 때문이든지를 불문하고 대통령은 어젠다 항목과 공약이 투표에서 중심 요인이라고 믿고 있습니다. 이러한 문제를 정치학자들이 입증할 수 없다고 해도 대통령은 여전히 이를 신조로 받아들입니다. 그러한 믿음 때문에 특정 이슈가 어젠다가 되도록 추진합니다. 심지어 재선에 성공한 경우에도 대통령은 자신을 첫 번째로 백악관에 입성하게 만든 이슈에 대한 의무감을 느낄 수 있습니다.

이러한 선거에서의 이점은 다양한 사례에서 발견할 수 있다. 대통령과 참모들은 선거를 위한 연합은 시간의 경과에 따라 끝나리라고 믿는다. 이런 '소수파 연합'은 백악관 보좌관을 중심으로 빈번하게 나타난다. 존슨의 한 보좌관은 다음과 같이 지적한다. "첫 임기 6개월이 끝날 때쯤이면 대통령은 일반적으로 의회의 지지 세력을 잃기 시작합니다. 첫 임기가 끝날 때쯤이면 불만은 일반 대중에게까지 확산됩니다. 그 시점에서 지지층을 재건하지 않으면 연임할 수 없습니다." 선거 공약은 연합을 형성하는 접착제이다.

선거가 자신에게 얼마나 유리한지에 대한 판단은 대통령의 인식에 의존한다. 간혹 대통령과 참모들은 매우 중요한 공약에 찬동한다. 이러한 가정에 따르면, 선거 연합을 구축·유지하는 데 특정 이슈는 필수적이다. 후보가 캠페인 기조를 입안할 때 이런 인식은 특정 어젠다 선택에 영향을 미친다. 카터의 보좌관은 다음과 같이 말했다. "우리는 선거에서 어떤 이슈가 주요한지 이해했습니다. 우리는 생계 이슈가 무엇인지를 알았습니다. 재임 기간이 시작되었을 때 우리는 캠페인 어젠다를 이용할 필요성을 느꼈고, 실업과 세금환급에 관한 계획을 세웠습니다. 그러나 기본적으로 유권자가 변화하고 있고 리버럴한 프로그램이 실패하고 있다는 점을 인정하기까지는 오래 걸리지 않았습니다. '정책 공약 13'은 모든 행정부에 영향을 미쳤습니다."

간혹 대통령과 참모들은 매우 중요한 공약을 개인적 직관을 바탕으로 정의한다. 하지만 근년에 들어 백악관 참모는 점점 더 여론 조사를 중시하는 쪽으로 선회했다. 카터 행정부에서는 여론 조사가 대통령의 선택을 형성하는 데 새로운 차원을 차지했다. 1976년에 카터의 수석 캠페인 여론 조사관이었던 패트릭 캐들(Patrick Caddell)은 일단 행정부의 핵심 여론 분석가로서의 지위를 확립한 뒤 여러 핵심 의사결정을 좌지우지할 수 있었다. 1979년 초에 캐들은 여론이 심상치 않다고 판단했고, 그해 여름 행정부 내각의 위기가 나타나기 시작했다. 카터의 민정 연락보좌관은 이렇게 말한다. "대통령은 여론을 매우 현실적인 방법으로 바라봤습니다. 자료상 그러한 증거가 나타나면 카터는 대개 이에 반응했습니다."

　재선은 첫 번째 임기에만 중요한데도 필자는 두 번째 임기에도 대중의 지지를 계속 추구하리라고 예상했다. 이론적으로는 연임을 위한 지지율 탐색은 감소되어야 하지만, 후보자가 가지고 있는 오래된 습관은 쉽게 바뀌지 않았다. 그렇게 하도록 훈련받았기 때문에 대통령은 지속적으로 일반 대중에게 구애할 수밖에 없었다. 역대 다섯 행정부 – 케네디부터 카터까지 – 중 오직 한 행정부만 재선에 성공했고 그 행정부도 1년 후에 무너졌기 때문에 참고할 수 있는 확고한 자료는 거의 없다. 아이젠하워를 위해 일했던 몇 명의 닉슨 보좌관과의 인터뷰에서, 재선에 관한 압박감은 예상대로 연임 시기의 마지막 해에 점점 사라지는 것으로 나타났다. 전직 아이젠하워 보좌관은 다음과 같이 밝히고 있다. "우리는 1956년 이후 명확히 압박으로부터 해방되었다는 점을 느꼈습니다. 즉, 좀 더 많은 시간을 가질 수 있었고 투자할 수 있는 자유를 가졌습니다. 군산복합단지에 관한 연설이 그 한 가지 사례입니다. 첫 번째 임기에는 결코 시도할 수 없었던 일을 연임할 때는 시행할 수 있었습니다."

2) 역사적 업적

　대통령은 분명히 역사적 업적에 관심을 가진다. 대통령 후보들은 일반적으로 역대 행정부에 대한 평가 순위를 알고 있다. 그들은 '위대한 대통령'으로 향하는 경로에 관심이 있다. 닉슨의 한 보좌관은 "여론이 나쁘고 의회의 기력이 약한 경우 대통령은 항상 역사에 의지할 수 있습니다. 닉슨 대통령은 자신의 의사결정이 20년 내지 30년 내에 어떻게 평가될지를 궁금해하며 많은 시간을 보냈습니다. 그것이 백악관 운영 시스템의 배후에 있는 원래 의도였습니다. 닉슨 대통령은 역사적으로 가장 정확한 회고록을 저술하는 데 필요한 세부적 기록을 원했습니다"라고 말했다. 비록 대통령들은 경쟁적인 국내 목표를 강조하는 정도에서 다르기는 했지만, 대부분의 참모들은 역사적 업적이 대통령의 중심적 동기라는 점에는 동의했다. 대통령들이 여론 반응에 따라 잠재적 정책을 가늠하는 것과 같이, 그들은 '역사적 판단'도 고려해 정책 선택에 매우 중요한 영향력을 행사한다. 존슨 행정부의 보좌관은 다음과 같이 지적했다.

존슨이 역대 여론 조사 결과를 읽지 않았다고 생각하십니까? 절대로 그렇지 않습니다. '위대함'에 대한 아서 슐레진저(Arthur Schlesinger, Jr.)의 여론 조사는 지난 6개월 동안 이를 입증하고 있었습니다. 많은 사람들이 존슨 행정부가 어떻게 상위 10위 내에 들어갈 수 있을지 궁금하게 여겼습니다. 일부는 농담 – "이봐, 역사학자들을 우리에게 투표하게 하는 방법이 없을까" – 이었지만 일부는 심각하게 생각했습니다. 존슨은 '위대한' 대통령으로 기억되기를 원한 것 같습니다. 그 점이 바로 존슨 도서관이 그렇게 일찌감치 개설된 이유였는지도 모릅니다. 제 생각에 존슨은 역사학자들이 존슨 행정부의 업적, 특히 사회복지와 교육에서의 업적을 보면 존슨 행정부를 달리 보게 될 것이라고 믿었던 듯합니다.

왜 대통령에게 역사는 그렇게 중요할까? 우선 대통령 집무실은 온통 역사로 뒤덮여 있다. 대통령이 역사에 몰두하지 않을 도리가 없다. 백악관의 복도에는 대통령의 잠재적인 역사 평가와 자신의 위치를 상기시키는 것들이 포함되어 있다. 여러 초상화들은 역사적 판단의 영향을 시사하고 있다. 존슨의 보좌관이었던 조지 리디(George Reedy)는 다음과 같이 말하고 있다.

백악관의 분위기는 어떤 숙명을 받아들이게끔 되어 있습니다. 현직 대통령은 문자 그대로 신성한 인물들 – 제퍼슨, 잭슨, 링컨 – 의 발자취 속에서 업무를 수행하고 있습니다. 거의 신화적이고 신성시된 유물이 그를 둘러싸고 있는 것입니다. 홀에 들어서는 순간부터 그는 세계를 뒤흔들었던 반신인(半神人)의 신전에 모셔진다는 점과, 그들에게서 미국의 꿈과 희망에 대한 유산을 물려받는다는 점을 알게 됩니다. 그에게는 불행하지만 신성한 꿈은 정부보다는 영감을 위한 근간으로 복무합니다(Reedy, 1970: 14~15).

둘째, 워싱턴에서는 역사성을 드러내 강조한다. 언론에서는 곧잘 역대 대통령과 비교하곤 한다. 케네디에 비해 존슨은 어떤가? 카터에 비해 닉슨은 어떤가? 워싱턴에서는 때때로 대통령 사이의 역사적 비교를 이끌어낸다. 그리고 백악관 참모들이 이런 비교를 놓칠 리 없다. 카터의 보좌관은 다음과 같이 말했다. "칼럼에서 우리 대통령이 프랭클린 루스벨트에 비해 열등하다고 보도하면 자동적으로 루스벨트는 어떻게 그렇게 훌륭할 수 있는지에 대해 묻게 됩니다. 결국 이는 대통령을 더 훌륭하게 보이게 하는 방법을 묻는 것입니다."

역사적 이점은 대통령이 어젠다 선택에 고려하는 중요한 인센티브 요인 중 하나이다. 실제 투표로 실현되는 선거의 이점이나 정책 프로그램이 가져오는 이점과는 달리, 역사적 이점은 시간이 지날 때까지 기다려야 한다. 따라서 대통령은 최종 판단을 기다려야 한다. 그러나 그러한 기다림이 대통령과 참모의 역사적 업적의 가치를 떨어뜨리지는 않는다. 1980년에 카터는 민주당 지명을 수락하면서 역사의 중요성을 다음과 같이 언급했다.

나는 뭔가를 배웠습니다. 나는 특별히 무엇인가를 봤습니다. 무엇보다도 먼저 나는 앞일을 생각해야 했습니다. 미국 대통령은 국가 운명을 돌보는 집사이기 때문입니다.

대통령은 우리 후세들 – 또한 그들이 거느리게 될 자식들 – 도, 그리고 다가올 세대의 자식들도 보호해야 합니다. 반드시 이들을 위해 말하고 행동해야 합니다. 그것이 대통령의 짐입니다. 이는 영광스러운 일이기도 합니다.

제아무리 부유하거나 강력하다 하더라도 대통령이 근시안적이고 특수한 이해관계의 요구에 굴할 수 없는 이유입니다. 제아무리 인기가 있다 하더라도 대통령이 순간의 열정에 굽힐 수 없는 이유입니다. 국민이 위안을 받고 싶어 하는 순간에도 대통령이 때때로 국민에게 희생을 요구해야만 하는 이유입니다. 오늘날의 대통령은 봉사자입니다. 그러나 그의 진정한 유권자는 미래입니다. 이것이 바로 이번 1980년 선거가 내게 매우 중요한 이유입니다(≪워싱턴 포스트≫, 1980년 8월 15일자).

역사적 업적에 대한 언급하는 것은 때때로 일시적 실패를 무마하려는 것일 수 있다. 중요한 법안 통과를 확보할 수 없는 대통령은 역사가 올바르게 판단할 것이라고 주장할 수도 있다. 그러나 역사적 영향은 현재의 곤란함에 대한 설명 너머에 있다. 일부 대통령은 역사적 업적을 주된 목표로 삼고 대통령에 취임한다. 언론사의 베테랑 자문위원이 남긴 말이다. "일부 대통령은 득표 차를 최대로 하거나 입법 분량을 최대로 하려고 노력함으로써 대통령직에 도전합니다. 하지만 대부분 결과적으로 현재 권위자들이 말하는 것은 중요하지 않으며 멀리 내다보는 평자들이 발견하는 것이 중요하다는 식으로 접근합니다. 그들은 앞일을 내다보며 자신이 미래에 어떻게 비교될지 묻습니다."

따라서 모든 대통령은 자신의 행정부를 '대표할' 이슈를 선택한다. 케네디에게는 교육 프로그램에 대한 지원이었고 존슨에게는 시민권이나 노인에 대한 건강관리, 그리고 빈곤 해결 등이었다. 닉슨에게는 수입 분배 및 복지 개혁이었다. 이런 이슈를 조사해보면 역대 미국 대통령은 즉각적인 성공보다는 오히려 역사적으로 인정받기를 원했던 듯하다. 이런 어젠다들에 관한 조치를 정당화할 경우 그들은 간혹 역사가 최종적으로 어떻게 판단할지 물었다. 에너지, 의료비 삭감, 복지 개혁, 시민권 등은 모두 최초로 고려했던 몇 주 동안 유권자의 강력한 지지가 뒤따르지 않았던 어젠다들이다. 이러한 각각의 어젠다에 대해 역대 대통령들은 역사적 업적을 주목표로 삼았던 것 같다. 포드의 한 보좌관은 다음과 같이 회상했다. "에너지는 결코 인기 있는 프로그램은 아니었으며 실제로도 절대 인기를 얻을 수 없는 것처럼 느껴졌습니다. 그러나 여전히 우리는 해내야 한다는 믿음을 저버리지 않았습니다. 20년이 지나 되돌아보면 우리의 결정이 옳았다는 점을 알 수 있었겠지만 당시에는 별 의미가 없었습니다."

3) 훌륭한 정책

　모든 대통령이 이념적 관심사를 갖고 대통령직에 취임한다는 점에는 의심할
여지가 없다. 대통령이 정책을 추진하는 과정에서 발행한 불가피한 피해나 국
민의 요구에 대해 현재 상태를 유지하기를 바라는지, 연방 프로그램에 대한 확
장을 원하는지 여부와 상관없이, 역대 대통령들은 개인적 공약을 가지고 있다.
대중적 압력, 의회의 적대감, 관료적 저항과는 상관없이 대통령은 단순히 자신
의 개인적 신념 때문에 특정 정책을 지지한다. 대통령의 개인적 이념은 이슈 선
택에 영향을 미친다. 예산관리국 보좌관 중 한 명은 다음과 같이 말한다. "행정
부의 모든 것이 선거에 대한 압박만으로 설명될 수는 없습니다. 단지 대통령이
옳다고 믿기 때문에 등장하는 이슈도 일부 있습니다. 간혹 대통령은 그런 종류
의 이슈를 위해 기꺼이 위태로운 줄다리기를 합니다." 존슨의 보좌관도 동의했
다. "대통령이 옳은 정책을 계속 추진할 수밖에 없을 경우, 대통령이 의회는 상
관없다고 말할 수 있을 때 행정부의 논지가 정당화됩니다. 설령 의회가 프로그
램을 산산조각 내더라도 대통령이 옳다고 믿는 것을 하는 것이 중요합니다."
　대통령의 신념에 대한 정밀한 정의와는 상관없이, 대통령이 특정 정책 추진
에 따른 부가적 이익을 기대한다는 점은 명백하다. 이런 신념이 진보적이거나
보수적인 입장에 의해 제약되는지 여부는 국내적 어젠다 선택에서 그리 중요
한 문제가 아니다. 대통령이 진보적인지 보수적인지, 민주당원인지 공화당원
인지를 따지는 것만으로는 충분하지 않다. 특정 이슈에 대한 입장을 살펴야 한
다. 또한 대통령의 신념은 어느 정도이며 공약은 무엇인지 측정할 필요가 있다.
존슨이 추진했던 '위대한 사회'가 하나의 실례이다. 존슨의 연설을 읽어보면 그
의 공약에 대한 강렬한 개인적 신념에 감화받을 수밖에 없다.

　　희망으로 가득해야 할 어린아이의 얼굴에 빈곤과 증오가 만든 상처를 봤다면,
　　당신은 이를 결코 잊지 못할 것입니다. 1928년 당시에는 내가 1965년에 대통령의

자리에 설 수 있으리라고는 결코 생각하지 못했습니다. 내가 그런 학생들의 자녀를 도울 수 있고 우리나라 방방곡곡에 있는 어려운 처지의 사람들을 도울 수 있는 기회를 가지게 되리라고는 꿈도 꾸지 못했습니다. 그러나 이제 그렇게 할 수 있는 기회가 주어졌습니다. …… 나는 제국을 건설한, 또는 위대한 것을 염원하는, 또는 영토를 넓힌 대통령이 되고 싶지는 않습니다. 나는 어린이들을 교육시켰고 …… 굶주린 자들에게 양식을 공급하도록 도움을 주고 …… 빈민이 자력으로 일어설 수 있도록 도움을 주고자 했으며, 선거에서 모든 사람이 평등하게 투표할 수 있도록 시민의 권리를 보호한 대통령이 되고 싶습니다. …… 신이 우리가 하는 모든 것을 돌봐주지는 않습니다. 오히려 신의 의지를 신성시하는 것이 우리의 의무입니다. 그러나 나는 진실로 신이 오늘밤 우리가 시작하는 사업을 이해한다는 점과 실제로 신이 각별하게 돌봐줄 것임을 믿지 않을 수 없습니다(*Public Paper of the Presidents of the United States*, 1965).

대통령이 모든 이슈에 관해 이념적 입장을 지니지 않았음은 분명하다. 닉슨 보좌관은 "에너지 문제가 나왔을 때 우리는 어떤 방향을 취해야 할지 확신할 수 없었습니다. 택할 만한 명백한 입장이 없었지요. 이는 자유주의자 대 보수주의자의 대결구도로 풀 문제가 아니었습니다"라고 기억했다. 그러나 대통령이 정책 추진에 따른 부가적 이익을 기대한다는 데는 의문의 여지가 없다. 대통령은 무엇이 훌륭한 정책인지에 대한 신념을 가지고 있다. 포드의 보좌관은 이렇게 말했다. "어떤 아이디어에 대한 대통령의 반응을 기대하는 경우, 우리는 요소의 다양성을 살펴봤습니다. 우리는 의회, 국민, 행정부의 각 부처, 가장 중요한 예산을 고려했습니다. 하지만 최종 고려 사항은 포드가 원칙적으로 동의할 것인지, 그 아이디어가 포드의 개인적·정치적 신념에 적합할 것인지 여부였습니다. 적합하다고 판단될 때 비로소 시작할 수 있었습니다." 케네디의 보좌관은 다음과 같이 회고했다. "우리 모두는 세계가 어떻게 되어야 하는지에 관한 일정한 아이디어를 가지고 있습니다. 사람들이 어떻게 행동해야 하는지,

시스템이 어떻게 작용해야 하는지에 대해서 말입니다. 특정 아이디어를 택한 경우 우리는 항상 일이 어떻게 되어야만 할지에 대한 견해를 적용했습니다. 우리는 결코 어떤 추상적인 기준으로 찬반의 비중을 잰 적이 없습니다. 그러나 이는 자동적인 반응 이상이었습니다. 어떤 아이디어는 익숙한 코드에 맞았기 때문에 우리에게 호소력을 갖고 있었습니다."

2. 이익 추구

대통령의 목표가 국내 이슈 선택에 실제 영향을 미치는가? 지금까지 필자는 세 가지 대통령의 목표와 어젠다 이슈의 관계를 매우 일반적인 용어로 서술했다. 좀 더 구체적인 용어로 표현하면 정책 참모들은 대개 목표가 이슈 선택에서 중심 요소라고 강조했다. 어느 보좌관은 "무엇이 문제인지를 정하는 일은 가장 손쉬운 과정입니다. 물론 약간의 다툼은 있습니다. 그 경우 대통령과 참모는 가장 가치 있는 이슈에 대해 공감대를 형성합니다. 우리는 모두 소정의 이슈를 지향하게 하는 공통의 목표를 지닙니다. 특정 해결책을 도출해야 할 경우에만 문제가 나타납니다"라고 주장했다.

백악관 참모들에 따르면 특정한 의사결정에서 재선, 역사적 업적, 그리고 훌륭한 정책의 중요성이 매우 명백했다. 우선 응답자에게 자신의 행정부에서 가장 중요한 국내 프로그램은 무엇인지 질문했다. 케네디 행정부의 보좌관들은 대개 실업과 교육에 대한 지원, 노인의료복지, 지역 재개발을 언급했다. 닉슨 행정부의 보좌관들은 대개 복지 개혁, 수입 분배, 환경 보호, 범죄, 에너지에 집중했다. 각 응답자에게는 복수 응답이 허용되었다. 그 후 각 응답자에게 선택에 대한 설명을 요청했다. 백악관 참모들이 확인한 가장 중요한 역대 프로그램은 〈표 3-1〉에 요약되어 있다.

〈표 3-1〉을 통해 두 가지 특징적 문제를 발견할 수 있다. 첫째, 제2장에서 지

〈표 3-1〉 역대 대통령별 주요 국내 프로그램

대통령	프로그램	프로그램을 언급한 참모의 비율(%)
케네디	교육에 대한 지원	91
	노인의료복지	77
	실업	45
	지역 재개발	18
	시민권	18
존슨	빈곤	86
	시민권	79
	노인의료복지	64
	교육에 대한 지원	32
	모범 도시	29
	자연 생태계 보존	11
	환경 보호	4
닉슨	복지 개혁	75
	수입 분배	65
	범죄	40
	에너지	35
	환경 보호	15
포드	에너지	79
	인플레이션	50
	규제 개혁	8
카터	에너지	84
	인플레이션	63
	복지 개혁	59
	의료비 삭감	28
	경제 진작	19
	행정부 조직 개편	9

주: 총 응답자 수는 126명이다.

적한 바와 같이 대통령은 실제로 정책 이슈 선택에 필요한 제한된 최우선순위를 갖는다. 교육에 대한 지원과 노인의료복지만 강조했던 케네디의 한 보좌관은 "대통령은 재임 중에 한두 가지 상위 이슈에 집중할 수 있는 시간밖에 없습니다. 나머지 다른 이슈들은 그저 구색 맞추는 정도에 불과합니다"라고 말했다. 몇 가지 프로그램은 선택적 인식이나 빈약한 기억이 낳은 인위적 산물일 수도 있다. 참모들은 최우선순위를 몇 가지만 기억할 수 있었거나, 가장 성공적인 항목만 기억하려고 했을 수도 있다. 하지만 〈표 3-1〉을 보면 대통령의 현실이 반영되었을 가능성이 훨씬 더 크다. 즉, 단지 소수의 프로그램만 대통령 어젠다에 해당되었을 가능성이 훨씬 더 크다. 특정 시기에 대통령 어젠다에 포함될 수 있는 이슈의 수는 아주 현실적으로 제한될 수밖에 없다.

둘째, 목록의 내용이 변한다. 특정 이슈가 기각당하고 사실상 사라지며 새로운 어젠다가 부상하는 것을 목격할 수 있다. 게다가 가장 중요한 프로그램이 무엇이었는지도 일치하지 않는다는 증거가 있다. 예를 들면 케네디 행정부에서, 참모의 91%가 교육에 대한 지원을 최우선순위라고 확인했다. 닉슨 참모 중에서는 75%가 복지 개혁을 선택했다. 닉슨의 한 보좌관은 이렇게 언급했다. "복지 개혁은 우리가 최초 6개월 동안 마련했던 유일한 프로그램이었습니다. 우선순위가 높았고 참모들의 지지도 가장 컸습니다. 이는 사람들이 과거를 회상할 때 기억하는 몇몇 프로그램 중 하나이기도 합니다." 그러나 비록 각 대통령 임기를 시작할 때부터 상위 한두 가지 항목에 관한 공감대가 있긴 하지만, 참모의 반응은 다양하다. 그 다양성은 대통령과 참모의 전문성에 기인한다. 가령 규제 완화에 관해서만 일했던 포드의 보좌관은 이를 중요한 프로그램이라고 언급할 가능성이 더 크다.

특정한 국내 프로그램을 선택하게 하는 주요 인센티브는 무엇이었을까? 왜 존슨은 빈곤과의 전쟁을 선포했고, 포드는 에너지에 집중했을까? 가장 중요한 프로그램을 확인한 후 각 응답자에게 각 이슈가 선정된 주요 이유를 물었다(참모 응답은 〈표 3-2〉에 정리). 응답자가 답한 많은 이유는 다음과 같은 세 가지로

〈표 3-2〉 국내 프로그램을 선택할 때 기대되는 반사이익

대통령	반사이익		
	선거 이익(%)	역사적 이익(%)	프로그램 이익(%)
케네디	54	25	42
존슨	44	37	52
닉슨	70	43	22
포드	60	22	44
카터	57	23	39

주: 총 응답자 수는 126명이다.

나타났다.

첫째는 '선거 이익'이다. 응답자들은 과거 선거운동에서 사용되었거나 향후 선거에 사용될 이슈의 매력, 선거 제휴에 대한 이슈의 중요성, 반대 후보, 여론, 당 압력을 언급했다. 둘째는 '역사적 이익'이다. 응답자들은 이슈가 역사적 '위대함'이라는 이미지에 미칠 잠재적 영향을 꼽았고, 대통령의 업적으로 오래 기록될 이슈의 중요성을 언급했다. 셋째는 '프로그램에 따른 이익'이다. 응답자들은 대통령의 개인적·정치적 신념에 대해 이슈가 갖는 특징을 언급했다. 이념이나 긴급한 문제로서 즉시 행동을 취해야 할 필요가 있는 이슈의 중요성을 언급했다.

비록 많은 인터뷰 자료가 세 가지 정치적 이익(반사이익)에 해당되긴 했지만, 응답자의 약 5%는 운, 사고, 정치적 압력에 대한 언급을 포함했다. 물론 선택적인 인식의 문제도 간과할 수 없다. 모든 참모는 자신이 봉사한 대통령을 최고라고 보는 자연적 경향이 있었다. 예를 들면 카터의 보좌관들은 캠페인 공약을 실제 정책으로 전화해야 할 필요성에 대해 — 재선을 위해 반드시 필요하지는 않지만 민주적 책임에 대한 필요성 때문에 — 장황하게 말했다. 닉슨의 보좌관은 정책과 재선 간의 연계에 대해 더 직접적으로 말했다. 그들의 의사결정을 추상적·표준적 용어로 설명할 필요를 느낀 사람은 거의 없었다. 하지만 상이한 이론적 근

거와는 상관없이 캠페인을 언급한 두 가지 경우는 선거와 관련된 반사 이익 카테고리에 배치되었다. 따라서 이런 자료는 모호한 면이 있으며, 각 대통령의 동기에 대한 절대적인 증거를 제공하기보다는 어젠다 설정에 대한 일반 이론을 설명하는 데 더 유용하다. 필자의 조사에서 나타난 정책보좌관들의 답변은 모형화 코드(coding scheme)에 적합하며, 이는 국내 이슈 선택에 대한 이유를 설명해준다.

1) 선거 이익

선거 이익은 국내 프로그램 선택에 대해 참모들이 근거로 제시하는 주된 요인이다. 재선은 국내 의사결정 대부분에 영향을 미치는 주요 요인이다. 전직 닉슨 캠페인 보좌관은 다음과 같이 말했다. "대통령은 재선되어야 합니다. 특히 첫 번째 임기가 끝날 때쯤이면 재선이 바로 모든 의사결정에 대한 주된 동기로 작용합니다. 이는 여행 계획이나 언론 접촉, 외교 관계, 연두교서 등 모든 사안을 결정합니다. 대통령은 4년이라는 기간이 많은 일을 하기엔 충분하지 않다는 점을 알고 있습니다." 카터 행정부의 국내 정책보좌관도 다음과 같이 이야기했다. "대통령이 어떻게 겨우 4년 만에 영향력을 행사하리라고 기대할 수 있겠습니까? 시간이 부족합니다. 프로그램도 거의 자리 잡지 못합니다. 의회는 여전히 활동 중인데 대통령이 인상을 남기려면 연임해야 합니다. 그는 자신의 프로그램을 보호해야 합니다. 대통령 자신의 성공을 구축하고 실패를 시정하기 위해 시간이 필요합니다." 따라서 국내 정책 선택에 미치는 선거의 반사이익이 높은 비중을 차지하는 이유는 첫 번째 임기의 인위적인 결과일 수도 있다. 케네디, 존슨, 포드, 카터는 모두 초선 대통령이었다. 네 명 모두 재선에 출마하려고 했다. 선거 인센티브를 강조한 점은 재선 경험이 제한되었기 때문일 수도 있다. "우리는 미래를 생각할 만한 시간이 없었습니다"라고 케네디의 보좌관은 회고했다. "우리는 현재에 매달릴 수밖에 없었습니다. 우리는 재선을 향해 나아가고 있었기 때문에 역사는 그리 중요하지 않았습니다. 대통령이 재선에 성공한다면 역사는 훨씬 더 중요했을 것입니다."

2) 프로그램 이익

프로그램 자체가 가져다주는 반사이익은 국내 정책 결정에 두 번째로 중요한 영향을 미치는 요인이다. 대통령은 특정한 사회적 관심사를 가지고 취임한다. 이들은 정책 프로그램이 가져다주는 반사이익을 기대한다. 존슨의 보좌관은 이렇게 말했다. "우리는 대통령의 개인적 신념의 중요성을 과소평가하는 경향이 있습니다. 부분적으로 이러한 차원에서 닉슨의 경험에는 문제가 있었습니다. 우리는 너무 냉소적으로 된 나머지 대통령이 긍정적인 변화를 일으키는 데 관심이 있다고 보지 않았습니다. 우리는 초점을 부정적인 것에만 집중했습니다." 이유가 무엇이든 간에 대통령학 연구자들은 이념의 영향을 신중히 다뤘다. 개별적 요소를 고려할 경우 불안정한 요소인 개성이나 특성을 들여다봤다.

개성은 대통령의 목표와 이념에 영향을 미칠 수 있다. 아마도 역사적 업적에 대한 닉슨의 관심사는 그의 '부정적인' 인생관에서 기원한 것 같다. 또한 프로그램이 가져다주는 반사적 영향에 대한 존슨의 관심사는 어린 시절의 빈곤에서 나왔던 것 같다. 대통령의 '성격'과 정책 목표 사이의 관계에 대한 연구는 거의 없다. 비록 제임스 바버(James David Barber)가 '세계관'의 개념을 간략하게 다루기는 했지만(Barber, 1972), 여전히 이념은 대통령 연구에서 잊힌 카테고리이다. 개성과 권력을 대통령의 행동을 설명하는 두 가지 주된 변수로 훨씬 더 관심을 가지고 다뤘지만, 이념은 여전히 무시되고 있었다.

참모들은 세 가지 이익에 대한 강조점이 상이했다. 닉슨 행정부는 프로그램에 따른 이익을 가장 낮게 평가했고 역사적 이익을 가장 강조했다. 반면 존슨 행정부의 강조점은 프로그램에 따른 이익이 최고였고 선거 이익이 최저였다. 비록 차이점이 적을지 몰라도 닉슨은 가장 이상한 목표 일괄안을 가지고 등장했다. (예산관리국) 관료는 이렇게 말했다. "닉슨은 확실히 지난 세 명의 대통령 중에서 가장 현실적인 인물입니다. 그가 재선에 대해 너무 걱정했기 때문에 시행될 필요가 없던 사안에 별로 주의를 기울이지 않았다고 생각합니다. 그가 행한 모든 것이 1972년도의 압승으로 이어진 것처럼 보였습니다." 이는 닉슨이 정치에 무관심했다는 점을 주장하기 위한 것은 아니다. 오히려 닉슨의 의사결정은 그의 불확실한 정치적 상황을 반영했을 수도 있다. 비록 닉슨의 참모는 가장 중요한 프로그램을 설명하기 위해 이념을 사용하진 않았지만, 닉슨은 합법적인 사회적 관심사를 가지고 있었다. 닉슨이 차점자와의 득표 차이가 매우 적은 상태로 취임했다는 것과 야당 의회였다는 사실이 재선을 강조하게 했다. 요약하면 닉슨의 최초 정치적 자산이 처했던 취약한 기반은 재선을 위한 추진력을 압박해왔다.

왜 어떤 대통령들은 역사적 업적을 추구하는 반면, 일부 대통령들은 재선을 위해 노력할까? 답변은 '대통령이 동원할 수 있는 정치적 자산에 따라 다르다'이다. 대통령은 자신의 개인적·정치적 목적에 순위를 매기기 때문에 정치적 자산은 매우 중요한 요소가 된다. 정치적 자산이 낮은 대통령은 선거에 의한 보상을 강조하는 경향이 있다. 더 큰 정치적 자산을 생성하려는 노력이 우선순위를 차지한다. 닉슨의 한 보좌관은 "대통령은 정치적 상황에 기반을 둔 어젠다를 선택해야 합니다"라고 말했다. "어떤 프로그램이 여론 조사에서 대통령의 입지에 상처를 주는 경우, 그는 그것이 중요한지 여부를 결정해야 합니다. 어떤 프로그램이 대통령의 이념을 거스를 경우, 그는 그것이 중요한지 여부를 물어봐야 합니다. 이 모든 것은 사람과 상황에 따라 다릅니다." 이와 관련해 닉슨의 보좌관은 다음과 같이 설명하고 있다. "여론 조사에서 대통령의 지지도가 낮게 나올 경우, 그 점 때문에 정치 문제가 훨씬 더 중요시되겠지요. 대통령이 밀월 기간에 있을 때인 임기 개시 당시에야 여론 조사는 문제가 안 됩니다. 정치 생명을 걸고 싸우고 있지 않을 경우에는 이념적 용어로 생각하기가 쉽습니다." 따라서 존슨은 닉슨과 동일한 정도로 재선을 강조할 필요가 없었다. 존슨의 한 보좌관이 이에 대해 다음과 같이 언급했다. "우리는 임기 첫해에 너무나 많은 지지를 받았기 때문에 연임을 걱정하는 데 많은 시간을 보내지 않았습니다. 우리는 재선 캠페인을 천천히 해도 된다고 생각했습니다. 우리는 원하는 것은 무엇이든지 입수할 만큼 충분한 영향력을 자지고 있었습니다. 우리는 애써 협상할 필요가 없었습니다."

3. 세 가지 사례연구

목표가 이슈 선택에 미치는 영향을 설명하기 위한 한 가지 방법은 특정 사례를 조사하는 것이다. 여기서는 역대 대통령 세 명의 사례연구를 통해 정책 목표가 어젠다 형성에 미치는 영향 관계를 설명해보고자 한다.

1) 카터와 국민건강보험

1978년도 카터가 국민건강보험을 주요 정책 어젠다로 선택한 것은 선거 이익에 대한 좋은 사례이다. 비록 카터가 국민건강보험안을 선호하기도 했지만, 건강보험정책을 채택한 주요 원인은 선거를 고려해서였다. 카터의 참모에 따르면 취임 첫해에 국민건강보험안은 '보류'되었다. 한 국내 정책보좌관은 다음과 같이 주장했다.

우리는 대부분 건강보험이 성공하지 못하리라고 봤습니다. 자금을 이용할 수 없었고 정확하게 추산하지 못할 정도로 비용은 천문학적이었습니다. 국민건강보험을 추진하는 대신 먼저 의료비를 삭감하기로 결정했습니다. 우리는 의료비 삭감이 우선적이어야 한다고 느꼈습니다. 비용이 연간 14%로 계속 상승되는 상황에서 정부가 건강보험에 대한 재정 부담을 떠맡을 수는 없었습니다.

최소한 1977년의 경우 국민건강보험은 사장되었다. 이 법안은 이제 카터 어젠다의 일부가 아니었으며, 대부분의 외부 논평가들은 연임할 때까지는 휴면될 것으로 예상했다.

국민건강보험안의 재등장에는 두 가지 요소가 작용했다. 첫째, 카터를 지지하던 노조 연합이 국민건강보험 공약에 대해 압력을 증대했다. 처음 포괄적인 의료보험에 대한 투쟁을 시작했을 때부터 노동자가 선두에 있었다. 1935년에 노조 연합은 초기 형태의 연방 건강보험을 지지했다. 1949년에 노인을 위한 의료를 요청하는 해리 트루먼(Harry Truman)의 의사결정에는 노동자 지지가 매우 중요하게 작용했다. 1961년과 1965년의 노인의료복지안 재상정에는 노동자 압력이 필수적이었다. 노조는 1974년에 국민건강보험을 위해 지속적인 압박을 펼쳤지만 그 당시 닉슨 대통령과는 타협하지 않기로 결정했다. 그 대신 노조는 1977년에 민주당 대통령 선출에 도박을 걸었다. 카터는 당선에 필요한 직능단체와의 연합 필요성을 인식했고 노동자의 중요성을 인정했다. 카터의 한 보좌관은 다음과 같이 밝혔다. "우리는 UAW와 AFL-CIO가 우리 편을 들어야 한다는 점을 알았습니다. 노조 연합은 예비선거에서 우리에게 중요했으며, 1980년에도 중요하게 작용했습니다. 우리는 그들의 지지를 포기할 수 없었습니다." 카터가 국민건강보험안 도입을 계속해 미루자 노조 연합은 압력을 가중했다. 실제로 1978년 후반에 전미 자동차노동조합장인 더글라스 프레이저(Douglas Fraser)는 1980년 민주당 대선 후보 지명전에서 자신은 테드 케네디를 지지하겠다고 위협했다.

프레이저의 행동은 카터의 반전에 대한 두 번째 이유를 제시한다. 즉, 카터 참모와의 1979년 인터뷰에서 그는 케네디의 입후보에 대한 실질적인 관심을 드러냈다. 카터의 보좌관은 이렇게 말했다. "테드 케네디가 지명전에서 승리할 수 있을 것으로 생각하지는 않지만, 그가 우리에게 선거에 대한 대가를 치르게 할 수는 있었습니다. 그는 당을 분열시킬 수 있었기 때문에 예비선거를 통과하더라도 공화당 후보에게 이기지 못하게 만들 수 있었습니다." 카터의 경우, 케네디가 노력한 것과 같은 주요 정책 이슈는 국민건강보험이었다. 그 참모는 이러한 상태에서 노조 연합이 카터 편을 들 것이라고 믿었다. 그들은 국민건강보험안이 노동자를 자기편으로 끌어들이는 열쇠라는 점도 알았다. 따라서 1978년 봄까지 카터는 주요 정책의 묶음으로서 국민건강보험 '원칙'을 제시하기로 결정했다. 그 원칙에는 법안 초안에 대한 카터의 주요 요구사항이 요약되었다. 비용 증가 동결, 큰 재난에 대한 보상 범위, 단계적 도입 관리 등이었다. 카터의 보좌관은 "우리는 그것이 노동자를 우리 속에 가두는 한 가지 방법이라고 느꼈지만, 별로 효과를 보지 못했습니다. 노동자들은 원칙에 대한 진술에 만족하지 않았습니다. 그들은 법안을 원했습니다"라고 주장했다.

1979년에 카터의 인기가 떨어지면서 케네디 후보는 더 뚜렷하게 부각되었다. 노조 지도자들은 후보 교체를 고려하기 시작했고 카터 참모의 우려는 커져만 갔다. 카터의 참모들에 따르면, 케네디와 노조 연합의 제휴 위협 때문에 국민건강보험이 억지로 어젠다로 채택되었다. 1979년 6월 12일에 카터는 국민건강보험에 대한 자신의 제안서를 제시했다. 비록 그 계획은 포괄적이고 보편적인 보험에 대한 카터의 공약에서 실질적으로 후퇴하기는 했지만, 이는 케네디 - 노동자 제휴를 깨뜨리는 주요한 조치였다. 분명히 카터의 의사결정은 자신의 선거 이익을 위한 요구와 긴밀하게 관련되었다.

2) 닉슨과 복지 개혁

1969년에 급진적인 복지 개혁을 제시한 닉슨의 의사결정은 역사적 업적 추구에 대한 탁월한 실례이다. 닉슨의 참모에 따르면, 복지 개혁안은 대통령에게 제대로 '팔렸던' 법안이었다. 대통령에 취임하면서 닉슨은 주요한 사회적 프로그램을 찾고 있었다. 그는 복지 시스템에는 개혁이 필요하다고 확신했다. 그점이 바로 복지 개혁안에 관한 과도기 정책 담당자를 지명한 주요 이유였다. 하지만 복지 개혁을 채택하려는 의사결정은 매우 어려운 요소와 관련되어 있었다. 문제가 있었지만 복지 개혁안을 닉슨의 국내 어젠다 중 주요 법안으로 끌어올릴 필요는 없었다.

복지 개혁에 관한 초기 투쟁에는 번즈와 모이니한이 관련되었다. 번즈는 복지 이익 확장에 반대한 반면 모이니한은 각 미국 가정에 최저 수입을 보장하는 가정수당제도를 지지했다. 처음에는 복지 개혁안 채택 여부에 논쟁이 집중되었다.

닉슨이 그 일을 추진한 데는 여러 이유가 있다. 첫째, 그는 문제가 있다고 믿었고 복지 개혁안은 '잘 통용될' 아이디어였다. 둘째, 이용할 수 있는 대안이 있었다. 닉슨은 프로그램에 관한 공감대를 개발하기 위해 수년을 투자할 필요가 없었다. 셋째, 가장 중요한 이유로 닉슨은 그의 역사적 이미지에 관해 관심을 갖고 있었고 이슈의 영향에 설득되었다. 비록 앞의 두 가지 이유가 중요하긴 했지만, 닉슨의 참모는 일관성 있게 역사적 이미지를 부각하며 이야말로 의사결정의 원천이라고 강조했다. 닉슨의 한 보좌관은 다음과 같이 말했다. "대통령은 모이니한의 주장이 갖고 있는 문제점을 알고 있었습니다. 모이니한은 대통령에게 복지 개혁을 하면 위대한 대통령이 될 것이라고 꾸준히 말했습니다. 지금 그 시기를 되돌아보고 사람들은 그가 대담한 모험을 했다는 점에 찬사를 보낼지도 모릅니다. 결국 대통령은 이를 채택했습니다." 1969년 6월 6일에 모이니한이 닉슨에게 보낸 메모에는 이 부분에 대해 다음과 같이 설명하고 있다.

…… 이번 의회는 거의 확실히 우리 복지 시스템상의 주요 변화에 대해 논의하기 시작할 것입니다. 1970년에는 거의 확실히 그런 변화가 실행에 옮겨질 것입니다. 이런 사회적 전환을 좌지우지하고 지휘할 권한이 대통령에게 주어졌습니다. …… 따라서 저는 대통령께서 지금 움직이신다면 그 논의의 주도권을 쥐게 될 것이라고 주장합니다. 의회는 대통령의 제안을 논의할 것입니다. 최종적으로 어떤 형태가 될지, 그리고 그 과정에서 우리의 입장을 얼마나 바꿀지는 상관없습니다. 최종 결과는 대통령의 판단에 달려 있습니다. 지금은 의회, 심지어는 국가보다도

앞서야 할 시기입니다. 그들은 따를 테니까요. 지금은 아이디어가 제때를 만난 것입니다. ……

향후 3~5년간 예산 상황에 대해 저는 정말 실망했습니다. 저는 대통령께서 희망하셨다고 확신하는 옵션을 어디에서도 찾지 못할까 두렵습니다. 게다가 저는 의회의 압력 때문에 매년 대통령이 모든 위대한 사회 프로그램의 10% 정도를 전면적으로 증가시키는 데 필요한 여분의 자원을 다 써버려도 거의 저항할 수 없을까 두렵습니다. 이는 의회에 고유한 본능적인 역할이므로 대통령이 저항하기는 어렵습니다.

대통령이 행사할 수 있는 여분의 자금이 헛되이 쓰이는 경우, 4년 이내에 정말로 단 하나의 특색 있는 닉슨 프로그램도 내세울 수 없을지 모릅니다. 그러므로 저는 대통령이 미국은 말할 것도 없고 세계의 관심을 끌 수 있는 새로운 프로그램을 지금 추진할지 여부에 진실로 관심이 있습니다. ……

이런 방식으로 1972년 상황의 그 모든 것이 얼마나 복잡한지 설명했습니다. 극히 중대한 사회정책 분야에서 확고하고 전대미문의 성취 기록을 보유할 것입니다 (Burke and Burke, 1974: 82).

여기서 잠깐 제8장에서 다룰 설득이란 문제를 상기할 필요가 있다. 지금으로서는 복지 개혁이 닉슨의 역사적 이익을 추구하는 대표적인 프로그램이라는 점을 인정하는 것이 중요하다. 미몽에서 깨어난 닉슨의 보좌관은 이렇게 말했다. "복지 개혁 덕분에 대통령은 역사에 기록될 수 있었습니다. 이는 모두 장거리 폭격과도 같은 그의 위대한 야심 중 일부였습니다. 그는 사소한 변경이 아니라 극적인 업적을 원했습니다. 그는 4야드 정도의 짧은 패스가 아니라 경기장의 반을 넘길 50야드 패스를 원했습니다."

3) 케네디와 지역 재개발

    지역 재개발 공약을 채택한 케네디의 결정은 정치 분야와 의회 압력을 모두 반영했지만, 이는 명백히 케네디의 프로그램에 따른 정치적 이익을 추구한 결과였다. 지역 재개발 문제는 케네디가 대통령이 되기 수년 전에 이미 의회와 가졌던 논쟁 분야 중 일부였다. 선퀴스트는 다음과 같이 언급했다. "1954년에 '침체된 지역'을 되도록 신속하게 지원하기 위해 고안된 지역 재개발 법안이 의회에 제안된 뒤 지난 10여 년 동안 구조적 실업을 다루기 위해 점진적이지만 더 대담하며 광범위하게 연방 지출과 관련된 일련의 대책이 개발·제정되었습니다"(Sundquist, 1968: 60). 케네디가 자신의 최초 입법 어젠다를 제안했을 때 지역 재개발 문제는 이미 주요 정책 공약에 포함되어 있었다. 하지만 그 어젠다가 구체화됨에 따라 지역 재개발 문제는 최우선순위가 되었다. 결국 이 법안은 제87회기 의회의 상원 결의안 1호로 지정되어 취임식 이전에 도입되었다.

    지역 재개발 법안은 여러 압력이 반영된 결과였다. 이 프로그램은 민주당 정강의 초석이 되었는데, 1956년에 최초로 채택되었다. 이 프로그램에서는 매우 중요한 캠페인 공약도 다뤄졌다. 이는 선거 이점을 확보하는 한 가지 방법이 되었다. 그러나 이런 요소 이상으로 케네디는 지역 재개발 대책에 깊숙이 몰입했다. 케네디의 여러 보좌관들에 따르면, 웨스트버지니아 주 대통령 예비선거 때부터 개인적 헌납이 쏟아졌다고 한다. 보좌관들은 케네디가 웨스트버지니아 주에서 '한 수 배웠다'고 주장했다. 한 보좌관이 다음과 같이 언급하고 있다.

    여기에 단 한 번도 빈곤을 겪은 적이 없는 부유한 아이가 있다고 칩시다. 그 아이를 웨스트버지니아 주의 애팔래치아 산맥에 데리고 가면 도심에서는 볼 수 없는 새로운 빈곤 문제를 알게 될 것입니다. 나는 케네디가 웨스트버지니아 주에서 감화되었다고 믿습니다. 그가 이전에는 결코 알지 못했던 것을 봤다고 믿습니다. 대통령 선거인단 예비선거 기간에 케네디와 대화하면서 접한 그의 놀라움을 기억합니다. 그는 빈곤이 얼마나 파괴적일 수 있는지에 대해 새롭게 알게 되었습니다.

케네디의 참모에 따르면, 그의 공약은 진심이었고 강렬했다. 한 입법보좌관은 "많은 항목들이 우선적일 수 있었지만, 지역 재개발이 대통령에게 가장 중요했습니다. 그는 그 프로그램에 대해 특별한 책임을 느낀 것 같았습니다"라고 언급했다.

4. 목표 상충과 좋은 이슈 찾기

앞에서 살펴본 바와 같이 세 대통령들은 당면했던 목표 상충의 문제를 무시해온 것 같다. 필자는 재선 목표나 역사적 업적, 훌륭한 정책 등의 목표 사이에 호환성이 있다고 가정했다. 그 가정이 항상 정당한 것은 아니다. 재선에 이익이 되는 프로그램이 역사적 업적을 방해할 수도 있다. 대통령이 근시안적이라거나 지나치게 야심적이라는 딱지가 붙을 수도 있다. 프로그램 이익을 가져올 수 있는 것이 재선을 어렵게 할 수도 있다. 그래서 전국적 희생을 요구하는 프로그램은 채택되지 않을 수도 있다. 시민권에 대한 망설임은 일반 대중의 수용 분위기와 관련된 반면 1961년에 교육비 지원 제안서에서 교구 설립 학교를 배제하려는 케네디의 의사결정은 선거를 반영한 것이다. 대통령은 목표 간 상충을 해결하려 하기 때문에 불가피하게 정책 목표의 우선순위를 검토하게 된다. 1961년에 케네디가 그랬던 것처럼 선거에서 적은 표 차이로 당선된 대통령은 재선이 첫 임기의 주요한 목표로 바뀌게 된다. 1965년에 존슨이 그랬던 것처럼 막강한 의회의 지지를 받는 대통령은 역사적 업적이나 훌륭한 정책을 강조할 수도 있다.

목표 상충은 새로운 것이 아니다. 모든 대통령은 어느 정도 불협화음에 직면한다. 하지만 새로운 국내 이슈가 등장하면 목표 상충은 급증한다. 1960년대

중반에 대통령은 양립된 두 가지 정책 목표를 가지고 있었다. 예를 들면 빈곤 프로그램은 존슨의 재선 추진력과 훌륭한 정책이라는 목표를 모두 만족시켰다. 케네디와 존슨은 경쟁적 목표 간의 연계 가능성을 갖고 있었다. 단일 프로그램이 하나 이상의 이익을 제공할 수 있었지만, 1980년대에 들어서면서 수많은 국내 문제는 최소한 일부 목표 사이의 상충으로 나타났다. 에너지, 복지 개혁, 의료비 삭감, 사회보장금융 등은 모두 '유권자의 지지를 얻지 못한' 이슈의 실례이다. 국내 어젠다로 이런 종류의 이슈를 선택한 대통령은 더욱 심각한 목표 상충을 경험하게 된다. 반드시 재선을 추진할 필요는 없다지만, 이들은 이용할 수 있는 아이디어 공급원을 좌우한다. 문제는 대통령이 민주당이건 공화당이건 재선 목표를 역사적 업적이나 훌륭한 정책과 균형을 이룰 수 있는지이다.

이슈가 너무 극적으로 변경되었기 때문에 대통령의 목표는 이제 호환성이 없을까? 두 가지로 문제를 생각해볼 수 있다. 첫째, 정책 목표 간 상충은 민주당 대통령에게 더 보편적으로 나타나는 것 같다. 전통적인 민주당 어젠다를 감안하면, 향후의 '뉴딜' 대통령은 새로운 국내 이슈에 집중할 경우 반드시 줄타기를 해야 했다. 인플레이션이 주된 경제적 문제로 부상하면서 이런 압력이 거세지는 경향이 있다. 전통적인 균형예산 처방을 인플레이션에 대한 시정책으로 이용할 경우, 민주당 대통령 재선 후보는 불안정한 후보로 남게 된다. 많은 직업 프로그램은 재선 기회를 높일 수 있지만 인플레이션을 더 치솟게 할 수 있기 때문이다. 도심 재개발을 위한 지원 정책은 지지율을 높일 수 있지만 동시에 부동산 가격 인플레이션을 초래할 수 있다. 민주당 대통령은 경기침체를 해결하라고 요청받을 경우, 정부 지출이 명확한 해결책으로 받아들여졌을 때 더 홀가분했다. 지난 10년 동안의 스태그플레이션 부상과 예산 유연성 감소로 인해 민주당의 정책 틀에서는 경기부양책이 배제될 수도 있다.

둘째, 민주당 및 공화당 후보 모두 유권자의 지지 없는 이슈를 승리할 수 있는 프로그램으로 전환할 수 없었기 때문에 목표 상충이 심화되었다. 국민건강보험 사례를 놓고 볼 때 카터는 의료비 삭감을 이용해 승리할 수도 있었을 것이다. 하지만 국민의 지지 없는 정책은 허상과 같은 정책이 되고 말았다. 결과적으로 카터는 때때로 이러한 전략을 초과이득세(windfall profits tax)* 법안에 이용했고, 초과이득세에서 얻은 수익금을 국내 지출에 충당하겠다고 공약했다. 불행히도 그런 연계를 실행하려면 상당한 기술, 전문지식 그리고 운이 필요하다. 게다가 새로운 국내 이슈가 실제로 연계 기회를 제공하는지에 대해서는 의심의 여지가 있다. 가스 배급 제도가 어떤 상황에서도 허용될 수 있을까? 사회보장 급여가 더 인기 있는 다른 조항에 연계될 수 있을까?

공화당 대통령이라고 해서 목표 상충 증가에 영향을 받지 않는 것은 아니다. 목표 상충이 국내 희소 자원에 대한 경쟁이 증가한 탓에 발생된다고 가정하면 공화당은 민주당이 직면한 것과 동일한 여러 압력에 직면한다. 이런 점에서 레이건 대통령은 특수 이해관계 집단의 부상에 관한 카터의 언급에 주목했을 수도 있다. 선거에서 패배하기 약 9개월 전에 카터는 자신이 워싱턴에 입성하면서 가장 놀란 것 중 하나는 '특수 이해관계 집단의 비범하고 지나친 영향력'이었다고 주장했다.

로비스트가 없다면, 극히 복잡한 문제들에 대해 조용하고 계산된, 그리고 장기적이며 절제된 형태로 해결할 영향력을 가진 이해관계 집단은 워싱턴 내에 없습니다. 물론 급진적이고 좌익 성향을 띠거나 이기적인 이점을 위해 투쟁하는 극단적 입장을 견지한 집단도 있습니다. 대통령은 미국의 관용과 국민의 이익을 대변하고 있다는 점을 기억해야만 합니다. 정치적으로 강력한 이익집단의 요구사항에 대해 대통령은 '아니요'라고 말할 수 있어야 합니다. 그러나 실제로는 막대한 사회복지 프로그램이나 정부 지원 프로그램에 대해 '아니요'라고 말하는 것이 대통

---

* 에너지 관련 기업의 이익을 탐사활동이나 정제시설에 재투자하지 않을 경우 이익의 50%를 세금으로 부과하는 법안으로 횡재세라고 불리기도 한다(옮긴이 주).

령에게 정치적 이익이 되는 것은 아닙니다. 나는 그 점이 지난 20~25년간 대통령에 대한 지지 감소율이 그렇게 컸던 이유라고 생각합니다(PBS, 1980: 34).

레이건 행정부의 첫 임기 중에는 분명 훌륭한 정책과 재선 사이의 갈등이 있었다. 바로 차기 대통령과 내각 임명자 간 최초 회동에서 레이건은 정책 결정에 대한 한 가지 규칙을 제의했다. 즉, 정치적 문제를 기반으로 하여 선택하지 않겠다는 것이다. 레이건이 새로 임명한 언론 담당 비서관 제임스 브래디(James Brady)에 따르면, 차기 대통령은 자신의 내각에는 오직 하나의 '금기사항'만 있었다고 말했다. "금기사항이란 정치적인 어떤 문제에 대해 논의해서는 안 된다는 것이었습니다. 우리는 다음 선거가 없는 것처럼 운영할 예정이었습니다. 정치적인 문제가 아니라 국가를 위해 무엇이 좋은지만을 기반으로 하여 논의해야 했습니다"(≪워싱턴 포스트≫, 1981년 1월 9일자). 이는 국내 이슈가 얼마나 많이 진화했는지에 대한 징후였다. 레이건은 참모들에게 국익을 위해 자신의 재선에 대한 압박을 무시하라고 공개적으로 지시했다. 그는 두 가지 목표를 동시에 만족시킬 수 없다고 믿었다. 국익이 되는 것이 반드시 대통령에게 정치적 이익이 되라는 법은 없다고 믿었다. 1964년에 존슨이 재선과 훌륭한 정책 모두를 위해 빈곤과의 전쟁을 선택한 반면, 레이건은 재선과 훌륭한 정책 목표 중에서 한 가지만 선택해야 한다고 생각했다. 상징적이든지 그렇지 않든지 간에 재선은 국가 문제에 대한 해결책에서는 무시되었다.

5. 결론

목표는 대통령의 국내 이슈 선택에 영향을 미친다. 특정 사례연구와 인터뷰 응답에서 이익 추구는 분명 중요한 요인이었다. 게다가 재선 목표, 역사적 업적과 훌륭한 정책은 간혹 대통령의 정책 과정에서 상호 작용했다. 이슈의 선택은 포괄적이지도 세심하지도 않았다. 대통령이 제자리에 앉아 각 프로그램을 다른 것들과 직접 대조하거나 검토하는 경우는 드물었다. 그 과정은 훨씬 더 유동적이었다. 제8장에서 논의할 문제이지만, 대부분의 의사결정에는 특정 이슈에 대한 순차적인 관심이 관련된다.

대통령과 참모가 공식적으로 이슈에 대해 포괄적인 비교 분석에 관여하지 않는다면 어떻게 어젠다 이슈가 선택되는가? 카터의 국내 정책보좌관은 다음과 같이 말하고 있다.

> 대통령은 재임 기간의 최초 시기에는 수많은 아이디어를 살펴봐야 하며, 간혹 어떤 이슈가 최대의 이익을 제공할 것인지에 관한 합의도 필요합니다. 그러나 우리는 테이블 주위에 둘러앉아 각 항목에 순위를 매기지는 않았습니다. 비교에 대한 감각은 있지만 아무래도 체계적이지는 않았습니다. 이 행정부에서 우리는 대통령에게 각 항목에 대해 별도로 이야기하고 의사결정을 재가받았습니다. 그런 각각의 선택에는 우리의 인식과 대통령의 목표 요소가 관련되어 있었습니다.

대통령의 이슈에 대한 분석은 대안에 대한 논의와 분리될 수 없다. 대부분의 이슈는 이미 잠재적 해결책이 첨부되어 대통령 집무실에 도달한다. 일부는 특정 초안과 함께 도달한다. 하지만 대안과는 상관없이 특정 이슈를 추구하려는 의사결정에는 이익에 대한 평가가 반영된다. 정책 대안을 논의하기에 앞서 국내 정책 아이디어의 원천을 살펴볼 필요가 있다. 비록 대통령에게 국내 이슈를 선택할 수 있는 자유재량이 많이 부여되지만, 이용할 수 있는 아이디어 공급원이 너무 많을 경우 오히려 선택이 어려워지기도 한다. 따라서 대통령에게 어젠다 선택의 기준과 비전이 필요하다.

4
아이디어 공급원
the source of ideas

1976년 선거 후 카터의 정권 인수팀은 곧바로 대통령 선거 공약을 조사했다. 조사 결과물은 『공약! 또 공약!(Promises, promises)』이라는 제목으로 출간되었다. 이 자료집의 가장 중요한 의도는 정책 결정 가이드라인을 제시하는 것이었다. 대통령 후보자는 반드시 캠페인 공약을 실천에 옮겨야 한다는 카터의 신념이 반영되었다. 그러나 카터의 보좌관은 책에서 제시한 가치를 도외시했다.

우리는 실제로 정책 프로그램을 결정할 때 이 책은 거의 가치가 없다고 판단했습니다. 책이 말하고자 하는 바를 파악했고 어떤 것이 중요한지 인식했습니다. 그러나 모든 아이템을 추구할 수는 없었고 그중 몇 가지를 선택해야 했습니다. 우리는 공약이 적힌 서류를 그리 많이 인용하지 않았습니다. 그러나 그것은 우리가 무엇을 하지 않았는지 파악하는 것을 도와준다고 생각합니다. 책의 분량이 꽤 되지만 너무 많은 범위를 다루고 있어서 각각의 공약에 대해 자세히 언급하지 않았고 구체적인 밑그림을 그리고 있지 않습니다. 또한 결정적으로 의회의 반발을 예상하지 못했습니다.

보고서는 111쪽가량이지만 열 가지 정책을 한정적으로 다루고 있어 대통령이 우선적으로 영향을 발휘하는 데는 한계가 있었다. 전임 대통령들이 그랬듯 카터도 선거 공약이야말로 아이디어의 가장 중요한 공급원임을 알 수 있었다. 대통령 선거가 한창일 때 더해진 200개 공약 중에서 카터는 극히 소수의 최우선사항만 선택할 수 있었다. 카터가 국민건강보험제도를 공약으로 제시했지만 실행은 미뤄질 수밖에 없었다. 카터가 보조 에너지 정책 중 자국 원유의 규제 완화에 반대하는 선거 공약을 내세웠을지라도 자신은 자국 원유의 규제 완화를 지지했다. 또한 바로 실행될 수 없거나 무시되어야 하는 사회적 이슈들도 있다. 캠페인 공약은 대부분 실행되어야 하지만 현실적으로는 그중에서 선택할 수밖에 없었다. 건강보험은 복지 개혁안이 통과되어야 착수될 수 있다. 에너지 정책은 항상 가장 중요한 위치를 차지한다. 카터의 또 다른 보좌관은 "공약집은 공공과 언론에서 오도되고 있을 뿐입니다. 선거운동은 실제로 아이디어의 공급원으로서 제한적입니다"라고 주장했다.

1. 아이디어의 영향력

카터 대통령의 경우 선거운동은 국내 프로그램을 위한 아이디어의 공급원이 아니었다. 카터는 행정부, 연이어 발생하는 사회적 사건, 의회, 언론에 시선을 돌렸다. 카터의 한 보좌관에 따르면 다음과 같은 상황이었다. "대통령은 자신의 스케줄을 잡을 때 되도록 많은 출처를 상세히 조사해야만 했습니다. 그는 단지 정당이나 관료의 의견에 의지할 수밖에 없었습니다. 그래서 대통령은 언론, 내각, 예산관리국, 의회를 이용해야만 했습니다. 그리고 오로지 민주당원만으로 한정해서도 안 되었습니다. 공화당과 민주당 양쪽 다 좋은 의견이 있을 테니까요."

사회적 이슈의 근원이 중요한가? 대통령이 의회, 언론, 공공, 특정 이익집단에서 아이디어를 착안했는지가 중요한가? 답은 '그렇다'이다. 첫째, 특정 출처에 대한 지나친 신임은 혁신을 제한한다. 『유리한 고지(The Vantage Point)』라는 존슨의 저서에서 행정부에 대한 분석을 살펴보자.

> 수년간 지켜본 이런 과정이 매우 신선하고 창조적인 아이디어가 생산되도록 독려하지 않음을 확신했습니다. 정부 관료는 타성에 물들어갔고 현상유지에만 급급했습니다. 결과적으로 오직 가장 강력한 아이디어만 살아남았습니다. 게다가 방해가 되는 정부 조직은 단순히 일부 사법권을 위협하는 복잡다단한 문제를 풀기 위해서 존재한 것만은 아니었습니다(Johnson, 1971: 326~327).

닉슨의 한 보좌관은 이렇게 말했다. "수년간 관료주의 때문에 방해받기를 거듭했습니다. 공무원들은 새로운 아이디어에는 도통 관심이 없었습니다. 오히려 상사를 치켜세우는 편이 안정적이죠."

행정부가 이러한 비판에 가장 많이 오르내리기는 했지만, 행정부에만 해당되는 비판은 아니었다. 의회, 특히 하원은 새로운 아이디어가 제도화되는 과정에 끊임없는 좌절을 안기는 곳이었다. 포드 행정부의 에너지 전문가는 다음과 같이 말했다. "새로운 아이디어를 창출해내는 데 특히 가장 어려운 지역으로 인식되는 의회에서 새 아이디어와 관련된 동기를 찾는다는 것은 힘든 일이었습니다. 선거권자와 이익집단은 오래된 사회적 이슈에만 시선을 집중하기 때문입니다." 최근 직원과 기술적 원천이 모두 증가했는데도 포드와 카터 행정부의 직원들은 의회가 새로운 아이디어의 공급원으로서 그 기능을 상실하고 있다고 주장했다. "국민적 합의는 사라졌습니다." 포드의 보좌관은 이렇게 말했다. "의회는 선거구민을 관리하고 선거운동을 하며 수많은 전문화된 프로젝트에 관한 일을 하고 있습니다. 하지만 이제는 의회가 정당의 정책 프로그램에 대해 감각을 잃어가고 있는 느낌입니다. 결국 아이디어를 손에 넣는 일은 점점 더 어려워지고 있습니다."

둘째, 단일한 사회적 이슈의 근거에만 집중하는 것은 그 외 집단의 의견 개진을 제한한다. 대통령이 특정 어젠다의 공급원만 강조하고 다른 공급원은 무시하기 때문에 그 외 집단은 선입견에 치우친다. 주위의 자문가들조차 아이디어의 공급원에 접근하지 못하므로 대통령 어젠다에도 접근할 수 없다. 케네디 대통령의 보좌관은 다음과 같이 말했다. "사실상 워싱턴에는 대표할 사람이 전혀 없습니다. 만약 의사당 쪽으로 시선을 돌린다면 이러한 문제들을 전혀 알아챌 수 없었을 것입니다. 시야를 넓히고 워싱턴 밖에서 문제점을 찾아야 합니다. 의회에 무엇이 가장 중요한지 물어본다면, 제한된 대답들만 듣게 될 것이며 결국 국가는 중요한 부분을 꽤 많이 놓치게 됩니다." 불행하게도 대통령이 업무를 시작할 때 광범위한 종류의 문제를 다루려는 동기가 부족하다. 어젠다는 좀 더 일찍 준비되어야 한다. 대통령은 적어도 임기 초 제도상의 공급원에만 의지해야 한다. 그러한 공급원들이 시간이 지날수록 특정 사안을 무시하고 억압한다면 대통령의 정책 결정 과정에서 위험 요소로 작용할 것이다.

그렇다면 정치적 변화를 모색할 때 전통적인 아이디어 공급원을 포기해야 하는가? 한 언론 논평가는 이렇게 말했다. "1976년에 나타난 카터의 가장 큰 장점은 워싱턴 외부 출신이라는 점이었습니다. 즉, 그는 똑같은 아이디어만을 반복적으로 접하며 성장하지 않았습니다. 그러나 불행하게도 카터는 변하기 시작했습니다. 집권하자마자 낡은 아이디어 공급원에 빠져 버렸고 곧바로 의회와 행정부에 관심을 돌렸습니다. 카터는 대통령이 되기 전에는 매우 창조적인 아이디어를 가지고 있었으나 당선 후에는 모든 것이 바뀌었습니다." 카터의 수석참모인 해밀턴 조던은 이렇게 설명한다.

흥미 있고 매력적인 도시(워싱턴: 옮긴이 주)에서는 많은 일이 있었으나 국민 여론을 반영하지 못했고 여러 문제에 대한 답을 찾지도 못했습니다. 여기에는 정치적으로 매우 신중한 태도도 있었고, 정치적으로 명예를 손상시키는 일도 있었으며, 국가 문제를 다루는 데 있어 늦장을 부리는 최악의 경우도 있었습니다. 카터 집권기를 살펴보면 카터의 성격에 맞지 않거나 틀에 박힌 관습을 거부한 것이 그러한 예입니다(≪워싱턴 포스트≫, 1980년 12월 2일자). .

국내 이슈의 근원을 찾는다면 대통령 어젠다가 이용할 만한 충분한 가치가 있는 생산물이라는 것을 기억해야 한다. 주어진 사회적 이슈가 아이디어 공급원 안에 없다면 자국의 어젠다가 수면 위로 떠오르지 않았을 것이다. 닉슨의 보좌관이 이렇게 말했다. "우리는 신문을 읽고 뉴스를 봤습니다. 바로 전화하고 당사로 갔습니다. 사회적 이슈를 찾아야만 하는 것 같지 않았습니다. 그들이 우리를 찾았으나 문제는 많은 유용한 사회적 이슈 중에서 선택해야 하는 일이었습니다." 모든 대통령은 재임 기간에 전개되고 바뀌기도 하는 공급원, 혹은 선거에서 사회적 이슈의 범람에 직면한다. 어떻게 특정 아이템이 이러한 워싱턴의 정치판에 도착했는지에 대한 문제는 매우 복잡한 상황과 관련된다. 여기에서 다루지는 않을 것이다.

2. 이슈 유형

대통령은 도움을 받을 만한 아이디어 공급원에서 특정 아이템을 꺼내왔기 때문에 무엇인가 특정한 정책을 내놓게 된다. 1977년에 카터 행정부는 에너지와 복지 개혁, 국민건강보험이라는 항목을 채택했다. 1969년에 닉슨은 범죄, 수입 분배, 시민권을 선택했다. 그러나 대통령은 실현될 수 있는 아이디어의 범위 내에서 제한적으로 선택한다. 국내 어젠다는 유용한 사회적 이슈에 의해 영향을 받는다. 몇몇 아이디어에는 이목이 집중되지만, 그렇지 않은 아이디어도 있다.

사회적 이슈는 각기 다른 속도로 동시에 아이디어 공급원 사이를 통과한다. 노인의료 서비스는 1961년에 케네디가 채택하기 전에 이미 적어도 20년 동안 매우 두드러진 이슈였다. 복지 개혁은 카터가 1977년에 채택하기 전 10년 동안 여러 대통령 후보들이 한 번쯤 논의하려 했던 이슈였다. 잭 워커(Jack L. Walker)에 따르면 사회적 이슈의 쇄도는 대통령이 가지는 '기업가적' 활동의 역량에 반응한다. 상원의 경우는 비록 공식적이진 않지만 특정 이슈가 정책 분야의 관심 영역에 부각되고 나면 몇 년간 지속적인 관심을 받게 된다.

행동주의자인 상원의원들은 정치적인 호재를 새로이 발견하고 개척하기 위해 열성적인 정치 전문가와 개혁운동에 참가한 저널리스트, 야심만만한 CEO, 로비스트와 어울립니다. 때때로 최초의 정치적 돌파구를 찾으려는 비상적인 활동은 상원의원이 자유롭게 어젠다를 제안할 수 있게 합니다. 하지만 사회적 문제에 대한 관심이 열악하거나 가까운 시일 내에 실현하기 어려운 어젠다로 인식되어 폭넓은 호소력을 갖지 못하기도 합니다. 이러한 문제와 관련된 입법화는 때로 토론되지도 않고 통과되었습니다. 이러한 상황에서 상원의원의 힘이 압도적이기 때문입니다.

일단 대기오염 통제나 대중교통 같은 주제가 선택되면 유권자가 법안 통과에 찬성하리라는 것은 명백합니다. 일반 대중의 관심이라는 강력한 힘이 법안을 통과시킵니다. 그러나 진보의 물결로 인해 법안 제안의 중요성이 상대적으로 감소했고 법안을 통과시키는 경우가 갈수록 적어지고 있습니다. 비록 열성적인 노력으로 최초 법안이 통과되게 뒷받침할지라도 관심과 지원은 날로 떨어집니다. 사회적 이슈는 스스로 어떤 추진력을 가져야 합니다. 대통령이 실현 가능한 아이템을 조사했을 때 몇몇 이슈는 다른 것보다 전폭적인 지원을 받기도 합니다. 몇몇 이슈는 좀 더 위대한 가시성을 발휘하기도 합니다(Walker, 1977: 15).

국내 정책에 대해 이러한 사회적 이슈 유형의 영향력을 측정하는 한 가지 방법은 역대 대통령 다섯 명의 어젠다를 살펴보는 것이다. 특정 사회적 이슈만 관심 있는 주제로 남고 나머지는 유용한 공급원에서 사라지는가?

〈표 4-1〉 대통령 어젠다 중 유형별 사회적 이슈의 비율

어젠다 유형	국내 어젠다(%)					
	케네디 - 존슨	존슨	닉슨 1기	닉슨 2기	포드	카터
농업 분야	4	2	3	0	0	2
시민권	7	4	3	0	0	0
소비 분야	4	10	5	4	0	10
범죄	4	9	13	4	19	0
교육	19	13	8	4	0	4
에너지	0	0	0	40	31	24
국정업무	4	10	18	8	6	15
보건	9	8	13	12	12	13
노동	19	5	5	0	6	9
천연자원	13	17	18	20	6	7
교통	4	7	8	0	0	5
도시업무 · 복지	17	18	10	8	19	11

주: 보건 분야의 경우 의료교육, 특히 간호조무사 교육과 의료학교 건설 등이 포함.
자료: 예산관리국 입법자료 기록실(OMB Legislative Reference Division Clearance Record).

예산관리국 기록에서 따온 266개 아이템으로 돌아가보자. 〈표 4-1〉은 사회적 이슈 범위에서 국내 정책의 수를 나타내며, 다섯 개의 국내 어젠다에 대한 정책 내용을 요약한다. 〈표 4-1〉에서 수치는 전체 국내 정책 프로그램 중 해당 유형이 차지하는 비율을 나타낸다. 예컨대 케네디 어젠다 중 19%는 교육에, 17%는 도시업무와 복지에 집중되었다는 뜻이다.

〈표 4-1〉을 통해 두 가지 결론을 얻을 수 있다. 첫째, 특정 사회적 이슈는 관심의 열기가 점점 증대되는 반면, 다른 사회적 이슈는 열기가 식는다. 시민권 문제는 사실상 대통령의 국내 어젠다에서 사라졌다. 교육 분야도 관심과 지지가 끊임없이 감소했다. 카터의 한 보좌관은 공식적으로 이렇게 말한 바 있다. "엄청난 지역적 지지를 기반으로 한 몇몇 아이디어가 있습니다. 매번 돌아볼

때마다 누군가 법안으로 통과시키라고 할 것입니다. 이러한 사회적 이슈를 알아보지 못하는 것이야말로 낭패입니다." 아이디어는 다양한 이유로 열기가 뜨거워진다. 외부적인 사건으로 집중을 받거나 선거운동 시기에 강력한 지지를 받기도 한다. 그런데 몇몇 아이디어는 다른 아이디어보다 더욱더 강력한 여세로 몰아친다. 대표적으로 에너지 분야는 사회적 이슈로 떠오르는 속도가 매우 뚜렷하다. 에너지는 1960년대의 이슈는 아니었으나, 닉슨·포드·카터의 어젠다를 점유하게 되었다. 닉슨의 한 보좌관은 이렇게 말했다. "우리에게는 매우 충격적인 일이었습니다. 석유 수출 금지와 가스 부족 대란을 예상하지 못했습니다. 그러나 문제는 이미 발생했고 어떻게든 타개해야 했습니다." 닉슨의 또 다른 보좌관은 다음과 같이 말했다. "에너지 사태는 놀라울 정도로 빨리 발생했습니다. 이 사건으로 인해 예상하지 못한 미래에 대한 계획에 대처하는 정부의 탁월한 능력을 알 수 있었습니다." 그 뒤 에너지는 대통령 정치의 가장 핵심적인 주제가 되어버렸다.

둘째, 특정 사회적 이슈는 시간이 지나면서 고갈되는 경향을 보였다. 교육이 표본적 본보기이다. 〈표 4-1〉에 따르면, 교육은 케네디의 어젠다일 때 19%였지만 카터 시절에는 4%로 급감했다. 강력한 사회적 이슈가 시대에 뒤처진 것이다. 케네디와 존슨은 매우 성공적으로 효과적인 교육정책을 세워 교육이 문제점으로 고려되지 않았다. 그렇지만 1961년부터 1968년까지는 교육 프로그램 — 수석과 차석 교육 보좌관, 고등교육 보좌관, 영재 선발, 학교 건설, 교사 훈련, 교사 연합, 사서 보조, 스쿨버스 운행, 학교 급식 담당 등 — 은 꾸준히 관리되고 있었다. 존슨의 한 보좌관은 이렇게 말했다. "우리가 떠난 뒤 교육 분야에 남은 문제는 많지 않을 것입니다. 우리는 직접 프로그램을 설계했고 교육은 연방 책임하에 제안했습니다. 이제는 적절한 기금 조성과 실행만이 남아 있을 뿐입니다." 결국 카터 정책의 가장 중요한 요소는 좀 더 많은 실행을 요구하는 교육부 독립안이었다.

만약 특정한 사회적 이슈가 부각되지 않는다면 대통령이 아이디어에 노출된 정도가 이슈 유형 형성에 영향을 미친다. 이슈가 아이디어 공급원에 없다면 대통령 어젠다가 되기 힘들다. 대통령이 신중하게 배려할지라도 '주머니 속에 있는' 잠자고 있는 아이디어가 되고 만다.

3. 사회적 이슈 공급원

대통령은 국내 어젠다 도출에서 제도적 이슈와 비공식적 이슈에 주의를 기울인다. 126명의 응답자를 이슈 공급원이 어디인지에 따라 두 그룹으로 나눴다. 아이디어 공급원에 대해 응답자들은 먼저 내부 채널과 외부 채널을 언급했다(〈표 4-2〉 참조).

〈표 4-2〉를 보면 내부 공급원보다 외부 공급원에 반응한다는 것을 분명히 알 수 있다. 국내의 사회적 이슈는 내부보다는 오히려 백악관 바깥에서 어젠다 안으로 들어오고 있다. 케네디 행정부의 한 보좌관은 다음과 같이 말했다. "케네디 대통령의 고전적 아이디어는 부분적으로 옳습니다. 프로그램은 대부분 다른 기관이나 공공기관에서 시작되었습니다. 백악관은 새로운 아이디어를 준비할 자세가 제대로 갖춰져 있지 않았습니다." 닉슨의 보좌관도 다음과 같이 말한다. "행정부와 의회에서 나온 제안을 살펴보는 데 대부분의 시간을 소비했습니다. 제 역할은 밀려드는 어젠다를 처리하는 깔때기라고 할 수 있습니다. 우리는 밀려 들어오는 아이디어를 분석·검토했으나 여전히 행정부와 의회 내에 더 많은 아이디어가 준비되고 있다는 사실을 깨닫지 못하고 있었습니다. 우리의 업무는 제안의 시작점을 잡는 것이 아니라 실현할 수 있는 제안을 선택하는 것이었습니다."

외부 채널에 의존하는 주요한 설명은 아이디어 공급원에 의존한다. 대통령은 새로운 아이디어를 창출할 수 있는 내부 자원을 지니지 않았다. 재임 기간에 국내 정책 문제를 먼저 해결하라는 압력은 가능한 사회적 이슈의 공급원을 매

〈표 4-2〉이슈 공급원

	공급원	응답률(%)
외부 공급원	의회	52
	사건과 위기	51
	행정부	46
	여론	27
	정당	11
	이익집단	7
	언론	4
내부 공급원	선거운동과 유세	20
	대통령	17
	참모진	16
	태스크 포스	6

주: '국내 어젠다를 설정하기 위한 아이디어의 가장 중요한 근원은 무엇인가?'라는 질문에 대
한 118명의 답변.

우 강조한다. 대통령은 새로운 어젠다를 푸는 데 필요한 충분한 시간·정보·전
문가가 부족하다. 존슨의 빈곤 문제에 대한 정책처럼 대통령은 새로운 아이디
어를 만들어내는 데 대부분 외부 자료를 이용하고 있었다.

1) 공화당과 민주당

모든 대통령은 상대적이긴 하지만 확정된 이슈의 공급원을 가지고 있으며,
대통령이 이러한 이슈의 공급원에 쏟는 관심은 천차만별이다. 하지만 공화당
이냐 민주당이냐에 따라 차이가 있다. 케네디·존슨·카터의 민주당 보좌관들
은 공화당의 정책 자료와는 다른 제도적 장치를 사용했다. 이번 연구를 통해 인
터뷰했던 민주당원의 62%는 국내 아이디어의 가장 중요한 공급원으로 의회를
언급했다. 케네디의 보좌관은 다음과 같이 언급한다. "공화당이 야당이었던 8

년간을 돌이켜볼 때 민주당은 여섯 석만 차지하는 등 아이젠하워 아래 고군분투하고 있었습니다. 민주당은 선거 유세에서 명확한 어젠다를 도출하려고 애썼고, 법제화할 수 있는 프로그램을 열심히 고안해냈습니다." 카터의 참모는 일반적인 의회의 중요성에 동의했다. 그러나 의회가 언제나 협조적이지는 않았다.

명백하게 몇 가지 사회적 이슈를 위해 의회를 고찰해야 했습니다. 민주당 간부회의는 기꺼이 몇몇 이슈에 대한 지원을 또 다른 지원으로 교체했습니다. 여전히 닉슨과 포드의 재임 기간에 이은 기대할 만한 프로그램에 대한 국민적 의견 일치는 없었습니다. 당은 더욱더 해체 일로에 접어들었습니다. 보좌관들이 항상 어려움을 안고 있던 이유 중 하나는 문제를 푸는 데 필요한 종합된 구조를 찾아낼 수 없었다는 점입니다.

의회가 직원, 기술전문가, 정보기반을 확충했지만, 어젠다를 선택하는 과정은 더욱더 복잡해지고 분권화되었다. 리더십을 발휘하는 데 더욱 어려움이 많아졌고 정책 분열 양상은 증가되었다. 따라서 카터의 보좌관들은 의회를 아이디어의 가장 중요한 공급원이라고 생각하지 않게 되었다. 의회가 제안하는 프로그램의 전통적 이점은 이제 자동적으로 보장되지 않았고, 의회의 아이디어를 채택해야 하는 가장 큰 동기도 흐릿해졌다.

공화당원의 의견을 조사해본 결과 30% ─ 민주당원은 32% ─ 가 주요한 아이디어 공급원으로 의회를 지적했다. 닉슨과 포드의 보좌관 모두 의회에서 소수당 문제로 인해 직접적으로 어려움에 처했다. "우리는 진지하게 공화당 프로그램을 살펴봤습니다." 닉슨의 한 보좌관이 말했다. "임기 초기에는 매우 완성도 높은 프로그램을 필요로 합니다. 우리는 의회의 강력한 프로그램으로 복지정책과 외국인 문제를 마무리하려 했습니다. 그러나 정작 살펴봤을 때는 아무 프로그램도 찾을 수 없었습니다." 의회에서 295명 대 140명으로 압도당했을 때 닉슨의 참모진은 1965년부터 1966년 사이의 제89회기 의회에서 이 문제를 짚어보려고 했다. "끊임없이 노력해온 계획이 여지없이 무너졌습니다." 닉슨의 한 보좌관은 이렇게 기록했다. "분과위원회 의장석을 잃었고 주요 당직도 놓쳤습니다." 공화당이 1966년에 47석을 다시 확보했지만 문제는 여전했다.

이는 포드 집권기에도 계속되었다. 포드의 대변인은 다음과 같이 말했다. "20년 동안 소수당에 머물러 있다면 결국 어떤 당이든 무력해질 것입니다. 당원들은 의회 연단에 서서 법안을 통과시키기 위해 의사를 피력하기보다는 살아남으려고 하기에 급급할 것입니다." 소수당은 경쟁에 필요한 자원이 부족하다. 소수당으로서 공화당은 공약을 실행하기에 부족한 당원 수, 적은 당비, 몹시 열악한 협조와 지원에 직면했다.

닉슨과 포드는 불경기를 극복하기 위해 각각 어떠한 방법을 선택했을까? 한 가지 근거를 통해 비교한 결과 민주당원과 공화당원 사이에 중요한 차이를 확인할 수 있었다. 민주당원의 28%가 중요한 아이디어 제공자로서 행정부 관료를 인식한 데 반해, 공화당원에게는 50% 이상이 그랬다. 아이러니하게도 공화당의 두 대통령은 공화당 연합을 대표하는 가장 근원적인 문제로 다시 돌아오게 되었다. 닉슨과 포드가 적대적 아이디어를 삼켜버리려 했던 것은 이제 논쟁거리가 아니다. 오히려 어젠다의 범위 척도를 넓게 설정함에 있어 대통령과 의회가 의사소통을 할 수 없을 때 행정부의 영향이 훨씬 증대되었음을 의미한다. 닉슨과 포드는 행정부와 쉽지 않은 연대를 형성해야만 했다. 그 연합은 매우 심각한 좌절과 갈등을 불러일으켰다.

2) 압력의 원천

아이디어의 공급원은 종종 정치적 압력의 원천이기도 하다. 대통령은 국내 어젠다를 설정할 때 외부 이익단체의 집요한 로비를 받기도 한다. 카터의 한 보좌관이 이에 대해 설명한다. "워싱턴에 있는 사람들은 거의 모든 이슈에 대해 각자의 의견을 갖고 있습니다. 그 어떤 새로운 것도 발견할 수 없으나 그들은 기꺼이 의견을 제시할 준비가 되어 있습니다. 새로운 정책에 착수할 때 백악관은 매우 외롭습니다. 그러나 메시지를 전하는 바람이 불기 시작하면 의견들이 난무하기 시작합니다." 또 다른 카터의 보좌관도 이에 동의했다. "이제 앉아만 있지 말고 선택하고 행동하라고요? 대통령에게 연락을 취하고자 하는 사람의 수나 조직은 별로 없고 압력도 그다지 세지 않습니다. 우리의 할 일은 의견을 제시하는 것이 아니라 이익집단의 맹공격을 피하는 것입니다."

중립적 상황에서는 아이디어가 백악관 안으로 흘러들어가지 않는다. 아이디어의 대다수는 약간의 압력을 동반한 국내 정책 과정을 통해 반영된다. 게다가 압력은 진정한 '핵심 조직'에는 작용하지도 않는다. 이익집단, 행정부, 백악관 직원들은 특정 아이디어 때문에 혼란을 겪기도 한다. 이익집단, 정당, 언론은 새로운 아이디어의 제한된 공급원인데도 아주 강력한 압력집단이 되기도 한다. 백악관 직원들은 수많은 압력의 근원이 아니라 제한된 아이디어의 자원에 대해 이야기한다. 존슨의 보좌관은 다음과 같이 말했다. "우리는 정책 프로그램을 선택할 때 자유로이 직관을 이용합니다. 특정 정책 프로그램을 실행할 때나 법률을 제정할 때 우리는 매우 다른 문제들을 가지고 있습니다. 중요한 사회적 문제에 대해 절대 욕하지 않는 집단이 있고 또 바로 법률적 행동에 나서기를 원하는 집단도 있습니다."

4. 외부 공급원

아이디어 출처로 볼 때 외부 공급원은 의회와의 관계를 고려한다면 중요한 요인이다. 대통령의 의사결정 비용을 경감시키는 차원에서 의회와의 관계, 특정 사건과의 관련성 여부, 행정부에 대한 고려사항 등은 상당한 이점이 있다. 이슈 중 많은 부분 ― 다른 것들은 실질적으로 여론이 집중되어야 인정을 받는다 ―

은 이미 첨부된 대안으로 볼 수 있다.

1) 의회

의회는 국내 정책 아이디어를 가장 많이 제공하는 공급원이다. 백악관 참모들은 의회를 제1의 사냥터로 간주한다. 참모들은 의회가 중요한 이슈 공급자이자 대통령 정책을 정할 때 중요한 역할을 한다는 점을 기꺼이 인정한다. 케네디의 보좌관은 의회가 백악관 국내 정책의 모판이며, 특히 사회정책 이슈를 찾는 첫 번째 장소였다고 회고한다. 케네디의 국내 정책보좌관은 "특히 사회정책에서 분배정책과 관련된 이슈가 제기된다면 틀림없이 의회가 가장 도움되는 자료를 제공할 것입니다"라고 솔직하게 언급했다. "우리는 의회에서 얻은 모든 것을 기꺼이 받아들입니다. 아이젠하워 정부의 마지막 수년간 함께했고 많은 사람을 연구했습니다. 비록 우리가 법률에 호소하지는 않았지만 의회 프로그램을 우리의 것으로 받아들이는 것은 당연한 권리 행사라고 느꼈습니다. 우리는 어떠한 프로그램도 강탈하지 않았으며, 다만 빌렸을 따름입니다. 우리는 의회의 많은 아이디어를 대통령의 정책으로 선택했습니다." 대통령 참모들에게 '대통령이 의견을 제시하고 의회는 처리한다'는 과정은 의미가 없었다. 무엇이 이러한 차이를 만드는지에 대해 존슨의 보좌관에게 물었다. "프로그램은 프로그램일 따름입니다. 우리는 의회의 발의권을 받아들이는 데 주저하지 않았습니다 이는 게임의 일부에 불과합니다." 의회와 대통령 간 분쟁은 정책 프로그램을 담당하는 참모들에게 중요하지 않았다. 의회 발의권은 그들의 적합한 제안들을 빌리고 선택하고 고쳐 쓰고 다시 이름을 붙이고 수정할 뿐이었다. "우리는 정책 원안을 기안한 사람이 후원자를 찾는 행위를 결코 방해하지 않았습니다"라고 존슨의 보좌관이 언급했다. "우리는 입법 프로그램을 만들기 위해 우리가 할 수 있는 노력을 다했습니다. 첫 번째 발의자가 누구일지에 대해 누가 신경을 쓰겠습니까? 우리는 마지막 소유권자였습니다."

의회는 부분적으로 검증된 아이디어를 대통령에게 제공하는 도매업자라 할 수 있다. 케네디는 의회가 제안해서 통과되었거나 재통과된 어젠다를 선택했다. 의회에 대한 대통령의 신뢰는 대통령의 내부 자원 ― 사실 백악관은 상세한 프로그램을 만들 능력이 없다 ― 을 더욱 공고화했다. 그리고 국내 아이디어는 대부분 이미 특정 대안과 조화를 이루며, 그 특정 대안은 대통령 보좌관들에게 의회 자료에 대한 관심을 고조시킨다. 닉슨의 측근은 이렇게 말했다. "우리는 새로운 아이디어를 찾아볼 시간이 없습니다. 의회가 특정 아이디어에 관심이 있다는 사실이 때로는 후보자로 하여금 아이디어 토론에 관심을 갖게 하기도 했습니다. 대통령에게 전해졌고 이미 타협에 이른 의회 프로그램이 있다면 왜 그것을 채택하지 않겠습니까?" 백악관 직원들은 의회가 '입법적인 사업'임을 분명하게 인식했으며 완벽하게 그 이익을 취할 준비를 했다.

만일 대통령이 다수당에서 나왔다면 아이디어 공급원으로서 의회가 받는 압력은 분명히 증가한다. 그러나 취임일에 대통령 소속 정당이 의회를 통제하는 것은 아니다. 의회의 영향력은 기존 대통령의 재임 기간에 존재한 다수당의 세력에서 지속적으로 작용한다. 프로그램은 대통령의 임기 첫해에 준비되어야 한다. 소수당에는 다수당처럼 입법 기준을 발전시킬 만한 능력이 없다. 소수당은 자원과 동기 유발에서 제한을 받는다.

소수당이 백악관을 얻었을지라도 프로그램을 입안할 기회는 의회에서 지속적으로 제한받는다. 1969년에 닉슨이 대통령이 되었을 때 의회는 어젠다 자료를 밝히지 않았다. 8년 동안 백악관에 입성하지 못했던 공화당은 충분한 일괄 입법을 채택하지 못했다. 공화당 소속 의원들은 방어적이었고 명백히 소수당에 머물러 있었다.

2) 사건

대통령과 참모들은 사건을 바라보는 데 충분한 동기를 갖고 있다. 재선을 염두에 두는 대통령은 위기의 잠재적 영향력에 관심을 가지며, 여기에 효과적으로 대응해 무엇인가를 얻으려 한다. 석유 금수 조치, 도시 폭동, 악성 인플레이션, 파업, 대사관 점거 등은 모두 선거 이익, 역사적 이익, 프로그램의 이익과 관련된 기회이다. 사건들은 잠정적 법령에 영향을 준다. 포드 대통령에 따르면, 잠정적 법령은 종종 변화를 모색하는 데 위기를 야기한다.

입법을 제안하고 이를 의원과 의장, 지도자에게 전하기 위해 노력하는 것 외에 대통령이 달리 무엇을 더 할 수 있을까요? 나는 그들에게 이야기하고자 지도자를 만났습니다. (그러나) 우리에게 진정한 위기가 닥쳤을 때 거기에는 분명 깰 수 없는 걸림돌이 있음을 알았습니다. 그리고 나는 지금 매우 구체적인 문제를 고려하고 있습니다. 여러분이 등화관제나 대규모 정전 사태를 맞이하지 않는 한 에너지 분야에서 입법적인 측면의 새로운 돌파구를 마련할 수 있다고 생각하지 않습니다. 이것이 현실입니다. 워싱턴과 뉴욕의 천연가스와 뉴잉글랜드의 천연가스를 삭감하는 것이 사람들과 일자리에 해를 끼치기 전까지 천연가스를 제한하지 않을 것입니다. 이는 우리 체제에 대한 나쁜 처방일지도 모릅니다. 그러나 옳든 그르든 우리가 할 수 있는 방법은 이뿐입니다(≪뉴스위크(Newsweek)≫, 1974년 12월 9일자).

대통령의 참모들에 따르면, 정책 입안에 영향을 미치는 사건은 세 종류이다. 첫 번째는 '위기'와 관련된 사건이다. 대통령은 자신의 임기에 불가피하게 화급한 사건과 맞닥뜨릴 수도 있다. 예를 들어 석유 금수 조치와 같은 위기가 발생하면 매우 신속하게 대처해야 한다. 두 번째는 '사회적 이목이 집중된 사건'이다. 어떤 사건은 이전 대통령의 범죄와 직접 관련해 발생할 수도 있다. 어떤 사안은 수년 동안 수면 아래에 있다가 아무런 경고 없이 의안을 뒤엎기도 한다. 예를 들어 1979년 여름에 오래된 가스 라인 문제가 발단이 되어 정책 어젠다 목록에 올리라는 압력을 받은 적이 있었다. 마지막은 국내 정책으로 고려해볼 만한 '이미 입법적 시효가 소멸된 것'이 있다. 대통령의 참모들은 새로운 어젠다의 입안보다 현상유지적 정책 추진에 몰두하기도 하며, 예산관리국과 행정부 직원들은 기한이 만료된 준조항 리스트를 제공하기도 한다. 레이건은 새롭게 입법을 기다리는 오래된 정책 어젠다를 만났다. 예를 들면 대기 청정 법안, 수질 청정 법안, 유가 규제 철폐안, 식권(food-stamp) 프로그램, 식품에 사카린 사용 금지, 「경제 기회법(The Economic Opportunity Act)」, 농장 일괄 회계 법안, 소비자 제품 안전위원회 법안 등이었다. 이 모든 법안은 1981년에 기존의 것을 손보거나 재확립하는 형태로 제안되었다. 이들 모두 국내 정책 과정에서 고려할 만한 사안이었다.

대통령이 정책 효과가 가져올 인센티브 구조를 무시할 수 있다면 사건도 무시할 수 있다. 이와 같이 대통령의 목표는 종종 위기감을 갖고 뚜렷한 관심으로 나아간다. 케네디의 측근이 말했듯이, "대통령은 워싱턴 밖에서 무슨 일이 일어나는지 주시해야" 한다. 워싱턴은 무엇이 중요한지를 결정하는 독립된 도시이다. 대통령은 워싱턴 너머까지 봐야 한다. 그는 '진정한' 세계를 끊임없이 관찰할 수 있는 체계를 마련해야 한다.

위기에 대한 관심은 정치적 압력의 최전선에 있다는 참모들의 믿음에서 나온다. 존슨의 한 측근은 이렇게 말했다. "우리의 국내 (정치)체계는 행정부에서 발의권을 갖는 곳으로 향합니다. 대개 사건은 대통령의 정치적 문제의 뿌리와 연관되어 있다고 느끼며, 어떤 경우 손해를 감수하더라도 위기를 극복하려고 합니다. 대통령이 늦었다는 이유로 모종의 행동을 취하게끔 압력을 받고 있다는 인상을 주는 것만은 피하려고 합니다. 우리는 대통령이 모든 장면에서 가장 먼저 등장하는 주인공이라는 이미지를 전하고 싶어합니다." 만일 '소방관'이 대통령의 시간과 에너지의 많은 부분을 점령했다면, 이는 예기치 못한 사건들이 발화되었기 때문이다.

3) 행정부

 대통령과 참모들은 관료의 반응이 없다고 계속 불평한다. 하지만 실상은 이와 다르다. 행정 관료들은 새로운 프로그램에 대한 업무를 처리하느라 항상 분주하다. 더군다나 행정부는 여전히 국내 정책 아이디어의 중요 자원이다. 이는 관료가 정치적 자원과 관련성을 갖고 있으며 대통령의 부족한 정치적 자원을 메워주기 때문이다. 행정 자문위원들은 때때로 정책 입안 로비 과정에도 개입한다. 행정 관료의 정책 조사 업무는 정책 입안의 공식 과정이기도 하다. 이러한 행정부 정책이 때로는 백악관의 정책으로 탈바꿈하기도 한다. 결국 행정부는 모든 정책 주기의 과정에 관여한다. 행정 부처들은 정책 입안의 전 과정에서 아이디어 제공을 요구받는다. "행정부는 여러 가지 이점 ─ 정보, 인력, 의회 지원, 전문지식 ─ 을 가지고 있습니다. 관료주의와 싸우는 대신 대통령은 행정부를 통제할 줄 알아야 합니다. 그러나 그것은 신만이 할 수 있습니다." 카터의 보좌관이 한 말이다. 대통령의 정치적 자원에 대한 제한을 고려한다면 행정부는 확실한 아이디어 공급원이라고 할 수 있다.

 행정부를 비판했던 보좌관도 어젠다 선택에 미치는 관료적인 아이디어의 영향력은 인정하고 있었다. 닉슨의 보좌관은 다음과 같이 말했다. "백악관은 각 부서의 프로그램과 이슈의 크기를 통제하는 것을 단념해야만 합니다. 백악관이 모든 것을 할 수 없다면 각료들이 좀 더 많이 운용 감각을 지니게끔 해야 합니다. 불행하게도 각료가 정치적으로 성공한 뚜렷한 역사가 없습니다." 어떨 때는 대통령이 정책의 윤곽만 설정하고 실제 내용을 전담 부서에 맡긴다. 또 다른 경우 대통령의 의지에 관계없이 관료가 정치에 깊이 개입하면서 이슈의 거품이 증가하기도 한다. 하지만 대부분의 경우에 백악관은 프로그래밍 과정이나 태스크 포스를 통해 관료적 문제를 공개적으로 수용한다. 예산 시스템을 예로 들어 보자. 예산 관리 모델이 무엇이든지, 즉 계획예산(PPBS: Planning, Programming, Budgeting System), 목표관리(MBO: Management by Objective), 영기준예산(ZBB:

Zero-Based Budgeting)을 막론하고 행정부는 새로운 아이디어를 제시하라고 장려한다. 비록 행정 부서가 가끔 자신의 존립 근거를 보호하는 데 집중하기는 하지만, 예산 과정은 오래된 프로그램에 새로운 정당성을 부여한다. 예산관리국 관리는 "존립 근거를 정당화하기 위해 각 기관들은 새로운 정당성을 개발하려고 했습니다"라고 말했다. 각 행정 부처는 대통령의 관료적인 수단이 되기 위해 새로운 이슈를 끊임없이 찾고 있다.

4) 여론

대통령은 행정부에서 넘어오는 정책 어젠다에 대한 평가를 강요당하고 있다고 불평하지만, 실제로 안건은 대부분 대중에게서 양성된다. 대중의 관심이 무엇인지를 찾는 작업이야말로 제도화 과정이라고 볼 수 있다. 닉슨부터 포드, 카터, 레이건으로 이어지면서 백악관은 공식적으로 여론을 자세히 조사하기 위해 노력해왔다. 여론 조사 분석은 카터 행정부 시절이 절정기였다. 패트릭 캐들이 주도한 대통령 자문 선거조사위원회는 정책 입안 계획 과정으로 발전했다. 백악관 외부의 한 인사는 다음과 같이 평가했다. "카터 행정부는 국민 여론 조사연구에 새로운 지평을 열었습니다. 이제 대통령은 선거 비즈니스를 하면서 가끔씩 실제 선거 활동에 참여하기만 하면 되었지요." 1981년에 공화당은 레이건 경제 프로그램에 대한 여론 조사에 500만 달러를 썼다. 그렇지만 국내 어젠다에 대한 여론의 영향에는 제한이 있다. 여론은 특정 프로그램을 구성하는 데 도움을 주기에는 너무 광범하다. 게다가 공공의 문제의식 수준이 낮을 경우 종종 문제가 된다. 제럴드 포드는 이렇게 말했다.

구체적 사안에 대해 대통령은 사실을 알 필요가 있으며 최고의 정보를 얻을 필요가 있습니다. 그래야 결정을 내릴 수 있고 이끌어갈 수 있기 때문입니다. 대통령이 투표에 근거해 나라를 이끌어야 한다고 생각하지 않습니다. 대중은 여러 경우에 있어 문제를 숙지하지 못합니다. 대통령은 국민에게 귀 기울여야 합니다. 그러나 일주일에 한 번 여론 조사 결과를 읽는 것만으로 어려운 결정을 내릴 수는 없습니다. 대통령이 해야 할 일은 어려운 결정을 내리고 난 후 여론을 따르지 않으면서까지 인기 없는 결정을 내려야 했던 이유를 국민이 깨닫게 하는 데 있습니다(≪타임≫, 1980년 11월 10일자).

그러나 참모들은 여론이 중요하다고 말한다. 여론의 중요성은 정도에 따라 달라진다. 포드의 참모는 이렇게 말했다. "여론은 많은 변화를 만들어내지 못합니다. 그러나 가끔 사안이 더는 무시되어서는 안 되는 정도까지 심각해지기도 합니다. 자주 발생하는 것은 아니지만 사안이 뜨거워지면 어떤 조치를 취해야 합니다." 카터의 보좌관은 이에 대해 다음과 같이 평가했다.

'정책 공약 13'이 대중적 지지를 얻지 못했다면 왜 우리가 그렇게 세금 감면안에 집중해야 했는지 몰랐을 것입니다. 일반적으로 세금 감면안 추진은 정치적 부담이 있는 사안이었거든요. 하지만 일단 세금 감면안이 대중적 관심을 보이자 걷잡을 수 없이 정책 어젠다로 뛰어올랐습니다. 심지어 법안에 심하게 반대하던 제리 브라운(Jerry Brown)까지도 동의했으니까요. 브라운은 균형예산 수정법안을 제안했습니다. 얼마나 여론의 관심이 뜨거운지 보여주는 예가 아니겠습니까?

관심이 뜨거워질수록 대통령은 그 이슈 때문에 선거에서 패할지 보상받을지 결정해야 한다. 비록 사안이 대중적이지 않더라도 대통령은 귀 기울여야 한다. 언젠가 노력의 대가가 돌아올 것이다.

5) 정당, 이익단체, 언론 매체

왜 정당, 이익단체, 언론 매체는 외부 공급원에서 높은 비중을 차지하지 못하며, 왜 참모들은 이 세 조직의 자료를 경시했는가? 민주당 참모들의 열의 부족은 과거 의회에서의 중요한 어젠다를 입안한 경험이 부족함을 반영한다. 상원의원 마이크 맨스필드와 하원의원 칼 앨버트(Carl Albert)는 강한 입법 지도자로 인식되었다. 그런데도 그들의 사무실은 국내 정책 입안의 중요한 원천으로 여겨지지 않는다. "맨스필드 상원의원은 존슨만큼 훌륭하지 못합니다." 케네디의 보좌관은 이렇게 평했다. "맨스필드는 그런 종류의 힘을 사용할 의지가 없었습니다. 그는 압력이 될 만한 의견을 우리에게 가져오지 않았습니다." 민주당의 지도력이 점점 강력해지고 있다. 그러나 카터의 참모들은 국내 어젠다에 대한 지도자의 영향을 가볍게 다뤘다.

> 우리는 지도자에게 귀 기울입니다. 우리는 그들에게 의견을 달라고 요구합니다. 그러나 그들은 우리가 이미 준비한 것을 반복해 제시하는 데 그칩니다. 여러 면에서 대통령에게 새로운 아이디어를 가져오는 것은 그들의 역할이 아닙니다. 그들은 행정부나 의회만큼 어젠다의 원천이 될 수 없었습니다. 통상적으로 지도자들은 이미 우리가 다룬 사안들을 반복할 뿐이었습니다.

민주당원이든 공화당원이든 간에 당의 지도력을 아이디어의 독립된 자료로 보기보다는 의회와 연결된 정책 루트로 인식했다. 이와 같은 태도는 의회 의장이나 지방자치 단체장 같은 정당 엘리트에게도 해당된다. 참모의 입장에서 보면 일반적인 경로는 백악관에서 정당 엘리트에게 가는 것이지 그 반대는 아니다. 닉슨의 보좌관도 다음과 같이 언급하고 있다. "당은 대통령을 위한 기구임을 직시해야 합니다. 대통령은 의장과 당무 회의 구성원을 선택하고 회의에 영향력을 행사하며 정강을 관리합니다. 정당은 대통령 임기 중 한두 번 마주칩니다. 의회가 열리지 않을 때는 대통령이 바로 당입니다."

이익단체는 다소 다른 견지에서 접근할 수 있다. 대통령은 정당 지도자와의 관계를 유지하기 위해 노력하는 반면, 이익단체와 접촉하는 것은 의식적으로 피하려고 한다. 이익단체가 대통령 선거에서 중요한 요소이지만, 접촉에는 한계가 있다. 접촉의 부재는 부분적으로 워싱턴에 있는 이익단체의 (영향력에 따른) 서열 때문이기도 하다. 1945년에는 2,000여 개의 로비스트가 의회에 등록되어 있었지만 1980년에 이르면 1만 5,000여 개로 증가된다. 대통령이 소화할 수 있는 일정이 제한된 만큼 로비스트들의 활동도 다방면으로 증대될 수밖에 없었다. 로비스트들의 영향력은 어젠다별로 이슈 관련성을 띠는 조직의 수만큼이나 증대되었다. 로비스트들은 백악관은 물론이고 의회나 행정부 등을 대상으로 광범위하게 활동하고 있다. 포드 대통령의 참모가 이렇게 회고했다. "우리는 그다지 로비스트의 압력을 받는다고 느끼지 않았습니다. 로비스트의 활동은 제한된 범위 안에서 작용하고 있었습니다. 물론 일부에서, 가령 노동 분야의 전미경영자협회(AMA: American Management Association) 같은 조직이 있긴 했지만 의회의 공식적인 입법 활동에 국한되어 있었습니다." 이와 관련해서 존슨의 보좌관은 이렇게 말했다. "의회에는 535개의 입법 대기 법안이 쌓여 있지만 단 한 가지 안건만이 입법화됩니다. 이렇게 입법화되려는 안건조차 상원에 보고되는 데 1년에 한 시간 정도만 할애되며 대통령에겐 15분이 주어집니다. 당신이라면 과연 어디에 노력을 기울이겠습니까?"

이익집단은 간접적인 경로를 통해 아이디어 공급원에 강력한 영향력을 행사한다. 이익집단은 의회와 행정부에 정보를 제공하는데, 의회나 행정 부처 모두 대통령 참모진이 의지하는 이슈의 중요한 공급원이다. 물론 이익단체는 정부의 실질적 정책 입안에 영향을 미치고자 한다. 그러나 대부분의 경우 그들은 국내 정책의 직접적인 공급원이 아니다.

이러한 이익단체의 영향력 행사 유형이 최근에 변화하고 있는데, 부분적으로는 백악관 내에 공식적인 연락사무소를 설치하는 것으로 나타났다. 닉슨과 포드 시절에도 그런 연락사무소가 있었지만 영향력은 극히 미약했고, 카터 행정부는 오히려 이익단체와 관련된 어젠다 입안을 배제하려는 입장을 취했다. 백악관 공공정책 담당 비서인 앤 웩슬러(Anne Wexler)의 말에 따르면 '공공연락

사무소(PLO: Public Liaison Office)'는 이익단체 사이의 이슈 공조를 효과적으로 이뤄냈다고 한다. 실제로 카터 행정부의 한 연락사무관은 이렇게 밝히고 있다. "공공연락사무원은 이익단체와 특정 어젠다에 관해 전략적 제휴를 맺으려 시도하곤 했습니다. 이익단체가 수천 명의 이름과 단체를 거명하면 제휴 가능성은 더 크게 작용했습니다." 이익단체가 대통령 어젠다 형성 과정을 조정하려는 의도를 갖고 있었는데도, 공공연락사무소가 대통령 어젠다 선정 시스템에 접근하는 것은 용인되었다. 공공연락사무소와 이익단체는 일종의 공생관계였던 것이다. 하지만 카터 행정부가 끝나갈 무렵, 공공연락사무소는 독자적으로 백악관 내 어젠다 형성 과정에 자리 잡아갔다. 이제 대통령이 이익단체와 연합해서 얻은 어젠다의 입법화 작업을 공공연락사무소가 독자적으로 수행하기 시작했다. 다소 불명확하긴 하지만, 공공연락사무소의 역할은 레이건 행정부에까지 이어졌다. 레이건이 엘리자베스 돌(Elizabeth Dole)을 공공연락사무소 위원장에 지명한 것에서 레이건이 이익단체와의 접촉 채널로 공공연락사무소를 중시하고 있음을 엿볼 수 있다.

이익단체와 관련해 마지막으로 한 가지 지적할 것이 있다. 앞의 〈표 4-2〉는 대통령과 참모들이 특정 정책 사안에 대한 이익단체의 영향력을 어떻게 인식하고 있는지 보여준다. 하지만 이제 백악관 참모들은 이익단체의 영향력을 중시하지 않는 것 같다. 케네디의 보좌관은 다음과 같이 평가했다. "대통령은 이익단체의 영향을 받아서는 안 됩니다. 대통령직은 일반 사무직 업무와는 다릅니다. 대통령은 국가를 대표하므로 소수 이익단체의 이익을 대표할 수는 없습니다. 만약 참모들이 근시안적으로 일을 처리한다면 상상 이상으로 이익단체의 활동이 더 크게 인식될 것입니다. 마치 장미정원의 계단을 수놓은 나무 조각처럼 모든 것이 다 이익단체의 활동인 양 인식될 것이기 때문입니다."

어젠다 형성에 미치는 언론의 영향력이 비교적 낮다는 사실은 놀랄 만하다. 일반적으로 매스미디어는 어젠다 형성 과정에 중요한 역할을 한다고 인식되기 때문이다. 어젠다 형성에 미치는 외부 영향 요인에 대한 콥(R. W. Cobb)과 엘더

(R. W. Elder)의 연구에는 다음과 같이 언급된다. "언론은 형식적 어젠다와 실질 어젠다를 평가하는 과정에 중요한 역할을 한다. 특정한 이슈를 대중화시키는 작업은 역시 여론 주도 세력에 의해 이뤄지기 때문이다. …… 하지만 대중적 관심에 영합하려는 개인이 뉴스에 특정 정보를 제공함으로써 특정 이슈를 공적인 관심 이슈로 조작할 수도 있다"(Cobb and Elder, 1972: 91~92). 백악관 참모에게 언론은 새로운 아이디어의 공급원이 아니다. 언론은 기껏해야 정치적 환경을 중개할 뿐이다.

따라서 언론은 백악관에는 직접적이지 않은 채널로 작용한다. 실제로 참모들은 언론을 아이디어가 아니라 압력의 공급원으로 간주한다. 카터의 한 측근은 다음과 같이 말했다. "우리는 모두 신문을 읽고 어떤 사건이 반응을 일으키는 원인이 되는지 주시합니다. 우리는 저녁 방송을 보면서 어떤 뉴스가 사회적 이슈인지를 확인합니다. 한 사건이 움직임을 만들 때 그것을 주시하지 않는다면 곤경에 빠지기 쉽습니다." 따라서 일반적으로 대통령은 언론을 통해 사건을 따라가고자 한다. 케네디는 매일 아침마다 12개 주요 신문을 정독했고, 닉슨과 카터는 매일 전체 뉴스의 요약을 받아봤으며, 존슨은 세 개의 TV를 설치해 동시에 봤다.

언론은 왜 그렇게 간접 자료로 중요한가? 우선, 대통령들은 언론에 집중한다. 인쇄나 전자 매체에 나타난 이슈는 어느 정도 동일한 근거를 바탕으로 한다. 둘째, 신문과 TV는 의회, 관료 사회, 여론의 동향을 효율적으로 요약해준다. 의회, 관료 사회, 여론에서 나온 아이디어는 언론을 통해 대통령에게 도달한다. 언론을 주시하다 보면 다양한 측면에서 자극을 받을 수 있다. 그러나 새로운 아이디어의 독자적인 공급원으로서 언론은 과소평가되어 있다. 언론은 이슈를 만들어내는 것이 아니라 전달하는 수단으로 여겨진다. 이런 점에서 언론은 의회의 정치적 지도력과 같은 범주로 해석된다. 언론은 아이디어가 흐르는 중요한 통로이자 주요한 촉매이기 때문이다.

5. 내부 공급원

국내 정책과 관련된 대부분의 이슈가 백악관에서 생성되지 못하는 데는 여러 이유가 있다. 외부에서 이슈를 가져오는 것이 훨씬 더 용이하기 때문이기도 하다. 이미 만들어놓은 대안에 아이디어를 제공하는 것은 외부 공급원을 통할 때 훨씬 쉽다. 외부 공급원은 백악관의 의사결정 비용을 상당히 줄이는 데 일조할 수도 있다. 시간, 정보, 전문지식, 에너지가 제약받는다면, 대통령이 외부 공급원에 주력하는 것이 현명할지도 모른다. 이는 대통령직에 새로운 아이디어가 결여되어 있음을 지적하는 말이 아니다. 그러나 몇 가지 내부 채널이 국정어젠다에 미치는 영향을 과대평가했을 가능성이 있다.

1) 선거운동과 공약: 재평가

지난 20년에 걸쳐 선거 공약과 정당 공약은 대통령의 기록에서 상당히 신중하게 다뤄졌다. 이는 대통령은 책임감이 있어야 하며 국정 어젠다는 후보 공약을 확실히 반영해야 한다는 논의로 집중된다. 선거 공약과 실천의 연계성이 '책임감 있는 정당'의 주요 특징으로 간주된다. 이런 생각에 비춰볼 때 정치인은 선거 공약에 대해 반드시 책임을 져야 한다. 선거 공약이 구체적인 행동으로 전환되지 않는다면 국민과 정부는 결코 결합되지 못한다. 그렇다면 이러한 목표가 대통령 정책 과정에 적절한 것일까? 선거운동이 한창일 때 만든 선거 공약을 임기 중에 우선 해결해야 할까? 대통령의 국정 어젠다에 새로운 아이디어의 공급원이면서도 부담으로 작용하는 선거운동과 공약에 우려를 나타내는 이유가 바로 여기에 있다.

제럴드 팜퍼(Gerald Pomper), 프레드 그로건(Fred L. Grogan), 제프리 피셀(Jeffrey Fishel) 등이 수행한 연구 조사는 선거운동이 정책 선택에 주요 지침이 되었음을 시사한다(Pomper, 1968; Grogan, 1977; Fishel, 1979). 하지만 특정 인물에서 보면 선거운동이 그리 강력한 것만은 아니다. 지난 20년간 선거 공약과 임기 내 실천 정도를 비교해봤을 때, 피셸에 따르면 "20세기 들어 집권한 대통령은 대통령의 정책 발의와 실제 정책 사이에 항상 예측 가능한 괴리가 있었다. 의회와의 복잡한 관계와 의회에서의 실패는 1970년대 후반에 카터 행정부에서 조금 심하기는 했지만 비단 카터 행정부만의 일은 아니었다"(Fishel, 1979: 53). 피셸은 팜퍼가 최초로 제안했던 코딩 카테고리를 이용해 본래 공약이 실제 대통령의 국정 어젠다가 된 '전체 비율'은 케네디 36%, 존슨 41%, 닉슨 34%, 카터 42%에 그침을 밝히고 있다. 1960년, 1964년, 1968년, 1972년, 1976년 선거 공약의 절반 이하만이 국정 과제로 채택되었다. 피셸은 연관성이 많다고 설명하지만, 선거운동에서 단순한 언급만으로 임기 내 국정 어젠다가 되지 않는다는 것은 분명하다. 피셸은 '일부 비율', 다시 말해 원래 공약과 다소 비슷한 공약까지 추가하면 케네디 67%, 존슨 63%, 닉슨 60%, 카터 57%로 정책 대비 실행률 수치가 올라간다고 밝혔다. 요약하면 대통령은 선거 공약이 다섯 개였을 때 그중 세 개 정도를 실제 정책으로 전환한 셈이다. 이는 동전을 던졌을 때의 확률보다 약간 높은 수준이므로 상당한 정도까지 대통령의 재량권이 있음을 보여준다.

그로건은 대통령의 재량권 행사에 대해 다음과 같이 말했다. "대통령의 공약 실행은 선거 공약이 의회 상정을 필요로 하는 것인지 아니면 대통령의 직권으로 해결될 수 있는지에 따라 달라진다. 존슨은 의회 상정을 필요로 하는 공약을 아주 적극적으로 발의한 반면 닉슨은 상대적으로 비우호적인 의회와 맞서 자신이 해결할 수 있는 공약에 더 힘을 쏟아 발의했다." 하지만 선거운동에서의 공약에 책임을 강하게 느끼게 하는 것은 후보에게 그 공약이 얼마나 중요한지이지 공약 자체의 우수성이 아니다. "후보 자신이 가장 '특징적인' 공약에 대해 잘 알고 있으면 당선되었을 때 가장 실행성 있는 방향을 제시하는 것 같다. 존슨과 닉슨 두 대통령의 경우, 공약에 대한 일반적인 지식은 두 대통령이 임기 내에 하고자 했던 바를 잘 알게 해줬다"(Grogan, 1977: 20~21). 그러므로 대통령의 목표를 알려면 대통령 어젠다를 먼저 알아야 한다.

이러한 결론은 민주정치 이론의 문제를 제기한다. 〈표 4-2〉에서 언급한 내용까지 추가해볼 때, 선거운동이나 공약도 최종 결과에 대한 구속력은 그다지 강하지 않다. 닉슨의 한 측근은 이렇게 말했다. "선거운동은 일련의 선택 사항으로 봐야 합니다. 다양하면서도 많은 정책을 조사할 기회가 대통령에게 주어집니다. 일단 투표가 끝나면 정책은 근본적으로 바뀔 수 있습니다. 특별위원회가 만들어지면 대통령은 현실로 돌아옵니다." 카터의 한 보좌관도 다음과 같이 동의했다. "공약 목록은 있지만 대다수 참모진은 임기 내에 최대 효과를 내야 한다고 인식했습니다. 대통령이 되고 나면 관점도 달라지는 법이죠. 공약은 너무 간단해서 거의 쓸모가 없습니다." 선거운동이 중요한 학습 기간이 된다는 데 측근 대다수가 인정하지만, 선거운동이 국정 어젠다를 받치는 추진력을 구성한다고 주장하는 이는 거의 없었다.

선거운동에서의 가장 주요한 불만 요인은 공약 건수가 너무 많다는 것이다. 피셸에 따르면 카터는 최소 186개, 케네디는 136개, 닉슨은 114개, 존슨은 63개의 공약을 내놓았다. "연단에서 행했거나 공약집에 기록된 항목 수를 살펴보면 카터가 발의한 공약 건수에 입이 딱 벌어질 수밖에 없습니다. 카터에게 일할 수 있는 기회는 그리 많지 않았습니다. 약속을 너무 많이 한 나머지 문제를 만들었지요. 확실히 그는 기록 보존용 책자를 출간하지 말아야 했습니다"라고 한 언론 관계자는 응답했다. 절대적으로 보면, 카터는 비슷한 시기의 다른 어떤 대통령보다 공약을 정책으로 더 많이 전환시켰다. 이는 공약을 훨씬 많이 내걸었기 때문이다. 186개의 공약 중 카터는 57% 정도를 발의했다. 이는 케네디, 존슨, 닉슨보다 더 낮은 수치이다. 대통령의 책임이라는 관점에서 볼 때, 실제 정책으로 전환된 건수와 백분율 중 어느 것이 더 중요할까? 포드 대통령의 한 선거 참모는 다음과 같이 말했다. "결국 핵심만 남는다는 것이 일반적인 생각입니다. 카터 대통령의 경우, 공약은 더 많이 했는데 발의는 더 적었습니다. 공약의 절반 정도만 실현시킨 셈인데, 그래도 닉슨과 존슨이 임기 동안 실천한 공약보다 더 많을지도 모릅니다. 하지만 차기 정부로 넘긴 경우가 더 많습니다. 그리고 이는 1980년에 분명 쟁점이 될 겁니다. 기대감 상승이 낳은 문제입니다."

선거철에 생겨난 공약 건수가 지나치게 많다 보니, 참모진은 몇 가지 이유를 들어 선거운동과 공약이라는 공급원의 영향을 중요하게 여기지 않는다. 첫째, 선거운동이 시작되기 훨씬 이전에 대다수 주요 이슈가 추출된다는 것이다. 처음 의도한 논제가 일단 상정되면 선거운동이 주는 영향력은 거의 없어진다. 카터의 1976년 선거운동은 13개 항목의 성명서로 시작되었고, 각 항목에는 일련의 세부 내용이 들어 있었다. 1975년 12월에 발표된 이 성명서는 카터와 참모진이 최대 이슈라고 생각했던 것, 예를 들면 보건정책, 경기부양책, 구조개편에 관한 것이 선거의 최대 이슈가 되었음을 확실하게 보여주고 있다. 이 성명서는 대통령 선거에서 방향을 제시했다. "13개 항목이 정해지자 선거운동이 궤도에 올랐습니다. 새로운 정책을 수립하기 위해 뉴햄프셔 주에 가지 않아도 되었습니다. 우리는 전단지가 맨 처음 배포되기 이전에 주요 이슈가 무엇인지 알고 있었던 거죠. 우리는 대통령을 정직한 아웃사이더 '이미지'로 밀고 나갔고 현직 대통령인 포드의 경력을 공략했습니다. 사실 정책 내용에 대해서는 정확히 잘 몰랐습니다." 카터의 한 측근이 한 말이다.

이슈의 공급원을 찾는 데 '사전 선거운동' 기간은 결정적인 역할을 한다. 바로 이 기간에 후보와 참모진은 기본 이슈를 선택하게 되며 일반적으로 주목을 가장 많이 받는 것도 바로 이 이슈들이다. 선거운동 기간에 기각되는 항목도 있지만, 취임식 이후에 복귀하기도 했다.

둘째, 선거운동과 공약은 가장 강력한 항목 몇 가지에만 중점을 둔다. "베트남전쟁이나 실업 상태가 끝났다면 1968년 선거운동의 쟁점은 무엇이었을까요? 어떤 선거운동이든 최대 쟁점거리가 두세 개는 되는 법입니다. 그로 인해 집권하는 대통령에게는 활동 여지가 어느 정도 생기게 되죠. 국민은 그 많은 선거 공약을 기억하고 있습니까? 다음 선거에 몇 개의 선거 공약이 또 나올까요"라며 닉슨의 한 측근이 질문했다. 몇몇 보좌관도 이러한 주장에 공감했다. 대통령 중심제의 성격상 대통령에게 집중될 수밖에 없기 때문에 선거운동을 제한

해야 한다는 것이다. "우리는 미국 시스템의 핵심이라 생각한 일련의 성명을 만들었습니다. 하지만 실제 몇 개 항목이 유세 중에 없어지게 될지 몰랐습니다. 어떤 결말이 나올지도 알 수 없었습니다. 이것이 바로 존슨 대통령이 모든 정책에 대해 구속력을 느끼지 않았던 이유입니다. 그러나 어떤 이슈를 매우 중요하다고 생각했다면 그 반응에 대해 확신이 설 수 있습니다." 존슨의 한 측근은 이렇게 말했다.

선거 공약을 평가하는 과정에서 참모진은 여론의 관심도를 항목 중요성의 척도로 간주했다. 참모진은 여론이 이슈의 공급원으로 아주 중요하다고 강조하면서도 국민의 이해와 인식은 무시했다. 또한 참모진은 파급효과가 있는 일부 이슈에선 국민의 관심을 인정하지만, 선거 공약을 평가할 때는 국민을 그다지 신뢰하지 않았다. "석유 감소에 따른 제한을 국민이 이해할까요? 복지와 최저 소득 보장의 차이를 인식하고 있을까요?"라며 닉슨의 한 보좌관이 질문했다. 이러한 질문을 인터뷰 내내 받았다. 국민이 그런 이슈를 제대로 알 수 없다면 대통령은 왜 지난 공약에 명예를 걸어야 할까? 대부분의 이슈에 국민이 만족하지 않았음을 참모진도 분명 알고 있었다. 종종 여론이 모호할지라도 참모진은 여론이 구체화되어 분명해지면 귀를 기울인다.

정당 공약은 어떠한가? 결국 공약은 일반대중이 아닌 당 엘리트가 초안을 작성한다. 공약이 대통령 어젠다에 다소 영향을 준다는 데 참모들은 동의하지만, 일반적인 흐름에 대해서는 의견을 달리했다. 포드 대통령의 한 측근이 다음과 같이 말을 꺼냈다. "대통령이 진실로 유능한 사람이라면 공약은 대통령의 것입니다. 공약은 대통령의 소유물입니다. 이슈가 생기면 채택해야 할 때도 있지만 공약은 강제력을 발휘하지 못합니다. 대통령은 항목 중에서 신중히 고르기만 하면 됩니다." 영향력은 대통령에게서 공약으로 흘러간다. 참모들은 그렇지 않다고 확신하는데도 후보자는 공약의 중재자가 된다. 지난 20년 동안 대통령 후보 지명자는 공약에서 상당한 발언권을 가졌다.

선거운동과 공약이 주는 영향은 무엇일까? 여러 제약이 있을지언정 선거운동은 새로운 아이디어의 공급원으로 활용되고 있는가? 선거운동 때문에 후보가 다양한 문제와 이슈에 노출되는 것은 사실이다. 이 이슈를 사전 선거운동 기간에 전개할 수도 있겠지만 장기전을 펴야 한다는 것이 대통령이 학습한 중요한 내용이다. 케네디가 웨스트버지니아 주의 빈곤에, 닉슨이 복지 개혁안 교섭에, 카터가 '민족적 동질성' 문제에 집중한 것처럼 후보들이 특별히 민감해지는 사안이 있었다. 공약 대비 실행률이 낮은데도 선거운동과 공약은 대통령이 여론의 강도를 인식하는 데 영향을 준다. 후보가 선거가 있기 훨씬 이전에 국민건강보험에 대해 확고히 공약했더라도 선거운동을 하게 되면 어젠다 우선순위는 뒤바뀔 수 있다. 후보자들도 불가피하게 대통령 후보 예비선거와 총선거 동안 새로운 이슈를 만든다. 이미 두 가지 공급원에 관해서는 〈표 4-2〉에서 언급했다. 선거운동과 공약이 국정 선택에 제약을 준다는 점에서 비난받고는 하지만 참모진은 여전히 그것들을 어젠다 항목의 잠재적 공급원으로 간주한다.

2) 대통령과 참모

대통령의 개인적 경험은 국정 어젠다에 극적인 영향을 미친다. 살아오면서 대통령은 다양한 쟁점이나 문제에 봉착했을 것이다. 일단 대통령이 되면 그러한 생각들이 국정 어젠다와 해외 정책 수립에 영향을 주는 것은 당연하다.

국정 이슈의 공급원으로 대통령의 개인적 경험이 중요하다는 점에는 동의하지만, 참모진의 영향력에 대해서는 의견이 꽤 분분하다. 과거 대통령의 기록을 보면 참모진을 그다지 중요하게 여기지 않았다. 단지 대통령의 연장선, 다시 말해 비슷한 사고를 하는 비슷한 개인으로 구성된 하나의 실체로만 봤다. 이런 관점에서 보면 대통령은 뜻을 같이하는 보좌관을 채용하는 것이 타당하다. 더군다나 앞을 다퉈 대통령이 듣고자 하는 것만 보고하는 참모진은 종종 야심만만한 예스맨 집단으로 비춰진다. 개인 보좌관이 실제로 무엇을 믿는지는 중요하지 않다. 보좌관은 대통령의 반응을 알고 있기 때문이다. 두 가지 견해 모두 부분적으로는 맞다. 비슷한 부류에서 참모진을 채용하는 것도 사실이다. 보좌관이 대통령의 심중을 가늠하려 노력하는 것도 사실이다. 하지만 두 가지 관점 모두 개인 보좌관이 대통령의 국정 선택에 잠재적으로 영향을 미칠 수 있다는 점을 놓치고 있다.

다니엘 모이니한(Daniel Moynihan)[*]의 예를 보자. 1969년에 닉슨 대통령이 채용한 모이니한은 공화당 주류 출신은 아니었다. 1977년에 모이니한이 상원과 동맹한 후 복지정책에 대한 자신의 생각을 바꿨지만, 여전히 닉슨 참모들 중에서는 가장 진보적 인물 중 하나였다. 모이니한은 뜻이 같은 참모가 아니었고 공화당에서 전통적으로 내세우는 개혁이나 대통령 선전에 관심이 없었다. 모이니한은 닉슨에게 복지 개혁의 필요성을 설득하려고 했다. 마틴 앤더슨에 따르면 모이니한은 적수와 고투하는 과정에서 상당히 이득을 봤다고 한다.

> 모이니한은 백악관 참모로는 아주 드물게 워싱턴에서 관료로 일했고 이를 이해한 인물이었습니다. 그에게는 보건교육복지부와 직업공단을 망라하는 광범위한 교섭망이 있었습니다. 허버트 험프리(Hubert Humphrey)[**]가 패배한 데 충격을 받은 민주당원이 많았다. 연구 자료와 정보가 넘쳐났다. 모이니한에게는 설득력 있는 자원이 많았다. 닉슨을 둘러싼 어두운 잿빛의 남색 바다 한가운데에 크림색 정장을 입고 빨간 나비넥타이를 맨 모이니한이 쾌활한 돌고래처럼 반짝반짝 빛나고 있었다. 모이니한은 아일랜드풍의 매력 있는 장난꾸러기인 데다가 즐겁게 저녁 식사를 할 수 있는 동료이며 이야기를 재미있게 하는 사람이었다. 어두운 국책 심의 과정도 모이니한이 참여하면 분위기가 밝아졌고, 반대 세력조차 그의 주

---

[*] 뉴욕 주 민주당 상원의원(1977~2001년). 인도 대사, 케네디 및 포드 행정부 국내 정책 담당 백악관 참모(옮긴이 주).
[**] 미국 제38대 부통령. 두 차례 미네소타 주 민주당 상원의원이었고, 1968년에 민주당 대통령 후보였으나 닉슨에게 패했다(옮긴이 주).

변에 있기를 좋아했다. 대통령은 모이니한이 쓴 메모를 즐겨 읽었으며, 때로는 이를 찾기 위해 대통령 책상 위의 서류뭉치를 뒤질 정도였다(Anderson, 1978: 6).

국정 아이디어의 공급원으로 참모진을 무시할 수는 없다. 특정 아이디어를 어젠다에 넣어야 한다고 닉슨을 설득한 사람은 모이니한만이 아니었다. 의도를 관철시킨 정도는 달랐지만 번즈, 존 얼리히만(John Ehrlichman), 할데만(H. R. Haldeman) 모두 설득에 공을 들였다. 이러한 노력은 다른 행정부와 비교하면 특별할 것도 없었다. 케네디, 존슨, 포드, 카터 등은 내적 압박을 받고 있었다.

국정 담당 참모진은 직간접으로 아이디어의 공급원이 된다. 보좌관들은 입성할 때 각자의 관심 분야에서 멋진 프로젝트를 갖고 있다. 닉슨의 보좌관은 이렇게 말했다. "이전에 교육 분야에서 일했다면 교육 문제에 다시 관심을 기울이게 되지요. 만나는 사람들이 그 분야에 속해 있고 주요 장기가 그 분야에 관한 것이니까요. 그러니 교육을 어젠다로 하는 것이 최고의 관심사일 수밖에 없습니다. 영향력을 발휘하기 위해서라도 불가피한 선택입니다." 카터의 보좌관은 다음과 같이 말했다. "우리는 모두 한두 가지 분야의 일을 했지요. 직책에 적합한 사람이 있는가 하면 그렇지 않은 사람도 있었습니다. 우리가 어디를 향하는지를 알게 되면 아이디어를 찾기 시작했습니다. 그게 우리 일이니까요. 그 분야를 상세히 조사해 무슨 일을 할 수 있는지 찾습니다." 보좌관은 또한 각 부서와 의회의 연결고리 역할을 한다. 국정정책 과정의 구조 자체는 보좌관들이 외부에서 유입된 아이디어를 수행한다고 확신하게 한다. 연례 국정 설정 절차는 그 중요한 예이다. 1947년에 트루먼이 제정한 이 절차에는 아이디어에 대한 여론 조사가 포함되어 있다. 그러나 참모들이 여론 조사를 관리하더라도 그것이 최초의 공급원은 아니다. 전통적으로 대통령은 법안을 만들기 위해 행정부에 새로운 아이디어를 제안할 것을 요청한다. 그러나 그 정보를 간추려 어떤 이슈가 관심사인지를 결정하는 것은 대통령의 참모들이다. 트루먼의 특별 자문이었던 클라크 클리포드에 따르면 연례 절차의 목적은 다음과 같은 것이었다.

정부의 각 부서와 기관에서 올라온 의견과 요구사항을 취합해 그 엄청난 자원의 정보에서 법안 어젠다를 뽑아낼 수 있게 합니다. 대부분 자기의 이익을 도모하는 것이긴 하지만 적어도 우리는 정부에서 박식하고 경험 많은 사람들을 찾아냈다고 생각했습니다. 때로 그렇게 많은 발의안 중에서 진짜 진주를 찾아내기도 했지요. 마치 잠수부들 같았어요. 어떤 때는 계란만 한 진주를 찾기도 했습니다. 그것만으로도 노력에 대해 정당한 대가를 받았다고 생각합니다(Wayne, 1978: 104).

과거 대통령들은 실제로 특별위원회에 매우 많이 자문했다. 그러나 참모진에 따르면 전문위원회는 새로운 아이디어의 공급원도 압박의 원천도 아니다. 선거전 이후 특별팀을 꾸린 카터의 경험이 이를 설명한다. 그의 참모진에 따르면, 카터는 130개 이상의 정책안을 받았는데 여기에는 예산과 보건, 교육, 인적구성, 행정부 조직 등도 포함되어 있었다. 그러나 이 특별팀도 새로운 아이디어의 공급원이 아니었다. 카터의 보좌관은 이렇게 말했다. "특별팀이 낸 아이디어는 조디 파월(Jody Powell), 패트릭 캐들(Patrick Caddell), 햄 조던(Ham Jordan) 등을 포함한 몇 명의 자문위원과 지미 카터 자신이 낸 것이지요. 몇 번 자리를 만들어 선거 후에 중요해질 것 같은 이슈들을 의논했습니다." 특별팀을 지명하는 결정은 초기 이슈 채택에 영향을 미쳤다. 특별팀은 이슈 선정 과정의 '산물'이다. 닉슨의 보좌관은 다음과 같이 말했다. "특별팀에 대한 아이디어는 누가 갖고 있는가? 그들은 어디 출신인가? 우리는 이미 그 의미를 알고 있었지요. 잠시 후 곰곰이 생각에 잠기는 사람도 있습니다. 특별팀을 구성하는 결정은 그 이슈에 대한 평가를 의미했습니다. 특별팀의 방향을 알기 전까지는 특별팀에 압박을 가해서는 안 됩니다." 그러므로 특별팀은 대안과 우선과제를 분석하는 귀중한 도구가 되지만 그들은 거의 새로운 이슈를 내지 않는다. 사실 새로운 아이디어가 특별팀을 만든다.

6. 결론

아이디어의 공급원은 중요하다. 하나의 채널만을 강조하고 다른 것을 배제하는 것은 대표성과 변화 모두를 제약할 수 있다. 대통령이 의회나 행정부에 의존하게 되면 과거의 경험에서 극적으로 이탈할 가능성이 줄어든다. 그러나 대통령의 자원에 한계가 있음을 감안하면, 새로운 아이디어를 탐구할 기회는 거의 없다. 케네디의 보좌관은 다음과 같이 언급했다. "우리는 의회를 극복할 시간이 없었습니다. 우리의 정책안을 빨리 상정해야 했으니까요. 기본 원칙을 지켜야 했기에 참신한 정책안을 전개할 기회가 없었습니다." 아이디어가 일련의 항목에 포함되지 않는다면 채택될 가능성은 거의 없다. 대통령은 새로운 아이디어에 대한 통로가 없다. 임기가 시작되면서 이슈를 상정하지 못해 실제로 이 아이디어가 선거 초기에 등장할 수 없다면 앞으로 4년 내내 상정하지 못하게 된다.

아이디어의 공급원과 관련해 최근의 가장 주목할 만한 변화는 대통령 어젠다 공급원으로서 의회가 상대적으로 약화되고 있다는 것이다. 법안 성격이 더욱 복잡해지고 내적으로 분산되어 대통령의 정책안으로 통하는 의회 통로가 제한되었기 때문이다. 이러한 약화는 의회가 더 많은 영향력을 원하면서 시작되었다. 카터의 보좌관은 이렇게 주장했다. "이제 대통령에게는 의회가 과거처럼 중요하지 않게 되었습니다. 의회는 엄청나게 활동하지만 가치 있는 일을 하는지는 잘 모르겠습니다." 케네디는 완전하게 가다듬은 국정 어젠다를 선택만 하면 되었는데, 카터 집권 시기에는 법안 상정의 절차가 극도로 분화되었다. 의회는 계속 쇄신하고는 있지만 법안 기획자들 간 밀착도는 상당히 낮아졌다. 대통령은 자신이 점점 더 산만해지는 시스템을 모색하는 골치 아픈 자리에 있다는 것을 알게 된다. 대통령은 여전히 믿을 만한 이슈의 공급원이 필요하다. 사실 대통령은 이전보다 더 많은 도움을 필요로 한다. 안타깝게도 이제 의회는 아이디어의 훌륭한 공급원이 아니다. 의회는 여전히 정책을 내고는 있지만 대통령에게 그 중요성은 덜하다. 카터의 교섭 담당 보좌관의 말이다. "의회는 판도라의 상자가 되었습니다. 우리는 어떤 대답을 들을지 두려워한 나머지 의회에 무엇을 원하는지 묻지도 못했습니다."

지금까지 대통령이 이슈를 모색하는 것에 대해 서술하면서, 대통령의 목표와 아이디어 공급원을 살폈다. 제5장에서는 대안에 관해 자세히 언급한다. 이슈는 이익을 좇아 선택되고, 대안은 비용을 인식해 선택된다.

5

대안 정의
Defining the Alternatives

1961년 1월, 케네디는 국내 어젠다를 입안하면서 시민권에 대한 자신의 공약에 대해 의문을 갖지 않았다. 비록 케네디가 상원의원이던 1957년에는 당시 시민권 법안 제3항 문제에 덜 열성적이었지만, 그 이슈는 그의 대통령 캠페인의 초석이 되었다. 케네디는 특히 "민주당 강령에 대한 공약을 이행할 차기 상원 의회 회기 초반에 시민권 법안을 추진하기 위한 모든 조치를 취하기로 맹세했다." 그러나 첫 번째 회기, 두 번째 회기에도 그런 조치는 없었다. 케네디는 확실히 그 이슈에 대해 소극적이었다. 슐레진저에 따르면, 입법 수단을 포기하기로 한 의사결정은 정치적 자산에 대한 다음과 같은 케네디의 평가 때문이었다.

인권 침해의 심각성과 구체적 마련의 당위성에 대해서는 인정했지만, 케네디는 새로이 구성되는 의회의 의석수를 보면서 시민권 법안이 통과될 수 있는 기회는 없다고 결론지었습니다. 그에게는 광범위한 대통령의 책임도 있었으니까요. 게다가 시민권을 위한 투쟁은 다른 목적(교육과 최저임금 인상을 위한 법안이나 흑인에 대한 직접적 이익에 관한 법안을 포함)을 위해 자신에게 필요한 남부의 지지가 소원해질 수 있음을 감안해야 했습니다. 그리고 그는 논쟁 및 의사진행 방해 이후에 시민권이 불가피하게 패배하면 흑인의 분노가 더 거세질 것이고 시민권 혁명이 더 격렬한 수단에 호소하게 되어 이미 허약한 사회 조직에 참을 수 없는 변종이 생길까봐 두려워했습니다. 그러므로 그는 (입법이 아니라) 행정 조치를 시행하겠다는 입장을 정했습니다. 케네디는 논쟁과 실망을 피하기 위해 시민권 관련 태스크포스조차 설립하지 않았습니다(Schlesinger, Jr., 1965: 849~850).

요약하면 케네디는 주요 시민권 법안을 '제출할 수' 없었다. 케네디의 한 보좌관은 다음과 같이 주장했다. "우리는 의회 내 주도권을 강화할 수 있을 때까지 시민권 법안 상정을 미뤄야 한다고 믿었습니다. 최소한 최초 2년 동안 우리는 행정명령에 집중해야 했습니다. 그것이 더 간단하고, 더 직접적이며, 더 성공적이었습니다." 심지어 시민권 법안이 최종적으로 의회에 제출되었을 때인 1963년에도 케네디는 여전히 다른 국내 어젠다에 미칠 영향을 걱정했다. 케네디의 보좌관은 다음과 같이 언급했다. "우리는 우리 프로그램을 인질로 삼을 상원의원들이 여럿 있음을 알았습니다. 그 점이 우리가 그 법안을 되도록 지연시키려고 한 이유였습니다. 우리는 단 하나의 법안 때문에 전체 프로그램을 희생시키고 싶지 않았습니다."

1. 최초의 선택

대안을 선택하는 것은 아마도 대통령 정책 과정에서 가장 중요할 것이다. 그것은 프로그램에 따른 내용의 틀이 잡히고 정치적 이점이 설정되는 시점이기 때문이다. 다른 어떤 선택보다도 대안 선택은 누가, 무엇을, 언제, 어디서, 어떻게 얻을지를 결정한다. 비록 대통령에게 국내 이슈 선택 면에서 상당한 유연성이 허용되기는 하지만, 대안에 대한 정의에는 갈등이 따른다. 실제로 지난 10년 동안 허용될 만한 대안을 탐색하기가 더 어려워졌고 입법 시도가 있었더라도 존속될 만한 프로그램의 종류는 점점 더 제한되었기 때문이다. 이제 대안 탐색은 국내 어젠다 과정에서 가장 어려운 과업일 수도 있다. 존슨은 다음과 같이 회고했다. "입법 입안은 정치적 예술입니다. 대통령은 지속적으로 수많은 경쟁적인 대안에서 선택해야 합니다. 그가 정말 원하는 법안과 통과될 수 있는 법안을 두고 타협점을 찾아내는 방법, 단일 법안이나 총괄적인 법안 간의 선택 방법, 상정했더라도 미국 연방의회를 위해 법안을 포장하는 방법 등 모든 것이 선택의 문제입니다"(Kearns, 1976: 232).

일부 사람들에게 다음과 같은 논의는 시어도어 로위(Theodore Lowi)가 정책 유형학을 개발하려 했던 노력을 연상시키는 것처럼 보일 수도 있다(Lowi, 1964). 로위의 틀에서 정책은 세 가지 카테고리, 즉 분배적 정책, 재분배적 정책, 규제적 정책으로 분류된다. 비록 로위의 연구가 흥미롭고 호기심을 불러일으키기는 하지만, 필자는 그런 유형학을 구축하는 데는 관심이 없다. 오히려 필자는 국내 프로그램 사이의 차이점을 발견하고자 하기에 특정한 대통령 의사결정을 조사하는 데 관심이 있다. 대부분의 경우 이런 차이점에는 별개의 대안 묶음 간의 연속체 ― 대규모에서 소규모, 지출 정책에서 비지출 정책, 입법 제안서에서 거부권까지 ― 가 관련된다. 이런 프로그램 대안 중에서 선택하는 경우, 대통령은 정치적 자원과 개인적 목표를 둘 다 평가해야 한다. 이런 평가는 특정 대안에 대한 선택에 영향을 미친다. 따라서 새로운 정책 유형학을 개발하기보다는 대통령 어젠다의 뜻을 더 잘 이해하려는 다음과 같은 논의를 진행해야 한다.

우선 대통령은 반드시 특정 프로그램을 추진할지 여부를 결정해야 한다. 간단한 문제처럼 보이지만 매우 중요한 첫 번째 선택이다. 대통령이 원래 이슈를 선택하는 데 자유재량권이 있듯이, 행동하지 않기로 의사결정을 하는 것도 합법적인 대안이다. 예산관리국 관료는 다음과 같이 말했다.

대통령이 복지 시스템이 곤경에 처할 것임을 안다면 첫 번째로 해야 할 일은 대통령이 이에 대해 무엇을 할지 결정하는 것입니다. 그는 행동하기를 원할까요?

이미 열악한 복지 시스템이 더 나빠질 수도 있습니다. 어쨌든 개혁이 얼마나 달성될까요? 복지 개혁의 역사는 비참했습니다. 의회에서 긍정적으로 진행된 적이 거의 없었습니다. 설령 대통령이 문제가 있다고 생각하더라도 광범한 개혁에 시간을 들이는 대신 기다리는 것을 선택할 수도 있습니다. 이는 합리적인 대안입니다.

어떤 일을 하는 것과 아무것도 안 하는 것 사이의 선택에는 목표와 정치적 자원이 관련된다. 적어도 일부 대안이 있을 때까지는 대통령으로 하여금 조치를 배제하게 하는 강요는 없다. 포드의 보좌관은 "참모는 복지 개혁이 최우선 순위가 되지 못할 수도 있다고 생각했지만, 대통령은 여전히 그 제안에 관심이 있었습니다. 대통령은 그 항목을 고려했으나 우리는 그런 방침에 크게 진력할 수 없다고 결정했습니다"라고 회상했다. 대부분의 경우에 대통령은 정책 대안을 실천하기로 결정한다. 정책 과정은 행동을 지향한다. 일단 이슈가 선정되면 대통령과 참모는 잠재적인 대안에 대해 논의하게 된다. 하지만 다른 상황에서는 활동하지 않는 것이 유일한 선택일 수도 있다. 카터의 보좌관은 이렇게 말했다. "의심스럽겠지만 아무 일도 안 하는 것도 합리적인 해결책입니다. 대통령에게 항상 세부 프로그램을 따라가라고 요구하면 과부하가 생깁니다. 대통령이 그대로 두기만 해도 문제가 일부 해결될 수 있습니다." 그러나 또 다른 카터의 보좌관은 다음과 같이 말했다. "대통령이 의료비가 문제라고 결정하는 경우, 참모는 특정 프로그램을 선택하는 데 필요한 종합적인 대안을 제출할 의무가 있습니다. 아무 일도 안 하는 것이 하나의 선택일 수도 있으나, 순위는 훨씬 아래가 될 것입니다. 대통령이 이슈를 선택한다는 것은 곧 행동할 것임을 의미합니다."

국내 어젠다 대안에 대한 탐색도 상징적 프로그램이 아닌 실질적인 프로그램을 지향한다. 이런 가정에는 대통령이 실질적인 제안을 위해서는 부족한 자원을 보존할 필요성이 있다는 점이 반영된다. 과거에 학자들은 대통령은 적어도 새로운 아이디어인 경우에는 때때로 일반 대중을 교육시키기 위한 노력에 관여해야 한다고 주장했다. 사실상 통과될 가능성이 없다 하더라도 대통령은 법안이 갖는 상징적 의미를 위해 의회에 보내라고 부추겼다. 케네디가 1961년에 노인의료복지와 교육 법안화 지원을 요청한 것도 이런 관점에서였다. 통과되리라는 희망을 가질 수 없었지만 그 법안을 국민에게 알리고 설명할 필요가 있었기 때문이다. 슐레진저는 다음과 같이 회상했다.

> 케네디는 "여당이 약할 때 위대한 혁신을 강요해서는 안 된다"라는 토머스 제퍼슨(Thomas Jefferson)의 말을 인용하곤 했습니다. 케네디는 위대한 장점이 패배하는 것을 보려는 사람도 아니었습니다. 한때 "입법화에 성공하지 못한다면 야단법석을 떨어봐야 아무런 의미가 없다. 특정 이슈의 법안화 성패 여부에 대통령직을 걸었는데 패배하는 것도 의미가 없다"라고 할 정도였습니다. 그러나 이러한 경구가 있었는데도 케네디는 의회에 놀랄 만한 양의 혁신안을 제출했습니다. 케네디가 그렇게 한 것은 이러한 제안이 장기적으로 의회와 전국적 규모의 교육 캠페인 없이는 결코 제정되지 않을 것을 알았으며, 장기적인 노력의 결과를 기대했을 뿐 즉각적인 제정을 바란 것은 아니었기 때문입니다(Schlesinger, 1965: 651).

물론 상징과 실질 사이에는 미묘한 차이가 있다. 하지만 여기에서는 대부분의 대통령 제안서가 실질적이라고 가정한다. 대통령은 불가능한 꿈에 힘의 원천을 거의 소비하지 않는다. 상징적 프로그램 때문에 큰 대가를 치르더라도 말이다. 케네디의 보좌관은 다음과 같이 주장했다. "노인의료복지와 교육에 대한 투자는 다른 어떤 사안에 못지않은 대가를 치르게 합니다. 우리는 무시당하려고 이 프로그램들을 상정한 것이 아닙니다. 우리는 의회의 저항을 무릅쓰고 밀어붙였습니다. 법안을 즉각 제정하게끔 로비하는 데 사용한 것만큼의 자원을 사용하지 않으면 일반 대중을 계몽할 수 없었습니다."

일반 대중을 계몽할 기회는 과거 10년 동안 줄어든 듯하다. 경쟁과 자원에 대한 제한을 감안했을 때 실질적 요청을 이용할 수 있다면 대통령이 상징적 제안서를 의회에 보낼 여유가 없다. 대통령은 의회의 어젠다 공간의 양이 제한적이니 '시행할 수 있는' 법안에 에너지를 집중해야 한다는 조언을 곧잘 받는다. 카터의 보좌관은 다음과 같이 언급했다. "시작할 만한 여지가 너무 적었습니다. 왜 우리가 달성할 수 없는 목표를 이루기 위해 시간을 허비해야 했을까요? 아마도 그 점은 실수겠지만, 우리는 프로그램 중 어떤 것에 드러누워 쉴 생각은 없었습니다." 대통령이 전국을 돌아다니며 의회를 부추기는 날은 점점 더 제한된다. 그런 노력을 하면 실용적인 프로그램에 할애된 시간과 에너지를 빼앗기는 결과를 낳는다.

1) 방향 설정

국내 대안에 대한 탐색은 일반적으로 기본 방향에 관한 의사결정과 함께 시작된다. 대통령은 잠재적 대안에 대한 논의를 시작하기 때문에, 이들은 광범한 정치적·철학적 라인을 따라 최초 지침을 설정해야 한다. 대통령의 프로그램 탐색은 맹목적 과정이 아니다. 백악관은 원래 이슈에 대한 대통령의 인식에 알맞은 대안을 찾는다. 레이건이 케네디가 뉴딜을 무효화시켰던 정책 이상으로 광범한 연방 정부의 확장을 기꺼이 승인하려 하지 않았던 것처럼 대안 탐색을 개시할 바로 그 시점에 대통령은 반드시 방향을 재설정한다. 제6장에서 살펴보겠지만 의회 통과 비용, 경제에 대한 비용, 실행 가능성에 대한 비용 여부를 불문하고 대통령은 정책 비용 관점에서 특정 대안을 평가한다. 조사 과정을 시작하는 시점에 대통령은 반드시 그 조사가 어떻게 진행될 것인지를 결정해야 한다. 대통령은 반드시 각 이슈에 대한 잠재적 이익을 평가하고 적절한 조사를 추진해야 한다. 예를 들면 1981년에 레이건이 국내 대안을 조사하기 시작했을 때 그는 일련의 자연적인 경계를 설정했다. 레이건은 위대한 사회를 보강하는 프로그램 때문에 연방 역할을 확장하거나 지출을 증가하기를 원하지 않았다. 오히려 그는 자신의 선거나 역사적 이익, 프로그램에 따른 이익을 달성할 수 있는 프로그램을 원했다. 그는 국내 정책에 대한 지출을 삭감하고 국방 지출을 증대할 수 있는 법안을 원했다. 이런 점에서 레이건의 대안 탐색은 그의 이슈 선정에 직접적으로 얽매였다. 특정 프로그램을 평가할 경우 대통령은 비용을 기준으로 평가했으나, 조사하는 경우 대통령은 자신의 개인적·정치적 목표에 집중한다. 이런 점에서 대안은 사이어트와 마치가 '문제 있는 탐색'(Cyert and March, 1963)이라고 부르는 것의 산물과 같다. 대안 탐색은 인식된 문제를 해결하려는 노력을 반영한다. '선호된' 대안의 선정은 대통령의 목표에 의해 편향된다. 따라서 레이건의 정치적 힘의 원천 — 상원 과반수와 대중적 지지 — 과 정치적 목표 — 재선, 역사적 업적과 훌륭한 정책 — 를 살펴보면, 과거의 민주당 정책에서 시도되었고 정책 도구로서의 예산이 지닌 중요성을 새롭게 조명하는, 대규모 법안 제안서를 구성한 어젠다를 예측할 수 있다.

2) 다섯 가지 프로그램의 선택

국내 어젠다는 일반적으로 행동과 실질 측면에서 추진된다. 케네디의 보좌관은 말했다. "대통령이 임기 중에 할 수 있는 것은 거의 없습니다. 그는 기회를 낭비할 여유가 없습니다. 국내 어젠다는 유형의 프로그램을 위한 수단입니다." 하지만 국내 이슈에 적합한 특정 대안을 결정해야 하는 경우 대통령은 최소한 다섯 가지 문제에 직면한다.

첫째, 입법 과정 기간 내에 대통령은 반드시 특정 프로그램을 의회에 제의할지 아니면 경쟁적인 발의안을 거부할지 등을 결정해야 한다. 이는 입법 전략의 문제이다. 대통령의 정책 목표에 따라 입법 어젠다는 의회 조치에 대한 반대 또는 특정 프로그램 요청에 집중될 수 있다.

둘째, 대통령은 입법 조치와 행정 조치 사이에서 결정해야 한다. 입법 채널이 배제된 경우라면 행정 조치가 허용될 수 있는 유일한 대안일 수도 있다. 예를 들어 행정명령을 이용하면 여러 가지 기준에 부합한다. 대통령은 행정 조치가 논리적 대안이고 가장 간단하며 직접적인 경로인 경우에 행정명령을 시행할 수 있다. 그는 소정의 프로그램이 의회의 논쟁에 관련되는 것을 방지하기 위해 행정명령을 발동할 수 있다. 의회에서 패배할 위험이 너무 클 경우에도 행정명령을 이용할 수 있다. 의회 경로를 모색했지만 실패한 이후에라도 대통령은 최종적으로 행정명령을 시행할 수 있다. 행정 조치는 명령에 국한되지 않는다. 대통령은 관료적 관행과 규정은 물론 임명과 면직에도 영향을 미친다. 특정한 행정적 수단과는 상관없이 참모들은 행정과 입법 대안 간 차이를 알고 있다.

셋째, 어떤 점에서 대통령은 반드시 프로그램의 규모를 결정해야 한다. 존 캠벨(John Campbell)의 구별을 이용한다면 제안이 대규모여야 하는가, 아니면 소규모여야 하는가? 캠벨에 따르면 의사결정은 개별 프로그램에 대한 예산의 영향과 국가적 관심 수준에 따라 다르다.

> 새로운 대규모 의사결정은 사례연구와 어젠다 설정 문헌에서 읽을 수 있다. 미국 내 노령정책 분야에 대한 훌륭한 실례는 노인의료복지이다. …… 극단적으로 이런 의사결정은 회계상 큰 영향을 미치며, 사회 집단 간 관계나 주(州) 정부와 사회 간 관계를 상당히 바꿔놓는다. 이에 따라 이러한 문제는 논쟁적이며 국민의 관심을 상당히 불러일으킨다. 참여하는 주체들도 상대적으로 광범위하다(이해관계 집단, 정당이나 하위집단, 최고경영자, 그외 여러 기관들). 그리고 어떤 점에서 그 결과는 전체적으로 사회에 대한 권력의 정치적 균형을 반영할 것이다.
>
> 새로운 소규모 의사결정은 광범한 영향을 미치지 않으며, 홍보효과도 거의 없을 것이다. 참여는 간혹 관료, 이해관계 집단, 대표자들, 특정 정책 분야와 직접적이고 일상적으로 관련된 일부 정치인들의 '제2의 정부'에 한정된다. 결과는 간혹 권력 균형 또는 '제2의 정부'의 내부 견해에 따라 다르다(Campbell, 1978: 3).

의회를 통해 유포되는 대부분의 프로그램에 비하면, 대통령 우선순위에 해당되는 프로그램은 흔히 대규모에 속한다. 하지만 대규모·소규모의 구별은 연속적이다. 대통령 어젠다에 대한 프로그램은 다르다. 케네디의 노인의료복지에 대한 요청과 해양학 연구에 대한 제안, 존슨의 교육에 대한 연방 지원 요구와 녹지 보전 자금, 닉슨의 수입 분배에 대한 관심과 공항 개발에 대한 관심, 포드의 에너지 문제 독립 법안이나 법 집행 지원 확장에 대한 제안, 카터의 포괄적 에너지 계획과 노천 채굴 간척 법안을 대비해보자. 각 경우에 대통령과 참모는 경쟁적 프로그램 간의 정성적 차이를 인정한다.

넷째, 대통령은 '새로운 법안'과 '낡은 법안' 사이에서 선택해야 한다. 새로운 프로그램은 국내 정책에서 이탈하는 것을 반영하지만 옛 프로그램은 제정된 프로그램에 대한 수정과 관련된다. 양자 모두 이점이 있다. 이런 신구 프로그램 간의 차이는 제2장에서 간략하게 분석되었지만, 여기서 추가로 명확히 짚고 넘어가야 할 것이 있다. 대규모와 소규모 간의 차이와 마찬가지로 프로그램 간의 상관성 문제가 관련된다. 프로그램은 때때로 새로운 아이디어를 도입하거나 과거 발의안에 관한 변형과 관련된다. 비록 우리가 연속된 프로그램을 다루고 있기는 하지만, 새로운 프로그램은 여러 가지 특성에 의해 구별될 수 있다. 참모들은 옛 프로그램의 수정 발의안이 가장 간단하다고 봤지만, 이는 수정되는 방향이 원래 의도와 동일한 경우에만 해당한다. 옛 프로그램은 유형화된 이미지를 재현한다. 프로그램 간 제휴는 여전히 안정적이다. 대규모인지 소규모인지, 새로운지 오래되었는지의 차이는 암묵적으로 연계된다. 캠벨은 의식적으로 두 가지를 결합한다(Campbell, 1978). 정책 우선순위 중에서 새로운 대규모 프로그램이 대통령 참모에게 가장 힘들고 시간 소모적이다. 이 프로그램들에 대통령의 자원을 가장 많이 쏟아 부어야 한다.

다섯째, 대통령은 반드시 경쟁하고 있는 '중개 전략(strategies of intervention)' 사이에서 선택해야 한다. 국내 과정인 경우 때때로 지출 정책인지 비지출 정책인지에 따라 선택은 달라진다. 비록 차이 때문에 상당한 문제점이 가려지기는 하겠지만, 의사결정을 설명하기 위해 참모들은 이 방법을 이용한다. 지출 정책은 정책 목표를 달성하기 위한 주요 프레임으로서 연방 지출에 집중한다. 지출에는 개별 보조금, 정액 보조금, 감세와 같은 다양한 선택이 관련되지만, 참모들은 지출 정책을 단일한 실체로 보는 경향이 있다. 연방 예산에 대한 압박이 증가되었지만, 참모들은 지출 프로그램의 분배나 재분배 성격에 편견을 가진 것 같지는 않다. 오히려 이들은 프로그램을 간단한 조건으로 보는 경향이 있다. 비지출보다 지출을 선호하는 것은 연방 예산의 긴축에 따라 변화해왔다. 1960년대 중반 이래 지출 정책을 그다지 선호하지 않게 되었다. 의회의 한 논평가는 다음과 같이 언급했다. "우리가 보는 정책의 종류 면에서는 명확한 변화가 있습니다. 1960년대 초에는 수많은 프로그램들이 단일 지출 및 다른 종류의 지출에 집중되었습니다. 많은 점에서 우리는 경제 상황 때문에 실질적으로 연방 지출을 해야 했다고 결론지었습니다. 하지만 이제 그런 상황이 아닙니다. 우리는 지출 프로그램을 극도로 조심해서 측정합니다. 우물은 고갈되었습니다." 국내 정책을 다루는 일은 전쟁터와 같다. 예산이 점차 중요한 요인이 되었고 지출 정책은 부침을 거듭해갔다.

2. 국내 대안

앞에서 언급한 다섯 가지 정책 선택의 기준을 이용해 역대 대통령들, 즉 케네디, 존슨, 닉슨, 포드, 카터 등이 정책 선택에서 어떤 안정적 유형을 보였는지 비교하고자 한다. 예산관리국 비밀문서 취급허가 기록에서 발췌한 266개 정책 항목을 조사하면서 다섯 명의 대통령들 간 차이점을 검토할 수 있었다.

1) 입법 경비 이론

다음과 같은 논의는 입법 경비 이론과 관련된다. 경쟁적 어젠다 중 하나를 선택하는 경우 대통령은 이용할 수 있는 정치적 자산에 대한 잠재 비용 — 정치적·경제적·기술적 비용 여부 등 — 을 평가해야만 한다. 제6장에서 필자는 비용의 영향을 세부적으로 조사할 것이다. 지금은 필자의 조사 결과를 입법 경비 이론에 접목하는 것이 중요하다. 각 대통령의 최초 자원 기반을 감안할 경우, 상이한 종류의 대안 사이에서 선택할 때에는 의회 통과 가능성이 최우선적으로 반영된다. 필자의 기본 가정은 각 대통령의 프로그램은 특정 비용을 부담한다는 것과 일부 프로그램은 다른 프로그램보다 더 많은 비용이 든다는 것이다. 입법 제안서는 거부권보다 더 '비싸다'. 법안 통과에는 과반수 득표가 필요하지만, 거부권을 유지하는 데는 3분의 1의 의석에 한 명만 더 추가하면 된다. 대규모 프로그램을 추진하려면 소규모 프로그램보다 더 많은 의회 지지가 필요하다. 새로운 프로그램은 옛 프로그램보다 더 많은 정치적 자산을 필요로 한다. 그리고 최근에는 회계상 압박이 증가했기 때문에 지출 프로그램은 비지출 프로그램보다 더 '비싸다'.

대통령과 참모들은 공개적으로 입법 경비 이론에 동의한다. 이들은 프로그램에 특정 정치적·경제적 가격표가 있다고 믿는다. 의회가 실제로 대통령을 제약하는지 여부는 대통령과 참모가 특정 프로그램을 다른 프로그램보다 더 비싸다고 인식한다는 사실만큼 중요하지는 않다. 최근 대통령들 간 차이점을 조사하면서, 필자는 입법 경비 개념이 필요하다고 느꼈다. 존슨이 '제공할 수 있었던' 프로그램은 닉슨이나 포드가 제공할 수 있던 것과는 달랐다. 레이건이 제공할 수 있었던 프로그램은 케네디가 제공할 수 있던 것과 달랐다. 대안을 정의할 때 대통령은 비용이 미칠 영향에 주의한다. 그러나 대통령은 특정 프로그램을 위해서는 기꺼이 더 지출하기도 한다. 카터는 제한된 연구개발 일괄안 대신 큰 비용이 들더라도 포괄적인 에너지 프로그램을 원했다. 케네디는 좀 더 제한된 사회보장급여의 확장 대신 노인의료복지를 원했다. 따라서 특정한 대안 선정은 대통령이 자원과 목표에 미치는 영향력이 반영된다. 대통령은 의회의 채택 가능성에 대한 대안을 측정하기 때문에, 자신의 개인적·정치적 목표도 평가한다. 자원은 각 대통령이 제공할 수 있는 프로그램의 규모와 범위를 제약하며, 목표는 국내 어젠다의 실체에 영향을 미친다.

입법 경비 이론은 불가피하게 자원과 목표 간 상호 작용과 관련된다. 한편 비용은 각 대통령이 얼마나 많이 제안할 수 있는지와 특정 대안에 대한 선택에 영향을 미친다. 포드는 제한된 정치적 자본을 일련의 입법 제안서에 쓸 만한 여유가 없었으므로 거부권에 집중했다. 닉슨은 민주당 의회에 대규모 삭감을 요청할 만한 여유가 없었기 때문에 더욱더 소규모 발의안에 집중했다. 그 밖에 정책 목표는 각 대통령의 현 상황에 대한 평가에 영향을 미친다. 닉슨과 포드 모두 당시의 연방 규모가 크고 둔감한 상태라고 여겼다. 둘 다 의회에서 민주당이 과반수 의석을 차지한 상태였기 때문에 이전의 뉴딜이나 위대한 사회 프로그램을 무효화하거나 수정하는 정책으로 선회했다. 닉슨과 포드는 정치적 자산이 한정되었기 때문에 이런 목적을 달성하기 위해 소규모 프로그램을 고수할 수밖에 없었다. 따라서 목표와 자원은 대안 선택에 영향을 미친다. 목표는 일반적 방향을 설정하고 비용은 잠재적 선택의 범위를 제한한다.

2) 제안 대 거부권

대통령은 특정 입법 프로그램을 제안하거나 경쟁적인 안건 중 의회 아이디어에 반대하는 정도에서 입장 차이를 보인다. 하지만 266개의 입법요구 안건 묶음에는 제안만 포함되기 때문에 거부권을 정당화할 만한 대책이 있어야만 한다. 거부권은 논리적으로 특정 정책의 대안이 된다. 거부권은 대통령이 의회 발의안에 대한 자신의 반대를 강조하기 위한 가장 가시적인 방법이다. 비공식적 반대를 위한 다른 채널이 있지만, 거부권이 가장 편리한 대책이다. 여기서는 공적·사적 법안과 관련된 거부권만 살펴볼 것이다. 거부권과 예산관리국 제안서 숫자 사이의 대비는 〈표 5-1〉에 요약되어 있다. 연간 평균 거부권 수는 장기간 국내 어젠다 비교에, 백분율은 각 어젠다의 구조 분석에 도움이 된다. 다른 민주당 출신 대통령의 거부권에 비교해보면, 닉슨의 거부권 행사의 수는 평균

〈표 5-1〉 제안 대 거부권

대통령	제안(건)		거부권 행사(건)		제안 총계에 대한 백분율(%)
	총계	연간 평균	총계	연간 평균	
케네디 - 존슨	53	13	29	7	65
존슨	91	23	22	5	81
닉슨	65	11	43	7	58
포드	16	8	66	33	20
카터	41	10	29	7	59

자료: 예산관리국 입법 참고 자료 본부 비밀문서 취급허가 기록; *Public Papers of the Presidents of the United States*, 1961: 80.

수준이지만 어젠다 제안 건수 대비 거부권 행사 비율은 평균보다 높았다.

〈표 5-1〉을 보면 여러 추세가 나타난다. 가장 중요하게는 대통령의 거부권에 대한 비례적 추세에 상당한 변동이 있다. 모든 대통령은 의회의 제안에 한 번 이상 반대하지만, 거부권을 정책에 대한 독점적 도구로 사용한 사람은 거의 없다. 존슨의 보좌관은 이렇게 말했다. "대통령이 불가피하게 거부권을 사용할 때가 있습니다. 이는 자신이 정책을 추진할 의지가 있음을 의회에 보여주기 위한 최선의 방법입니다." 그러나 거부권을 행사해 의회의 적대감이 발생되기도 한다. 그러므로 거부권이 정책 목표를 달성하기 위해 가장 효과적인 방법은 아니다. 포드의 보좌관은 다음과 같이 말했다. "거부권 전략을 쓰려면 대가를 치러야 합니다. 거부권 때문에 향후 성공할 기회가 사라졌습니다. 거부권은 이미 제한된 대통령의 지지 기반을 더욱 잠식했습니다. 비단 1970년대만이 아니라 어느 때의 대통령이더라도 연간 25개 법안을 거부할 수 있는 여유는 없습니다. 너무 많으면 의회가 이를 용인하지 않습니다."

최근 다섯 명의 대통령 중에서는 포드가 거부권을 가장 빈번하게 행사했다. 그는 어젠다 제안보다 거부권을 더 많이 행사한 유일한 대통령이다. 전적으로 민주당 의회 때문은 아니다. 가령 닉슨은 자신의 재임 기간 내내 적대적인 의회에 직면했지만 제안한 횟수가 거부권보다 많았다. 포드는 의도적으로 '거부권 전략'을 고안해 활용한 유일한 대통령이다. 비록 입법 제안 대신 거부권을 추구한다는 명시적인 의사결정은 없었지만, 그 유형은 포드 대통령 임기 초반에 많이 나타났다. 포드의 공보비서관은 다음과 같이 회고하고 있다. "1975년 3월에 우리는 거부권을 자주 이용하게 될 것임을 알았습니다. 처음부터 가만히 앉아서 2년 내에 60여 개 법안을 거부할 것이라고 결정하지는 않았습니다. 각각 별도로 제안되었고 별도로 검토되었습니다. 우리는 거부권이 가능한 최선의 선택이란 점을 알았습니다. 의회의 구성과 인플레이션에 대한 포드의 관심을 감안하면 그것만이 유일한 대안이었습니다." 실제로 공보비서관은 자주 자신들의 기록을 가리켰다. 66개 거부권 중에서 54개는 유지되었다. 한 보좌관은 "그게 얼마나 어려웠는지 아는가?"라고 되물었다. "우리는 각 항목마다 새로운 블록을 구축해야 했습니다. 우리는 성공에 대해 긍지를 가졌습니다."

케네디, 존슨, 닉슨, 카터의 경우 제안한 수가 거부된 수를 하나같이 웃돌았다. 역대 네 개 행정부 참모들은 입법 제안을 대통령의 정책 목표에 도달하는 최선의 경로로 봤다. 케네디의 보좌관은 이렇게 말했다. "패배하는 경우에는 언제나 의회를 공격하려는 압박이 뒤따랐습니다. 항상 거부권을 강하게 행사하라는 권고가 있지만, 대통령이 뭔가를 달성하려면 긍정적인 제안을 제출해야만 했습니다. 그는 입법 일정에 기록을 추가해야 했습니다." 닉슨과 포드의 참모도 이러한 거부권의 문제점을 인정하고는 있었지만, 의회에서 민주당이 강세였던 상황에서 오히려 닉슨은 1972년까지 6개월 동안 17개 법안을 거부했다. 닉슨의 공화당 행정부는 이러한 비토권을 의회의 과도한 지출에 대한 공격권으로 사용했다. 1973년 '노동·보건, 교육과 복지 세출 법안'에 닉슨이 행사한 거부권은 단일 일괄안에 포함된 아홉 개 거부권 중 하나였다. 비록 거부권이 지출 문제를 앞지르기는 했지만 결국 실패였다. 여느 때처럼 거부권은 입법적 타협에 대한 대안, 즉 궁지에 몰린 의회에 반격하기 위한 최후의 수단이었다. 닉슨의 공보 담당 직원들에 따르면 대통령과 고위 국내 보좌관들은 경쟁적 프로그램을 제출할 필요성을 이해했다.

포드의 참모도 거부권 전략에 내재된 고유의 문제점을 알고 있었다. 거부권은 단기적으로 포드가 자신의 제한된 힘의 원천을 다루는 데 도움이 되었지만, 장기적으로 자신의 기회를 감소시켰고 입법 제휴할 수 있던 의원과의 관계를 소원하게 했다. 포드의 보좌관에 따르면 포드가 1976년에도 선출되었다면 누적된 영향이 표면화되었을 것이다. "의회는 포드에게 귀 기울이지 않았을 것입니다. 끊임없이 남발한 거부권의 홍수로 많은 잠재적 동지들이 분노했습니다. 거부권을 행사한 대가로 우리는 실질적으로 아무 것도 제의할 수 없었습니다. 거부권 메시지를 올려보내고 이를 유지하기 위해 싸웠지만 메시지를 보내고 대안 일괄안을 제출하지는 않았습니다. …… 이 점이 우리를 1977년에는 무력하게 했을 것입니다." 따라서 참모들은 거부권을 긍정적 정책 도구로 보지 않았다. 오히려 대부분 그 한계를 강조했다. 참모들은 거부권을 입법 투쟁 안에서의 전술에 불과하다고 깎아내리지는 않았지만 제안서가 장기적인 정책 영향을 미칠 핵심이라고 믿었다. 거부권은 확고한 입법 제안서와 호환되는 것이 아니다. 포드의 보좌관은 다음과 같이 말했다.

왜 그 전술을 채택했을까요? 어떤 선택권을 가졌을까요? 우리는 사실상 의회에서 지지받지 못했습니다. 중간 선거에서 40석을 잃었습니다. 국민 지지도는 9월과 10월 사이 30퍼센트포인트나 떨어졌습니다. (닉슨에 대한) 사면은 대부분의 진보적인 민주당원을 분노하게 했습니다. 대안이 없었습니다. 거부권 행사야말로 우리가 가진 최선의 방법이었기 때문에 그렇게 했습니다. 이는 결코 가능한 최선의 방법이 아니었습니다. 그러나 포드가 모든 법안에 서명했더라면 우리 입장은 어떠했을까요? 아마 레이건은 이를 주요 선거운동 이슈로 삼았을 것입니다.

거부권 전략을 추구하기로 한 의사결정은 포드 스스로 자신의 정치적 자산을 평가한 산물이다. 포드의 의회 지지도를 감안해 그와 참모들은 거부권이 가장 강력한 대안이라는 점에 합의했다. 포드는 의회에 승리한 인상적인 기록을 만들지는 못하겠지만, 적어도 공화당원 앞에서는 당당히 처신할 수 있을 것이었다. 확실히 경쟁적인 강령을 제출할 기회는 거의 없었다. 정책 생산 체계에서 단축된 임기 내에 완전한 입법 어젠다를 생산할 수 없었다. 포드는 입법 공세를 공약하지도 않았다. 그의 한 보좌관은 이렇게 주장했다. "우리는 최소한 초년도에는 신뢰를 회복하는 데 힘써야 한다고 느꼈습니다. 단념이 어떤 파장을 몰고 왔는지를 기억해보세요. 대통령은 첫 달을 대통령직과 국민의 신뢰를 재구축하는 데 소비하지 않을 수 없습니다. 완전한 프로그램 예정표를 제출할 시기는 아니었습니다."

제안서는 거부권보다 대통령의 정치적 자산을 요하는 공약과 더 많이 관련된다. 거부권은 매우 한정된 시기에만 효과가 있기 때문에 대통령은 특정 정치적 사안에 관해 사용할 수 있는 정치적 자산이 얼마나 적은지를 파악하게 된다. 하지만 제안서에는 훨씬 더 많은 투자가 결부된다. 공약이 수년간 지속될 수도 있다. 닉슨의 보좌관은 이렇게 말했다. "거부권으로 선회하기가 훨씬 더 쉽습니다. 아주 오랫동안 많은 에너지를 쏟아 부을 필요가 없으니까요. 기껏해야 2주 동안 지속될 전투입니다." 거부권을 위한 제휴를 구축하기도 쉽다. 포드의 보좌관은 특히 이에 대해 언급했다. "같은 생각을 가진 상원의원 34명과 하원의원 147명을 규합하는 것은 생각만큼 어렵지 않습니다. 과반수를 규합하는 것보다 훨씬 더 쉽습니다. 상원이나 하원 중 하나에서만 승리하면 됩니다." 거부권은 수많은 연속적 시험을 거칠 필요가 없다. 단 한 번의 투표를 위한 단 한 번의 제휴만 있으면 된다. 제안에는 간혹 다양한 안건의 의사결정에 걸친 다자연합이 필요한 반면, 거부권에는 오직 특정 순간에 강하게 집중된 노력만 필요할 뿐이다. 이는 일시적 영향이 있는 매우 '값싼' 대안이다.

대통령은 제안서나 거부권에 소요되는 비용 차이를 잘 알고 있다. 닉슨의 국내 정책보좌관은 다음과 같이 언급했다. "아무것도 안 하는 것을 제외하면 거부권은 어떤 선택 중에서도 가장 비용이 적게 듭니다. 거부권에 필요한 것은 서명뿐입니다. 오히려 반대 정당이 부담을 집니다. 법안이 처음부터 간신히 상정된 것이라면 대통령은 많은 것을 공약할 필요도 없습니다." 하지만 당초 법안이 꽤 인기 있는 경우에 반대의 대가는 커진다. 1970년 「힐 - 버튼 병원 건축법 (Hill-Burton Hospital Construction Act)」에 대한 닉슨의 거부권이 실례이다. 대통령의 정치적 자산이 상당히 투자되었지만 거부권은 무효화되었다. 거부권의 누적적 영향은 제안서의 비용에도 영향을 미쳤다. 거부권은 의회 분위기를 바꿔놓았으며 대통령에 대한 적대감과 저항이 더욱 커졌다. 강력한 거부권 활동 기간이 지난 후 대통령이 최종적으로 제안서를 제출하는 경우 그 비용은 예상보다 훨씬 더 클 것이다. 포드의 보좌관은 이렇게 주장했다. "일단 거부권을 정기적으로 이용하기 시작하면 의회는 절대로 쉽게 제안서를 통과시키지 않습니다. 우리는 과거에 거부권 때문에 에너지 일괄안 상정에 실패했습니다. 60개의 법안이 거부된 마당에 의회가 우리의 말을 경청할 리가 있겠습니까?"

대통령의 거부 행동이 정치적 자산의 낮은 수준과 관련된다면 이는 대통령의 목표와 관련된다. 포드는 민주당 의회에서 사랑받지 못했지만, 공화당과 소원해지지는 않았다. 포드는 입법에서 성공할 수 있는 대책을 원하기는 했지만, 그보다 1976년 선거에 출마하기를 원했다. 포드는 민주당이 아니라 공화당에서 지명되어야 했다. 거부권 행사는 그의 이념적 공약을 증명하는 한 가지 방법이었다. 게다가 거부권은 포드의 정책 목표를 달성하기 위한 유일한 길이었다. 포드 행정부에서 참모급 컨설턴트였던 제임스 리츨리(James A. Reichley)는 다음과 같이 언급했다.

의회에서 과반수 지지를 얻으려 했던 국방·에너지·경제에 대한 규제 철폐, 조세정책 같은 분야에서는 긍정적인 입법 목표가 있었습니다. 그러나 포드의 주요 입법 노력은 당시 행정부의 최우선순위라고 봤던 것을 달성하는 데 바쳐졌습니다. 연방 지출 증가에 대한 제한 …… 그가 필요하다고 믿었던 국방을 위해 더 많이 지출하는 한편 이런 목표를 확보하기 위해, 심지어는 1973년의 공세 예산(budgetary offensive) 중에도 포드는 국내 사회적 프로그램 증가 면에서 닉슨이 시도했던 것보다 훨씬 더 과감한 삭감을 요구했습니다. 그 이후 후속 논쟁에서 포드의 주요 입법 무기는 대통령 거부권이었으며, 이는 하원이나 상원 중 어느 한 곳에서 3분의 1에 한 명의 의원이 추가된 지지 의석을 유지하는 한 그에게 막강한 권력을 제공했습니다(Reichley, 1981: 323).

일단 포드가 회계상 제약을 주된 국내 이슈로 선정한 이상 거부권 외에는 다른 대안이 거의 없었다. 따라서 닉슨과 포드는 더 거대한 거부권 활동 수준과 일치되는 목표를 가지고 있었다. 반대를 향한 운동은 닉슨과 포드의 정치적 목표에 의해 보강된, 점차 감소된 대통령의 힘의 원천에 의해 영향을 받았다.

닉슨과 포드 행정부에서 거부권이 점점 더 많이 사용된 것은 연방 지출에 대한 걱정이 증가한 점과 일치한다. 특히 포드는 연방 예산 지출에 반대하는 투쟁에서 거부권을 중심 무기라고 인식했다. "우리는 예산을 보호하기 위해 거부권을 행사하지 않으면 안 되었습니다"라고 포드 행정부의 예산관리국 보좌관은 회상했다. "민주당 의회, 더 중요하게는 리버럴한 의회를 다루려면 우리는 지출을 억제시키기 위한 거부권을 이용할 수밖에 없었습니다." 그러나 심지어 이런 경우에도 대통령에 대한 의회의 지지도가 낮았기 때문에 거부권이 행사되었다. 1981년에 레이건이 했던 것처럼, 닉슨과 포드 행정부 모두 입법 타협을 통해 예산에 영향을 미치는 것을 선호했다. 정당의 지지를 받지 못했고 국민 지지도도 급격히 떨어졌으므로 대통령은 잠재적인 예산 증대를 저지하기 위한 의회의 후원을 기대할 수 없었다. 거부권은 최후 수단이었다.[*]

---

[*] 1970년도 후반에 예산관리국 모니터링 노력의 제도화를 초래한 법안 거부 노력을 '입법 감시 사항 목록'이라고 부른다. 예산관리국의 예산 분석가들은 잠재적으로 통과하기 어려운 법안을 추적하고 거부권을 행사할 만한 법안들을 확인하라는 지시를 받았다. 법안이 대통령의 예산이나 입법 프로그램을 위반하는 경우, 이를 감

3) 입법부 대 행정부

입법 프로그램을 제한한 대통령은 행정적 대안에 더 많은 정치적 자원을 소비했을 가능성이 있다. 예를 들면 닉슨은 취임 3년차쯤에 사회복지사업 지출, 지명, 규정, 그리고 개편 관리 노력이 특징인 국내 프로그램을 이용해 공개적으로 행정 대통령직으로 전환했다. 이 책의 연구 목적상 그런 행정적 활동을 측정하기는 극히 어렵다. 행정 조치를 측정하는 유용한 방법 중 하나는 번호가 매겨진 일련의 행정명령에 의존하는 것이다. 빈번한 행정 조치의 원천인 행정명령은 명확한 대통령의 의중을 반영한다. 일련번호를 이용하면 각 행정부에서 발행된 행정명령의 수를 정확하게 셀 수 있다(〈표 5-2〉 참조). 하지만 행정명령은 오직 한 가지 행정 조치 채널일 뿐임을 기억해야 한다.

〈표 5-2〉에 나타난 가장 흥미로운 연구결과는 행정부 전체적으로 유의한 차이가 없다는 점일 것이다. 케네디·존슨·닉슨·포드의 경우, 연간 평균 행정명령의 수에서 근소한 차이만 있을 뿐이다. 닉슨이 '행정 대통령직'을 표방했다고는 하나(Nathan, 1975), 절대적인 행정명령의 수에서 이는 분명하지 않다. 카터만이 행정명령을 발효한 수에서 돋보인다. 그가 고도의 '행정적 땜질'을 위해 명령을 이용했거나, 여러 복잡한 국내외 프로그램을 이행하는 데 행정명령을 필요로 했기 때문이다. 예컨대 1981년의 이란 인질 협정 이행에만 10개의 행정명령이 필요했다.

하지만 행정 조치에는 행정명령 외의 여러 수단이 포함된다. 닉슨은 '행정

시 사항 목록에 올린다. 그 후 이 목록은 백악관과 관계 부처에 배포되었다. 1970년 후반경부터 닉슨 참모의 요청으로 시작되어, 포드 행정부 아래에서 지속·확장되었으며, 카터 행정부 아래에서도 유효했다. 이는 대통령의 필요성에 호응한 예산관리국의 노력에 대한 주요 실례이다. 하지만 감시 사항 목록은 닉슨과 포드보다 카터에게는 덜 중요했다.

<표 5-2> 행정명령

대통령	명령(건)	
	총계	연간 평균
케네디 - 존슨	278	70
존슨	255	64
닉슨	375	63
포드	121	61
카터	318	79

자료: ≪미국 연방관보(Federal Register)≫, 1961~1980년.

대통령직'이라는 이름에 걸맞게 선별적 임명, 세출 자금의 몰수, 개편, 규정 강화를 포함한 다양한 행정적 전술을 이용했다. 닉슨은 왜 행정적 접근법을 선택했을까? 닉슨의 참모에 따르면, 그의 의사결정에는 민주당 의회와의 거래가 결렬된 현실이 반영되었다. "우리가 원한 프로그램을 통과시킬 수 없었습니다"라고 닉슨의 보좌관은 주장했다. "유일한 선택은 행정에 집중하는 것이었습니다. 백악관의 참모들은 이러한 조치를 통해 강화될 수 있는 프로그램 목록을 분류하기 시작했습니다. 이는 우리의 원래 희망에 견줬을 때 즐겁지 않은 선택이었지만, 우리가 할 수 있는 거의 모든 것이었습니다." 보고서 내용과는 달리 국내 정책을 관리하려는 닉슨의 노력은 한계를 지녔다. 워터게이트 사건이 없었더라도 그 전략이 장기적 영향력을 생성했을지는 의문스럽다. 행정 대통령직은 기껏해야 의회와 사법적 감시를 증가시키는 것을 조건으로 내건 매우 일시적인 접근법이었다.

궁극적으로 닉슨의 노력은 두 가지 지점에서 실패했다. 먼저 워터게이트가 문제시되었다. 리처드 나단(Richard P. Nathan)은 다음과 같이 언급했다.

1973년 4월 30일에 이 모든 준비작업의 배후 추진세력이었던 얼리히만은 가버렸습니다. 또한 거물급 비서진의 임명도 없어졌습니다. 1973년 늦은 봄과 여름에 새로운 백악관 참모가 모여들면서 분위기가 달라졌습니다. 1972년의 명령은 소멸했습니다. 프로그램 관료나 의회 위원회와의 불필요한 다툼을 포함해서 이제 단호한 조치는 수행될 수 없었습니다(Nathan, 1975: 76).

더 중요한 문제는 의회가 대통령의 행정적 자유재량을 제한하기 시작했다는 점이다. 10년간에 걸친 의회의 격렬한 반발로 향후 국내 대안으로서의 대통령령 개정 업무에 심각한 제약이 가해졌다. 예를 들면 1973년에 의회는 대통령의 행정부 조직 개편 권한 갱신을 거부했다. 1977년에 결국 권한을 회복했지만 이미 조직 개편 권한이 약화된 상태였다. 이제 대통령은 의회가 제안하는 프로그램을 쉽게 거부할 수 없었고, 한 번에 세 개 이상의 개편안을 압박할 수 없었다. 의회는 1974년 「예산동결관리법(Budget and Impoundment Control Act)」을 통과시켰다. 의회의 예산 과정상 변화와 결부되어 법안에서 연방준비은행 준비금을 동결하거나 연기하는 대통령의 능력은 몹시 제한되었다. 이제 의회는 자산동결에 대한 엄격한 회계를 요구하며, 주요 폐지를 승인하거나 불승인할 수 있는 권리를 보유하게 되었다. 막대한 자산 동결의 시대는 지났다. 다시 예산 작업을 하려면 대통령은 의회와 협력해야 했다. 게다가 의회는 행정적 이행에 대한 감독 권한을 키웠고 의회 거부권을 자주 이용하기 시작했다. 실제로 의회 거부권의 빈번한 사용은 규칙을 제정하는 데 있어 대통령의 자유재량이 극적으로 변할 것임을 알려주는 전조였다. 의회는 자신의 더 큰 역할을 요구하는 한편 행정 조치의 영향을 제한했다.

어떠한 행정 채널 — 행정명령, 자산동결, 조직 개편 등 — 이든지 간에 백악관 참모들은 행정 조치의 영향력을 도외시하게 되었다. 비록 대통령이 행정 수단을 통해 정책 목적을 달성할 수 있다 하더라도 적어도 126명의 응답자들은 입법이라는 대안을 선호했다. 한 언론 논평가는 다음과 같이 언급했다. "워터게이트 사건이 없었다 해도 닉슨의 행정 대통령직이 성공했을지 매우 회의적이었습니다. 얼리히만이 떠나자 곧 실패했음을 봤을 때 이 전략은 매우 근시안적이었음이 판명되었습니다. 핵심 인물이 떠나자마자 활동이 약해지는 프로그램이라면 쓸모가 없습니다. 핵심 참모가 떠난 뒤에도 오래 존속하는 프로그램이 중요합니다." 백악관 참모들은 행정적 대안의 미온적 수락을 여러 가지로 설명했다.

첫째, 행정적 선택은 일반적으로 일상적인 의사결정을 위해 유보된다. 이는 주요 발의안에 대한 적합한 대안으로 인식되지 않는다. 예를 들면 행정명령은 정책 발의안에 대한 매우 한정적·일시적 대안이다. 1만 1,000건 이상의 명령에 대한 연구에 따르면(Schramm, 1977), 7% 미만이 임의적인 영향을 미친 것으로 분류되었다. 70%는 '통상적인 문제 정황' 내에 있는 일상적 문제를 다뤘다. 게다가 전체 명령의 60%가량은 백악관 참모의 관심을 거의 끌지 않았던 사회복지사업이나 내무부 토지정책에 집중되었다. 이는 모든 명령이 사소했다는 것이 아니라, 많은 행정명령이 단지 제한된 정책에만 영향을 미친다고 해석되어야 한다. 예산관리국의 관료가 다음과 같이 평가했다.

닉슨의 행정적 전략은 꽤 한정된 상태였는데도 언론의 주목을 받게 되었다. 민주당은 닉슨의 행정적 술책에 대해 매우 우려했지만, 우리는 대부분의 접근법이 단견이며 일시적이라고 믿었습니다. 행정명령과 규칙 제정은 입법과 동일한 결과를 초래하지는 않습니다. 닉슨의 행정적 전략은 결국 매우 한정되었습니다. 이는 미봉책과 같았습니다.

기껏해야 대부분의 행정적 선택은 '행정적 땜질'로 나타난다. 비록 명령·규정·개편이 정치적 이익의 분배에 영향을 미칠지라도 이들에게는 입법 프로그램으로서의 매력이 결여되어 있다. 새로운 대통령은 조기에 영향을 미치기 위한 방법을 찾아야 했기 때문에 레이건 행정부의 초기에는 행정명령이 좀 더 두드러졌다. 여야가 대립하는 의회에 입법을 제의할 때 지연된다는 점을 감안해서 레이건은 일련의 행정명령을 시도했으며, 그중에서 가장 두드러졌던 것은 연방 고용 동결이었다. 여전히 행정 조치는 입법에 대한 대안이었다. 레이건이 명령을 발동하는 것만큼 의회가 빠르게 행동할 수 없었기 때문에 이는 효과적이었다.

둘째, 행정 조치는 때때로 단기 해결책으로 간주된다. 심지어 대통령이 주요 정책 목표를 달성하기 위해 행정명령을 이용하는 경우 – 예를 들면 케네디의 동등 기회 명령 – 조차 참모들은 궁극적인 입법 조치가 필요함을 시인한다. 케네디의 참모는 시민권 명령을 입법 궁지에 빠진 산물로 봤다. 한 보좌관에 따르면 다음과 같은 상황이었다. "대통령은 명령을 발동할 수밖에 없었습니다. 우리는 단지 1961년의 주요 법안을 제의할 수 없었을 뿐입니다. 명령을 이용해 장기적 영향력을 행사할 수 없음을 이해했지만, 그것은 우리가 할 수 있는 거의 모든 것이었습니다." 백악관 참모들은 입법 조치를 더 영향력이 크고 적법한 것으로 봤다. 닉슨의 '행정 대통령직'을 한 번 더 실례로 제시할 수 있다. 보건복지부의 한 관료는 다음과 같이 시사했다. "경제기회국을 해체하고 복지 규정을 강화하겠다는 대통령의 의사결정은 영향력 면에서 입법보다 미약했습니다. 행정명령은 더 싸우기 쉽고 무시하기도 더 쉽습니다. 직업 공무원은 행정 조치가 그들의 의견과 일치되지 않을 경우 행정 조치에 동의하지 않는 경향이 있습니다."

최근에 만들어진 고위공무원단(SES: Senior Executive Service), 즉 현재 행정부 내에서 약 8,500개의 직책을 점하고 있는 전직 최고위층 공무원의 엘리트 집단 내에서 행정 대안에 대한 희망의 움직임이 있다. 고위공무원단 위원들은 더 큰 이동성·지위·급여를 얻는 대신 자신의 전통적 공무원 보호 조치 중 상당수를 포기했다. 고위공무원단 내에서 모범적으로 봉사하면 매우 큰 규모의 보너스를 받을 가능성도 있다. 게다가 대통령은 비직업적 피임명자를 고위공무원단에 추가할 수 있으며, 그로 인해 정치화된 원로 인재 풀을 더 폭넓게 생성한다. 이론적으로 대통령은 고위공무원단 위원들을 중요한 자리에 지명하거나 실직시킬 수 있다. 레이건 행정부 초기에 고위공무원단은 상당한 주목을 받았다. 레이건 보좌관들은 적대적 관료의 교체를 통한 행정부 장악을 꿈꿨다. 불행하게도 역대 수많은 다른 행정부와 마찬가지로 고위공무원단은 정책 수행 도구로서는 매우 제한적이었다. 우선 고위공무원단 위원은 대통령이 새로이 취임한 후 120일 이내에 재선임될 수 없다. 게다가 새로운 장관이나 기관 감독관이 임명된 후 120일 이내에 재선임될 수 없다. 게다가 비자발적으로 다른 기관으로 이동할 수 없다. 심지어 행정부 내에서의 이동조차 제한된다. 설령 새 대통령 각자가 전체 직업 공무원이 아닌 일군의 사람을 고위공무원단에 임명할 수 있다 하더라도 적어도 모든 고위공무원단 직책의 40%는 직업 공무원에게 유보된다. 최종적으로 고위공무원단 이동이나 전보에 대한 청원 절차는 복잡하고 시간이 소모된다. 이런 제한 사항을 감안하면 고위공무원단에 대한 레이건의 열정은 금방 식을 수밖에 없었다. 하지만 고위공무원단의 이점은 공식적 구조에 있는 것이 아니라 대통령이나 장관이 나머지 사람들과 싸울 것을 기대하며 주저하는 관료에 대한 모범을 만들게 하는 능력에 있다. 그러나 여기서조차 고위공무원단의 특정 규칙 때문에 이동이나 재임명이 제한된다. 레이건 대통령이 유화적인 태도로 의회를 통해 일했다면 훨씬 더 성공적이었을지 모른다. 행정부에 대한 정면 공세가 특출나게 성공적이었던 적은 없다. 설사 입법 채널이 가장 많은 비용을 요구하더라도 가장 효과적임을 부인할 수 없다.

4) 대규모 프로그램 대 소규모 프로그램

대통령은 국내 어젠다에 대해서는 대규모나 소규모 프로그램을 선택할 자유 재량권이 어느 정도 있다. 문제는 대규모와 소규모 프로그램의 차이를 구별하는 것이다. 한 가지 방법은 해당 프로그램에 의해 얼마나 많은 사람들이 영향을 받는지 알아보는 것이다. 영향 받는 사람이 많을수록 프로그램은 더 대규모이다. 다른 방법은 각 프로그램의 비용이 얼마나 드는지 알아보는 것이다. 자금이 더 많을수록 발의안은 더 대규모이다. 또 다른 방법은 논쟁을 지켜보는 것이다. 논쟁이 더 많을수록 프로그램은 더 대규모라고 할 수 있다. 다음과 같은 분

<표 5-3> 대규모 프로그램 대 소규모 프로그램

대통령	대규모 프로그램(개)		소규모 프로그램(개)		총 프로그램에 대한 대규모 프로그램 비율(%)
	총계	연간 평균	총계	연간 평균	
케네디 - 존슨	28	7	25	6	53
존슨	50	12	41	10	55
닉슨	23	4	42	7	35
포드	8	4	8	4	50
카터	22	6	19	5	54

자료: 예산관리국(OMB) 입법 참고 자료 본부 비밀문서 취급허가 기록; 『계간 의회연감(Congressional Quarterly Almanac)』, 1961: 78.

석에서 대규모와 소규모의 구별은 세 가지 정의를 모두 조합한 것에 기반을 둔다. 하지만 규모에 대한 절대적 측정보다 의회와 대통령직 안에서의 규모에 대한 인식에 더 관심을 가질 필요가 있다. 그와 같이 규모는 간혹 논쟁의 함수이며 인식된 중요성이기도 하다. 편의상 대규모 프로그램을 간단하게 ≪계간 의회(Congressional Quarterly)≫의 「입법 개요(Legislative Boxscore)」에 열거된 모든 대통령의 요청 사항이라 정의한다. 「입법 개요」는 ≪계간 의회≫가 입법 어젠다로 상정한 이슈의 상위 10~15개에 집중되며, 현재 폐지된 「대통령 개요(Presidential Boxscore)」와 혼동해서는 안 된다. 소정 회기에 고려되는 주요 이슈에 대한 평가를 반영하는 「입법 개요」는 『계간 의회연감(Congressional Quarterly Almanacs)』에서 찾아볼 수 있다. 불행하게도 ≪계간 의회≫가 1979년에 개요를 작성하지 않았기 때문에 입법 기록을 세심하게 읽어야만 카터 행정부의 마지막 2년간 기록을 확인할 수 있다. 1961~1980년의 대규모와 소규모 프로그램의 수는 ⟨표 5-3⟩과 같다.

대규모와 소규모 어젠다 프로그램 건수에서는 역대 다섯 명의 대통령들 간에 상당한 차이가 있다. 존슨은 연간 평균 대규모 프로그램 수에서 선두이다. 존슨의 보좌관은 다음과 같이 언급했다. "존슨은 대규모 프로그램만을 원했습니다. 입법 과정에 대한 그의 전체적 개념은 극적으로 가는 것이었습니다. 그는 빈곤과의 전쟁과 위대한 사회를 원했습니다. 이는 텍사스인의 꿈이었습니다." 또 다른 존슨의 보좌관도 다음과 같이 동의했다. "일단 존슨이 빈곤과의 전쟁을 선언한 이상, 그는 관련된 주요 프로그램을 추진해야만 했습니다. 전쟁은 주요한 정책 추진과 관련됩니다. 일련의 소규모 프로그램에 연연하는 것은 전쟁 개념에 적합하지 않았습니다." 예산관리국 관료 중 한 명은 반농담조로 존슨의 문제는 불면증이었다고 언급했다.

그는 한밤중에 일어났지만 할 일이 없었습니다. 잠시 읽을거리를 들춰보거나 무엇인가를 마시다가 결국 대통령 집무실로 내려가 메모와 초안을 뒤적거리기 시작했을 것입니다. 아침이 되자 소규모 프로그램이었던 것이 모두 주요 공약이 되었습니다. 존슨은 잠 못 드는 시간을 프로그램을 다시 입안하는 데 할애한 것입니다. 만일 그가 매일 밤 8시간씩 잠잘 수 있었더라면 그의 '위대한' 사회는 없었을지도 모릅니다.

케네디와 카터 모두 대규모 발의안을 강조했지만, 존슨보다는 정도가 덜했다. 당시 기사와는 반대로 카터는 1977년에 의회에 제안되는 대규모 프로그램 수를 제한하려 했다. "우리는 위대한 사회가 무엇을 했는지를 봤습니다"라고 한 보좌관은 언급했다. "우리는 그 여파를 다루고 있었습니다. 복지 개혁을 보십시오. 이는 빈곤과의 전쟁에 따른 문제점 중 일부를 시정하기 위해 고안된 것이었습니다. 그 점은 규제 개혁에 대한 목적이기도 했습니다." 카터는 그가 대규모 발의안에 대한 완전한 예정표를 수행할 만큼 정치적 강점을 지니지 않았다고 느꼈을지도 모른다. 이는 케네디 참모들도 밝힌 문제점이었다. 케네디의 보좌관은 이렇게 설명했다. "충분한 의회 지지를 받지 못할 경우 대통령에게는 두 가지 선택이 있습니다. 모든 것을 올려 보낸 후 실패의 원인으로 의회를 탓할 수도 있고 프로그램의 규모를 다소 축소할 수 있습니다. 우리는 첫 번째 선택을 합리적이라고 느끼지는 않았습니다. 자신이 속한 당에 실패에 대한 비난을 하기란 어렵습니다. 결국 일부 프로그램의 규모를 줄일 수밖에 없었습니다. 그 점이 바로 케네디가 교육에 대한 지원 규모를 줄였던 이유입니다."

닉슨과 포드는 다른 민주당 출신 대통령보다는 소규모 프로그램 선호율이 더 높게 나타났다. "매우 중요한 여러 정책 아이템을 가지고 있었지만, 우리가 덜 개입하는 프로그램으로 시작해 잘 작동하는지 관망했습니다. 우리가 지향한 바는 제한된 프로그램으로서 초안을 제출하고 추후에 이를 튼튼하게 보강하는 것이었습니다"라고 닉슨의 정책 입안 담당 보좌관이 밝혔다. 그것이 바로 정책 분배의 원리였다. 원래 정책 분배 프로그램에서는 약간 제한된 연방 투자액을 요구하게 되는데, 대략 5,000만 달러 규모였다. 1970년쯤에 주 정부와 현지의 지지를 더 많이 얻기 위해 정부 프로그램은 '완화'되어야 했다. 한 민주당 의원은 이렇게 언급했다. "주지사들은 우리가 자금 제공 수준을 높일 때까지는 한 배에 타지 않았습니다. 프로그램 관련 예산 소요액이 싸울 가치가 있을 만큼 많아지고 나서야 비로소 그들의 지지를 얻어낼 수 있었습니다." 포드의 경우 대규모 정책 개발상의 문제점은 정치적 힘의 원천에 따라 달리 나타났다. 그의 보좌관 한 명은 "일련의 광범위한 발의안을 처리하기에는 적기가 아니라고 느꼈습니다. 이렇게 말한다고 해서 우리에게 발의안이 없었다는 것은 아닙니다. 우리는 국민건강보험제도와 또 다른 복지 개혁안을 살펴보고 있었습니다. 하지만 그 항목을 많이 진전시킬 수 있으리라고 보지는 않았습니다. 당시에는 대통령이 1976년에도 선출될 테니 좀 더 기다릴 수 있을 것으로 생각했습니다"라고 주장했다.

닉슨과 포드 모두 소규모 프로그램을 더욱더 선호한 공화당원이었기 때문일 수도 있지만, 대규모와 소규모 프로그램 중 어떤 것을 선호하는지의 차이에 대한 가장 강력한 설명은 힘의 원천에 있다. 힘의 원천은 좀 더 제한된 프로그램을 추구하기로 한 포드의 의사결정에 명확히 영향을 미쳤다. 포드의 입법 연락 담당 참모는 "완전한 포괄적 항목 세트를 제출할 시점이 아니었습니다. 의회는 행동하지 않을 것 같았습니다. 설령 우리가 일련의 강력한 대책에 동의한다 해도 이길 것 같지는 않았습니다. 1974년 중간 선거 이후 우리는 하원에 고작 144명의 공화당원을 보유했을 따름입니다. 우리가 어떻게 승리를 바랄 수 있었겠습니까"라고 주장했다. 포드 행정부도 대규모 항목에 대한 완전한 예정표를 마련할 준비가 되어 있지 않았다. 결국 정치적 자원이 핵심이었다. 겨우 2년의 임기만 남겨놓았고 정책 과정은 파탄에 빠진 상태에서, 새로운 프로그램을 생성하는 능력에는 한계가 있었다. 1975년 초반에 도입된 대규모 항목은 대부분 닉슨이 사임하기 전에 실행되고 있었다. 포드는 주요 어젠다를 완성하는 데 필요한 시간과 참모들의 에너지가 거의 없었다. 그 대신 행정부는 최우선순위로 인플레이션 문제에 집중하기로 결정했다. 결국 그 선택 때문에 '신규 재정 지원 금지' 규칙이 만들어졌다. 포드는 특정 이슈가 에너지에 집중되지 않는 한 연방준비은행 준비금이 지출될 만한 어떤 새로운 공약도 고려하지 않았다.

다섯 명의 대통령 어젠다를 평가할 때, 대통령의 힘의 원천은 대부분의 어젠다에 영향을 미쳤다. 존슨은 대규모 프로그램에 대한 이념적 공약을 표현했을 뿐 아니라 이를 통과시킬 여유가 있었다. 존슨의 보좌관은 "위대한 사회가 가능했던 몇 가지 배경이 있었습니다. 우리는 그런 종류의 어젠다를 제출할 만큼 의회에서 표를 확보하고 있었습니다. 우리는 위원회를 통과하고 원내에 올릴 만한 지지를 받고 있었습니다. 우리는 어젠다를 이해할 수 있을 정도의 권력을 지녔습니다"라고 인정했다. 포드를 제외한 모든 대통령의 경우, 대규모 대 소규모 프로그램의 백분율은 대통령 힘의 원천에 대한 대책과 일치한다. 존슨이 대규모 발의안에 대한 비율이 가장 높았고 닉슨이 가장 낮았다. 한 언론사 논설위원은 다음과 같이 말했다. "포드와 닉슨의 사람들은 어떤 일이 발생했는지 깨달았습니다. 그들은 의회와 문제가 있음을 인식했습니다. 그래서 이들은 행정 조치를 취하는 전략으로 선회한 것입니다. 그 당시에도 그들은 연방 시스템에 커다란 변경을 가할 수는 없었습니다." 소규모 프로그램이 무의미하다고 주장하는 것은 아니다. 캠벨에 따르면 소규모 프로그램이 가장 큰 장기적 영향을 미칠 수도 있다(Campbell, 1978). 행정 규칙에 대한 조정을 통해 복지정책을 변경하려던 닉슨의 노력은 일시적으로는 성공적이었다. 그러나 닉슨은 규제를 강화하고 인력을 이동시키고 자금을 몰수하며 규칙을 개정할 수는 있었지만, 복지정책에 대한 주요 추진력을 변경시킬 수는 없었다. 이를 시행하려면 대규모 입법 노력이 필요했다.

대규모나 소규모 프로그램에 대한 대통령의 선호도에는 목표와 힘의 원천이 상호 작용에 의해 형성된다는 점이 반영될 수도 있다. 포드가 소규모 프로그램을 선호한 것은 그에 대한 정치적 지지가 결여된 현상과 밀접하게 상관있다. 존슨의 대규모 발의안에 대한 선호는 그의 의회 내 정치적 기반이 튼튼했던 것과 관련이 있다. 그러나 여기에서도 상호 작용은 정치적 자원과 관련성을 갖는다. 레이건 행정부는 이를 첫 주부터 알았다. 상원은 공화당이 과반수였고 하원은 법안 입안이 가능한 과반수였으므로, 레이건은 일련의 대규모 예산 개정안을 제출했다. 합계액이 1982년에만 670억 달러 이상이며 1982~1986년에는 4,000억 달러 이상이었던 레이건의 요청이야말로 힘의 원천이 프로그램 규모에 어떠한 영향을 미치는지 증명했다. 비록 레이건의 요청이 실질적으로 보수적이기는 하지만 범위는 대규모였다. 닉슨과 포드는 연방 지출의 삭감 노력을 표현했다. 이는 1971년과 1972년에 닉슨이 행한 예산 동결 목표였으며, 1974~1976년에 포드가 제정한 '신규 재정 지원 금지' 규칙의 목표였다. 하지만 레이건과는 달리 닉슨이나 포드는 대규모 개정안을 추구할 만한 정치적 힘의 원천이 없었다. 레이건 정도의 의회 지지를 받았더라면 닉슨과 포드는 연방 예산을 대규모로 삭감할 수 있었을 것이다. 실제로 닉슨과 포드의 보좌관 중 상당수가 이러한 의사결정의 이점을 누리고자 1981년에 레이건의 백악관 참모로 합류했다. 비록 목표가 대안 탐색을 유도하는 데 중요한 영향을 미치기는 하지만, 힘의 원천은 여전히 특정 요청의 규모를 좌우하는 결정인자이다.

5) 새로운 프로그램 대 옛 프로그램

대통령은 새로운 프로그램과 옛 프로그램을 구분하려고 한다. 두 가지 프로그램의 수를 측정하려면 266개 어젠다 항목 각각에 매우 간단한 질문을 던지는 것으로 충분하다. 프로그램이 국내 정책상 새롭게 시도되었는가, 아니면 과거에 제출된 의안을 변경한 것인가? 노인의료복지는 새로운 프로그램의 좋은 실례이다. 반대로 최저임금의 확대는 옛 프로그램에 대한 유효한 실례이다. 신구 프로그램의 수는 〈표 5-4〉와 같다.

〈표 5-4〉에서 닉슨의 힘의 원천을 감안한다면 의외의 결과지만, 닉슨이 새로운 프로그램 비율이 가장 높았던 대통령으로 나타난다. 닉슨을 제외하면 대통령이 동원할 수 있는 힘의 자원과 결과가 조화를 이룬다. 존슨이 새로운 제안서 제출에서 선두라면 그 다음으로 카터, 케네디, 포드 순이다. 그러나 닉슨 어젠다는 이례적이다. 닉슨의 보좌관에 따르면 그 숫자를 둘러싼 여러 가지 설명이 가능하다.

우선 닉슨의 재선 추진 때문이다. 닉슨은 다른 대통령들보다 선거 이익을 강조했다(〈표 3-2〉 참조). 닉슨의 한 보좌관은 다음과 같이 말했다. "대통령은 분명히 케네디와 에드먼드 머스키(Edmund Muskie)를 의식했습니다. 그는 자신이 다른 종류의 공화당원으로 보이기를 원했습니다. 그는 새로운 아이디어를 제출하고 적수들에 필적할 만한 입법 기록을 쌓아올리고 싶어 했습니다. 그는 공화당원이더라도 소극적이 아니며, 새로운 아이디어를 제출할 수 있다는 점을 드러내고자 했습니다."

둘째, 닉슨이 아이디어를 얻기 위해 행정부에 의존했다는 점을 꼽을 수 있다. 닉슨이 국가는 국내적으로 운영될 수 있다고 믿었음을 떠올려보라. 예산관리국의 보좌관은 이렇게 기억하고 있었다. "일단 닉슨이 국내 위원회와 부처에 통제권을 인계하자, 존슨 행정부에서 실패했던 아이디어가 홍수처럼 밀려왔습니다. 닉슨은 그 아이디어들에 두 번째 기회를 제공했습니다. 그는 극적인 프

〈표 5-4〉 새로운 프로그램 대 옛 프로그램

대통령	새로운 프로그램(개)		옛 프로그램(개)		총 프로그램에 대한 새로운 프로그램의 비율(%)
	총계	연간 평균	총계	연간 평균	
케네디 - 존슨	33	8	20	5	62
존슨	55	14	36	9	60
닉슨	46	12	19	5	71
포드	6	3	10	5	44
카터	25	6	16	4	61

자료: 예산관리국 입법 참고자료 본부 비밀문서 취급허가 기록.

로그램을 원했으며, 기관들은 수많은 자료를 제공했습니다."

셋째, 닉슨의 '신연방주의' 개념을 꼽을 수 있다. 이 프로그램은 원래 연방의 성과를 재건하려는 의도를 가졌다. 프로그램은 수정될 뿐 아니라 방향을 재설정해야 했다. 연방정책에 영향을 미치기 위해 닉슨은 기본적으로 과거 프로그램에서 이탈해야 했다. 존슨이 위대한 사회를 이용해 성공했다는 사실은 닉슨으로 하여금 새로운 프로그램으로 구성된 어젠다 쪽으로 향하게 했다.

가장 설득력이 있는 것은 현상유지에 대한 설명이다. 발의안을 제출하는 것 외에는 거의 선택권이 없었다. 민주당 프로그램에 대한 수정을 채택하는 것은 그의 정치적 목표와 상반되었을 것이다. 닉슨의 역설을 연구하는 한 가지 방법은 문제를 뒤집어 생각하는 것이다. 왜 케네디, 존슨, 카터는 닉슨보다 더 오래된 프로그램에 집중했는가?

간단히 말해 루스벨트의 뉴딜에 대한 입법 성공을 감안해 케네디, 존슨, 카터는 새로운 프로그램을 생성해야 한다는 압박을 덜 받았다. 케네디의 보좌관은 이에 대해 특별히 언급했다. "우리의 업무는 뉴딜을 1960년대로 연장하는 것이었습니다. 우리는 프로그램을 확장하고 개정함으로써 영향력이 지속되기를 원했습니다. 우리는 해결되지 않은 사업들을 완성하는 것으로 족했습니다."

이러한 대답은 민주당이 의회에서 더 큰 성공을 거둔 이유를 설명한다. 1968

〈표 5-5〉 대소규모 프로그램 대 신구 프로그램

대통령	대규모 신프로그램		대규모 구프로그램		소규모 신프로그램		소규모 구프로그램	
	정책	백분율	정책	백분율	정책	백분율	정책	백분율
케네디 - 존슨	19	36	14	26	9	17	11	21
존슨	35	39	20	22	15	17	21	23
닉슨	18	28	5	8	28	43	14	22
포드	4	25	4	25	2	13	6	39
카터	16	39	6	15	9	22	10	24

주: 이 표는 〈표 5-3〉과 〈표 5-4〉의 정보가 결합된 것이다.
자료: 예산관리국 입법 참고자료 본부 비밀문서 취급허가 기록.

년에 존슨의 '오래된' 제안서의 대부분은 자신이 발의했던 프로그램에 집중되었고, 따라서 자신의 이전 성공작을 개정하는 데 집중할 수 있었다. 민주당은 프로그램 목적을 달성하기 위해 완전히 새로운 프로그램들을 제출할 필요가 없었다. 연방 시스템의 성격을 감안할 경우 대부분의 민주당 제안서는 과거 발의안을 변경하는 것이었기에 기존 프로그램과 쉽게 결부될 수 있었다. 변경을 위한 대부분의 공화당 요청서는 현상의 실질적 방향 수정에 대한 것이었다. 공화당 대통령들은 야당이 주도하는 의회에서 전체 시스템을 변경시켜야 하는 난감한 처지에 있었다. 1970년대 초반까지 현상유지란 민주당에 유리한 개념이었다.

닉슨이 새로운 프로그램을 강조했었는지 확인하는 방법은 신구 내용을 규모에 따라 비교하는 방법일 것이다. 닉슨의 어젠다 중 대규모이면서 새로운 프로그램으로 구성된 제안과 소규모이면서 새로운 프로그램으로 구성된 제안으로 나뉜 카테고리를 통해 훨씬 더 풍부하게 국내 대안에 대한 윤곽을 그릴 수 있다. 두 가지 차원은 〈표 5-5〉에서 각 대통령별로 나타나고 있다.

〈표 5-5〉에는 여러 중요한 연구결과가 포함된다. 첫째, 비록 닉슨이 새로운 제안서가 차지하는 비율이 가장 높긴 하지만 대부분의 항목들은 소규모 발의

안에 속한다. 닉슨의 새로운 요청서 46건 중 28건은 소규모였다. 닉슨이 새로운 프로그램을 제출할 수는 있었지만, 유사한 수의 대규모 프로그램에 관한 조치를 내릴 수는 없었다. 그는 새로운 프로그램을 관철하는 데 필요한 힘의 원천이 없었다.

게다가 대통령직에 대한 공공정책학 연구결과와는 반대로, 대부분의 경우 대통령 요청서의 과반수가 '새로운 대규모 프로그램'과는 관련이 없었다. 국내 정책 어젠다의 경우 어젠다 요청서 중 단지 3분의 1만 대규모이며 새로운 발의안으로 분류될 수 있다. 다섯 명의 대통령들이 제출한 요청서를 모두 살펴보면 국내 어젠다의 34% 미만이 주요 정책 어젠다라고 불릴 수 있는 것에 집중되었다. 대통령에게는 그렇게 많은 포괄적 항목을 생성하기 위해 필요한 내부 자원이 없었다. 의사결정 관점에서 보면, 대통령에게는 그렇게 많은 '새로운 대규모' 프로그램을 추구할 시간·정보·전문지식·에너지가 충분하지 않았다. 입법적 관점에서 보면, 대통령에게는 오직 새로운 대규모 프로그램으로만 구성된 어젠다 통과를 확보할 힘의 원천이 없었다. 대통령은 많은 시간을 일상적인 국내 정책을 처리하는 데 소비했다.

대규모·소규모 프로그램과 신구 프로그램을 어젠다 내용을 중심으로 혼합할 경우 다섯 가지로 분류할 수 있다. 다시 한 번 존슨과 포드는 이러한 프로그램 성격별 분류 기준상 대립적 입장에 있는 것으로 나타난다. 존슨은 자신의 어젠다 요청서 중 약 39%에서 '새로운 대규모' 제안서를 강조했지만, 포드는 25%에 불과했다. 포드가 강조한 제안서는 제한된 힘의 원천과 보수적인 이념의 영향에 대한 또 하나의 실례이다. 참모에 따르면, 포드는 적극적으로 소규모 항목을 중심으로 제안하려 했다. 포드 대통령의 노력은 '신규 재정 지원 금지' 법안을 포함해 연방 예산에 대한 통제권을 얻으려는 시도에서 엿보인다. 그 때문에 참모들은 잠재적 대안 풀에서 대규모 항목을 제거했다. 국민건강보험과 복지 개혁은 어젠다에 올라가기 한참 전에 제외되었다. 이 때문에 포드의 참모들은 소규모 항목을 찾았다. 새로운 대규모 항목은 통과될 수 없었기 때문에, 포드의 참모들은 더 작은 발의안에 에너지를 집중했다. 그들은 1977년 겨울에 두 번째 기회가 오리라고 희망하면서 단기적 기대치를 낮췄다. 한 언론 논평가가 다음과 같이 시사했다. "포드가 1976년에 재선되었다면 그가 무엇을 할 수 있을지 지켜보는 것도 매우 흥미로웠을 것입니다. 그가 매우 흥미로운 프로그램을 생성할 수 있었으리라는 인상을 받았습니다. 그들이 복지 개혁과 더 많은 규제 철폐를 위해 새롭게 돌진할 준비를 하고 있었다는 점을 알고 있습니다. 내 느낌상 포드는 닉슨의 전철을 밟았을 수도 있습니다. 즉, 신연방주의를 확장하기 위한 새로운 아이디어가 많이 시도되었을 것입니다."

최종적으로 〈표 5-5〉는 카터 행정부에 대한 의문을 해소해준다. 1977년과 1978년 내내 카터 행정부는 너무 많은 입법안을 의회에 보낸다고 계속 비난을 받았다. 하지만 이미 앞서 절대적인 관점에서는 카터가 케네디나 존슨보다 많은 입법안을 제출한 것은 아니라는 사실을 확인했다. 카터는 케네디나 존슨보다 새로운 대규모 프로그램을 요구하지 않았다. 실제로 카터는 전임자들과 꽤 일관된 유형으로 나타났다. 그러나 카터가 직면한 의회 분위기가 매우 달랐다. 어젠다 공간에 대한 경쟁이 증가했다. 카터가 명시적인 우선순위를 제시하지 않았기 때문에 상황은 악화되었다. 그는 상위 어젠다 항목에 순위를 매기지 않았으며, 의회가 어떤 프로그램이 우선 처리되어야 하는지를 자의적으로 추정하도록 내버려뒀다.

6) 지출 대 비지출

대규모 프로그램 대 소규모 프로그램, 새로운 프로그램 대 옛 프로그램의 선택 이상으로 대통령은 반드시 '중개 전략,' 즉 정책 영향에 대한 특정 도구인 연방준비은행 준비금의 분배와 규정에 관해 결정해야 한다. 분배와 중개를 고려하는 방법에는 최소한 두 가지가 있다. 첫째, 지출 요청서의 절대적 수량을 비지출 요청서의 수량과 비교하는 일이다. 여기서 266개 어젠다 항목은 프로그램

〈표 5-6〉 지출 대 비지출

대통령	지출 프로그램(개)[1]		비지출 프로그램(개)		총 프로그램에 대한 지출 프로그램 비율(%)	시작 연도 비용 (10억 달러)[2]
	총계	연평균	총계	연평균		
케네디 - 존슨	33	8	20	5	62	8.8
존슨	49	12	44	11	53	5.1
닉슨 1기	13	3	27	7	34	3.4
닉슨 2기	7	3	18	9	28	1.4
포드	5	2	11	5	31	2.0
카터	16	4	25	6	39	4.5

주: 1) 연방준비은행 준비금이 필요한 프로그램.
　　2) 백악관이 추정한 1972년도 달러화로 기준 시가를 정한 초년도 비용(대략적 수치임).
자료: 예산관리국 입법 참고자료 본부 비밀문서 취급허가 기록.

내용 평가에 대한 지침으로 쓰인다. 지출 정책을 측정하기 위한 두 번째 방법은 실제 프로그램이 수반하는 비용을 계산하는 것이다. 포드는 소수의 지출 프로그램만 선정했을 수도 있지만, 몇 가지는 엄청난 자금을 충당해야 했을 수도 있다. 존슨은 광범한 지출 요청서를 제출했을 수도 있지만, 매우 적은 자금을 지출했을 수도 있다.

　불행히도 장기 프로그램 비용을 측정하기는 매우 어려우며, 실제 투입된 경비를 추정할 수 없을 수도 있다. 일부 프로그램은 자금 지출 면에서 다른 것들보다 더 효율적일 수도 있다. 따라서 필자는 각 프로그램의 시작 연도 비용 추정액을 지출 정책에 대한 지침으로 이용할 것이다. 시작 연도의 수치는 대통령의 사고를 통찰할 수 있게 하며, 특히 관련된 구체적 자료를 제공한다는 점에서 중요하다. 시작 연도 인플레이션을 감안해 조정하면 매우 간단하게 지출 공약 비용을 측정할 수 있다. 지출 요청서의 수와 시작 연도 총비용은 〈표 5-6〉에 요약되어 있다. 제공된 시작 연도 비용은 이용할 수 있는 공개 기록에 기반을 둔 대략적인 추정치일 뿐이다. 그 수치는 각 장기 지출 요청서와 관련된 총비용을 포함하는 것이 아니라 단지 각 프로그램의 시작 연도에 예상되는 자금 제공 금액을 표현할 뿐이다. 지출 수치에는 크라이슬러 차입금, 포드의 에너지 기업, 카터의 합성연료 프로그램 같은 차입금에 대한 보증금은 포함되지 않는다.

〈표 5-6〉은 과거 10년 동안 지출 정책에 대한 선호도가 꾸준히 감소되고 있음을 보여준다. 닉슨 행정부에서 시작해 카터가 취임할 때까지 지출 요청서 수는 꾸준히 하락했다. 존슨의 보좌관에 따르면, 이미 1966년쯤부터 하락하기 시작했다. 한 경제 고문은 "경제는 명확히 전환되기 시작했습니다. 인플레이션은 점점 가열되었습니다. 1966년에는 4%였던 인플레이션율이 허용되기 어려운 것으로 간주되었음을 떠올려야 합니다. 전쟁이 진행되면서 경제는 더 나빠졌습니다"라고 언급했다. 일부 경제학자들은 가격 악순환을 1964년의 감세 탓으로 돌렸다. 정부는 너무 늦게 대응했으며 보좌관의 말대로 '불에 기름을 부은 격'이었다. 다른 사람들은 1965년 일사분기와 이사분기의 막대한 지출 수준을 강조했다. 그러나 정확한 설명이 무엇이든 간에 1965년 12월경에 존슨은 인플레이션을 늦추기 위한 세금 인상이 필요하다는 첫 번째 경고를 받았고 경고는 수차례 이어졌다. 1966년까지 존슨은 위대한 사회에 대한 계획을 누그러뜨릴 의사가 없었다. 경제적 압박 때문에 경제를 식히고 지출 정책을 통제하기 위해 조세를 인상하라는 권고가 끊임없이 이어지자, 결국 존슨은 이를 마지못해 수락했다. 존슨의 보좌관에 따르면 1966년 가을이 전환점이었다. 그 시점 이후 존슨은 예산 동결 정책을 더욱 추진하려 했다. 존슨의 입법보좌관은 "우리는 프로그램을 누그러뜨리기 시작했습니다. 우리는 지출이 더 오래 지속될 수 있도록 프로그램을 좀 더 존속시키기도 했습니다. 그러던 중에 삭감하라는 메시지를 받았고 결국 그렇게 하게 된 것입니다"라고 언급했다.

그 메시지는 닉슨 행정부에서도 나타났다. 닉슨의 첫 번째 임기에서 비지출 대안에 대한 선호 증가와 더 강화된 예산 동결이 반영되었다. 그러나 심지어 1969년에도 경제적 압박은 최고치에 달하지 않았다. 입법보좌관은 여전히 전쟁이 종료되면 따라올 '평화 배당금'을 언급했다. 닉슨은 당시 20년 만에 최초의 균형예산을 만들었다. 예상되던 잉여금을 바탕으로 닉슨은 복지 개혁, 수입 분배, 대중교통수단 확장 등 세 가지 주요 지출 프로그램을 제안했다. 닉슨의 보좌관은 이렇게 기억하고 있었다. "3년차와 4년차였던 1971~1972년까지 경제 경색이 나타나지는 않았습니다. 그 시점까지 우리는 균형예산을 유지하기 위해 특정 프로그램 비용을 삭감하고 있었지만, 여전히 여러 가지 대규모 항목을 보유했습니다. 사람들은 간혹 복지 프로그램이 연방 재정으로 충당되는 막대한 공약임을 잊어버렸습니다." 첫 번째 임기에서 예산에 대한 작은 논쟁이 있었으나, 다가올 전쟁에 견줄 만한 것은 없었다. 최소한 1969년도 중반 닉슨의 신연방주의에는 어느 정도 분배정책이 관련되었다. 1973년이 되자 상황은 달라졌다.

닉슨의 두 번째 임기가 시작되자 지출 정책 면에서의 삭감이 국내 우선순위가 되었다. 인플레이션은 급격히 증가하고 있었고 참모진은 '신규 예산 동결 규칙'이 실시되어야 한다는 데 공감했다. 복지 개혁은 어젠다에서 탈락했고 예산을 감소하는 시도가 빈자리를 채웠다. 수입 분배는 지속되었으나 새로운 연방준비은행 준비금 지출에 대한 공약은 없었다. 닉슨은 1969년과 1972년 사이에 지출 공약 면에서 적당한 증가를 제안했지만, 두 번째 임기에서 급격히 삭감되었다. 닉슨의 보좌관은 다음과 같이 회고했다.

지출 항목 보조를 맞추기 위한 압박이 거셌습니다. 우리가 어디에 자금을 지출할 수 있는지가 아니라 어디서 자금을 삭감할 수 있는지를 살피는 것이 우리 업무였습니다. 대통령의 고위 경제 자문들은 연방준비은행 이사회와 입법 프로그램에서 긴축 자금 정책을 강하게 밀어붙였습니다. 이제 자금은 문제 해결책으로서 중요한 요소가 아니었습니다. 규제에 대한 전문지식이 국내 관련 정책 과정에 주입되어 있었습니다.

또 다른 보좌관도 다음과 같이 동의했다. "대통령 경제자문위원회가 영향력의 대부분을 행사했습니다. 닉슨은 제한 정책이 매우 중요하다고 확신했습니다. 우리는 두 번째 임기 중에 지출 항목을 많이 제출하지도 않았습니다. 제출해봤자 들으려고도 하지 않았을 것입니다."

지출 정책의 쇠퇴는 닉슨의 예산정책 변경에 반영되었다. 1970년부터 시작된 닉슨의 2,500억 달러 지출 한도안에 대한 아이디어가 1972년에 절정에 달하면서 예산은 국내 정책의 전쟁터로 바뀌었다. 닉슨은 첫 번째 임기에는 세출 자금의 몰수로 불장난을 했었는데, 1973년에는 아예 이 전술을 주요 무기로 삼았다. 두 번째 임기 취임식 이후 닉슨은 공해 방지 자금에서 60억 달러, 지방 환경 보조 프로그램에서 2억 2,500만 달러, 용수 저장 프로그램*에서 1,000만 달러, 기타 국내 공약에서 100억 달러 이상을 몰수했다. 앨런 쉬크(Allen Schick)는 다음과 같이 주장했다.

> 1972년도의 지출 제한 전투에서는 패배했지만 선거에서 승리한 닉슨 대통령은 의회가 제정한 우선순위를 타도하기 위한 대규모 노력에 착수했습니다. 순수한 행정적 일과는 아니지만, 1972년 후반과 1973년에 닉슨의 재정 지출 삭감계획은 의회의 권력과 취지를 희생양으로 삼아 국가 정책을 고쳐 쓰기 위한 것이었습니다. 닉슨의 목표는 경비를 연기하는 것이라기보다는 원하지 않는 프로그램을 취소하는 데 있었습니다(Schick, 1980: 46).

닉슨의 조치는 결국 1974년「예산동결관리법(Budget and Impoundment Control Act)」** 형태로 의회의 견제를 촉발시켰고, 그 때문에 향후 입법 채널을 벗

---

* 이동성 조류를 위해 농무성이 마련한 습지 보호 프로그램(옮긴이 주).
** 1974년에 제정된「예산동결관리법」은「예산법(Congressional Budget Act)」으로 알려졌으며, 총 10조로 구성되어 있다. 행정부의 재정지출 삭감을 견제하기 위해 제정되었고 균형예산과 긴급추가경정예산을 목적으로 1985년, 1990년, 1997년에

어난 대통령의 예산 영향력이 제한되었다. 종전과 같은 닉슨의 예산 전략 ― 거부권 형태든 몰수 형태든 ― 은 의회의 입법적 협력에 맞선 초라한 대안이었으나, 그나마도 동시대 대통령들은 그 전략을 이용할 수 없게 되었다. 「예산동결관리법」에 따라 대통령은 가장 간단한 행정법 폐지에 대해서도 반드시 승인을 받아야 했다.

그러나 1974년에 인플레이션이 최대로 가속화되기 시작하면서 닉슨은 초년도 비용을 20억 달러로 추정한 포괄적인 국민건강보험 계획을 제출했다. 많은 논평가들에 따르면 그러한 의사결정은 궁지에 몰린 대통령직을 구출하기 위한 노력의 일부였다. 포드의 국내 정책 담당 보좌관이 회고한 바와 같이, 국민건강보험은 사람들의 주의를 워터게이트 사건에서 다른 곳으로 돌리기 위해 도입되었다. "닉슨은 분명히 탄핵 소송 절차를 우려했습니다. 국민건강보험은 의회 어젠다를 실질적인 정책으로 되돌리도록 다시 초점을 맞추기 위한 것이었습니다. 대통령이 그 시점에 비용에 대해서는 전혀 상관하지 않았다고 생각합니다. 그는 자신의 행정부를 구하고자 했으며, 국민건강보험이 민주당을 달랠 수 있을 것이라고 생각했습니다."

취임 직후 포드는 의회 내에서의 즉각적인 조치를 요구하면서, 국민건강보험에 대한 요청을 반복했다. 6개월도 채 지나지 않아 그는 그 제안서를 탈락시켰다. 포드의 참모에 따르면 사실 경제적 압박 때문에 파기된 것이다. 원래 포드 행정부는 1975년에 실업에 대한 주요 문제점이 발생하리라고 예상하면서 좀 더 유연한 지출 프로그램에 지원했다. 게다가 포드는 이미 충분히 적대적인 의회와 더는 소원하게 지내고 싶지 않았다. 하지만 경제적 문제가 예상되자 인플레이션이 지배적인 관심사로 부각되었고, 포드의 지출 모라토리엄을 초래했다. 한 보좌관은 "대통령은 그것이 인플레이션을 감소시킬 수 있는 최우선순위

걸쳐 몇 차례 수정되기도 했다(옮긴이 주).

라고 느꼈습니다. 대통령은 새로운 지출 프로그램을 고려하고 싶어 하지 않았고 사소한 증가에 대한 요청조차 검토하기를 주저했습니다. 그는 기본적으로 적자를 줄이기 위해 골몰했습니다"라고 언급했다.

카터의 어젠다는 몇 가지 관점에서 다소 복잡한 성격을 띠고 있었다. 닉슨이나 포드처럼 카터도 지출 요청서의 절대적 수를 제한하려는 노력을 지속했다. 민주당 전임자들의 지출 프로그램이 전체 어젠다의 약 50%를 차지했던 반면, 카터의 경우에는 겨우 39%만 차지했다. 그러나 닉슨과 포드가 초년도의 전체 수치를 감소했던 데 비해, 카터는 45억 달러로 올렸다(인플레이션을 감안해 조정했다). 카터는 비지출 해결책을 선호한다고 표현했지만, 전통적인 민주당 지출 프로그램을 지지했다. 케네디와 존슨에 비해 카터의 지출 요청서의 절대치는 적었지만 이에 청구되는 비용은 상당했다.

카터의 국내 어젠다는 두 가지 기본적인 압박을 반영하고 있다. 카터의 45억 달러의 대부분은 1980년 어젠다에서 나왔다. 그 시점까지 카터는 총예산 증가를 제한했다. 1980년 선거가 다가오자 카터는 선거에서 이점을 얻기 위해 재정지출 제한 정책을 이용하기로 결심했을 수도 있다. 비록 카터가 선거 당해 연도의 감세 제안을 거부하는 전통적인 수법을 구사했다고는 하나, 국민건강보험과 청년 직업 훈련 프로그램을 모두 요청했다. 이처럼 국민건강보험에 관한 카터의 의사결정이 재선 추진과 밀접하게 결부되었다는 점을 알 수 있다. 여기서 1979년부터 1980년 중반까지 카터의 지출 증가도 선거 압박과 관련된다고 주장할 수 있다. 1980년 한여름까지 카터의 어젠다는 격심한 등락을 되풀이했다. 국민건강보험은 다시 삭제되었다. 카터는 케네디가 후원한 200억 달러 규모의 직업 프로그램 수락을 단호하게 거부했다. 청년 직업 훈련은 사장되었다. 이런 극적인 변화는 인플레이션 악화와 임박한 레이건 지명과 밀접하게 연계되었다. 일단 카터가 예비선거에서 에드워드 케네디를 물리치고 난 뒤에는, 레이건을 지지하는 보수 우익의 도전을 맞이하기 위해 방향을 선회했다. 예산 삭감은 다시 우선순위가 되었다.

카터의 초기 재정 지출 관련 정책은 실업이 가장 중요한 경제적 우선순위라는 인식에 근거했다. 1977~1978년의 주요 지출 대상은 복지 개혁, 청년 채용, 공기업 채용, 빈민층을 위한 사업 인센티브 제공, 도시 지원 확장 등이었다. 카터의 분배정책은 복지 개혁을 제외한 모든 경우가 실업에 집중된 것이었다. 따라서 카터의 최초 주요 입법 요청서는 경제성장을 진작시키기 위해 입안된 제안서에 집중되었고 '병가세 50달러 환급(ill-fated fifty-dollar Tax Rebate)' 정책에 나타났다. 여러 보좌관들이 급격히 가속화된 인플레이션을 예측하지 못한 경제적 권고를 조기에 채택한 결정을 비난했다. 카터는 사람들이 생각했던 것보다 훨씬 더 전통적인 민주당원이었으며, 채용 프로그램에 대한 표준 예정표를 마련하고 취임했다. 포드는 인플레이션을 축소하는 등 약간의 성과를 남기고 이임했다. 카터는 지속적인 하강을 예상했을 수도 있었다. 최초 3개월이 끝날 즈음 인플레이션은 경제적 우선순위 관심사로 재등장했다. 50달러 세금 환급은 재빨리 기각되었다. 결과적으로 불만스러울 텐데도 인플레이션율에 못 미치는 임금 인상을 수용한 노동자에게 보답하고자 카터가 입안한 프로그램인 '실질임금 보장'을 발표했던 1979년까지 경제적 압박은 꾸준히 증가되었다. 카터의 참모에 따르면 지출 정책의 수와 금액을 둘 다 제한하라는 내부적 압박이 상당했다. 카터는 분명히 긴축경제정책의 이미지와 실체를 모두 전달하고자 했다.

7) 예산과 국내 대안

10년 동안 압박과 경쟁이 증가되었으므로 국내 정책 과정에서 연방 예산의 중요도는 새롭게 상승되었다. 감세에 대한 압박과 함께 1980년에 공화당이 국방 지출을 증가하라고 요구하면서 예산은 국내 정책에 대한 새로운 전쟁터가 되었다. 포드·카터·레이건 행정부는 1960년대의 전임자들보다 훨씬 더 부족한 예산 자금을 위한 전투에 집중했다. 예산은 국내외 우선순위의 통합체가 되었다. 지출과 세금 모두를 삭감하겠다는 레이건의 공약에 따라 예산은 국내 목표를 달성하기 위한 중요한 도구가 되었다.

지출 유연성이 꾸준히 하락한 탓에 예산에 관한 새로운 압박이 가해졌다. 지난 20년 동안 예산은 '통제 불능' 공약에 의해 점점 더 제한되어왔다. 그러나 이용할 수 있는 자금이 줄어가는 데 비해 이를 요청하는 사람의 수는 증가했다. 예를 들면 레이건 집권 초기에 연방 예산은 국방 지출 확대에 대한 지지자와 막대한 감세 옹호자 사이에서 진퇴양난에 빠졌다. 결국 레이건 행정부는 둘 다 선택했으며, 국내 정책이 부족분을 흡수하게 되었다. 필자는 제6장에서 통제 불능 요소의 문제점으로 되돌아갈 것이다. 여기서는 10년간 꾸준히 높아진 인플레이션 때문에 정책 목적에 대한 수단으로서의 예산에 점점 더 집중하게 되었음을 주목할 필요가 있다. 부족한 연방준비은행 준비금에 대한 압박이 가까운 장래에 줄어들 리는 없다. 지출할 자금은 적어지더라도 요구는 언제나 급증할 것이다.

국민의 태도 변경도 예산을 정책 평가의 우선순위로 부상시키는 데 기여했다. 연방 지출 규모에 대한 새로운 국민적 관심은 부족한 연방준비은행 준비금을 한층 더 압박했다. 1960년 초반처럼 대통령은 예산정책의 상징적 영향에 관심을 가져야 했다. 특히 1963년도 예산이 1,000억 달러 수준을 넘지 않게 하고자 싸웠던 케네디의 보좌관들은 압박의 상징으로 기려졌다. 케네디의 보좌관은 다음과 같이 기억하고 있었다. "우리는 그 선을 넘지 않으려고 조심했습니다. 우리가 한계선인 1,000억 달러 미만으로 유지하는 한은 괜찮았습니다. 그러나 1,000억 달러에서 단 100만 달러만 증대되더라도 우리는 문제에 봉착했다고 생각했습니다." 1961년처럼 오늘날에도 대통령은 '지출 위주'라고 규정되는 것을 피하기 위해 조심해야 한다. 객관적 영향과는 상관없이 정치적 효과를 위해 대통령은 반드시 예산을 감시해야 한다. 연방 지출이 인플레이션과 중요한 관련이 있다는 일반적 인식 때문에 이런 상징적 압박은 복잡해진다. 인플레이션이 가장 중요한 국민적 관심사일 경우 대통령은 고액 지출 프로그램으로 투기할 수 없다. 현재의 정치적·경제적 분위기에서 분배정책은 실행할 수 있는 국내 대안에서 제외된다.

따라서 예산은 국내 정책 과정에서 두드러지게 인식된다. 프로그램은 비용과 이익으로 측정되기 때문에 대통령은 예산에 더 많은 시간과 에너지를 소비할 필요가 있을 것이다. 존슨의 보좌관은 이렇게 말했다. "위대한 사회에서는 실제 비용을 별로 고려할 필요가 없었습니다. 그다지 중요하지 않았거든요. 우리는 그 프로그램이 통과될 것인지, 그리고 존슨이 좋아할 것인지만 알고 싶었습니다. 최소한 전쟁이 가열되기까지 자금 – 또는 자금 부족 – 은 결코 문제되지 않았습니다." 오늘날 자금은 가장 중요한 요소이다. 잠재적 비용에 대한 추정치는 정책 토론에서 매우 중요한 장애물이 되었다.

3. 민주당원 대 공화당원

이제까지 개별 대통령들 간 정책과 선호 프로그램의 차이점을 살폈다. 하지만 정당 간 선호 정책의 차이점을 조사하는 것도 중요하다. 그런 차이점은 '책임 정당'에 대한 지침을 제공하기 때문이다. 설령 민주당원과 공화당원이 국내 대안을 선택하는 데 차이가 있더라도, 아마 유권자들은 정당 정체성을 기반으로 하여 투표하는 경우 그렇게 '비이성적'이지는 않을 것이다. 게다가 두 정당간 차이점 때문에 입법 경비 이론에 대한 지지가 추가될 수도 있다. 1960년과 1980년 사이 민주당의 의회 지배를 감안하면, 민주당원이 공화당원보다 더 값비싼 프로그램을 명령했으리라고 예상할 수도 있다. 국내 대안을 검토해보면 실제로 민주당원과 공화당원 간에는 명확한 차이가 있다. 공화당원은 입법 제안서를 더 적게 내고 대규모 요청서도 더 적게 제출하며, 분배정책도 더 적고 새로운 어젠다 항목만 약간 더 많이 제출할 뿐이다. 민주당원의 경우에는 제안서가 더 많았고, 행정명령이 더 많았으며 요청서는 더욱더 대규모였다. 정책은

〈표 5-7〉 민주당원 대 공화당원

정책 내용	민주당원(%)[1]	공화당원(%)[2]
제안서	70	43
대규모 프로그램	54	38
새로운 프로그램	62	64
새로운 대규모 프로그램	38	27
새로운 소규모 프로그램	18	37
지출 프로그램	55	31

주: 1) 185건이었다. 2) 81건이었다.

좀 더 분배적이었으며, 초년도 비용이 더 많았다. 이런 유형을 정리하면 〈표 5-7〉과 같다.

〈표 5-7〉은 공화당원과 민주당원은 정책 목적에 대해 상이한 수단을 선호한다는 점을 시사한다. 특히 닉슨과 포드는 소규모·저비용 발의안과 관련된 대안을 선택했다. 하지만 민주당원은 대규모·고비용 제안서를 선택했다. 케네디, 존슨, 카터는 전통적인 민주당 고정 관념에 부합했다.

정당 차이점에 대해서는 두 가지 설명이 가능하다. 첫째, 닉슨과 포드는 자신들의 정치적 목표 때문에 더 소규모이자 행정적인 프로그램을 추구했을 것이다. 공화당원은 정치적 힘의 원천과는 상관없이 제한된 프로그램을 선호한다. 동일한 특성으로 민주당원은 자연적으로 대규모 입법 요청서를 선호할 것이다. 예산관리국의 관료에 따르면, 최소한 그 주장을 지원할 만한 어떤 이유가 있다.

대통령은 제출된 아이디어의 종류에 대해 막대한 영향력을 행사할 수 있습니다. 개인적 스타일을 통해 그는 포괄적 프로그램이나 간단한 단일 목적성 법안을 조장할 수 있습니다. 포드가 제한된 진화를 신봉한 반면, 존슨이 정책 입안에 대한 빅뱅 이론을 신봉했다는 것은 명백합니다. 포드 행정부에서는 보좌관들이 주요 프로그램을 제출하기를 꺼렸습니다. 이들은 대통령의 의중을 넘겨짚었고 더 좋은 시기까지 기다리자고 결정했습니다. 포드는 광범위한 목표 지향 프로그램이 너무 많아지는 것을 원하지 않는다는 점을 분명히 했습니다. 정부는 자금이 없었고 포드는 영향력이 없었습니다.

정당 차이점에 대한 두 번째이자 더 매력적인 설명은 정치적 힘의 원천이다. 비록 대안 탐색 초기 단계에는 목표가 매우 중요하기는 하지만, 힘의 원천이야말로 대통령의 요청서 범위를 정할 때 주요한 요소이다. 목표가 어젠다 요청서의 방향을 형성하는 반면, 힘의 원천은 규모에 영향을 미친다. 비록 닉슨과 포드가 소규모 프로그램을 좀 더 선호했을 수 있지만, 그들의 의회 내 정치적 상황을 감안할 경우 그 누구도 선택권은 많지 않았다.

따라서 상이한 정치적 상황에서 공화당원은 자신의 입법 전략을 변경했는지가 더 좋은 문제 제기이다. 닉슨과 포드는 더 나은 시기를 위해 대규모 프로그램을 보류했을까? 그들은 의회가 반대하는데도 단지 발의안을 지연하려는 의도에서만 대규모 발의안을 개발했는가? 만일 그렇다면 목표가 정당 차이점에 미친 영향에 대해 의문을 가져볼 만하다. 닉슨이 대규모 발의안에 관심 있었다는 점에는 의심의 여지가 없다. 복지 개혁과 수입 분배는 그의 행정부 시절에 입안된 주요 프로그램이다. 의회에서 공화당이 과반수를 차지했다면, 닉슨의 어젠다는 급속히 확대되었을 것이다. 특정 수입 분배에 대한 제안서, 행정부 개편, 재정 지원 삭감, 에너지 독립성은 닉슨 재임 중에 하나같이 시들해졌다. 닉슨은 연방 정부의 역할 축소를 원했지만, 민주당 의회에서 거의 지지받지 못했다. 포드의 경우에는 사례가 분명하지 않다. 포드의 오랜 의회 경력 때문에 제한된 프로그램에 대한 공약이 특징이 되었다. 그러나 포드의 전략은 자신의 이념에 기반을 뒀을까, 아니면 소수당 지도자로서의 입장에 따른 것이었을까? 대통령으로서 포드는 의회 내 자신의 정치적 지지를 기반으로 여러 가지 대규모 프로그램을 지연시켰다. 포드 보좌관은 다음과 같이 설명하고 있다.

경제가 냉각되고 대통령이 자력으로 선출될 경우에 대비해, 우리는 최소한 세 가지 주요 정책 일괄안을 발표할 준비를 하고 있었습니다. 첫째, 포괄적 에너지 정책 일괄법안을 제출할 예정이었습니다. 우리가 1975년에 들인 노력은 미봉책이었기에 실질적인 보완이 필요했습니다. 둘째, 파멸에 이른 국민건강보험을 개혁하기 위한 계획을 예정대로 진행할 작정이었습니다. 사실 우리는 전체적인 국민건강보험 개념을 다시 생각하던 중이었습니다. 셋째, 복지 개혁에서 새로운 일격을 준비하고 있었습니다. 복지 개혁은 여전히 뜨거운 관심사였으며, 우리는 새로운 방안을 준비하고 있었습니다. 우리는 정치적·경제적 상황 때문에 수년 동안 냉각기를 가져야 했지만, 그저 빈둥거리고 앉아 정부의 처지가 저절로 개선되기를 기다릴 수만은 없었습니다.

앞서 지적했듯이, 레이건을 살펴보면 정책 목표 대 힘의 원천 논쟁에 대한 대답을 찾을 수 있을지도 모른다. 최초로 30년 동안 공화당 상원의원직을 유지한 레이건은 일련의 대규모 요청서를 제출했다. 레이건 어젠다가 목적상 보수적이기는 해도 범위 면에서는 대규모였다. 목표가 어젠다 내용에 관한 레이건의 의사결정에 영향을 미쳤지만, 입법 묶음을 결정한 것은 힘의 원천이었다.

민주당원과 공화당원 모두 현상을 유지하려는 성향이 대안을 탐색하는 데 영향을 미쳤다. 정확히 말하면 닉슨과 포드에게 옛 아이디어를 수정하는 것은 그들의 정치적 목표와 반대였기 때문에 새로운 프로그램을 마련한다는 입장을 취할 수밖에 없었다. 경제 위기에 대한 인식 때문에 레이건은 대규모 예산 개정에 집중할 수밖에 없었다. 닉슨, 포드, 레이건이 새로운 이탈 쪽으로 향해야 했던 반면, 케네디, 존슨, 카터는 그들의 정책 목표 중 다수가 이미 현 상태에 포함되어 있었기 때문에 손쉽게 옛 프로그램의 확장을 선택할 수 있었다. 민주당 대통령의 경우, 과거의 성공에 편승하는 것이 훨씬 더 쉬웠다. 즉, 뉴딜정책과 공정정책(Fair Deal)이 케네디·존슨·카터 어젠다의 토대가 되었다.

1980년대에 민주당원과 공화당원에게서 무엇을 기대할 수 있었을까? 한편으로는 국내 대안에 대한 제약 증대를 예상할 수 있다. 지출 프로그램은 더 적을 것이며, 옛 발의안을 수정하고 재형성하기 위한 노력은 더 많아질 것이다. 레이건이 선출되자 카터 행정부에서 이미 분명해진 유형이 나타났다. 닉슨, 포드와 더불어 카터는 이미 레이건이 제안했던 라인의 대부분을 삭감하기 시작했다. 국내 성장과 비례해 삭감했으며, 1980년 이전에 국방 지출은 적어도 3년간 확대되었다. 다른 한편으로는 공화당원이 수동적인 관리의 전성기로 갑자기 회귀할 것 같지는 않다. 공화당원은 적어도 다음 10년간 해야 할 수많은 입법 업무가 있다. 지출 삭감, 연방 역할의 방향 재설정, 규정 완화에는 모두 입법 조치가 필요하다. 비록 프로그램의 실질적 내용이 철학적으로 상이하다 하더라도 순수한 입법 활동의 양은 향후 몇 년간 줄어들지 않을 것이다. 방향은 변하지만 정책 기제는 변하지 않을 것이다.

4. 할 것인가 말 것인가

백악관으로 향하는 지배적인 방법은 실질적인 정책을 통해 나타났다. 대통령은 행동하기를 원하지만, 때때로 행동하지 않기로 결정한다. 케네디는 1961년에 시민권에 대해, 포드는 1975년에 복지 개혁에 대해, 카터는 1977년에 국민건강보험에 대해 '집행 금지'를 결정했다. 각 경우에 대통령은 단지 실질적 조치가 즉각 가능하지 않음을 결정하기 위해 특정 이슈를 선정했다. 각 경우에 참모들은 대통령이 행동을 원한다는 점에 동의했지만 정치적·경제적 상황 때문에 제약을 받고 있다고 느꼈다. 따라서 '집행 금지' 선택을 초래하는 두 가지 주요 요소를 알 필요가 있다.

첫째, 대통령과 참모들은 정치적·경제적·기술적 평가와 관련된 정책 비용을 정확하게 알고 있다. 존슨의 보좌관은 다음과 같이 지적했다. "대통령은 그가 각 프로그램에 대해 얼마나 많이 지출하려고 하는지 평가해야 합니다. 이는 단지 정책 수행에 드는 금전적 액수만 의미하지는 않습니다. …… 대통령은 정치적 비용을 살펴야만 합니다. 특수 법안을 얻기 위해 얼마나 많이 포기할 것인가? 승리하기 위해서는 얼마나 많은 희생이 필요할 것인가? 정책을 추진하는 데 드는 시간에 대해서도 생각하지 않으면 안 됩니다. 법안을 입안하는 데 얼마나 많은 시간이 필요할 것인가? 실패 원인을 찾는 데 얼마나 많은 시간을 쏟을 수 있을 것인가?" 대통령의 정치적 자산은 대안을 찾는 데 결정적인 영향을 미친다. 입법 제안서는 거부권보다 더 비싸다. 입법은 행정 조치보다 더 비싸다. 대규모 프로그램은 소규모 프로그램보다 비용이 더 많이 든다. 새로운 프로그램은 옛 프로그램보다 비용이 더 많이 든다. 지출 프로그램은 비지출 프로그램보다 경제적·정치적으로 더 비싸다. 대통령은 이 모든 비용을 예리하게 알고 있다. 그들은 이용할 수 있는 대안에 대한 잠재적 영향을 고려하기 위해 평가 화면을 설정한다. 비용은 프로그램을 선택할 때 주요 장애물이 된다. 다시 한 번 필자는 대통령은 선호하는 대안, 즉 최소 프로그램 비용으로 이슈 이익을 달성할 대안을 확인하고자 한다고 가정한다(이 주장에 대해서는 제6장에서 다시 논한다).

둘째, 대통령과 참모들은 쉽게 대안을 찾을 수 없기 때문에 때때로 어떤 이슈를 포기해야만 한다. 이슈가 주는 수익이 많더라도 선호하는 대안을 채택할 수 없을지 모른다. 경제 상황 때문에 분배정책이 배제될 수 있다. 정치적 상황 때문에 대규모 제안서가 제한받을 수 있다. 이슈에 이미 첨부된 대안이 있는 경우조차 대통령은 비용을 정당화할 수 없을지 모른다. 닉슨이 특정 형태의 복지 개혁을 선호했지만, 1973년까지 선호된 대안은 정치적으로 불가능했다. 케네디가 시민권에 대한 입법적 대안을 선호했지만, 1961년에 그 대안은 너무 많은 힘의 원천을 필요로 했다. 카터가 국민건강보험 공약을 내세웠지만, 1977년까지 이용할 수 있는 자금을 조달하지 못했다. 하나같이 선호된 대안을 발견하지 못한 사례이다.

앞에서 대안 탐색 면에서 많은 선택권 — 제안서 대 거부권, 대규모 대 소규모 프로그램, 신구 프로그램, 지출 대 비지출 - 을 조사했다. 각각의 경우에서 필자는 1980년대에 선택 기회가 더 제약되었음을 시사했다. 허용될 만한 대안을 탐색할 경우 대통령은 점점 더 제약받는다. 입법 경비 이론을 채택할 경우 의회가 대통령 프로그램의 비용을 증가시켰으면서도 실행할 수 있는 선택 범위는 제한시켰다고 주장할 수도 있다. 의회 감시 때문에 행정 채널은 점점 더 옥죄었다. 입법 거부권과 급증한 법정 제한의 부상 때문에 허용될 만한 대안으로서의 행정 조치가 제외되었다. 지출 감소에 대한 국민의 압박이 증가되었기 때문에 지출 채널도 폐쇄되었다. 예산상 갈등이 첨예해지는 상황에서 대통령은 고액 지출 프로그램을 제출할 여유가 없다. 지출 채널이 선별되는 경우라면 비지출 선택도 그렇다. 대통령은 적절한 대안을 탐색하고 있기 때문에 규제 개혁에 대한 관심 증가는 대통령에게 현저한 부담으로 작용한다. 게다가 대통령은 대규모 프로그램에 관한 새로운 제약에 직면했다. 위대한 사회가 실패했기 때문에 대통령은 반드시 예측되는 영향 대비 새로운 국내 발의안의 규모를 측정해야 했다. 대규모이든 소규모이든, 신규이든 구식이든, 지출이든 비지출이든 간에, 사실상 모든 대안 탐색에서 대통령은 점점 더 승산 없는 싸움에 빠지게 된다. 일부는 그런 교차 압력 때문에 더 위대한 기획과 더 정교한 선택이 유도된다고 주장한다. 그러한 주장도 어느 정도 설득력이 있다. 그러나 포괄적 기획의 목적은 특정 수단과는 상관없이 강력한 정책을 만드는 것이다. 탐색을 시작한 시점에 잠재적인 선택권이 제외되는 경우 대통령은 반드시 독이 든 프로그램에서 차선책을 택해야 한다. 세심하게 분석하는 대신 선택권을 강화하면 훌륭한 정책에 대한 탐색을 한정시킬 수 있다.

6

대안 선택

selecting the alternatives

1976년 4월 16일에 대통령 후보 지미 카터는 국민건강보험을 지지한다고 명쾌하게 공약했다. 그의 계획은 국민건강관리에 대한 새로운 전달 시스템과 전문가의 재분배를 포함하는 것이었다. 이러한 정책을 통해 국민건강을 위한 조기 예방적 관리를 막고 있던 장애가 감소될 것이며, 정책 운영에 필요한 자금은 지불 급여세(Payroll Taxes)와 일반 수입(General Revenues)을 통해 조달할 예정이었다. 제안된 계획은 전 국민건강보험으로 확대될 뿐 아니라 좋은 의료혜택과 저렴한 비용의 의료 서비스를 담고 있었다.

카터의 캠페인에서 이렇게 약속했는데도 1977년과 1978년 국내 어젠다에는 확고한 입법 제안서가 제시되지 않았다. 일련의 건강 원칙을 표명했던 1979년 봄까지도 계획은 표면화되지 않았다. 마침내 주요 내용이 발표되었지만 국민건강보험안은 노인의료복지제도를 약간 확장한 형태로 한정되었다. 전 국민 혜택범위라는 목표는 이제 카터 어젠다의 초석이 아니었다. 계획의 추진에서 매우 중요한 요소는 비용이었다. 쇼건은 1977년 초반부터 이뤄진 비용에 대한 전형적인 논의의 하나를 다음과 같이 요약했다.

대통령의 국내 정책에 관한 수석 자문인 아이젠슈타트는 자금 조달에 대해 우려했다. 그는 자신의 고위 참모 동료들에게 카터 대통령의 주요 공약을 이행하는 데 필요한 비용, 즉 조세 개혁에 100억 달러, 복지에 150억 달러, 국민건강보험에 또 다른 100억 달러를 제공하는 데서 일부 비용에 대한 장기 추정치를 긴급하게 제의했다. 그는 1980년까지 예산 균형을 맞추기 위해서는 이 모든 것이 카터의 모든 캠페인 공약 중에서 가장 근본적인 것의 하나와 조정되어야만 한다고 지적했다. 아이젠슈타트는 "그것은 절대 시행하기 어려울 것입니다"라고 말했다.

외투도 걸치지 않고 넥타이도 매지 않은 채 의자에 단정치 못하게 앉아 있던 해밀턴 조던은 교묘한 말투로 "그냥 못하게 단념시키는 것이 어떻습니까?" 하고 제안했다. 아이젠슈타트는 주춤했고 다른 사람들은 웃었다. 조디 파월은 "난 대통령에게 예산 균형유지를 단념하게 하고 싶지 않습니다"라고 말했다(Shogan, 1977: 194~195).

카터 참모에 따르면 위와 같은 국민건강보험 처리는 두 가지 계산에서 전적으로 옳았다. 첫째, 카터는 포괄적 계획을 위해 쓸 수 있는 자금이 거의 없음을 확신했다. 카터의 보건 담당 참모는 "우리는 계획을 계속 살펴보며 비용을 계산하고 있었습니다. 비용은 계속 늘고 있었지만, 잠재적 수입은 지속적으로 떨어지고 있었습니다. 우리는 건강 계획을 진행시키기 전에 비용에 관한 상한이 있어야 한다고 느꼈습니다"라고 언급했다. 가용 자금에 대한 카터의 인식은 매우 중요했다. 둘째, 국민건강보험이 의회 심의를 거치고 나서도 존속할 수 있다고 믿은 보좌관은 거의 없었다. 국민건강보험에 대해 테드 케네디가 열정을 기울였는데도 카터의 공보 담당팀은 성공하리라는 데 회의적이었다. 1979년이 거의 끝나갈 무렵 입법 담당 보좌관은 "국민건강보험은 통과될 수 없습니다. 지금도 통과될 수 없는데 1977년에 통과될 수 있었으리라고는 아무도 기대하지 않았습니다. 국민건강과 관련된 주요 신(新) 연방 프로그램을 인가할 의회 분위기가 아니었습니다"라고 밝혔다.

1977년 초반 카터는 국민건강보험 대신 의료비 삭감을 추진하기로 결정했다. 비록 백악관 내에서는 두 항목 간에 명시적인 연계가 있었지만, 의회에 전달되지는 않았다. 의료비 삭감 법안은 국민건강 이슈에서 선호된 대안이 되었다. 대통령은 저비용으로 실질적인 계획을 제출할 수 있었다. 의료비 삭감 같은 법안보다 더 나은 비용 최소화 방법은 무엇일까? 아이젠슈타트는 다음과 같이 말했다. "사회 정의에 대한 카터의 공약은 과거의 민주당 대통령만큼 강력했고 공약 성취는 그만큼 의미가 있었습니다."

> 카터는 단순히 위대한 지성과 근면만이 아니라 내가 일깨웠던 강력한 민주당 공약을 가지고 백악관에 입성했습니다. 그러나 모든 대통령은 자신이 물려받은 현실과 직면해야 했습니다. 그는 반드시 자신에게 인계된 사실과 상황에 기반을 두고 통치해야 했습니다. 1960년대와는 완전히 다른 1970년대의 문제점을 그대로 지닌 채 통치해야 하는 상황에서 카터가 1960년대와 같은 강력한 공약을 다시 창출할 방법은 없었습니다(Eizenstat, 1979: 2).

1. 정책 비용

대통령은 국내 이슈에 적합한 특정 대안을 찾고 있지만, 주요 평가 기준은 비용 문제이다. 좋은 정책 대안을 찾기 위한 초기 단계부터 비용이 강조될 수도 있다. 1977년에 카터는 연방 예산에 비용이 추가되지 않는 복지계획을 요구했다. 비용은 선호된 대안 탐색 시 주요 기준이 되었다. 대통령이 경쟁적 프로그램의 하나를 선택해야 하는 과정 때문에 부득이 비용 문제가 정책 과정 후반에 고려될 수도 있다. 초반 혹은 후반에 논의되는지 여부와 상관없이 비용은 정책 대안을 결정하는 데 중심 개념이 된다. 다섯 명의 백악관 참모들에 따르면, 정책 대안의 심사에는 세 가지 기본적인 비용 기준이 적용된다. 즉, 정치적 비용,

경제적 비용, 기술적 비용이다.

1) 정치적 비용

대통령은 사실상 모든 정책 결정 단계에서 정치적 비용을 고려한다. 특히 대통령은 법안이 관료의 협력이나 여론의 지지를 바탕으로 의회에서 통과할 가능성을 고려한다. 케네디의 보좌관은 다음과 같이 지적했다.

> 법안을 제안할 때 첫 질문은 항상 의회 심의 과정을 통과할지 여부였습니다. 잠재적 저항을 무마하기 위해 프로그램을 조정하는 것이 중요했습니다. 우리 공보 담당 보좌관들은 최근 역사상 최상의 팀 중 하나였습니다. 그들의 판단은 진행 또는 연기에 대한 우리 의사결정에서 결정적이었습니다. 공보 보좌관들이 문제점이 있다고 여기면 대개 그 법안을 재고했습니다. 공보 보좌관들이 문제점을 처리할 수 있다고 판단하면 제안을 정상적으로 추진했습니다.

닉슨의 보좌관도 같은 의견을 보였다. "설령 우리가 그 반응을 마음에 두지 않는다 하더라도, 우리는 잠재적인 의회 반응을 고려할 수밖에 없었습니다. 우리는 성공할 기회가 없는 법안을 보내고 싶지 않았고, 기회가 있는 법안을 보류하고 싶지도 않았습니다."

정치적 비용을 계산할 때 의회는 가장 중요한 요소이다. 의회의 정당 구성요소와 정치적 분위기에 따라 특정 정책 대안의 '가격'이 크게 달라질 수 있다. 포드의 공보 담당 비서관은 "의원 수를 헤아리는 것만으로도 엄청난 시간을 소비합니다. 언제나 정책 지지 변화에 민감해야 합니다. 한 가지 이슈에 관해 여론과 적절한 균형에 달성할 수는 있습니다. 같은 날에 또 다른 이슈에 매달리면 시간이 없어 끼니를 거를 수도 있습니다"라고 말했다. 참모들에게 의회 지지는 정당 의석수로 치환되었다. 그 점이 지지를 얻어내기 위해서 가장 중요했다.

닉슨의 보좌관은 "우리는 항상 의회의 모든 잠재적 반응에 귀 기울여야 했습니다. 우리 편 사람들을 움직일 수 없다면 기회가 희박하다고 느꼈습니다"라고 언급했다. 그렇다 해서 참모들이 의원들을 소속 정당에 따라 거수기 역할을 하는 존재로 간주했다는 것은 아니다. 실제로 참모들은 정당 내 지지자의 숫자는 계속 발생하는 이슈에 따라 바뀔 수 있다고 주장했다. 오히려 참모들은 유연한 형태의 정당 기강에 찬성했다. 존슨의 보좌관은 이렇게 말했다. "우리는 의원들에게 특정 이슈에 관한 동조를 신중하게 고려해야 한다고 말했습니다. 이는 우리의 이해관계는 물론이고 그들에게도 최선의 이해관계 사항이었습니다. 대통령은 사회적 채널을 단절하지 않으면서도 정당 지지를 얻기 위해 자신이 마음대로 할 수 있는 특정한 방법을 가지고 있습니다."

대통령이 프로그램 개발에 의회를 개입시키려는 한 가지 이유는 의회 지지를 얻기 위해서이다. 존슨은 그 이점을 인정했으며, 주요 어젠다 입안에 의회를 포함시킴으로써 정치적 비용을 줄이려고 했다.

트릭은…… 계획을 노출시키지 않은 채, 의회가 법안을 만드는 데 참여한다는 느낌을 주기 위해 노력했습니다. 비록 다음 날 아침 의회에서 새로이 심각한 반대를 맞이하더라도 말입니다. 아침이 되기 전에 의회의 반대를 돌려놓기 위해 행정부와 입법부 간 삼권분립의 벽을 허무는 데 나섰습니다. 이는 위험을 택하는 것을 의미했지만, 그 위험은 가치가 있었습니다.

국가청소년국(NYA: Nationl Youth Administration)에서의 경험을 통해 사람들이 프로젝트를 형성하는 데 참여한 경우 프로젝트가 그저 상부에서 하달되었을 때보다는 성공할 가능성이 크다는 점을 알았습니다. 여당 지도부로서 입법 성공에 대한 최상의 보증은 의원들의 소망과 견해를 미리 알아내 되도록 의원들을 법안 심의의 초반 과정에 개입시키는 것임을 배웠습니다. 대통령으로서 나는 한 단계 더 나아갔고, 태스크포스를 위해 고려해야 할 문제점과 이슈가 무엇인지를 결정하는 과정부터 시작해 법안을 입안할 때까지 매 단계마다 의회와 협의할 것을 고집했습니다(Kearns, 1976: 232).

존슨은 이러한 전략을 정치적 비용 삭감을 위한 좋은 방법이라고 봤다. 존슨의 입법 담당 보좌관은 "의회를 조기에 끌어들일 수 있다면 의회 통과는 훨씬 더 쉬웠습니다. 프로그램이 입안되기 전에 어떤 지지관계를 맺을 경우 반쯤은 달성된 것이었습니다"라고 회상했다.

2) 경제적 비용

1970년대 재정적 압박 증대와 더불어 국내 프로그램 선택에서 경제적 비용이 가장 중요한 평가 요인으로 등장했다. 포드와 카터 행정부의 경우 모든 경제적 비용은 정책 대안을 탐색할 때 최초의 고려사항이 되었다. 카터의 한 참모는 이렇게 회상했다. "대통령은 우리가 회계상 영향을 우선적으로 고려해야 한다는 점을 분명히 했습니다. 1978년까지 경제적 비용은 잠재적 프로그램의 기각과 재입안에 대한 근거가 되었습니다. 우리는 여전히 실행 가능성과 의회의 심의 통과 여부를 우려했지만, 경제적 영향이 최초이자 최종 검증 기준이었습니다." 아이젠슈타트도 다음과 같이 서술한다.

카터 대통령은 알려지지 않은 종류의 막대한 예산 적자와 스태그플레이션, 즉 높은 인플레이션과 높은 실업률을 전임자인 존슨과 케네디에게서 물려받았습니다. 위대한 사회가 시작되고 사회적 신규 프로그램이 분출된 첫해였던 1965년에 연방 적자는 16억 달러였습니다. 카터 대통령이 물려받은 적자는 660억 달러였습니다. 1964년과 1965년의 인플레이션율은 1.5%였습니다. 그러나 카터 대통령이 취임하기 전 3년간 평균 인플레이션율은 8%였습니다. 우리가 스스로 만든 상황은 아니지만, 그런 상황에서 어떤 대통령도 크게 더 나았던 경제 상황에서 할 수 있는 만큼 많은 일을 할 수도 없거니와 많은 일을 하리라고 기대해서도 안 됩니다. 그러나 비록 대부분이 필요한 것이라 해도 더 많은 정부 서비스를 바라는 국민의 욕구는 줄어들지 않았습니다. 인플레이션 시대에는 국가에 요구되는 정책 프로그램이 우리의 처리 능력을 초과합니다. 따라서 우리는 가장 어려움에 처한 국민과 지방의 합법적 욕구를 충족시키기 위해 유례없이 우선순위를 매겨야 했습니다(Eizenstat, 1979: 3).

비록 정도가 덜하기는 했지만 경제적 비용은 케네디, 존슨, 닉슨에게도 중요했다. 케네디는 취임 첫해에 예산을 면밀하게 조사했다. 침체하는 경제를 진작시키기 위해 지출을 증대하라는 내부적 압력이 있었지만, 케네디는 확고한 태도로 예산 부풀리기를 거부했다. 1962년에 '졸속' 감세안도 제안하지 않았을 것이다. 선퀴스트에 따르면 케네디의 동기는 경제적이기보다는 정치적이었다.

수년 동안 공화당은 민주당을 무모한 지출과 인플레이션을 양산하는 정당이라고 무시했으며, 가을 내내 케네디는 명확하게 회계 건전성을 요구함으로써 공화당의 이슈를 무력화하고자 했습니다. 그 결과 케네디는 전혀 소박하지 않은 임무를 지닌 채 가장 근소한 표 차이로 승리했습니다. 그가 취임한 첫 주에 해야 할 필수적 직무는 국민 ─ 특히 자신에게 실질적 지지를 제공했고 앞으로도 후원이 필요한 재계 ─ 에게 자신이 지도할 민주당은 실제로 예산상 책임이 있음을 증명하는 일이었지요. 나라가 국민을 위해 무엇을 할 수 있는지를 묻지 말고, 국민이 나라를 위해 무엇을 할 수 있는지를 물으라는 취임식 호소 직후, 더 적은 세금과 지출이 용이한 프로그램을 제의한다는 것은 변칙적이었을 겁니다(Sundquist, 1968: 35~36).

균형예산에 관한 강조는 케네디가 주요 감세를 선택했던 1963년까지 지속되었다. 그러나 당시에도 행정부는 정치적 비용을 더 걱정했다. 케네디는 연방 예산이 1,000억 달러를 넘은 최초의 대통령이 되지 않기로 결정했다. 케네디의 참모는 다음과 같이 주장했다. "1,000억 달러라는 마지노선이 의사결정에 영향을 미쳤습니다. 우리는 선거 해에 다가서고 있었으며 가장 먼저 최고 수준을 넘고 싶지 않았습니다. 이는 카터의 예산에 비교하면 아무것도 아니었지만, 골드워터는 이를 써먹었을 것입니다."

정책에 대한 지침인 경제적 비용이 사실상 무시된 적이 있었다면, 이는 존슨의 첫 임기가 개시된 1965년이었을 것이다. 여전히 경제적 진작에 대한 필요성을 확신했지만, 존슨은 충분히 지출하지 못할까봐 걱정했다. 존슨의 보좌관은 다음과 같이 말했다. "존슨이 빈곤과의 전쟁과 위대한 사회를 원했다는 점을 기억해보십시오. 그는 프로그램이 너무 소규모란 점에 대해 우려했습니다. 존슨은 프로그램에 적절한 자금이 제공된다는 점을 확신하고자 했습니다. …… 설령 그것이 막대한 적자를 의미하더라도 말입니다." 1965년 후반 존슨의 경제 자문위원들은 그 같은 제한에 대해 경고하기 시작했다. 1965년은 재정적 예산 초과가 특징인 반면, 존슨 행정부의 최종 해에는 재정 제한이 특징이었다. "초년도에는 그다지 비용에 대해 우려하지 않았습니다. 그럴 필요가 없었습니다. 전쟁은 가열되기 시작했고 우리는 경제 붐을 예상했습니다." 이러한 태도는 금방 바뀌었다. 1966년 중반이 되자 경제적 비용이 다시 정책 대안 평가에서 중요한 부분을 차지했다. 한 경제 자문위원은 이렇게 회상했다. "우리는 경제를 냉각시켜야 할 시기라고 대통령을 설득하고자 했습니다. 오래 기다렸던 1964년의 감세안은 통과되는 데 너무 오래 지체되었습니다. 이러한 감세정책의 영향이 미치기 시작할 즈음에 경제는 이미 걷잡을 수 없게 되었습니다. 1960년대 초반의 경기침체 때문에 미국의 베트남전쟁 참전 문제가 동요되기 시작했습니다. 1967년쯤에야 대통령은 경청하기 시작했으며 물러서기 시작했습니다."

닉슨 행정부 시절 경제적 비용의 중요성은 증대되었다. 비록 닉슨이 1969년 어젠다에 일련의 지출 프로그램을 제출하기는 했지만, 1971년까지 경제 상황은 회복되지 않고 있었다. 경기가 나빠지면서 예산에 관한 압박이 가속화되었다. 닉슨의 경제 보좌관은 이렇게 말했다. "우리는 임금과 가격을 통제하는 쪽으로 정책을 선회했기 때문에, 지출 프로그램에 관한 상한을 설정하지 않을 수 없었습니다. 「힐 - 버튼 병원 건축법」에 대한 거부권은 예산이 신성불가침 영역임을 통보하기 위한 것이었습니다." 닉슨의 한 국내 정책보좌관은 사건에 대해서 다음과 같이 술회하고 있다.

> 닉슨은 취임하면서 신연방주의에 대한 방안으로서 우리에게 거의 무제한의 예산 사용 기회를 제공했습니다. 복지 개혁과 수입 분배는 둘 다 어느 정도 중요한 연방 예산 지출 프로그램이었습니다. 1969년 12월쯤 우리는 경제 참모에게 새로운 메시지들을 받기 시작했습니다. 대통령은 과자 단지를 열어서 우리더러 손을 집어넣으라고 재촉하고 있었습니다. 1971년의 경제 상황에 머물러 있을 수 없었습니다. 경제 그룹이 열쇠를 넘겨받았습니다. 우리가 떠났을 때 예산은 정책 논쟁에서 바로 결정적 요소로 등장했습니다. 프로그램이 검증받지 못하면 그대로 기각되었습니다.

그러나 케네디, 존슨, 닉슨에게는 경제적 비용이 중요한 정도였지만 포드와 카터에게는 결정적이었다. 포드와 카터 두 대통령은 인플레이션을 경제적 우선순위라고 확신했으며, 이에 대한 하나의 원인으로서 재정적자에 집중했다. 카터의 1977년 어젠다는 원래 실업에 집중 — 일련의 분배 프로그램을 초래한 의사결정 — 되었지만 취임 후 6개월 이내에 방향을 바꿨다. 인플레이션 문제가 커져서 경제적 비용은 프로그램 기준의 상위에 자리 잡았다. 이는 예산관리국과 경제자문위원회의 영향력을 증가시켰다. 카터의 보좌관은 다음과 같이 지적했다. "우리는 언제나 예산관리국과 경제자문위원회의 논평을 요구했지만, 특히 1978년쯤에는 먼저 이들에게 물었습니다. 정책 평가 서류 심사 기구는 경제팀으로 이관되었습니다. 이들의 응답이 대통령의 주목을 더 많이 받았습니다." 인플레이션에 관한 강조 때문에 긴축경제정책의 도구로서 예산에 대한 관심이 더 커졌다.

경제적 비용의 중요성이 커지기는 했지만, 대부분 경제 자원의 긴축에 중점을 둔 예산상 갈등이 증가했기 때문으로 설명된다. 대통령의 권력 자원이 낮으면 정치적 비용에 대한 걱정이 더 커지듯이, 경제 자원이 감소한 탓에 지출을 더 강조하게 되었다. 일부 우려는 경제 현실에 대한 백악관의 인식 때문이었다. 포드와 카터 둘 다 인플레이션일 때는 예산을 더 긴축시킬 필요가 있다고 믿었다. 그러나 카터의 참모가 언급했듯이, 이는 간단한 일이 아니었다. "50억 달러 정도라면 인플레이션에 큰 영향을 미치지는 않습니다. 대통령이 추가 자금을 지출하더라도 별 차이가 있을 것 같지는 않습니다. 수백억 달러는 되어야 곤경에 처하게 됩니다." 당시의 경제적 갈등은 예산 증액의 부족에서 초래되었다. 쉬크는 다음과 같이 주장했다.

> 최근 예산 갈등이 확대된 데 대한 주요 설명은 이제 고유한 예산상 증가와 신규 프로그램에 대한 예산 증가에 충분할 만큼 증액되지 않아서라는 것입니다. 오늘날 대부분의 예산 투쟁은 미래의 예산 증액에 초점을 맞춥니다. 현 시점의 예산 증액 요구는 과거 공약과 관련되기도 합니다. 이해관계자들은 향후 증액에 대한 사전 공약을 얻기 위해 다양한 방법을 동원합니다. 이는 해가 바뀌면 정상적인 증액은 이미 과거의 의사결정 때문에 발목을 잡혀 또 다른 연도의 몫을 주장하는 방식으로 예산상 평화를 유지하게 된다는 사실을 의미합니다. 따라서 궁지에 몰린 상황이 타개되지 않은 채 지속되기 쉽습니다(Schick, 1975: 57).

왜 그렇게 신규 지출에 대한 여지가 없는 것일까? 증액에 무슨 문제가 있는 것일까? 카터의 경제 자문위원회 의장이었던 찰스 슐츠(Charles S. Schultze)와 동료들의 답은 간단하다.

> 첫째, 10년이라는 짧은 기간에 국민총생산(GNP)에 대비 연방 재정 지출 비율은 거의 갑절이 되었습니다. 설령 신규 프로그램이 추가되었더라도 이제 기존 지

출 프로그램상의 연간 증가는 10년 전보다 수입 증가의 훨씬 더 큰 부분을 흡수하고 있습니다. 둘째, 미국 사람들과 이들의 정치적 대표자들은 국가의 사회 문제를 처리할 경우 적절한 연방 정부 역할에 대해 매우 폭넓은 개념을 받아들였습니다. 이런 문제를 다루기 위해 새롭거나 급격히 확대된 연방 프로그램을 실시해야 한다는 요구사항을 충족시키지 못하는 경우가 많았습니다. 몇 가지 예를 들면 지방 교육 재정에 대한 분담 책임, 어린이와 일하는 엄마를 위한 탁아소 제공, 환경 청소 비용 대부분에 대한 금융제공 등입니다. 셋째, 역설적으로 10년 동안 국가는 여러 단계에 걸쳐 거액의 연방 소득세와 소비세를 감축시켰습니다. 복합적으로 이런 발전 때문에 예산 문제의 성격은 급진적으로 바뀌었으며, 재정적 장애(fiscal drag)[*]라는 역사적 문제점은 반대쪽, 즉 '재정적 압박(fiscal squeeze)'이라는 문제점으로 변환되었습니다(Schultze et al., 1971: 397~398).

슐츠, 프라이드(E. R. Fried), 리블린(Alice Rivlin), 티터스(N. H. Teeters)는 15년 전에 예상된 재정적 장애 대신 "기존 세율하에서는 명백히 우선순위가 높은 국가 목표를 이행하기가 점점 더 어려운 것처럼 보인다"라고 결론을 내렸다. 이런 결론이 카터 어젠다에 영향을 미쳤다는 것은 우연이 아니다. 슐츠는 카터의 최고 경제자문이 되었으며, 재정위기 상태에 대한 슐츠의 인식은 카터 행정부 내내 국내 프로그램과 중요한 관련이 있었다.

비록 경제적 비용에 대한 최근의 관심에 현실적 재정 압박이 반영되기는 하지만, 이를 강조하는 것도 대통령의 인식과 관련된다. 닉슨, 포드, 카터 모두는 인플레이션 문제에 대한 해결책으로서 긴축예산에 찬성했다. 카터의 경제 참모는 이렇게 언급했다. "300억 달러와 200억 달러 예산 적자 사이에는 거의 차이가 없습니다. 실제 금액은 거의 영향을 미치지 않습니다. 영향을 미치는 것

---

[*] 세수 초과가 경제성장에 미치는 억제효과(옮긴이 주).

처럼 보일 뿐입니다." 또 다른 카터의 참모도 다음과 같이 동의했다. "적자 통제는 중요한 목표이지만 이미지가 매우 중요합니다. 만일 대통령이 막대한 건강 계획을 도입했더라면, 이는 미처리 법안의 수문을 열었을 것입니다." 확실히 대통령의 이념은 외부 사건에 대한 인식에 영향을 미친다. 닉슨, 포드, 카터는 인플레이션을 매우 중요한 경제적 우선순위로 보는 경향이 있었으며, 각자 이념적으로 연기만 발견해도 불이 났다고 할 준비가 되어 있다고 주장할 수도 있다. 닉슨과 포드의 경우에는 그 주장이 영향력이 있지만, 카터가 초반에 실업을 강조한 점은 이를 부분적으로 반박한다. 케네디와 존슨처럼 카터는 전통적인 민주당의 경기 부양책들을 가지고 자신의 임기를 시작했다. 그러나 케네디와 존슨과 달리 카터는 10%의 인플레이션에 봉착했다. 카터의 참모에 따르면 우선순위 변화는 경제 상황과 직접적으로 연계되었다. 그는 다음과 같이 회고했다.

어쨌든 대통령은 보수적이라는 평판을 듣습니다. 대통령이 되기 전 그가 어떠했는지와는 상관없이 일단 당선되면 보수적으로 바뀝니다. 기록과 일치하는 것은 아닙니다. 경제 진작 계획은 전형적인 민주당 프로그램입니다. 유일한 문제점은 인플레이션이 다시 가열되기 시작했다는 점이었습니다. 나는 보수적인 민주당 정강을 경제 상황과 일치시키려고 노력하면서 테드 케네디가 취임하는 것을 보고 싶었습니다. 우리는 실제 상황 때문에 방향을 변경해야만 했습니다. …… 이에 대해 생각할 경우, 어쨌든 인플레이션은 마땅히 민주당의 이슈라야 합니다. 인플레이션은 고정 수입과 복지에 관해 사람들에게 상처를 줍니다. 지침은 가격지수처럼 빠르게 올라가지 않습니다.

레이건을 포함한 대부분의 대통령이 재정 상황에 기울이는 관심은 현실과 문제 인식에 영향을 미친다. 과거 10년간 긴축 재정 필요성에 대한 객관적 증거는 많다. 포드, 카터, 레이건은 인플레이션 악순환을 만들지는 않았다. 연방

〈표 6-1〉 예산 통제 가능성

연도(년)	통제 가능 금액(10억 달러)	통제 가능 백분율(%)
1967	66.4	41.8
1968	73.4	41.1
1969	70.1	38.0
1970	73.3	37.3
1971	73.7	34.8
1972	81.3	35.0
1973	76.9	31.0
1974	78.4	29.1
1975	92.6	28.4
1976	102.8	28.1
1977	112.9	28.1
1978	121.9	27.0
1979	132.8	26.1
1980	140.8	25.0
1981	150.3	24.4

주: 1) 1961~1966년의 수치는 입수할 수 없었다.
　　2) 1980년과 1981년은 추정치이다.
자료: 『미연방정부예산(The Budget of the United States Government)』, 1977, 1980.

예산상의 유연성 증가에 대한 증거도 많다. 닉슨·포드·카터 보좌관에 따르면, 연방 예산에 대한 '통제 가능성'은 지출 정책이 쇠퇴하게 된 중심 요소이다. 백악관에서는 그 수치를 광범하게 주목했으며, 긴축예산정책을 설명하기 위한 편리한 도구로 활용한다. 카터의 참모는 "예산 수치를 살펴보십시오. 존슨과 카터를 살펴보십시오. 정부 재정 상태는 과거와 달리 여유가 많지 않습니다"라고 주장했다. 참모가 선택을 정당화하기 위해 사용했다고는 해도 예산 통제 가능성에 관한 수치는 확인할 만한 가치가 있다. 과거 15년 동안의 예산 통제 가능성에 대한 백분율은 〈표 6-1〉처럼 정리된다.

수치를 보면 예산 통제 가능성에 대한 포드와 카터의 불만이 일리가 있기도 하지만 오도된 것임을 알 수 있다. 1970년 닉슨의 예산 통제 가능성은 37% 정도였고 여기에는 약 730억 달러가 관련되었다. 1980년에 카터의 예산 통제 가능성은 25%까지 떨어졌다. 하지만 인플레이션을 감안해 조정하면 그 25%는 800억 달러를 훨씬 초과한다. 통제 가능성에 대한 백분율은 떨어졌지만 실제 금액은 증가했다. 통제 가능성 추정액은 재정적 제약을 포괄적으로 인식하게 되었다는 점을 인정하는 것이 중요하다. 다음과 같은 한 언론 논평가의 견해를 살펴보자.

> 카터 행정부 사람들은 우리를 속였습니다. 누군가가 왜 그들이 X나 Y를 하지 않았느냐고 물을 때마다 언제든지 그들은 망할 놈의 예산 수치를 이용합니다. 하지만 실제 수치를 살펴보면, 카터 행정부 사람들은 상당한 양의 여유가 있었습니다. 그들은 정당의 자유주의자가 내린 의사결정을 설명하기 위해 이런 수치를 즐겨 이용했습니다. AFL-CIO가 예고 없이 들어와서 국민건강보험에 대해 묻더라도 그들은 예산 통제 가능성을 살펴보라고 말할 것입니다.

　경제적 비용이 국내 선택에 미친 영향은 결코 적지 않다. 분명히 경제적 비용에 대한 우려 때문에 지출 수준이 낮아졌다. 닉슨, 포드, 카터는 적극적으로 '값싼' 대안을 찾았다. 경제적 현실이 걱정거리였다. 인플레이션은 긴박한 문제였으며, 이용할 수 있는 해결책은 긴축 재정이었다. 그러나 경제적 상황에 대한 우려는 개인적인 인식에서 나왔다. 포드는 하원에 재임할 때부터 예산에 대해 다년간 익숙해져 있었다. 일단 백악관에 입성하자 그는 예산 항목을 검토하느라 상당한 시간을 소비했다. 카터도 예산 세부 내역을 강조했다. 여러 참모들은 카터가 빈틈없이 일하도록 돕기 위해 간혹 예산 요청서에 수치를 추가했다고 보고했다. 대통령의 스타일과는 상관없이 세 행정부 모두 지출을 억제하려는 노력 때문에 예산 절차에 상당한 시간을 투자했다. 대안은 반드시 비용 기준을 충족시켜야 했다. 닉슨의 참모는 "우리는 복지 개혁에서 한 수 배웠습니다. 언제든 고정된 정확한 수치는 존재하지 않습니다. 언제나 정확한지 확인해야 합니다. 우리는 그 이슈에 달라붙었고 그 수치를 다른 프로그램에 확정하려고 노력했습니다"라고 언급했다. 의회예산실(CBO: Congressional Budget Office)이 설립되면서, 포드와 카터는 훨씬 더 단호하게 정확성을 요구했다. 카터의 참모는 다음과 같이 지적했다. "의회예산실은 대체 통계와 예산을 제공할 수 있습니다. 의회는 이제 대통령의 자료를 최종 라인으로 받아들이지 않았습니다." 그러나 백악관의 관심은 정확성에 그치지 않았다. 포드와 카터의 주된 요구사항은 최소의 경제적 비용으로 최대의 정치적 이익을 달성하자는 것이었다. 두 대통령은 새로운 지출 프로그램에 엄격한 제한, 즉 대안을 탐색할 때 최초의 장애물이 된 제한을 가했다. 이런 문제에 대해 의회예산실의 관료는 다음과 같이 말했다.

> 역사상 그 어느 때보다 많이 대통령들은 경제적 압박에 대한 주요 방어수단으로 예산을 주시했습니다. 그들에게 예산은 인플레이션 감소를 위한 심리적 도구였지만, 기존 프로그램과 관련해 더 많이 짜내기 위한 기회로 보는 경향도 있었습니다. 프로그램이 비용 검증을 통과할 수 없는 경우에는 진행될 수 없었고, 설령 문제점 때문에 즉각적인 구제책이 필요하더라도 비용 기준이 우선시되었습니다.

3) 기술적 비용과 실행 가능성

정치적·경제적 비용 외에도 대통령은 기술적 실행 가능성에 관심이 있다. 카터의 참모는 이렇게 말했다. "대통령은 특정 시점에 질문해야만 합니다. 대통령은 프로그램의 영향을 추정해야만 합니다. 불행히도 이는 간혹 일이 다 끝나갈 때서야 문제시되거나 부정적 대답이 있는데 무시될 때도 있습니다." 일반적으로 부처나 하급 백악관 참모들에게 기술적 실행 가능성에 대한 질문이 떨어진다. 내부적 자원의 한계 때문에 대통령은 실행 가능성을 조사할 기회가 거의 없다. 존슨의 보좌관은 "실행 가능성을 조사했다면 어떻게 그 프로그램이 상정될 수 있었겠습니까"라며 익살스럽게 반문했다. "참모는 으레 대부분의 프로그램은 의도한 바와 같이 작동될 것이며, 문제점은 사소한 것이기에 시정될 수 있으리라고 가정합니다. 엉뚱한 자신감을 가지고 있지만, 참모에게 이를 확인할 만한 시간은 없습니다."

설령 내부적 자원을 이용할 수 있다고 하더라도, 실행 가능성을 확인해봤자 인센티브가 거의 없다. 프로그램 효과는 특히 중요한 정치적 변수가 아니다. 예산관리국 참모는 다음과 같이 설명했다.

> 백악관 사람들은 짧은 기간에만 백악관에 있습니다. 어떤 영향을 미쳐야 하고 일부 프로그램을 통과시켜야 한다는 압박을 받습니다. 효과와 이행에 대해 세심히 생각할 만한 시간도 충분하지 않고 보상도 없습니다. 질이 아니라 양만 강조할 뿐입니다. 대통령은 결코 누구나 기대하는 정도의 정책 효과만으로는 재선될 수 없습니다. "우리는 많은 일을 하지는 않았지만 모든 일이 매우 잘 진행되고 있습니다"라는 말로 대통령이 승리할 수 있었다고 생각합니까?

실행 가능성에 대한 문제는 정보가 없어서 복잡해지기도 한다. 설령 참모에게 내부 자원과 정치적 인센티브가 있었다 하더라도, 그 질문에 대답할 수 있을까? 프로그램 효과를 어떻게 측정하는가? 대통령 프로그램의 정치적 성격을 감안한다면 프로그램의 목표가 무엇인지를 추정하는 것만도 엄청나게 어렵다. 대부분의 연방 프로그램은 실행 가능성에 대한 논의를 용이하게 하기 위해 입안되지 않는다. 의회예산실 실장인 리블린에 따르면, 체계적 기획이 부재한 이유의 하나는 "투입과 산출에 대한 부적절한 설명과 장기간에 걸친 개인에 관한 동일한 정보의 부재"이다.

정책 프로그램의 실행 가능성과 효과를 설명하지 못하는 또 다른 이유는 효과에 대한 조사를 용이하게 하는 사회복지사업 시스템을 지금까지 조직하지 못했기 때문입니다. 확립된 유형과 크게 달라지지 않은 채 이를 발생시킨 특수 상황에서 그 영향을 측정하기 어렵습니다. 마찬가지로 연방 정부 프로그램에 대한 평가에서 배울 점이 거의 없습니다. 헤드 스타트(Head start) 운동, 모범 도시, 연방 프로그램은 그 효과에 관한 정보를 생성하도록 입안되어야 했지만 그러지 못했습니다 (Rivlin, 1971: 86).

신규 프로그램에 대한 실행 가능성을 예측하기란 훨씬 어렵다. 대통령은 사회보장을 증가하거나 국방 프로그램을 확대하는 경우, 기존 프로그램을 수정한 것이기에 영향을 추정할 수 있다. 하지만 검증되지 않은 복지 개혁이나 도시 재개발의 결과를 예측하기는 훨씬 어렵다. 닉슨의 복지 개혁 전문가는 이렇게 주장했다. "주요 문제점의 하나는 부처를 통해 우리의 권고가 타당한지 확인할 수 없었다는 점이었습니다. 우리는 신뢰할 만한 자료에서 충분한 정보를 얻지 못했고, 나쁜 조언과 훌륭한 조언을 구별할 정도로 이슈에 관한 배경 지식이 충분한 것도 아니었습니다." 마틴 앤더슨에 따르면, 가족지원계획은 열악한 정보와 달성할 수 없는 목표 때문에 중단되었다. 그러나 그 어느 것도 프로그램을 의회에 상정하지 못하도록 막지 않았다.

사실 어느 누구도 높은 복지 지급액, 낮은 세율, 저비용이라는 상충된 목표가 낳는 딜레마에서 빠져나갈 방법이 없다는 사실을 명확히 이해하지 못했습니다. 일부 사람들에게는 그 계획이 '너무나 훌륭한 것'처럼 보였기 때문에 실현되지 못할 가능성은 심각하게 고려되지 않았습니다. 따라서 닉슨은 높은 한계 세율이 포함된 가족지원계획을 의회에 상정했습니다. 하원은 그 제안서의 복잡함을 이해할 시간이 없었기 때문에 법안을 통과시켰습니다(243 대 155). 하지만 그 후 닉슨의 복지개혁계획이 지닌 중요하고 급진적인 함의에 대한 이해가 확산되기 시작했습니다. 계획이 상원 재정위원회에 도달할 때쯤에는 위원회 위원들이 이를 충분히 숙지했기 때문에 법안을 파기하기 위한 질문이 쏟아져 나왔습니다. ……

공화당 행정부의 관점에서 봤을 때 이러한 굴욕적인 패배를 당하면서도 가장 비참했던 것은 사전에 이를 피할 수 있었다는 사실입니다. 당시 보건교육복지부 정책 담당 부차관과 보건교육복지부의 다른 복지 전문가들은 의회에 상정된 법안에 광범하게 알려지지는 않았지만 패배를 자초할 수도 있는 하자가 있음을 알았습니다. 그들은 닉슨에게 복지개혁계획에 대한 아이디어를 제공할 때도 이미 이를 알고 있었습니다(Anderson, 1978: 143~144).

앤더슨의 불만에는 복지 개혁의 본질에 대한 내부적 투쟁에서 자신이 겪은 비참함이 반영되었을 수도 있지만 – 모이니한이 이겼고, 번스와 앤더슨이 패배했다 – 대통령의 선택에 대한 현실이 반영되어 있기도 하다. 백악관은 실행 가능성을 평가하기 위해 필요한 정보를 갖추지 못했거니와 그럴 동기도 없었다.

최근 의회의 감독 및 선견지명이 증가되었는데도 실행 가능성에 관한 정보는 여전히 부족하다. 케네디의 참모는 다음과 같이 주장했다. "우리는 실행 가능성에 대한 모든 세부 내역을 확인할 작정은 아니었습니다. 그 점은 행정부의 기능이었습니다. 우리는 일부를 변경할 계획이었습니다. 노인의료복지와 교육에 대한 지원에는 문제가 있었지만, 우리 목적은 프로그램을 통과시키는 데 있었습니다. 완벽한 프로그램이 나오기만을 기다릴 수는 없었거든요." 닉슨의 복지 전문가도 다음과 같이 동의했다. "결함 있는 법안을 상정한 점에 대해 많은 비판을 받았습니다. 하지만 우리는 개혁을 추진해야만 한다고 느꼈습니다. 그러나 6개월 후에도 '완벽한' 해결책을 찾지 못했습니다. 그 당시에 추진하지 않았다면 우리는 의회에서 기회를 잡지 못했을 것입니다. 그때도 이미 '너무 늦었다'는 느낌이었습니다." 대통령이 프로그램 효과에 대한 질문을 하기도 했지만, 문제에 대한 참고자료로 사용하려는 의도에 불과했다. 카터의 참모는 이렇게 지적했다. "우물쭈물하지 말아야 했으며, 확고한 제안을 해야 했습니다. 이상적인 프로그램을 기다릴 만한 시간이 없었습니다. 그런 프로그램은 존재하지 않았습니다."

기술적 전문지식과 자원이 부재했기에 가용 대안에 대한 중요성이 높아졌다. 대통령에게는 새로운 대안을 개발하기 위한 인센티브도 자원도 없었다. 학계의 한 논평가는 이렇게 말했다. "대통령은 국내 선택 사항을 탐구할 능력이 없기 때문에 정책 선택에서 심하게 제한되어 있습니다. 대통령이 해박하지 않는 한, 통상 동일한 부처와 기관에서 나오는 매우 좁은 범위의 대안에 의존할 수밖에 없습니다. 수많은 새로운 아이디어와 개념을 조사할 만한 시간은 없습니다. 대통령은 가용 항목 중에서 선택할 수밖에 없지요."

가용 대안은 닉슨의 복지 개혁에도 영향을 미쳤다. 케네스 볼러(M. Kenneth Bowler)는 다음과 같이 말했다. "왜 닉슨이 급진적 복지 개혁을 제안하게 되었는지 설명하려면 혁신적 프로그램에 대한 즉각적 접근 가능성, 인정된 복지 전문가들 중에서 이 제안이 차지한 지위, 평가될 수 있었던 정보 이용 가능성과 같은 중요한 조건을 고려해야 합니다."

소득 유지 분야에서 실질적 연구와 이론적 작업이 시행되었습니다. 혁신적 프로그램을 이용할 수 있었고 이는 가시적이었습니다. 게다가 연구, 저술과 일부 경우에는 정부 복지 사업의 결과, 이제는 많은 사람들이 상이한 수입 보증 계획에 대한 일부 지지자들을 …… 바로 '복지 전문가'라고 인정했습니다(Bowler, 1974: 61~62).

국내 우선순위에 대한 논의에서 가용 대안은 상당한 영향을 미친다. 카터의 참모는 "예컨대 도시 지원 면에서 특정 프로그램을 검토하고 있다고 합시다. 일단 탐색을 시작하면 이미 입안된 특정 프로그램을 가진 기관과 만납니다. 이들은 수치와 표본 법안을 가지고 있습니다. 이들은 심지어 의회 내에 후원자를 확보했을 수도 있습니다. 이들을 무시하기는 어렵습니다. 이들이 시간을 많이 절약할 수 있게 해줍니다"라고 언급했다. 최소한 국내 정책에서는 특정 프로그램을 조사할 때 가용 대안이 있다는 것은 세 가지 기본적 이점을 지닌다.

첫째, 가용 대안은 일반적으로 경쟁안보다 더 일찍 도달한다. 대통령과 참모는 대안에 대해 조사하기 때문에 다양한 잠재적 해결책을 발견할 수 있다. 일부는 개발되고, 다른 것들은 개발되지 않을 것이다. 국내 어젠다를 되도록 빨리 상정하라는 압박 때문에 백악관은 간혹 '선착순 서비스' 전략을 채택한다. 존슨의 보좌관은 이렇게 말했다. "최초의 아이디어가 채택될 기회가 가장 큽니다. 국내 어젠다를 깔때기에 부었다고 생각해보십시오. 먼저 들어간 것이 먼저 나옵니다. 어떤 부처에 대통령의 이슈를 다루는 프로그램이 있다면 되도록 빨리 그 프로그램을 대통령에게 상정하는 것이 가장 이롭습니다." 일부 경우에는 국내 과정에 해당될 때 가용 대안이 이슈에 첨부될 수도 있다. 케네디가 노인 문제에 대한 의료 지원안을 선택했을 때 노인의료복지는 가용 대안이었다. 또한 카터가 복지 개혁을 선택했을 때 직업과 소득 개선 프로그램이 대기하고 있었다. 대부분의 경우 가용 대안이 대통령을 상당히 도울 수 있다. 입법 담당 참모는 "닉슨이 가족지원계획에 집착했다고 비난할 수 있을까요"라고 반문했다. "그 프로그램은 진행될 예정이었습니다. 보건교육복지부는 세입을 통한 재정 지출을 이미 계획하고 있었습니다. 컴퓨터는 새로운 수치를 생성하기 위해 재설정되어야 했지만 가족지원계획 프로그램은 첫날에 입력될 수 있었습니다." 의회 담당 보좌관도 다음과 같이 동의했다.

닉슨과 카터 행정부의 경우, 책상에는 항상 낡은 아이디어 외에는 무엇이든지 쌓여 있었습니다. 두 대통령은 문서로 된 프로그램을 보고자 했습니다. 그들은 찬반을 원했습니다. 대부분의 창의적 아이디어 중 일부는 방침을 따르지 않았기 때문에 무시되었습니다. 정말로 혁신적인 프로그램에는 더 많은 시간이 필요했습니다. 두 대통령은 검증된 해결책, 즉 이미 지지가 확보된 프로그램을 택해 업무에 착수했습니다.

대통령은 취임 첫해에 일찌감치 어젠다를 설정하고자 하기 때문에 가용 대안은 중요한 이점을 제공한다.

둘째, 가용 대안을 이용하면 관료에게서 더 큰 지지를 받게 된다. 부처와 기관은 때때로 오랜 시간에 걸쳐 다시 표면화되는 프로그램을 개발한다. 이런 프로그램은 문서화가 잘 되어 있고 세심하게 입안되어 있다. 수년간의 관료적 타협과 분석이 반영되었을 수도 있다. 닉슨의 국내 담당 보좌관은 이렇게 설명해 줬다. "일단 닉슨이 복지 개혁을 선택한다고 했을 때 보건교육복지부가 환영하는 목소리가 가득했습니다. 그들은 자신들이 진행시킬 준비가 된 계획이 있으며 막강한 내부적 지원을 받고 있음을 알았습니다. 시스템이 있었고 백악관에는 그 프로그램을 옹호하는 모이니한이 있었습니다." 내부적 자원이 부족했기 때문에 대통령은 특정 조언과 세부 내역을 위해 행정부에 의존할 수밖에 없었다. 백악관이 부처나 기관 내에서 만장일치로 나온 의견을 반박하기는 극히 어렵다. 따라서 닉슨은 연방 차원의 법률 제정을 불신했지만 보건교육복지부 내에서, 그리고 복지 전문가들 사이에서 거의 만장일치에 가까운 지지를 얻었기 때문에 가족지원계획이 실행되리라는 자신감이 상당했다.

셋째, 가용 대안이 허용될지 여부와는 상관없이 특정 프로그램은 논쟁을 불러일으키는 경향이 있다. 백악관 정책 과정은 간혹 논의에 대한 기초로서 단일 대안에 집중된다. 설령 대통령이 경쟁적 해결책을 고려하라고 독려하더라도 프로그램 평가 과정은 단일 대안에 집중되며 주제를 변형해가면서 진행된다. 카터의 참모는 이렇게 말했다. "어쨌든 다수의 대안과 관련된 너무 많은 이슈는 없습니다. 국민건강보험제도를 보십시오. 오직 수많은 기본 접근법만 있었을 뿐입니다. 보상 범위를 감소시킬 수 있으며 연방 계획이나 사적 계획을 이용할 수도 있지만, 오직 한두 가지의 중심 개념만 있을 뿐이었습니다." 카터의 참모에 따르면, 국민건강보험제도에 대한 최초 논의는 의무적인 사적 보상 범위 대 전 국민에 대한 공적 등록에 대한 토론으로 시작되었다. 1949년에 트루먼 행정부에서 진행되었던 것과 동일한 논쟁이었다. 1979년 카터 대통령의 의사결정은 여전히 트루먼 제안서를 그대로 답습한 것이었다. 이는 가용 대안이었다. 카터의 참모는 "우리는 과거 제안을 추적하는 데 홀려 있었습니다. 혁신할 여지가 별로 없었기 때문입니다"라며 안타까워했다.

가용 대안을 강조하는 것은 의사결정 자원이 부족한 탓이기도 하다. 시간이 부족해서 참모는 세부적인 초안을 찾는다. 정보가 부족하기 때문에 참모는 행정부 자료에 의존한다. 닉슨의 보좌관은 "어떤 백악관 보좌관도 짧은 재직 기간 내에 전문가가 될 수는 없습니다. 새로운 아이디어에 천착해 지속적으로 일할 만큼 충분한 시간과 원기를 가진 사람은 거의 없습니다. 참모는 반드시 다른 전문가에게 의존해야 합니다. 특정 프로그램이 등장했을 때 참모가 그 정치적 영향을 평가할 수는 있지만, 스스로 정말 혁신적인 프로그램을 생성할 기회는 충분하지 않습니다"라고 말했다. 자원을 보전하기 위해 대통령은 가용 대안에 심하게 의존하며 자신에게 유리하게 이용한다. 국내 정책 과정에서 새로운 해결책을 생성하기 위한 인센티브가 제시된 적은 거의 없었다.

2. 첫 번째 질문

1975년 1월 15일, 포드 대통령은 최초의 연두교서 연설에서 고용을 진작시키기 위해 다음과 같이 1년간 160억 달러의 감세를 제안했다. "이제 경제를 되살리려면 세금 감면은 필수적입니다. 감세를 하면 더 많은 일자리를 만들 수 있습니다. 그러나 이는 불행히도 예산 적자 규모를 증가시킬 것입니다. 따라서 연방 지출 증대를 통제하기 위한 조치가 그 어느 때보다도 중요합니다."

포드는 연방 지출에 관한 상한을 도입하면서 수많은 국내 프로그램 증가를 제한할 입법을 제의했다. 더 중요하게는 "에너지에 대한 경우를 제외하고 금년도에는 어떤 신규 지출 프로그램도 발의될 수 없습니다. 게다가 나는 의회가 채택한 모든 신규 지출 프로그램을 주저하지 않고 거부할 것입니다"라고 발표했다. 포드는 잠재적 국내 대안에 대해서는 경제적 비용을 가장 먼저 따질 것이라고 선언했다. 비록 정치적 비용이 여전히 중요한 고려 사항이긴 했지만, 국내 정책 과정에서는 경제적 비용을 최우선순위로 삼았다. 포드의 참모가 언급한 바와 같이, 모든 신규 프로그램에 지출 규칙이 적용되었다. 복지 개혁과 비참한 건강보험, 공공 공사와 긴급 주택에 대해서도 적용되었다. 모든 연방 예산에도 어김없이 적용되었다. 포드의 재임 기간에 프로그램에 대한 첫 번째 질문은 대개 '얼마짜리냐'였다.

프로그램에 예상되는 비용을 물어보는 최초의 질문은 국내 어젠다 선택에 영향을 미친다. 이는 모든 잠재적 대안이 반드시 그 속을 통과해야 할 평가 스크린으로 작용한다. 또한 그런 종류의 허용 가능한 대안에 대해 프로그램 참모에게 보내는 신호이기도 하다. 포드 행정부에서는 '신규 재정 지원 금지' 규칙 때문에 어젠다가 규제정책으로 갈 수밖에 없었다. 따라서 국내 선택에 대한 도구로서 예산의 중요성이 높아졌다.

어느 참모는 이렇게 언급했다. "그 요건을 충족시키기 위해 보류된 여러 프로그램이 있었습니다. 아이디어를 대통령 집무실로 가져가는 대신 참모는 물러서기 시작했죠. 의사결정은 훨씬 더 낮은 수준에서 이뤄졌습니다. 참모들은 더 이른 시점에 대통령의 의중을 미리 예상하려 했습니다. 이로써 자신의 책상에서 지출 프로그램은 없어졌지만, 그 점 때문에 포드는 모든 선택권에 대한 완전하고 공개적인 논의에서 고립되었습니다." 또 다른 포드의 참모는 다음과 같이 말했다. "기획 담당 참모는 지출 프로그램을 (대통령 집무실로) 들고 들어오지 말라는 말까지 들었습니다. 오직 보건교육복지부 장관인 카스퍼 와인버거(Casper Weinberger)만 복지 개혁에서 또 다른 일격을 제안할 만한 용기를 가졌습니다. 물론 당시 그는 겨우 명만 부지하고 있었습니다."

잠재적 대안 선택을 논의할 때 과거 대통령들은 정치적·경제적·기술적 비용을 상이한 비중으로 고려했다. 참모들에게 국내 정책 과정에서 어떤 비용을 중시했는지 확인한 결과, 명백히 경제적 비용이 중요했다. 역대 다섯 행정부 백

〈표 6-2〉 첫 번째 질문

대통령	다음 항목을 선택한 응답자의 백분율(%)		
	경제적 비용	정치적 비용	실행 가능성
케네디	22	68	10
존슨	26	64	10
닉슨	60	31	9
포드	84	11	5
카터	72	24	5

주: 참모들에게 자신들이 참여했던 행정부에 관해 다음과 같은 질문에 답해달라고 요청했다. "행정부가 잠재적 프로그램을 살펴볼 경우 특정 대안에 대해 물었던 첫 번째 질문이 무엇이라고 기억하는가? 당신은 경제적 비용에 대해 물었는가? 의회의 반응은? 실행 가능성은?" 이 질문에 90명이 응답했다.

악관 참모들로부터 받은 응답을 〈표 6-2〉로 나타냈다.

〈표 6-2〉에서 두 가지 결과가 도출된다. 첫째, 1970년대의 대안 탐색에서는 경제적 비용이 지배적이다. 둘째, 잠재적 프로그램 평가에서 실행 가능성이 첫 번째 고려 사항이 된 적은 거의 없었다.

1) 경제적 비용

국내 문제 해결을 위한 정책 대안의 평가에서 경제적 비용의 고려는 지배적이다. 케네디와 존슨 모두 경제적 비용은 대충 참고했지만, 닉슨·포드·카터는 광범위하게 국내 정책을 평가할 때 비용의 문제에 비중을 두고 고려했다. 즉, 대안에 대해 논의할 경우 경제적 비용은 최우선 관심사였다. 그 압박은 레이건 행정부에 이르러서도 수그러들지 않았다.

닉슨·포드·카터 행정부의 보좌관들은 비용과 관련된 압력이 경제 환경에 대한 저비용 프로그램 탓이라고 비난했다. 인플레이션은 민주당과 공화당에서 똑같이 지속된 문제였다. 선호된 대안으로서 긴축예산이 등장했다. 첫 번째 질문으로서 경제적 비용을 선택한 것은 현실과 인식을 모두 반영한다. 닉슨과 포드는 둘 다 경제적 비용을 민주당 정책의 자연적 초점이라고 보는 경향이 있었다. 포드의 보좌관은 솔직하게 언급했다. "우리는 실업과 싸워야 한다는 점을 더 우려했습니다. 이는 전혀 익숙하지 않은 문제였습니다. 인플레이션을 다루는 것이 우리에게는 훨씬 더 편했습니다. 그 분야는 전통적인 공화당 영역이었으니까요."

중립적인 경제적 상황에 처했더라도 닉슨과 포드는 경제적 기준 쪽으로 선회했을까? 인식과 현실 간 상호 작용에서 빠져나오는 것은 어렵다. 닉슨은 값비싼 사회적 프로그램을 추구했다. 복지 개혁, 대중교통, 수입 분배, 건강 유지 조직, 주택 확장은 모두 고가의 프로그램이었다. 닉슨의 한 참모는 "우리가 계속 지출했다고는 해도 민주당과 동일한 정도까지는 아니라고 생각합니다. 우리는 상이한 종류의 지출 쪽 — 수입 분배 모형에 관해서는 더 많이 — 으로 진행하고 있었지만, 자금을 모두 포기할 준비가 되었다고 생각하지는 않습니다. 나는 지출 프로그램의 하락은 연방 수입의 감소나 인플레이션에 관련되었다고 믿었습니다"라고 말했다. 닉슨과 포드는 민주당이 했던 것보다 더 낮은 수준에 인플레이션 '한계치'를 설정했을 가능성도 있다. 민주당원에게는 5% 비율이 허용되었지만 이는 공화당원에게는 허용될 수 없었다.

공화당 출신의 전임자들과는 달리 카터는 경제 상황 변화를 직접적으로 지적했다. 카터의 첫해 어젠다에는 전통적인 민주당 프로그램이 주류를 이뤘다. 카터의 참모는 분노에 차서 다음과 같이 대답했다.

카터가 다소 민주당원 같지 않다는 비난은 불공정합니다. 그가 테드 케네디인 것은 아니지만, 과연 케네디가 민주당 주류를 대표할까요? 우리는 엄청난 경제적 제약에 직면했었고 존슨이 누렸던 기회를 가진 적이 없었습니다. 우리의 경제 진작 정책 일괄안은 진정한 민주당 프로그램이었습니다. 다만 경제적 압박을 감안해 이를 고수할 수 없을 뿐이었습니다.

카터의 재임 첫해 프로그램에는 다음과 같은 민주당 표준 프로그램이 많이 포함되어 있었다. 소득보장 프로그램, 210억 달러 경제 활성화 정책 일괄안, 전국적인 무결점 보험 계획, 소비자 보호 기관, 교육부와 행정조직 개편, 알래스카 토지 법안, 「태프트 - 하틀리 노동 관계법(Taft-Hartley Labor Relations Act)」에 대한 포괄적 개혁안 등이다. 따라서 카터는 임기 시작부터 정확히 케네디나 존슨과 동일한 방향으로 움직였다. 다만 달랐던 것은 인플레이션율이었다. 1960년대 초반에는 1~2% 수준이었던 것이, 1977년과 1978년에는 7%까지 치솟았다. 그 후에도 1979년 내내 13%, 1980년에는 20%까지 치솟았기 때문에 경제적 비용에 대한 압박이 극적인 수준으로 증가되었다. 궁극적으로 카터의 이념 때문에 주요 경제적 관심사로서 인플레이션에 대한 민감도가 증가되었을 수도 있다. 이는 인플레이션 악순환에 대처하는 대안의 선택, 즉 테드 케네디와의 가열된 예비선거운동을 초래한 선택에 명확하게 영향을 미쳤다.

2) 실행 가능성

실행 가능성은 특정 연도나 행정부와는 무관하게 적용되는 최우선적 관심사가 아니다. 이는 대통령학을 연구하면서 더 위대한 체계적 기획을 요구했던 학자들에게는 실망스러운 연구결과일 것이다. 존슨의 보좌관은 이렇게 말했다. "더 많이 기획한다고 인센티브가 있던 적은 결코 없었습니다. 우리가 프로그램을 세심하게 평가하느라고 시간을 들이더라도 의회는 분명히 보답하지 않을 것입니다. 언론은 '실행 가능성'에 많은 시간을 들이지 않습니다. 따져보면 지역사회는 우리가 제공할 수 있는 만큼 많이 주기만을 원했습니다. 존슨은 결코 그 프로그램이 실행될 것인지를 입증하라고 요청한 적도 없을뿐더러 의회도 그다지 관심이 없어 보였습니다." 나머지 참모들도 전반적으로 이에 동조했다.

평가와 기획이 의회나 관료 내에서 적절한 지지를 받은 적은 없다. 여전히 되도록 빨리 움직이라고만 강조될 뿐이었다. 카터의 참모는 "우리 모두는 더 많이 기획해야 한다고 믿었습니다. 대통령은 더 많은 주의를 기울일 필요가 있다고 강조했습니다. 그러나 우리가 좀 처진다 싶으면 대통령은 최종 기한을 부과했습니다. 여전히 정치적 시스템으로 작동되고 있었고 정치적 시스템은 이행이 아니라 결과에만 관심이 있는 것 같았습니다"라고 언급했다.

정치적 인센티브가 바뀔 때까지 대통령이 실행 가능성이나 효과에 많은 관심을 표명할 것 같지는 않다. 세심한 기획에 대한 인센티브가 증가한다면, 대통령은 부족 자원을 만회하기 위해 새로운 노력을 할 것으로 예상된다. 닉슨의 보좌관은 다음과 같이 주장했다. "기획에 대한 대가가 무엇인지 분명하지 않습니다. 우리가 시간을 너무 많이 쓰면 통과시킬 기회가 없어집니다. 에너지를 많이 소모하면 우리는 다른 프로젝트를 추진할 기반을 상실합니다. 워싱턴에서는 기획에 관심이 없습니다. 의회가 실행 가능성에 대해 간과했음을 자각하고 변화해야만 대통령에게 더 많은 시간이 부여될 것입니다."

3. 결론

대안을 탐색하는 데 비용 문제는 매우 중요한 요소이다. 대통령이 국내 이슈에 대한 특정 선택 사항을 입안하려고 노력하면 비용이라는 평가 스크린이 형성된다. 프로그램이 스크린을 통과하지 못하면 그 이슈는 미해결로 남을 수 있다. 정치적·경제적 이익이 이슈 선택에서 중요한 반면, 비용은 대안 탐색에서 중요하다. 자원이 부족하기 때문에 이러한 차이가 발생한다. 대통령들이 국내 프로그램을 입안하기 때문에 반드시 정치적·경제적 비용을 고려해야 한다.

이슈 선택과는 달리 대안 탐색은 상충되는 점이 특색이다. 엄밀히 말하면 대안은 갈등이 나타나는 특정 공약과 관련된다. 이슈는 제로섬 게임과 관련되지 않지만, 대안은 관련된다. 갈등에는 대통령이 어떻게 결정하는지에 대한 다양하고 중요한 함축적 의미가 있다. 갈등은 내부 지배력 차원에서 경쟁적인 참모

제휴와 노력을 생성한다. 꼭 알아야 할 사항은 국내 정책 선택이 '이성적인' 이상과 공통점이 있지는 않다는 점이다. 카터의 참모는 이렇게 말했다. "이슈는 중요하지만, 모두가 프로그램을 기억합니다. 이는 당신이 무엇을 말하느냐가 아니라 무엇을 했느냐가 중요하다는 것이죠. 우리가 이룬 것은 종종 세심한 사고가 배제된 채 진행된 정치적 투쟁의 산물이었습니다."

여기서 의사결정 구조로 방향을 돌리기 전에 대통령의 우선순위를 간략하게 살펴볼 것이다. 대통령이 이슈를 선택하고 특정 대안을 채택하면 우선순위를 할당한다. 놀랄 일은 아니지만, 우선순위에는 입법 성공에 대한 가능성이 반영되어 있다.

7

대통령의 우선순위
presidential priorities

    1976년 1월에 제럴드 포드는 에너지 개발에 대한 대규모 연방 위원회 계획안을 공표했다. 흔히 에너지 조합이라 불리는 이 프로그램은 기존 에너지와 대체 에너지 자원 모두를 위해 1,000억 달러 이상을 제공하기로 되어 있었다. 부통령인 넬슨 록펠러(Nelson Rockfeller)의 제안은 즉각 백악관 참모들의 반대를 불러일으켰다. 행정부는 겉으로 에너지 개발 기금의 구상을 약속했다. 그러나 각 부 장관과 에너지 단체 사이에서 다양한 반대의견이 개진되었다. 에너지 개발 이슈에 대한 지원과 대체 에너지의 보증 계획이 있었지만, 에너지 계획은 대통령의 우선순위에 결코 들어가지 못했고, 대통령의 필수 목록에 이르지 못했다. 포드의 참모 한 명은 이렇게 말했다. "법안 뒤에 어떠한 압력도 없었습니다. 우리는 그 프로그램이 통과되지 못하리라는 것을 알았고, 실패한 결과에 만족했습니다. 법안에는 핵심이 없었습니다. 그것은 성공 보증이 없는 거대 비용 프로그램이었습니다."

    에너지 계획은 단 한 번도 의회에서 진지하게 다뤄지지 않았다. 프로그램은 1976년과 1977년 포드의 일반교서에도 언급되었으나, 이는 결코 포드의 우선순위로 이어지지 못했다. 한 입법 참모는 다음과 같이 기록했다.

그 청원서는 한 번도 기회를 얻지 못했습니다. 포드 대통령이 추진하기 전에 이미 참모들 사이에서도 반대가 상당했습니다. 오직 록펠러만이 진정으로 그 프로그램을 지지했으며 입증하기를 원했습니다. 부통령 사무실을 나서면 아무도 그 제안서에 호의적이지 않았습니다. 포드 대통령조차 추진한 뒤에는 무관심으로 일관했습니다. 아무도 그 청원서를 추진하려 하지 않았으며, 아무도 의회에 가서 협의하려고 하지 않았습니다. 백악관 관계자에게 에너지 계획에 대해 물었다면 그들은 "에너지 조합이 뭡니까"라고 반문했을 것입니다. 해당 부서는 반대했고, 프로그램이 발표되기 전까지 청원서는 묻혀 있었습니다(≪타임≫, 1980년 11월 10일자).

1. 대통령의 필수 목록

대통령의 필수 목록은 무엇이며 왜 중요할까. 대통령 참모들의 시각에서 봤을 때 필수 목록은 간략한 의회 어젠다에 대한 설명을 정하며, 결정적인 우선권을 지닐뿐더러 대통령의 프로그램에서 중요하게 고려하는 항목을 담고 있다. 예를 들면 1961년 케네디 대통령은 25개의 요청서를 입법 어젠다로 제안했다. 그러나 그는 25개 모두 통과되리라고는 바라지 않았다. "예산이 충분하지 않습니다"라고 한 참모가 설명했다. "요청서 25개 모두를 통과시킬 방법은 없지만 어느 항목이 매우 중요하며, 어떤 것은 반드시 통과되어야 하며, 대통령이 필수적으로 통과시켜야 한다고 생각하는 것이 있다면 의회에 압력을 가할 몇몇 방법은 알고 있었습니다. 그래도 아무런 효과가 없다면 우리가 얻을 수 있는 것은 없습니다." 교육, 노인의료복지, 지역 재개발, 인적 자원 재교육, 청년 고용 등은 모두 케네디의 필수 목록에 포함되어 있었고, 농업, 지역 건강시설, 식염수 정화, 잉여농산물 유통, 수질오염 통제 같은 프로그램들은 낮은 평가 항목으로 받아들여졌다.

각 행정 부처의 프로그램에 따라 차이가 있지만, 역대 다섯 명의 대통령의 참모들은 필수 목록의 가치를 인식하고 있었다. 닉슨은 우선순위의 가치를 다음과 같이 요약했다.

> 철학적 진공 상태에서 일련의 '선택과 평가'는 그리 간단하지 않습니다. 대통령은 중심 원칙을 반드시 가지고 있어야 하며, 이는 일관되고 명백히 밝혀져야 합니다. 대통령의 참모, 행정부, 의회, 압력단체, 공익단체 모두는 대통령이 무엇을 중요하게 생각하는지에 대한 명백한 지표와 그의 가치관, 우선순위, 국가와 세계를 지도하는 방침 등을 필요로 합니다. 방침이 옳든 그르든 간에 방침이 명백한지, 대통령의 다른 정책이나 프로그램과의 논리적인 관계를 형성하는지에 대한 토의는 필수적입니다(≪타임≫, 1980년 11월 10일자).

1) 의회와 우선순위에 대한 요구

  의회는 종종 대통령 우선순위에 대한 몇 가지 지표를 요구한다. 대통령은 정치적 자원을 동원하는 데 제한되어 있기 때문에 의회가 입법 어젠다를 선택해야 한다. "의회 지도자는 회기가 오면 대통령의 우선순위에 대해 매우 알고 싶어합니다"라고 존슨의 법률 자문가는 주장했다. "회기가 2주 남아 있다면 어떤 어젠다가 고려될지, 혹시 내년으로 넘어가는 것은 아닌지 초조하게 주시합니다. 의회 지도자는 찾아와서 무엇이 중요한지 묻습니다. 그들은 우리가 지금 원하는 것이 무엇이며, 무엇을 기다릴 수 있는지 알고자 합니다." 또 다른 존슨의 법률 자문가도 같은 의견을 피력했다. "나는 압력이 어디에서 비롯되는지 추측해봤지만 의회에서도 확인하지 못했습니다. 물론 그들은 뒤에 무엇을 남길 수 있는지 알고자 했지만, 대통령은 몇 가지 선택을 해야만 했습니다. 그들의 지난 2~3주는 지옥 같았습니다. 무엇이 처음에 올 것인지 결정해야 합니다." 실제로 지난 회기에 의회의 제안 설명은 열광적으로 진행되었다. 청원서들은 심사되었고 빠르게 통과되었다. 그러나 대개 의회는 많은 항목들을 단념해야 했다.

공보 담당 참모에 따르면 회기의 마지막 순간은 종종 성공을 노릴 만한 큰 기회를 담고 있었다. 카터의 참모는 "정말 믿기지 않을 정도입니다"라는 말로 1979년 말의 상황을 기록하고 있다. "1년 내내 의회 때문에 난관에 부딪칠 수 있으며, 회기 마지막 날 투표로 모든 것을 잃어버릴 수 있습니다. 마음을 가다듬을 수만 있다면 결의를 다질 수 있는 가장 좋은 시기이기도 합니다." 이러한 기회는 종종 마지막 날의 혼돈에 좌우되기도 한다. 의회는 회기 내에 느슨한 결말을 지으려 하며, 사업을 끝내지 않은 채 회기를 마무리하려고 한다. 의회의 어떤 참관자는 다음과 같이 주장했다. "하원과 상원은 임기를 혼란으로 마무리 지음으로써 자신의 권력을 간절히 유지하려 합니다. 선거가 있는 해에는 두둑한 입법 결과물을 가지고 귀향하기 위해 그럴싸한 명분을 챙기려 합니다."

의회 회기의 비활동 기간에 사업이 생기면 대통령의 우선순위를 검토하기 시작한다. 핵심은 경쟁이다. 좁은 이슈 영역에서의 경쟁으로 대통령은 특정 제안에 우선순위를 두고 그 제안을 적극적으로 추진할 수 있다. 의회의 선택이 대통령의 정치적 승리에 중요하게 작용하는 순간이다.

우선순위에 대한 의회의 요구를 무시할 수 없다. 포드 대통령의 참모는 다음과 같이 말했다. "몇몇 소속 의원들은 실제로 당신을 소환해 무엇을 원하는지 질문할 것입니다. 그들은 자신들이 지연시킬 수 있는 것과 없는 것, 승인할 수 있는 것과 없는 것에 대한 기준을 말할 것입니다. 만약 반응하지 않는다면 당신은 위험에 처할 수 있습니다. 그들이 (대통령에게는) 중요한 것이 없다고 결정해버릴 수도 있기 때문입니다." 어떤 경로를 통해서든지 간에 의회는 대통령이 우선순위 항목에 대해 방침을 제시할 것으로 예상한다. 그리고 회기 말로 제한되는 잠정안에 대한 요구는 없다. 마지막 몇 달간 우선순위가 중요한 영향력을 지녔는데도 의회는 그 기간에 대통령에게 어떤 신호를 요구한다. 포드 행정부의 연락 사무관은 다음과 같이 주장했다. "의회는 대통령이 보낸 법안을 평가하는 데 시간이 필요합니다. 의회의 검토에는 독자적으로 분석할 시간, 자문과 법안의 최종 심의를 예정할 수 있는 시간 등이 포함됩니다. 만약 대통령이 무엇이 진정으로 중요한지에 대한 지표를 보내지 않는다면, 의회는 그 제안을 대기시킵니다."

아마도 카터는 명백한 우선순위의 부재로 많은 고통을 받았을 것이다. 카터의 초기 18개월 동안 의회 지도자들은 반복적으로 국내 어젠다에 대한 법률 제정을 유감스럽게 생각했다. 필자가 제2장과 제5장에서 서술했듯이, 카터는 중대한 제안 목록을 제공하지 않았다. 그러나 카터의 어젠다는 의회에 의해 많이 받아들여졌다. 의회와 언론의 논평가에 따르면, 카터의 문제는 우선순위의 부재로 모아진다. 카터의 국내 프로그램은 대부분 상대적 중요성의 지표 없이 의회로 보내졌다. 의회가 법률 제정에 8년이라는 검토 유보기간을 소요했을 당시에, 대통령의 우선순위 부재는 주요한 문제였다. 의료비용 제한은 역외 석유 안정 문제만큼 긴급 안건으로 다뤄졌다. 복지 개혁도 노천 개간 사업과 같은 순위로 받아들여졌다. 에너지의 우선순위는 선거 개혁과 구별되지 않았다. 그것은 심각한 오산이었다. 한 언론 논평가는 이렇게 기록했다. "카터는 의회가 자신의 프로그램들을 표면상의 의미로 취급해주기를 바랐습니다. 카터는 실효성 있게 우선순위를 결정하기보다 의회가 그 모든 것을 다 처리해주기를 원했습니다." 반응은 즉각적이었다. 닉슨의 보좌관이었던 현직 의회 입법보좌관은 다음과 같이 말했다.

대부분의 위원회는 카터의 태도가 거만하고 부적절하다고 느꼈습니다. 그들은 모든 어젠다가 아니라 대통령이 반드시 입법화해야 할 어젠다만을 요청하기를 바랐습니다. 의료비용 절감 법안의 통과를 원한다면 대통령은 그렇게 말해야 했습니다. 복지 개혁이 내일 다뤄져야 한다면 대통령은 신호를 보내야 했습니다. 하지만 카터는 권좌에 올라 "모든 것을 하든지, 그렇지 않을 것이라면 아무것도 하지 마라"라고 말하고 있었습니다. 의회는 최소한의 조치를 취하기로 결정했습니다.

국내 프로그램의 제출 시기에서 보여준 것 같은 국내 정책의 경험 부족은 국가 기구의 틀을 효과적으로 이용할 수 있는 카터의 능력을 제한했다. 계속적으로 카터 어젠다에 대한 의회의 불평이 이어지자, 먼데일 부통령은 참모진과 의회 모두에게 우선순위에 대한 안내 지침을 제공할 공식 어젠다를 정리하도록 압박했다.

2) 우선순위의 근거와 필요

우선순위는 내부와 외부 자원 모두를 통틀어 중심적 요소이다. 공보 담당 참모의 입장에서 가장 근본적인 원천은 대통령의 정치적 자산이다. 닉슨의 참모는 "대통령은 의회가 모든 제안을 의결할 것이라고 기대할 수 없습니다"라고 주장했다. "대통령은 의회에 상위 순위 항목의 주도권을 줘야만 합니다. 그렇지 않으면 그는 너무 많은 이슈에 힘을 쓰게 될 것입니다." 닉슨의 또 다른 참모도 이에 동의했다.

> 우리가 직면한 상황을 봤을 때 우선순위 설정의 필요성은 더욱더 중요합니다. 우리는 선거에서 여유가 없었고, 적대적인 민주당 의회를 상대했으며, 주요 부서들은 우리의 생각에 특별한 관심이 없었습니다. 확고한 우선순위에 대한 언급 없이는 우리의 힘을 집중할 수 없었습니다. 이것이 1971년 주요 6대 정책 목표를 반복적으로 언급한 주요 이유입니다. 이는 우리의 정치적 힘을 집중하기 위한 시도였습니다.

정책의 우선순위에 대한 천명은 대통령의 이익을 위한 것이다. 어젠다 간 경쟁이 증가됨에 따라 대통령은 빈약한 정치적 지지를 가장 중요한 정책 사안 — 적어도 그렇게 참모들이 믿은 것 — 에 집중해야만 한다. 카터의 참모는 이렇게 회고했다. "나는 매우 복잡한 과정을 단순화하려는 의도는 없었습니다. 그러나 의회는 대통령이 어젠다를 설정하는 데 그렇게 많은 기회를 제공하지 않았습니다. 만일 대통령이 확정된 우선순위를 의회에 넘기지 않았다면 의회는 다른 사업을 처리했을 것입니다. 우리는 이러한 교훈을 꽤 일찍 얻었습니다."

대통령의 우선순위를 명확하게 분류하기란 거의 불가능하며, 1위에서 10위까지 명확하게 분류되는 일도 드물다. 한 측근은 이렇게 말했다. "당신은 무엇이 첫 번째이고 마지막인지 정확하게 말하기를 원하지 않을 것입니다. 그러나 아마도 무엇이 상위에 위치하는지 정도는 알려주고 싶을 것입니다. 항상 어떤 것이 중요한지를 알게 하되, 무엇이 덜 중요한지를 알게 해서는 절대로 안 됩니다." 다시 한 번 카터는 본보기를 제공한다. 비록 카터는 민주당이 장악하고 있는 의회와 공조하는 민주당 출신 대통령이었지만, 참모들은 얼마 지나지 않아 의회에 제안된 어젠다 간 경쟁이 치열하다는 것을 깨달았다. 존슨의 참모는 다음과 같이 주장했다.

1967년부터 정치적 환경이 뚜렷하게 바뀌었습니다. 우리는 의회에서 의석을 가졌지만, 많은 영향력을 행사하지는 못했습니다. 선거가 너무 가까웠고 닉슨과 포드 시대의 미결 과제가 많았습니다. 초기에 우리가 한 가장 큰 실수는 몇몇 항목을 최우선과제로 선정해 집중하는 데 실패했다는 것입니다. 우리는 실질적인 결과를 만들어내는 능력을 보여줄 필요가 있었지만, 산발적으로 접근하는 우를 범했습니다.

먼데일이 주요 어젠다로 밀어붙이자 우선순위의 중요성은 커지기 시작했다. 복지 개혁, 에너지, 의료비용 삭감이 첫 번째였다. 도심 재개발, 구조 조정, 선거 개혁은 두 번째였다. 그러나 우선순위가 매겨지는 시기에 이르면 초기의 추진력은 사라져버렸다. 1978년 먼데일의 어젠다가 효율성을 발휘하기 시작할 때까지 그런 상태가 이어졌다. 한 외부 논평가는 "(영향력이) 너무 미미하고 늦게 생겼다"라고 평가했다.

의회는 이미 혼란스러워졌는데, 카터 프로그램은 너무 광범위하고 비조직적이었습니다. 첫해는 영향력을 행사하기에 가장 중요한 시기였으나 카터는 한꺼번에 많은 프로그램을 시도하느라 시간을 허비했습니다. 두 번째 해에 프로그램은 너무 분열되어 통일성을 갖추지 못했습니다. 첫해는 '새로운 법률 제정'을 위한 시간입니다. 아이디어를 먼저 발표하고 난 뒤 프로그램을 내놓아야 합니다.

우선순위를 설정하면 내적 자원을 아낄 수 있다. 우선순위는 의회와 행정 부처에 보내는 하나의 신호일 뿐 아니라 참모가 수행할 임무를 지시하는 역할도 한다. 케네디의 한 측근은 이렇게 말했다. "참모들에 대한 방책이 없으면 매우 많은 다툼이 생길 것입니다. 참모들을 조정하는 데 필요한 계획을 갖고 있어야 합니다. 만약 대통령이 우선순위 프로그램을 입법하기 위해 아이디어를 실현시키고 계획을 계속 추진하지 않으면, 참모들은 많은 시간을 허비할 것입니다." 이러한 관점에서 참모들을 정책 '중개인' 집단으로 볼 수도 있다. 보좌관 모두가 프로그램을 추진하려 드는 것은 자연스러운 일이다. 이를 통해 백악관 내에서 명성을 얻을 수 있기 때문이다. 그러므로 우선순위 설정은 이처럼 산만한 개인적 추구를 줄이는 데 일조한다. 대통령은 신중하게 어젠다와 거리를 유지할 필요도 있지만, 국내 우선순위를 명확히 언급해줌으로써 내부 자원의 낭비를 줄일 수 있다. 중구난방으로 진행되는 개인적 취향에 따른 프로그램 추구는 매우 비경제적인 의사결정 방법이다.

3) 필수 목록으로의 전환

정책 평가 참여자에게 어떻게 필수 목록을 전달하는 것이 효율적일까? 의회 지도자들은 대통령의 우선순위를 적극적으로 따를 것이다. 공보 담당 참모에 따르면 대통령의 우선순위는 종종 의회의 지도자들에게 직접 연결되곤 한다. 존슨의 참모는 "우리는 항상 그들에게 우리가 원하는 게 무엇인지 확실히 알려주고자 했습니다"라고 말했다. "우리는 그들에게 어떤 항목이 첫 번째로 와야 하고 어떤 것을 기다릴 수 있는지 알려줬습니다. 대통령에게는 반드시 해야 한다고 느끼는 항목이 여럿 있습니다. 고속도로 미화가 중요하지 않다는 건 아니지만, 그것은 중요도 순위 저 밑에 있습니다. 우리는 미화 없이도 살아갈 수 있습니다."

대통령은 언론을 통해 그 목록을 넘기려 할 수도 있다. 다시 한 번 말하지만, 언론은 대통령의 우선순위 어젠다를 전달하는 간접 채널이다. 예를 들어 1961년부터 1969년까지 케네디와 존슨은 매년 그해에 법률로 확정된 것들의 기록을 출간했다. 1967년에 존슨 행정부는 '성공 사업' 57개와 '미결 사업' 18개를 목록으로 만들었다. 1967년 12월 16일에 출간된 그 목록은 특별히 다음 회기에서 이목을 집중시키기 위한 것이었다. 출간에 관여했던 존슨의 측근은 이렇게 말했다. "1968년에 개원한 의회에 우리가 원하는 것이 무엇인지 확실하게 하고 싶었습니다. 회기가 열렸을 때 우리는 의회가 자신들이 놓친 것을 떠올리기를 원했습니다." 18개 미결항 목록에는 세금 부과와 길거리 치안 조항부터 컬럼비아 주 학교 임원 투표와 고속도로 미화에 이르는 항목들이 망라되어 있었다. 존슨의 참모들에게 '미결 사업'은 특별한 의미를 갖고 있었다. 그것은 대통령이 하고 싶어 하는 우선순위에 가까웠다. "우리는 그러한 종류의 목록을 피하려 했습니다"라고 한 측근이 말했다 "그 당시 세금 부과 정책이 고속도로 미화 사업보다 훨씬 더 중요했습니다. 우리는 베트남전쟁과 위대한 사회를 위한 정책에 필요한 예산을 얻으려 했습니다. 우리는 또한 인플레이션을 지연시키려 했습니다. 따라서 고속도로 미화 사업은 세금 부과와 비교했을 때 그리 중요하지는 않았습니다."

1969년에 닉슨은 정책 입안에 따른 이득과 손실 목록을 발표하지 못했다. 부분적으로 그 결정은 입법화된 법률이 없음을 반영했다. 첫해에 닉슨은 매우 어려운 상황에 있었다. 무엇보다도 국내 어젠다를 제시한 시기가 늦었기 때문이다. 닉슨의 한 측근이 말했다. "우리는 왜 그러한 목록을 만들어야 하는지 몰랐습니다. 우리는 의회 의사당에 그렇게 많은 어젠다를 보내지도 않았고, 그다지 많은 것을 얻지도 못했습니다." 이 말이 우선순위가 하나도 없었음을 의미하지는 않는다. 닉슨의 공보 담당 참모에 따르면, 닉슨은 의회의 지지자들에게 신호를 보냈다. 복지 개혁이 최상위였고 세입 분배, 환경, 범죄, 행정부 재편이 뒤를 이었다. 1973년에 복지 개혁은 최상위 어젠다가 아니었다. 특별 세입 분배가 첫 번째 자리를 차지했다. 특히 닉슨은 1971년 일반교서에서 '6대 목표'를 제시함으로써 그의 첫 번째 임기의 우선순위를 명시했다. 닉슨은 그 연설에서 "단순히 오래된 작업 틀에 새로운 프로그램을 적용하기보다, 작업 틀 자체를 바꾸자는 것입니다. 미국 정부의 구조 전체를 개혁해 미국인의 소망과 욕구를 충분히 책임지겠다는 것입니다"라고 말했다. 닉슨에 따르면 6대 목표 중 첫 번째 것은 첫 두 해 동안 의회에서 미결 사업이었다. 특정한 채널이 있지만, 대통령은 필수 목록을 공표하는 주요한 통로이다. 대표자들이나 상원의원 혹은 연락 참모와의 개인적인 접촉을 통해 대통령은 우선순위를 자연스럽게 드러냈다.

4) 일반교서

역대 다섯 정부 공히 일반교서를 둘러싸고 대통령의 우선순위를 정하는 핵심 전쟁터가 형성되었다. 케셀은 다음과 같이 지적했다.

실제 정치에 경험이 많은 정치가들은 그들의 위치로 인해 '주요한 결정과 시행의 압박 과정'을 깨닫습니다. 내각 각료, 백악관 참모, 그 밖에 정책 과정에 참여하는 사람들은 일반교서에 담긴 특정 정책의 중요성을 알고 있습니다. 정책에 대한 호의적인 언급은 내각 각료와 기업을 한데 어우러지게 하는 동시에 대통령의 지지를 얻게 합니다. 제한된 몇 개의 정책에만 이러한 호의가 베풀어질 수 있으므로 부족한 정치적 자산을 차지하기 위한 매우 실질적인 경합이 일어납니다. 우리는 이 게임을 '누가 마지막 초안을 조종하는가'라고 부릅니다(Kessel, 1972: 3).

일반교서의 최근 역사를 보면 정책 우선순위를 정하는 장치로서 입지를 다졌음을 알 수 있다. 적어도 시어도어 루스벨트(Theodore Roosevelt) 때부터 대통령은 일반교서를 국외와 국내 정책 양쪽의 우선순위를 드러내는 방법으로 사용하고 있다. 이 메시지는 입법화의 우선순위와 직결되는 언급이기에 백악관 참모들에게 우선 중요한 의미를 갖는다. 연설문에 포함된 요구의 수준, 문장 길이, 구두점에 대해서도 분쟁이 일어난다. 프로그램은 종종 '상세 목록'과 따로 발표되거나, 연두교서의 국내 부문 앞쪽에 오거나, 연설의 도입부 및 결론부에 언급될 때 더 높은 우선순위를 갖는다. 한 전직 연설문 작가가 다음과 같이 불평했다. "이렇게 여러 부서의 직원들이 언쟁을 벌이는 장면을 본 적이 없습니다. 각자 좋아하는 문장이 있고 하나같이 그 문장이 가장 먼저 나오기를 바랍니다. 마지막 초안에 모든 것을 포함시키려 했지만 거의 불가능했습니다. 그들은 모두 멈춰 서서 초안을 체크하고 연필로 여기저기를 수정했습니다." 상황이 이렇다 보니 연설문에서 언급되는 것만으로 충분하지 않았다. 대통령의 옹호자들은 우선순위가 드러난 명료한 문장을 원했다. 연설문 작가는 "그들은 자신의 프로그램이 제일 앞에 있는지 알고 싶어 했습니다. 그들은 서류가 의회 의사당에 전해지기를 원했고 정확한 단어 수를 지적했습니다. 그들은 '우리의 최우선적인 국내 정책 요구사항이 교서의 맨 앞에 있음을 보십시오'라고 말할 것입니다. 이는 분명히 그들에게 중요한 문제입니다. 그렇지 않다면 그렇게 싸우려 들지도 않았겠죠. 나는 이것이 어느 정도 대통령에게 효과가 있었다고 확신합니다"라고 말했다.

2. 필수 목록에 올라가기

다섯 행정부의 참모들 모두 대통령의 우선순위가 지닌 중요성을 익히 알았다. 비록 대통령의 우선순위가 문서화되거나 확실한 수치로 표시되지 않더라도 참모들은 어떠한 항목이 가장 중요한지를 안다(여러 참모들은 우선순위를 안다는 것이 대통령과 가까워졌다는 신호라고 말했다. 케네디의 한 측근은 "최우선순위에 관한 어떤 감이 있었습니다. 어떤 것이 중요하고 그렇지 않은지를 아는 거지요. 잘 모르는 사람들은 그것에 관여되지 않은 사람이라고 보면 됩니다"라고 말했다). 대통령의 우선순위가 바뀌고 특정 시기와 관련성을 가지면서 특정 항목은 목록에 오르고 어떤 것은 탈락한다. 몇 가지 일정한 고려에 따라 필수 목록에 항목들이 오르내린다. 여기서 필수 목록이 최우선 어젠다라는 사실을 깨닫는 것이 중요하다. 대통령이 국내 정책을 수립함에 따라 우선순위에 오르는 항목이 있는가 하면 밑바닥으로 떨어지는 항목도 생긴다. 그러므로 어떤 기준으로 그리고 왜 대통령이 국내적 요구를 분류하는지에 관심을 가져야 한다.

1) 입법화 가능성

놀랄 것도 없이 최우선순위를 정할 때 대통령과 참모들은 입법화에 성공할 가능성이 높은 프로그램에 중점을 둔다. 대안을 찾는 것과 마찬가지로 대통령의 우선순위는 정치적 자산에 대한 평가를 반영한다. 한 참모는 "법안이 의회에 제출될 때와 모든 것이 준비되었을 때 대통령의 압력이 필요합니다. 이런 경우 우리는 확실하게 법률안이 통과될 수 있도록 신속하게 조치를 취합니다"라고 말했다. 입법화의 잠재력은 국내 우선순위의 반영으로 평가된다. 닉슨의 측근은 다음과 같이 말한다. "우리는 주요 법안과 프로그램의 진행을 지켜봤습니다. 특정한 항목의 중요성을 높일 때가 있는데, 주로 법률안의 통과가 임박한 경우에 종종 발생합니다. 가끔 우선순위에 있는 어젠다를 가로막는 항목의 순위를 낮추기도 합니다."

참모들에 따르면 우선순위는 '정책 창문' ─ 킹던의 연구(Kingdon, 1978)에 나온 개념 ─ 과 밀접한 관계를 갖는다. 즉, 입법화될 기회는 창문이 열려 있는 아주 짧은 순간이다. 포드의 참모는 다음과 같이 말한다. "때때로 더 짧은 기간 내에 입법화할 가능성도 있습니다. 당신의 노력을 도와줄 청문회나 의회 투표를 찾아낼 수도 있습니다. 그 순간이 바로 실패와 성공의 갈림길입니다." 창문을 여는 방법 중 하나는 항목을 필수 목록에 올리는 것이다. 케네디의 한 측근은 말한다. "기자회견에서 프로그램을 언급하는 것이 의회의 반응에 얼마나 큰 영향을 끼치는지 알면 놀랄 것입니다. 의회는 분명히 알아듣고 대통령의 요구에 응할 것입니다. 시작부터 유리한 고지를 차지한다면 성공률도 올라갑니다. 아주 간단한 이야기 아닙니까?"

'정책 창문'은 정치적 관심의 융합을 필요로 한다. 의회, 대통령, 이익집단, 행정 부처들은 결정적인 순간에 한데 뭉칠 것이다. 1974년의 국민건강보험이 하나의 사례이다. 민주당원들은 법안을 만들기로 결정했다. 조직화된 노동자들과 합의에 이르렀다. 닉슨은 포괄적 합의안을 지지했다. 봄에 잠시 열렸던 '정책 창문'은 닉슨이 사임하고 노동자들이 1976년 투표를 기다리자는 의견을 제출하면서 다시 닫혔다. 참모들에 따르면 대통령의 우선순위는 이렇게 닫힌 창문을 열게 하는 강력한 도구일 수 있다. 존슨의 한 측근은 "기회가 생겼을 때 대통령은 계속 압력을 가해야 합니다. 기자회견에서 프로그램에 대해 언급할 뿐 아니라 방송 연설, 전화 통화 등 모든 것을 동원해야 합니다. 대통령은 그 프로그램이 우선순위임을 명확하게 해야 합니다"라고 말했다. '정책 창문'은 대개 임기가 시작하는 시점에 열리며 시간이 경과하면서 차츰 닫힌다. 대통령의 입지가 좁아지면서 기회도 감소한다. 참모들에 따르면 대통령의 우선순위는 입법화 과정의 갈등을 잠재우는 주요한 무기이다. 항목을 필수 목록으로 옮기는 결정은 법률안 채택을 가속화할 수 있다. 이는 입법화의 창문을 열 수도 있다. 대통령은 국내 프로그램을 집행하는 데 시간제한이 있지만, 우선순위를 활용하면서 극적인 효과를 낳을 수 있다.

2) 위기

입법화 창문을 넘으려 할 때 대통령의 우선순위는 위기에 대한 인식을 반영한다. 대통령과 참모들은 즉각적인 주목을 필요로 하고 감지된 문제에 더 많은 주의를 기울인다. 케네디 - 존슨 시기의 한 연락 참모는 "위기는 종종 법안 가결에 필요한 순간적인 격동을 제공합니다. 특정 이슈를 확실하게 촉발하는 사건이 발생하면, 이를 법안 통과 시스템에 연결하는 것이 중요합니다. 의회는 위기에 더욱더 책임감을 갖게 됩니다"라고 말한다. 케네디의 인권 법안에 대한 버밍햄 폭동의 충격을 떠올려보자. 1963년 4월, 5주간 시위에 따른 폭력사태가 벌어져 인권 문제에 전 국민의 이목이 집중되었다. 케네디는 군인을 버밍햄 근처의 주둔지로 보냄으로써 그 위기에 대응했다. 또한 즉각적인 입법을 촉구하는 결정을 했다. 위기는 실질적인 행동에 필요한 '창문'을 제공했고, 인권 법안은 케네디의 첫 번째 필수 목록이 되었다. 케네디의 한 측근은 이렇게 회상했다. "버밍햄은 뒤에서 입법을 밀어주는 힘이 되었습니다. 그것은 대통령의 선택에서 촉매 역할을 했습니다. 버밍햄이 없었다면 1965년까지 시민권 법안이 완성되었을지 의심스럽습니다. 그 정도로 민감한 사안이었습니다. 버밍햄은 겁을 준 동시에 중요한 역할을 했습니다. 이 사건이 발생하지 않았다면 대통령은 2년을 더 기다려야 했을지 모릅니다." 위기는 인권을 대통령의 국내 어젠다 첫 번째 자리로 올렸다. 이는 이슈와 대안을 제공했을 뿐 아니라 인권을 케네디의 필수 목록에 올렸다.

위기는 닉슨의 어젠다에도 영향을 미쳤다. 1973년 10월 6일에 이스라엘과 이집트 사이에 욤 키푸르 전쟁(Yom Kippur War)이 발발하자 미국은 아랍에 대해 강경한 입장을 취했다. 이에 대해 아랍권은 10월 말에 전면적인 석유 수출 금지로 대응했다. 초기에 미국은 수입 유류 비축량의 10% 저하를 예상했지만, 겨울 중반에 이르자 그 수치들은 올라갔다. 닉슨 행정부에 따르면 아랍의 석유 수출 금지 조치는 일련의 에너지 법안이 제출되는 직접적 요인이 되었다. 석유 위기는 에너지 관련 어젠다가 국내 프로그램의 우선순위를 차지하게 했다. 닉슨 행정부의 에너지 전문가는 다음과 같이 말했다. "알래스카 파이프 라인, 55마일 속도 제한, 낮 시간 전기 절약, 자원 독립 프로그램 등은 모두 석유수출국기구(OPEC)의 행동에 따른 산물이었습니다. 에너지 상황은 1972년 이전과 달라졌으며, 우리는 간단하게 문제를 예측할 수 없었습니다. 석유 수출 금지 조치는 어젠다를 극적으로 변화시켰습니다." 또 다른 닉슨의 참모는 이렇게 말했다. "석유 수출 금지 조치는 정부 전체에서 가장 중요한 사건이었습니다. 우리는 공급 중단에 대처할 준비는 물론, 가격 인상에 대응할 준비도 되어 있지 않았습니다. 석유 수출 금지 조치는 우리의 우선순위를 완벽하게 바꿔놓았습니다. 에너지는 최우선과제가 되었습니다."

석유 위기의 분위기는 카터의 에너지 정책 우선순위에도 영향을 미쳤다. 카터가 포괄적인 에너지 계획을 열정적으로 지지했는데도, 참모들은 1979년에 성공을 가져다줄 열쇠로서 위기의 효과를 강조해 이야기했다. 그 시점까지 정부는 에너지 법안에서 주목할 만한 성과를 보이지 못했다. 한 측근은 이렇게 말했다. "우리는 한걸음도 나아가지 못했습니다. 법안은 의회에서 환영받지 못했고 대중에게 외면당했습니다. 3년 후에도 프로그램은 받아들여질 기미를 보이지 않았습니다." 1979년 여름에 캘리포니아와 컬럼비아 주의 송유관 문제가 인식을 바꿨다. 11월에 발생한 이란의 석유 수출 금지와 짝을 이뤄 송유관 문제는 에너지 계획에 대한 지지 물결을 일으켰다. 비록 준비된 가솔린 배급이 그해 여름에 실패했지만 1980년대 초에 에너지 관련 법안이 통과되었다. 그리고 초과이득세 관련 법안은 여름에 정체되었지만, 1월에 반향이 생겼다.

대통령의 우선순위는 비용과 이익에 대한 인식 모두를 반영한다. 대통령은 아주 중요하거나 다른 것들보다 더 급한 프로그램, 또한 훨씬 직접적인 영향을 끼치는 프로그램이 아닌 한 필수 목록으로 옮기지 않는다. 대통령이 필수 목록을 내놓았을 때 성공과 위기의 가능성은 아주 중요한 요인이다.

3. 필수 목록에서 누락되기

어젠다가 우선순위 목록에 올라갔더라도 영원히 머무르는 것은 아니다. 어젠다는 여러 이유로 필수 목록에서 빠진다. 우선 법률로 제정되면 어젠다는 자동적으로 우선순위 목록에서 삭제된다. 프로그램이 통과하면 행정적 처리 사항은 다른 항목들로 이동한다. 항목들은 제한된 공간 때문에 탈락되기도 한다. 대통령 어젠다에 많은 항목을 담을 수 없기 때문에 최우선순위의 목록은 그 순간에 주어진 몇몇 항목에만 주목한다. 우리는 이미 국내 어젠다가 내적·외적 자원으로부터 제한될 수 있음을 봤다. 우선순위 목록도 비슷하게 제한된다. 존슨와 카터의 참모를 지낸 한 인사는 다음과 같이 말했다.

> 한 번에 얼마나 많은 아이템을 다룰 수 있을까요? 가장 중요한 우선순위가 진행되는 경우 일정은 상당히 촉박합니다. 의회에 법안을 밀어붙이려면 많은 노력을 기울여야 하는데, 이는 특히 반대와 논쟁거리가 있을 때 더합니다. 대통령이 한 프로그램을 첫 번째 우선순위라고 하면, 다른 프로그램들은 입법화가 확실해질 때까지 기다려야 했습니다. 존슨은 곧잘 어젠다를 쟁반으로 생각했습니다. 쟁반에 물건을 가득 채울 수는 있지만 너무 높게 쌓을 수는 없습니다. 또한 여러 가지를 나르더라도 테이블에 음식을 흘려서는 안 된다는 의미였습니다.

분명히 대통령의 우선순위 목록에서 누락되는 것은 좌절이나 불만을 나타내는 신호이다. 좌절은 의회 행동의 부재로 인식될 수도 있다. 복지 개혁은 닉슨의 목록에서 부분적으로 떨어져 나왔는데, 이는 이길 수 없는 상황에 대통령의 자원이 과도하게 투자되었기 때문이었다. 교육과 의료보험에 대한 지원은 케네디 정부에서 비슷한 이유로 철폐되었다. 내부적인 재평가 때문이었다. 도심 재개발 보조와 실질임금 보장은 손실된 원조비용에 대한 카터 행정부의 내부적 검토를 거쳐 부분적으로 폐지되었다. 카터의 참모는 마침내 도심 재개발 보조와 실질임금 보장에 관한 많지 않은 예산마저 폐지하는 법안을 다시 기초했다. 어떤 도시의 사무공무원은 "도심 재개발 보조는 다시 기초되어야 했습니다. 의회가 그 법안을 받아들이지 않았거든요. 우리는 공식적으로 통과된 수많은 법안에 행복했지만, 잘 따져보면 통과된 법안에는 중요한 요소들이 빠져 있었습니다"라고 말했다.

이익 감소의 신호는 입법화의 철회를 요구하는 관계 당국의 요청을 매개로 의회에 전달된다. 케네디의 한 측근은 "그것은 항상 하나의 선택이었습니다. 그러나 좀처럼 사용되지는 않았습니다. 만약 하나의 항목이 의회에서 죽어가고 있다면 우리는 일반적으로 그 항목을 안락사시켜야 했습니다. 제안을 폐지하라고 부탁하기란 민망했습니다"라고 회상했다. 백악관은 우선순위에 대한 논의를 중단할지도 모른다. 의회는 대통령의 신호들을 관찰한다. 만약 대통령이 법안에 대한 압력을 멈추면 의회는 변화를 느낄 것이다. 언론의 관찰자들은 "복지 개혁안은 닉슨이 복지 개혁에 대한 요구를 중지했을 때 중단된 셈입니다. 닉슨은 이제 그 법안에 관해 논의하지 않았고 참모들도 관심을 보이지 않았습니다. 법안은 의회에서 표류했을 따름입니다. 그것은 오랜 기간에 걸친 결정이었으나 침묵하는 양상이 두드러지게 나타났습니다"라고 말했다. 또한 제도적인 기회들도 포기했다. 만약 그 제안이 2년간 의회에서 통과되지 않았다면 법안은 다음 회기에 다시 제출되어야 한다. 대통령은 단지 새로운 지원을 요청하지 않는 결정을 하는 것만으로도 우선순위를 폐지할 수 있다. 예산관리국 공무원에 따르면 "우리는 법안의 상정과 통과를 관찰합니다. 법안 중 일부는 매해 반려됩니다. 대통령은 이러한 법안을 원하지 않습니다." 대통령은 더 나은 기회를 기다릴지, 아니면 완전히 포기할지 결정해야 한다.

1) 의회의 저항

우선순위의 변동에 대한 해석은 많은 경우 의회의 저항에 집중된다. 성공 가능성은 어떤 항목을 필수 목록으로 올리기도 하고, 실패의 망령은 어떤 항목을 필수 목록에서 떨어뜨린다. 예산관리국의 한 분석가는 다음과 같이 말했다. "대부분의 대통령은 통과할 기회가 없으면 우선순위를 관철시키려 하지 않습니다. 백악관은 매 시점마다 손익 평가를 통해 어젠다를 계속 이어나갈지 결정합니다. 만약 기회가 더 없다면 백악관은 법안을 다시 기초하거나 조용히 폐기합니다." 대통령의 참모에 따르면 어젠다 우선순위들은 의회의 심의 평가를 통과하지 못했을 때 다시 비판적으로 검토된다. 교육, 의료보험, 복지를 개혁하려는 목표와 도심 재개발 보조는 의회가 대통령 우선순위에 관해 얼마나 강력한 영향력을 행사하는지 보여주는 대표적인 예들이다. 닉슨 정부의 가족원조계획을 다시 떠올려보자. 한 측근은 다음과 같이 기록했다.

우리는 1969년 8월에 가족지원계획을 의회에 보냈지만, 1970년까지 발언할 기회를 얻지 못했습니다. 우리의 법안은 그해 하원을 통과했으나 상원의 견해를 바꾸지는 못했습니다. 우리가 가진 모든 것을 가지고 상원을 방문했으나 그들은 만나주지 않았습니다. 되도록 오랫동안 법안과 함께 그곳에 머물렀지만, 결국 포기했습니다. 얼마나 열심히 추진했는지와는 상관없이 법안은 통과될 기미조차 없었습니다. 그래서 우리의 에너지를 다른 프로그램에 투입하기로 결정했습니다. 우리는 복지 개혁에 관한 한 벽에 맞닥뜨리게 되었고, 이내 물러서기로 했습니다.

카터는 복지 개혁에 관한 견해와 유사한 문제들에 직면했다. 가족원조계획처럼 '직업과 소득의 개선을 위한 카터 정부의 법안'은 통과되지 못했다. 시간과 에너지가 막대하게 투자되었는데도 법안은 지연되었다. 카터 정부의 한 참모는 다음과 같이 말했다. "우리는 아직까지 복지 개혁에 관심이 있으나 의회 통과를 위해 아무것도 할 수 없습니다. 1978년 당시 법안이 통과되지 않을 것은 명백했습니다. 우리는 많은 기초소득계층과 연결하려고 했습니다." 그러나 그 법안은 실현되지 못했다. 1979년에 카터 정부의 정책 목록에서 제외되었다.

카터 행정부의 한 공무원은 다음과 같이 말했다. "아무도 그 프로그램에 더 시간을 들이자고 주장할 수 없었습니다. 의회에서 그 법안이 논의되지 않은 것이 분명합니다. 왜 보지도 않고 버리려 할까요?" 또한 직업과 소득의 개선을 위한 카터 정부의 법안은 경제적 비용과 관련된 문제들로 훼손되었다.

대통령이 우선순위를 잃는 기간이 얼마나 지속되는지 예측하기는 어렵다. 복지 개혁은 카터 정부 3년 동안 필수 목록에 있었다. 존슨의 한 측근은 이렇게 말했다. "법안이 통과될 기회가 없는 것이 명백해질 때까지 법안을 반복해 강조해야 했습니다. 만약 법안이 진실로 대통령에게 중요하다면, 더 중요한 법안이 막힐 때까지 그 법안을 체류시켜야 했습니다. 교육에 관한 원조가 시민권에 영향을 미치기 시작했을 때 케네디는 그것의 폐지도 염두에 둬야 했습니다." 한 외부 관찰자는 그 과정을 간결하게 정리했다.

우리는 대부분 법안의 빠른 변화에 주목했습니다. 어느 날 몇 개의 이슈는 매우 격렬해졌습니다. 의회와 대통령이 동시에 관심을 가지게 되었고, 심지어 관료들도 관심을 가졌습니다. 그러나 오래가지는 않았습니다. 수뇌부는 자신들의 주장에 따라 영역과 이해관계를 정밀하게 계획하려고 합니다. 밤새 비등점까지 끓어올랐다가 곧바로 냉각되는 일은 아주 흔합니다. 때때로 냉각이 그 과정을 방해하기도 합니다. 특정 이슈들은 대개 중도 의견으로 수렴됩니다. 아니, 강렬한 열정이 중화된다고 하는 것이 맞을지도 모르겠습니다.

관심의 시작이 무엇이었든지 간에 포기를 초래하는 실패는 반복된다. 케네디의 측근은 다음과 같이 말했다. "우리 중 어느 누구도 의료보험법안의 포기를 원하지 않았습니다. 그것은 뉴프런티어 정책의 중요한 부분이었기 때문이지요. 하지만 법안이 통과될 수 없다는 것이 명백해졌습니다. 윌버 밀스(Wilbur Mills)는 법안이 위원회 밖으로 벗어나는 것을 허락하지 않았습니다. 대통령은 여전히 법안을 떠안고 있었지만 항복하는 것이 눈앞의 현실이었습니다."

행정부 공보실은 어젠다 결정에서 비판적 참여자이다. 잠재적 성공의 평가는 우선순위 목록과 실패에 영향을 미친다. 그러나 공보실 직원은 다음과 같이 말했다. "우리는 법안에 책임감이 없습니다. 백악관은 의회의 과정을 평가하고 건의해야 합니다. 법안은 통과할 수도, 통과하지 못할 수도 있습니다. 백악관은 1년 동안 법안에 장애물로 작용할 요소를 예견하고 조사해야 합니다. 어떤 대통령이 재선에 성공할까요? 우리는 무엇을 거래할 수 있을까요?"

대통령은 잠재적 이득과 잠재적 비용을 심사숙고했다. 교육에 대한 원조는 잠재적 이득을 실질적인 자원의 위임으로 보장해야 했다. 심지어 교육에 대한 원조가 부담스럽더라도 관계 공무원들은 계속 로비해야 했다. 교육에 대한 원조는 국내 어젠다와 대통령의 임기·에너지·자원의 투입이 보장된 투자의 중심적인 주제였다. 그러므로 우선순위에 관한 결정은 다른 어떤 선택보다도 비용과 이익의 계산과 관련된다.

2) 증가되는 비용

법안은 때때로 증가되는 비용에 의해 우선순위 목록에서 제외된다. 의회의 공청회든지 내부 조사든지, 어떤 법안은 늘어나는 정치적·경제적·기술적 비용으로 인해 우선순위에서 멀어진다. 독자적인 기관으로 의회예산실이 출현하자 대통령은 외부의 분석을 점점 반대하게 되었다. 카터의 복지 전문가는 이렇게 말했다. "물론 우리는 의회예산실에 주목했습니다. 직업과 소득 개선을 꾀하는 법안에 관한 그들의 조사는 큰 타격이었습니다. 우리의 수치는 매우 잘못되거나 오도되었습니다. 이제 의회는 우리의 분석을 받아들이지 않았습니다." 의회예산실 앞에서는 경쟁력 있는 분석들도 이용되지 않거나 무시되었다. 예산관리국은 예산상 충격에 관한 평가를 제공하기는 하지만, 각 법안을 비용과 능률을 기준으로 분석하는 것은 가능하지 않다. 예산관리국과 대통령은 때때로 같은 부서의 도움에 의존해야 한다.

1969년에 보건교육복지부의 정보는 백악관의 어젠다 평가 과정을 지배했을 뿐 아니라 의회 내의 실용적인 반대 분석을 배제했다. 닉슨의 가족원조계획의 최종적인 실패는 기본적 수치에 관한 확신감이 결여된, 매우 제한된 사례들과 연관되었다. 1977년에 의회예산실은 매우 다른 수치들을 제공했다. 결국 의회 예산실은 보건교육복지부의 컴퓨터 시스템으로 가족원조계획 법안에 관한 자체 분석을 시작했다. 의회예산실이 카터 정부의 복지개혁계획을 통찰하고 그 것에 관한 인원과 비용을 평가하는 데 4개월이 걸렸다. 1982년에 카터 정부는 복지개혁계획 비용을 28억 달러라고 공포한 데 반해 의회예산실은 192억 달러로 추정했다.

1977년 12월에 이미 카터 정부의 참모는 공개된 의회예산실의 복지개혁계획의 분석에서 비용에 관한 불일치의 단서를 받았다. 1977년 10월 이전에 닉슨 정부에서 국가적으로 존경받던 복지전문가이자 보건교육복지부 장관을 지낸 리처드 나단은 하원 복지 개혁 분과위원회에 앞서 그것을 증명했다. 나단은 자신의 증언에서 카터 정부의 수치는 훨씬 크다고 하면서 "그들이 이야기한 것보다 두 배, 아니면 그 이상 비용이 크다"라고 했다. 백악관의 첫 반응은 놀라움이었다. 카터의 측근은 "솔직히 불일치할 줄 몰랐습니다"라고 말했다. "의회의 공청회는 많은 복지 개혁을 재고하는 계기가 되었습니다. 그때 의회예산실의 보고서가 등장했지요. 우리는 큰 손실 없이 법안을 포기하는 방법을 고려하기 시작했습니다."

비용을 고려한 결과, 도심 재개발 보조가 삭감되거나 실질임금 보장이 약화되었다. 도심 재개발 보조 계획의 진척은 내부 절충안을 끌어내는 데 공을 들이느라 1년 넘게 소요되었다. 그 법안은 총괄적인 법률로 소개되었으나, 다양하며 개별적인 제안들과 연관되었다. 비록 정부는 논란의 여지가 없는 항목에 관해 약간의 성과를 거뒀지만, 지출이 큰 항목은 추진하지 못하고 있었다. 카터의 연락 참모는 이렇게 말했다. "의회는 큰 비용의 항목에 대한 양보를 거절했습니다. 그들은 이미 비용 절감 구조 속으로 미끄러져 들어가기 시작했습니다.

우리는 프로그램을 일정한 비율로 줄이는 쪽으로 후퇴할 수밖에 없었습니다."
실질임금 보장에 현저한 노력을 기울였는데도 도심 재개발 보조와 비슷한 처지에 놓였다. 이 계획은 소득 증가가 카터 정부의 7% 가이드라인보다 낮은 사람들에게 세금을 할인하는 것을 의미한다. 인플레이션이 8%까지 치솟은 상황에서도 계획은 비경제적이었으나 견뎌낼 만했다. 그러나 인플레이션이 계속 심화될수록 계획을 감당하기 어려워졌다. 한 측근은 "0.5%의 인플레이션 상승은 수십억 달러의 손실을 의미했습니다. 일단 인플레이션이 8.5%를 기록하게 되면 실질임금 보장 프로그램은 한층 더 비경제적일 수밖에 없습니다"라고 말했다. 결국 그 계획은 카터 정부의 필수 목록에 들어왔다가 나가기를 거듭했다. 1978년 말에 필수 목록에서 최우선순위였던 것이 1979년 1월에는 떨어졌고, 2월에 잠깐 올랐다가 3월에는 다시 떨어졌다. 이러한 부침은 경제적·정치적 비용과 이슈의 중요성에 관련된 대통령의 판단이 반영되었음을 의미한다.

프로그램은 대통령의 우선순위 목록에 오른 순간부터 자연적으로 축소된다. 좀 더 오래 목록에 남을수록 다른 이슈로 바뀔 유인이 발생한다. 그 항목은 전적으로 새로운 '정책 창문'이 등장할 때까지 버려지거나 강등된다. 한 언론인은 다음과 같이 주장했다. "프로그램이 오랫동안 우선순위 목록에 올라 있을수록 그 프로그램에 대한 반대가 많아집니다. 우선순위가 높을수록 채택에 관한 압력이 높아질 것입니다. 만약 프로그램이 1년 내지 2년 안에 통과하지 못한다면 심각한 문제가 생길 것입니다." 대통령은 적절한 방법을 통해 프로그램을 감싸거나 강력하게 반대한다. 그러므로 만약 하나의 이슈가 짧은 시간 내에 호소력을 얻지 못하면 백악관 참모들에 의해 삭제된다. 참모들은 '정책 창문'을 빠르게 열거나 닫는다. '정책 창문'을 통과하기 위한 시간은 매우 짧고, 대통령의 힘은 점점 제한되어간다.

4. 결론

대통령의 공적 어젠다로 올라가는 항목 중에서 어떤 항목은 최고의 관심을 받는다. 참모들에 따르면 항목들은 성공 가능성이 커질 때 대통령의 필수 목록으로 올라간다. 항목들은 비용이 커지거나 입법화에 실패하면서 필수 목록에서 탈락한다.

항목이 대통령 어젠다에서 상위에 도달하면, 의회에서 통과될 때나 다른 항목에 자리를 내줄 때까지 그곳에 머문다. 만약 의회가 그 항목을 승인하는 데 실패하거나 프로그램의 비용이 증가하면 대통령은 프로그램의 폐기를 심각하게 고려한다. 제8장에서 다루겠지만, 이 결정은 참모들의 갈등을 낳게 된다.

대통령의 우선순위는 증가하는 국내 경쟁의 충격을 줄이는 통로로 작용하기도 한다. 대통령은 넓은 이슈 범위에 초점을 맞출 여유가 없고 약간의 보장만 약속할 뿐이다. 대통령의 정치적 자원이 부족해지고 의회와 경쟁하게 되면서 대통령들은 우선순위에 관한 지표를 산출해야 했다. 1960년대보다 현재, 대통령은 더욱더 어젠다 사이에 명백한 우선순위를 지녀야만 한다. 자원을 낭비할 여유가 없기 때문이다.

8

대통령의 선택
presidential choice

국내 정책 선택은 많은 압력을 수반한다. 대통령은 비용은 줄이고 이익은 극대화하기를 바란다. 입법 과정이 형성되는 동안 정치적 자산을 유지하려 하고, 어젠다를 좋은 정책의 희생 없이 빨리 전환하려고 한다. 그러므로 어젠다를 형성하는 과정은 양자를 동시에 만족시키는 행위가 된다.

카터의 1978년 도심 재개발 보조 정책은 국내 어젠다 형성 과정에서 영향력을 보여주는 사례이다. 대부분의 대통령 우선순위와 마찬가지로 결정은 상당한 대립과 불확실성을 안고 있다. 하지만 선택된 어젠다는 종합된 정책 대안들보다 우선순위에 놓이는 경우가 많다. 한 신문은 다음과 같이 적고 있다.

긴 논쟁, 다툼, 로비, 쉽지 않은 타협이 이어지는 과정은 정치적·경제적 제한 속에서 국내 정책이 만들어지는 방식을 설명한다. 이러한 과정은 대통령의 의사결정에 대해 알려준다. 그 과정은 대통령의 권위에 대한 한계, 비판하는 사람들의 언행, 많은 정부 정책들이 실행되지 않고 종결되는 이유를 보여준다.

정책은 너무 정치적이기에 차라리 현실적이다. 정책은 모든 국민을 위해 효과가 작을지라도 뭔가를 기여할 수 있다. 그 예로 시장(市長)들에 의한 재정상의 도움이 있기는 하지만 많지는 않다. 지역주민 집단을 위한 기금을 곧바로 조성할 수 있지만, 시장의 동의 없이는 불가능하다. 그들의 도시를 돕도록 주를 설득하는 격려금은 있지만, 자발적으로 시행하지 않는다고 해서 처벌할 수는 없다.

궁극적으로 시장들, 관리, 지방 변호사들, 사업가, 연방 관료들에 의한 로비에 따라 계획이 형성된다. 영향력 있지만 인색한 예산관리국은 새로운 프로그램이나 아이디어를 제공하려는 열망에 찬물을 끼얹기도 한다(Reinhold, 1978: 1).

카터는 이데올로기와 재선 사이에서 곤경에 빠져 있었다. 카터는 정부가 도시 문제를 해결할 능력을 지녔는지에 회의적이었으나, 자신의 선거에서 득표 기반이 되는 흑인, 노동자, 빈곤층에 빚을 지고 있었다. 카터가 문제를 해결하기로 결정하자마자 비용이 대안에 대한 주된 압력으로 작용했다. 그러나 겉보기에 도시정책이 중요해졌는데도 카터는 즉각 결정을 내리지는 않았다.

모든 과정에서 대통령의 역할은 분명하지 않다. 대통령은 정기적으로 브리핑을 받았지만, 정책이 발표되기 5일 전에도 법안의 모든 것을 숙지하지 못했음이 분명했다. …… 가부를 표시해야 할 178쪽의 결정사항 메모가 이미 있었는데, 아이젠슈타트와 예산관리국에서 추천받은 각각의 목록도 더해졌다. ……

한 측근은 "카터는 서면으로 보는 것을 좋아했다. 그는 간단하게 요약해서 신중하게 읽은 후 결정했다"라고 말했다. 또한 그는 백악관에서 마지막 순간에 흥분하는 일은 비일비재했다고 단언했다. 그러나 그것은 다른 사람들을 주눅들게 했다. 한 관리는 "카터는 홀로 앉아 여러 가지를 확인했다"라고 말했다(Reinhold, 1978: 1).

카터는 상대적으로 격리된 대통령 집무실에서, 세부적인 메모 속에서 선택하기를 즐겼다. 차이점이 무엇일까?

이 문제를 해결하는 하나의 방법은 케네디·존슨·포드와 닉슨·카터를 비교해보는 것이다. 백악관 관료에 따르면 케네디, 존슨, 포드는 직접 대부분의 결정을 내리려 했다. 이 세 명은 이해관계자들의 현실에 대한 모든 논쟁을 직접 해결했다. 그들은 상대적으로 열린 환경에서 논쟁에 맞서 국내적 결정을 내렸다. 그들은 정책 메모를 결정에 초점을 맞추는 데 사용했으나 주된 이슈들은 직접 결정했다. 그 반면 닉슨과 카터는 대부분의 결정을 서면으로 내리고자 했으며, 경쟁적인 요구들을 다루는 결정 메모를 놓고 선택했다. 닉슨과 카터 모두 공식적이지 않게 홀로 숙고하며 국내적 결정을 했고 사적인 대면을 피했다. 예산관리국의 한 관리는 포드와 카터의 차이를 다음과 같이 요약했다.

> 포드와 카터는 밤낮 없이 일하는 것을 좋아했습니다. 포드는 주창자들과 아무 거리낌 없이 직접 대면해 토론하기를 즐겼다. 내부적 대립이 발생한 경우, 그는 그 대립을 의회가 아닌 대통령 집무실을 통해 외부로 공개하고자 했다. 포드는 대부분의 차이점을 조정할 수 있다고 믿었기에 반대편의 주장을 직접 들어보려 했다. 반면에 카터는 직접적인 대면을 싫어했다. 카터는 자신을 대립에서 격리하는 시스템을 구축했다. 그는 사람들의 다툼을 듣기를 원하지 않았다. 그는 논쟁을 '읽고자' 했고 찬반양론을 놓고 결정 내리기를 즐겼다.

직접 결정(in-person) 전략과 서면 결정(in-paper) 전략에는 어떤 차이점이 있을까? 어떤 관료들은 서면 접근법이 좋은 아이디어를 억압할 수 있다고 말한다. 닉슨의 한 측근은 이렇게 말했다. "당신이 아이디어를 서면으로 작성하지 못한다면, 그 아이디어를 대통령에게 보여줄 수 없습니다. 결국 메모를 준비하지 못했다는 이유로 좋은 아이디어들을 잃게 되는 셈입니다." 카터의 관료도 동의했다. "만약 당신이 의사 경로를 통과하지 못한다면, 대통령은 절대 들으려 하지 않을 것입니다. 의사 경로를 거칠 준비가 되지 않았다는 이유로 대통령은 좋은 아이디어조차 고지식하게 매도하고는 거들떠보지 않았습니다. 서면으로 작성되지 않았기 때문입니다." 카터의 한 측근은 이렇게 말했다. "카터는 아이디어를 들었더라도 서면으로 다시 올 때까지 검토하지 않을 정도였습니다."

서면 접근법으로는 문제에 대한 참모들의 집념을 파악할 수 없다. 케네디, 존슨, 포드는 정책 입안에 몰입하는 참모의 집념을 측정할 수 있었지만, 닉슨과 카터는 이를 살리지 못했다. 카터의 한 측근은 다음과 같이 말했다. "모든 사람들은 같은 서류를 검토합니다. 캘리파노는 아이젠슈타트만큼 정책을 추진하는 데 침착했습니다. 하지만 현실 세계에서는 성과를 내지 못했습니다. 만약 캘리파노가 화가 났는데 대통령이 이를 모른다면 의회에서는 어떤 일이 발생할까요? 대통령은 잠재적인 반대가 있다는 사실을, 자신이 결정한 이후가 아니라 이전에 찾아내야 했습니다." 정책 결정 메모는 아이디어에 반대하거나 찬성하는 측근들의 목록을 포함하지만 집념을 측정할 수는 없다. 대부분의 경우 마지막 참모가 강조해서 한 말이 결국 가장 큰 영향력을 지니게 된다. 포드는 다음과 같이 말했다.

전문가들 사이에 서로 다른 선호가 존재하고 대립이 발생할 수 있습니다. 나는 결정을 위해 문제들이 내 책상으로 올라오기 전에 합의되기를 원합니다. 물론 정책 과정에서 다른 점을 파악하기 위해 서로 암중모색할 권리를 보호합니다. 나는 그것이 그저 약한 합의인지, 아니면 가장 적절한 해답이며 합법적인지를 판단합니다. 우파와 좌파 양쪽의 논쟁을 없앤 타협안도 있겠지만, 이는 상당히 잘못된 것입니다. 그 반면 실제적으로 잘 맞물리는 좋은 합의안도 있겠지요(≪타임≫, 1980년 11월 10일자).

서면 결정 전략이 창조성을 억제하고 대립을 숨기는 반면, 대통령의 많은 시간과 에너지를 절약할 수 있다. 게다가 비밀을 보장한다. "바로 이 지점에서 대통령은 낚시를 하거나 미끼를 달아야만 합니다"라고 닉슨의 한 측근은 말했다. "당신은 영원히 논쟁을 계속해야겠지만 대통령은 사실에 기반을 두고 정책을 결정해야 합니다. 측근들은 …… 그럴 필요가 없습니다. 우리는 모이니한이 가족지원계획에 대해 대통령을 설득했던 과정에서 교훈을 얻어야 합니다." 닉슨이 선호하는 서면 결정 스타일은 그의 인격과 연관된 한편, 복지 논쟁에서 발전해왔다. 복지에 대한 결정의 크기는 가끔 집무실로 들어오는 직접적 대립에 의해 정해졌다. 처음 3개월이 거의 끝나갈 무렵 닉슨은 이미 서면 결정 스타일에 빠지게 되었다. 한 측근은 이렇게 말했다. "닉슨은 모든 험담을 접하고는 피곤해했습니다. 그는 모이니한과 번즈가 자신을 적어도 석 달 전부터 고통스럽게 해왔다고 느꼈습니다." 분명히 닉슨은 '전문가'와 직접 대면하기를 좋아하지 않았다. 복지 개혁에 대한 결정을 내렸을 때 닉슨은 자신의 선택에 대해 번즈에게 직접 말하지 않았다. 그러한 성과를 낳기 위해 번즈는 매우 애썼고, 대통령에 대한 충성심도 높았지만, 닉슨은 그 사안에 대해 자신의 측근인 얼리히만이 번즈와 통화하게 했다.

1. 선택의 세 가지 모델

직접 결정과 서면 결정을 구별하는 것은 대통령의 정책 결정 분석틀의 작은 부분에 지나지 않는다. 하지만 이는 중요하다. 불행하게도 대통령학 연구자들은 백악관의 의사결정 방식을 일시적으로 참고하는 데 그쳤다. 선택의 기법에 대한 연구가 다양하게 진행되었지만, 이를 적용한 것은 일부분에 지나지 않았다. 대통령학 연구자들은 의사결정을 검토하면서, 대개 외국 상황에 초점을 맞췄다. 외교 분야나 국제 문제의 연구 범위를 설정했을 때, 참여자는 물론 결과물 측면에서 덜 복잡했기 때문이다. 쿠바 미사일 위기에서 앨리슨 모형은 대통령의 선택과 의사결정에 관한 표본적 연구의 원천으로 남아 있다(Allison, 1971).

대통령의 의사결정 과정을 연구해야 하는 몇 가지 이유가 있다. 결정 구조는 어젠다 결정에 누가 참여해야 할지를 결정한다. 한 예로 1970~1980년대의 '먼데일 어젠다'는 카터 측근의 자유파가 국내 정책에 폭넓게 참여할 것임을 확신했다. 이는 먼데일, 아이젠슈타트 같은 국내 정책 참모들이 정책을 결정할 기회를 제공했다. 먼데일의 측근은 "어젠다에 관한 가장 중요한 사실은 부통령이 내용의 마지막 결함을 입수했다는 것입니다. …… 그는 누구보다 빨리 메모를 입수했고, 이는 모두가 서명한 뒤 다시 그에게 돌아왔습니다"라고 말했다.

게다가 결정 구조는 장래의 어느 시점에서 고려해야 할 많은 아이디어들에 영향을 미친다. 이미 우리는 국내 정책 과정이 이용 가능한 대안에 초점을 맞추는 방식에 대해 알고 있다. 서면 결정 전략은 신뢰를 준다. 존슨의 측근은 다음과 같이 말했다. "모든 잠재적 선택에 포괄적인 검토를 요구할 이유는 없었습니다. 참모들이 그 모든 것을 찾을 방법도 없었으니까요. 대통령도 마찬가지였습니다. 잠재적 대안이 아무리 많다고 해도, 결국 실제 실행할 수 있는 것은 한정되었습니다." 결정 구조는 다양한 지지를 억제하기도 한다. 존슨과 카터는 잠재적 정책의 연간 여론 조사를 요구했다. 그러나 결과에 대해 토의할 때, 카터는 더 자세한 것을 요구했다. 카터의 한 측근은 다음과 같이 주장했다. "카터는 여론 조사 결과가 적절하게 마련될 때까지 정책을 검토하지 않았습니다. 결국 제한된 수의 아이디어만 백악관으로 들어갈 수 있었지요."

결정 구조는 국내 어젠다를 결정하는 시기에 영향을 미친다. 우리가 알고 있듯이 결정 구조가 다르면 어젠다를 결정하는 데 걸리는 시간의 양도 달라진다. 예를 들어 대통령 선택의 합리적 모형은 값싼 모형보다 더 많은 시간, 에너지, 정보, 전문지식 ─ 모두 행정부에서 희소한 자원이다 ─ 을 요구한다.

앨리슨의 『결정의 본질(Essence of Decision)』이 출판된 지 10년이 넘었다. 조직에 대한 연구는 해가 갈수록 빠르게 성장해왔으나 여전히 조직의 일반 이론에 대한 합의를 이루지 못했고, 용어 정의에서도 확고한 개념이 정립되지 못했다. 그런데도 앨리슨이 강조한 지점을 보충하고 재정립함으로써 새로운 발전을 모색하려는 시도의 전망은 밝다. 앨리슨은 쿠바 미사일 위기를 설명하는 데 세 가지 분리된 모델을 제시했다. '합리적 행위자'로 불리는 모델 I 은 포괄적이라거나 이성적이라고 불리는 결정 구조에 초점을 맞추고 있다. '조직 과정'으로 불리는 모델 II는 대통령 선택의 행위이론을 중심으로 한다. '정부 정책'이라고 불리는 모델 III는 대통령 권력에서 노이슈타트의 협상이론(Neustadt, 1960)을 포함한다. 이 세 가지 모형은 대통령 선택 연구에 있어 여전히 적실하다. 그러나 필자는 논의를 진행하면서 합리적 틀을 유지할 것이다. 앨리슨의 모델 II와 III을 결합시키고 비교를 위해 더 일반적이지 않은 세 번째 모델을 추가할 것이다. 나는 조직적 선택의 세 가지 분리된 모델 — 합리적 행위자 모델, 행태적 모델, 그리고 '쓰레기통 모델' — 에 집중할 것이다. 즉, 그들의 조직적 구조와 행위 모두를 강조하는 것이다.

20년이 넘도록 다른 많은 표현들이 대통령의 의사결정을 묘사하는 데 사용되었다. 적어도 대통령 어젠다 선택과 관련해서만도 수많은 매력적인 용어들로 연구되고 있었다. 바로 합리적·비합리적·단체적·경쟁적, 형식주의, 계층제, 근본, 분파, 정부 정책, 합리적 행위자, 관료정치, 그럭저럭 해내는 것, 방사상, 순환마차 모형 등이다. 다행히 이 모델들의 상당수는 필자가 토의할 세 가지 모델 범주 안에 들어 있다. 이 개념들을 다시 명확히 드러내기 위해 원래의 표현이나 세 가지 주요 의사결정 모델, 그리고 이와 자주 연관되는 모형들에 관해 논의해보고자 한다.

1) 합리적 행위자 이론

합리적 행위자 모델은 전통적인 조직이론 학파에서 형성되었고 선택의 경제적 틀 안에서 강하게 지지받았다. 단적으로 말하면 합리적 행위자 모델은 가치와 실증의 완벽한 기술, 측정된 분석, 비용과 편익에 대한 세세한 분석을 요구한다. 핵심은 '포괄적'이라는 단어에 잘 나타난다. 합리적 행위자 모델은 모델의 요구사항이 대통령의 정책 과정에 지나치게 편향되지 않도록 대다수 사안에 있어서도 증명될 수 있는 것들만 요구한다. 주요 대안들을 나열하며 이 경쟁적 사안들 사이에서 분명한 비교가 이뤄진다. 앨리슨은 다음과 같이 말한다.

합리적 행위자 이론의 위력은 많은 경험 지향적인 사회과학자들에게는 과도한 가격결정 요인으로 나타났다. 엄격한 합리적 행위자 모델은 가치를 극대화한 변형된 형태로 구성되어 있으며 합리적 선택을 유지하고 주어진 비용의 한계 내에서 고정된 대안과 합의 가능 요인을 제안하고 있다. 세 가지 의미들은 각각 확실성, 위험, 불확실성에 상응한다. 그러나 이러한 요인들이 사실상 관리자의 가치를 최대화하는 범위에서 가치 극대화 행위를 보증할 수 있는가? 제안된 대안보다 우선순위가 높은 선택지를 빼놓은 상태에서의 선택을 좋다고 할 수는 없다(Allison, 1971: 31).

충돌은 합리적 행동 모델에서 분석과 설득을 통해 해결된다. 끝까지 살아남는 해결책이 가장 '좋은' 해결책이다. 합리적 선택을 위한 조직 구조는 일반적으로 계층제적이고 전문화되어 있다. 조직은 항상 아이디어와 대안들을 광범위하게 연구할 준비를 해야 한다.

2) 조직행동 이론

행동 모델은 회사에 관한 사이어트와 마치의 분석이 기초가 되었다. 사이어트와 마치는 다음과 같이 분석한다.

독점적 조직이나 회사에 관한 전통적 이론은 미시적 문제에 답하는 데 관련된 조직 이론과는 맞지 않는다. 문제를 해결하며 의사결정을 하는 기구로서 조직이 지닌 상당한 능력을 부정하지 않더라도, 회사는 자신이 처한 불확실성, 유명무실한 단체를 유지하는 문제, 정보를 가공·저장·활용하는 시스템 능력의 제한에 의해 억제되고 있다. 그러므로 조직행동 이론은 조직을 전능한 것으로 간주하는 합리적 행위자 모델보다 현실 적응력 있는 합리적 시스템으로 규정한다(Cyert and March, 1963: 99).

선택 메커니즘은 '조직의 만족'을 중심으로 구성된다. 정책 프로그램은 목표를 어느 정도 만족시킬 수 있는지에 따라서 선택된다. 이 행위 모델에 따르면, 모든 조직들은 다양하고 경쟁적인 목표들에 지속적으로 직면한다. 대립적인 요구가 주어지면, 회사는 모든 사람을 만족시키는 사안과 대안에 대한 연구를 착수하는 경향이 있다. 협상은 대립을 안정시키는 방법의 하나로서 앨리슨 모델 II의 기반이 되었다. 사이어트와 마치는 조직 내에서 정치적 연합이 형성될 가능성을 고려했다.

> 조직을 연합이라는 차원에서 검토할 경우, 조직은 개인들을 결탁시키게 되고, 그중 일부가 하부 조직으로 구성된다. 회사 조직 내에서 연합 구성원들은 관리자, 근로자, 주주, 공급자, 소비자, 법조인, 세금공무원, 규제기관 등에 고루 분포한다. 정부 조직 내에서 연합 구성원들은 행정관, 근로자, 임명직 고위 관리, 의회의원, 판사, 의뢰인, 이익집단 지도자 등을 포함한다(Cyert and March, 1963: 27, 30).

백악관의 경우, 연합 구성원들은 대통령 자신은 물론 연락관, 국내 정책 관료, 경제 자문관, 예산관리국, 부서장, 중간 공무원 등을 포함한다. 다양한 하위 연합 사이의 차이점은 협상을 통해 줄일 수 있다. 노이슈타트에 따르면 협상은 설득력에 기반을 둔 전략이다. "조용한 대통령은 손에 채찍을 든 동시에 각 부서장이나 상원의원과 하원의원이 부상하도록 유도하기도 하는데, 권위적 대통령에 대한 이미지는 이러한 현실의 절반만 볼 수 있게 한다"(Neustadt, 1966: 64).

조직행동 모델은 광범위한 분쟁의 존재를 고려한다. 사이어트와 마치는 "기본적으로 우리는 대부분의 조직이 오랫동안 존재하면서 형성된 잠재적 갈등이 상당한데도 목표를 이루면서 번영해온 것에 대해 논쟁해왔다. 작동하지 않는 목표 단계를 제외하고 내부적 합의는 존재할 수 없다. 그런 갈등을 해결하는 절차들은 모든 목표를 일반적인 차원으로 끌어내리거나 그 목표들이 명백하게 내적으로 일관성 있게 하지 못한다"라고 한다(Cyert and March, 1963: 117). 만약 협상으로도 분쟁을 해결하지 못하면 어떻게 될까? 행동이론은 다양한 경로의 분쟁 해결책을 고려하고 있을까? 케네디의 한 측근은 다음과 같이 말한다.

> 우리는 대부분의 시간을 무언가를 해결하는 데 할애했습니다. 때때로 점심이나 저녁식사를 하러 가서까지 몇 가지 절충안을 어렵사리 도출합니다. 자신의 견해대로 결정할 기회는 누구에게나 있지만, 대개 누가 가장 영향력이 큰지가 결정적 요소입니다. 강한 조직의 구성원이라면 결정권이 많을 것입니다. 어떻게 해서든 절충안을 이끌어내야 한다면 가장 규모가 큰 연합이 아니라 가장 강한 연합이 승리하게 됩니다. 소수 조직이 (국민의 인기를 한 몸에 받는) 케네디를 끌어들이지 못하는 한 논쟁은 아무런 의미가 없다는 사실은 절망적인 일입니다.

지금까지 조직 이론은 그들이 가진 구별된 이론적 틀의 활동을 통해 분리되었고 '정치적 모델'로 적절하게 분류됨으로써 앨리슨 모델 III으로 대표되었다. 분쟁은 정치적 모델에서 공개 대면과 관료 지배를 통해 해결되었다. 그러나 새로운 모델을 개발하기 위한 정치적 분쟁도 일반적 행위이론에서 검토될 수 있다. 우리의 목적을 위해 행위 모델은 두 가지 활동, 즉 협상(Negotiation)과 지배(Domination)를 포함한다.

협상과 지배를 명확히 구별하기가 어려울 때가 있다. 협상은 빈번히 경쟁적 당파들 사이에서 결렬되며, 정치적 지배는 주요 연합들 간 협상을 포함하기도 한다. 협상과 지배 모두 '적합한' 합리적 조직 안에서 분쟁을 수용하는 잠재적 방법을 고려한다. 앞에서 살펴봤듯이 협상에서 지배는 대통령의 시간, 에너지, 자본과 직접적으로 관련되어 있다. 그러나 결정 스타일이 협상이든 지배이든 간에 조직 구조는 여전히 안정적이다. 표준관리규정, 불확실성 회피, 조직 학습은 일반적으로 특별한 선택이 협상이나 지배를 통해 해결되면 발생한다. 대통령들은 같은 조직적 구조 안에서도 다르게 행동할 수 있고, 실제로 그렇게 한다. 각 선택 내용들은 그대로 대통령의 중요한 의사결정이 된다. 시간, 에너지,

예산이 감소함에 따라 지배는 증가한다. 또한 조직이 오래될수록 구조는 팽창할 것이다. 결정 과정은 더욱 정형화되어 표준관리규정으로 발전한다.

3) 쓰레기통 모델

이제 살펴볼 모형은 위의 전통적인 세 가지 모델 중 가장 보기 드문 모형으로서, 조직적 선택의 쓰레기통 이론이다. 마이클 코헨(Michael D. Cohen), 제임스 마치(James G. March), 올센(J. P. Olsen)이 다룬 '조직화된 무정부 상태(Organized Anarchies)'에 의해 개발되었다.

> 이는 세 가지 특성에 의해 규정되는 조직 — 또는 결정 상황 — 이다. 첫 번째 특성은 문제가 확실하지 않은 선택이다. 조직 내에서 일정한 선택들은 선택이론에 있어 표준적인 일관성 요구를 충족하는 결정상황으로 전환되기 어렵다. 조직은 매우 모순적이고 불충분하게 정의된 선택을 기초로 해서 운영된다. 일관된 구조보다는 아이디어의 느슨한 결합으로 묘사되는 것이 더 적합하다. 선호에 기반을 두고 행동하기보다는 행동을 통해 선호를 발견한다.
> 두 번째 특성은 막연한 기술이다. 조직이 유지되고 탄생하는데도 조직 구성원들은 조직이 지닌 과정들을 이해하지 못한다. 조직은 시행착오, 과거 경험에서 습득한 것, 필요에 따른 실용적 창안을 통해 운영된다. 세 번째 특성은 유동적 참여이다. 참여자들은 그들이 다른 범주에서 기울인 시간과 노력의 정도에 따라 변한다. 연관된 사람들은 시간이 흐르면서 변화한다. 결과적으로 조직 범위는 불확실하고 끊임없이 변한다. 여러 선택에 관련된 참여자들과 정책 결정자들도 변덕스러워진다(Cohen, March and Olsen, 1972: 1).

쓰레기통 모델에서는 조직 내의 여러 독립된 '흐름' — 문제, 해결책, 참여자, 힘 — 이 엇물린 결과에 따라 결정을 내린다. 궁극적으로 선택은 세 가지 다른 방식으로 만들어진다. 해결('어떤 선택들은 그것들이 적용된 기간이 지나간 뒤 문제들을 해결한다'), 감독(어떤 선택들은 '현존하는 문제들에 대해 무관심하며 최소한의 시간과 에너지'로 신속히 만들어진다), 비약('문제들은 선택을 남기므로 결정을 내리는 것도 가능해진다')에 의해서 선택되는 것이다.

로렌스 모르(Lawrence B. Mohr)가 쓰레기통에서의 선택 메커니즘에 대해 다음과 같이 제안한다. "전략적인 응집작용, 즉 목표와 관련된 결정은 다른 사안에 대한 선택을 고려할 시기에 이뤄지고 그것이 실제적으로 중요한 선택으로 다뤄질 경우에만 포기될 수 있다"(Mohr, 1976: 631). 조직을 통한 움직임이 지속되는 가운데 다양한 문제, 해결책, 참여자, 선택 상황이 존재하기 때문에 권위 있는 결정은 거의 일어나지 않는다.

> 어느 정도의 정치운동, 협상, 합리적 분석이 시작되나 이들은 성과를 낳는 데 가장 중요한 움직임은 아니다. 오히려 이런 종류의 움직임은 선택이 시작·진행·보류되는 쓰레기통 모델 과정에서는 전형적이며 수단적인 성격을 띤다. 예를 들어 학장이 새로 선출되면 그 과정에서 여성고용, 노후한 자료 처리 시설, 학생의 권리, 합격 - 불합격 평가, 취약한 운동팀, 등록에 실패한 사람, 교류 프로그램 등의 문제를 처리해야 한다는 목표가 주어진다. 합리적인 시도가 이뤄지나, 개별적 선택의 맥락에서 이 모든 문제를 해결하기에는 현실적으로 에너지가 부족하다. 문제들은 다른 선택들을 자발적으로 찾는 과정에서 점차 벗어나게 된다(Mohr, 1976: 631).

각 정책 선택 상황은 '통(can)'으로서의 역할을 맡고 있지만, 경우에 따라서는 '쓰레기' 수집과 유사한 사안들과도 연결된다. 예를 들어 의회에서 다루는 쓰레기통 사례는 매년 '크리스마스트리' 법안에서 발견된다. 즉, 계속되는 해결책들은 유산 금지 법안 모금에서부터 새로운 보조금, 선거자금 계획들까지 이미 정렬된 개정안들을 자극한다. 자원들은 다루기 어려워지고, 분쟁을 평화적으로 해결할 대책을 마련할 기회도 점점 줄어든다. 이익과 대안이 많을수록 선택 상황에 빠진다.

2. 선택의 맥락

학자들은 많은 조직 결정 구조가 시간이 지날수록 상대적으로 안정되고, 합리적으로 진행되며, 교섭시스템은 조직적으로 남게 될지 논의한다. 가정은 거의 규정되어 있지 않다. 대통령의 지위는 사적 영역에서의 공적 조직, 특히 수십 년 동안 유지된 조직과도 비교될 수 없다. 백악관의 구조 속에서 각 대통령들은 소설 같은 상황에 직면한다. 사무실에는 관료들이 근무하고, 의사소통 라인이 세워지며 명확한 관계가 정립된다. 그러나 레이건 내각의 자문단 중 몇 명은 대통령의 지위가 제너럴 모터스(GM)의 사장보다 못하다고 주장했다. 대통령의 지위는 조직위원회부터 중간경영층에 이르는 핵심 임원을 잃은 제너럴 모터스 사장에 비견될 만하다. 레이건 행정부가 제너럴 모터스와 다른 점은 공식적인 운영 절차, 분명한 지휘 체계, 조직의 복원을 다루지 않았다는 점이다. 대통령 지위의 공식적 특성들이 해가 갈수록 안정되는데도, 4년 내지 8년간 전체 고위 관료가 교체되면서 대단히 역동적인 조직 형태가 창조되었다. 그러므로 대통령의 결정 방식은 시간이 지날수록 변화한다. 하지만 가장 큰 차이점은 사적 조직은 연령과 숙련도를 인정하는 반면, 대통령직은 지속적으로 변화한다는 점에 있다.

대통령의 선택은 끊임없는 변화를 나타낸다. 예산관리국의 관리는 "일반적으로 대통령이 임기가 경과할수록 결정 방식이 변화하는 데 주목해왔습니다. 처음에는 새로운 아이디어의 대부분이 받아들여지는 경향이 있었습니다. 대통령은 예산관리국에 무리한 도움을 요청하지 않았습니다. 하지만 임기 첫해가 끝날 때부터 경향이 바뀌기 시작합니다"라고 말했다. 대통령은 많은 정보를 얻고 조언을 구하기 위해 예산관리국에 의지한다. 첫 예산을 짤 때 예산관리국은 관료적 논쟁의 중재자가 된다. 또 다른 예산관리국 관리는 다음과 같이 말했다.

> 정책 선택 패턴은 꽤 논리적으로 진행됩니다. 임기가 시작될 때는 충분히 잘 돌아갔습니다. 대통령은 국내 어젠다를 찾고 아이디어를 원합니다. 이슈에 대한 내부적 다툼도 매우 적었습니다. …… 아이디어의 대부분이 수용되기 때문입니다. 그러나 의회가 법안을 보류하기 시작하면서 압력이 증가합니다. 예산이 들어오기 때문에 분쟁은 늘어나지만 주변으로 많이 확산되지는 않습니다.

선택 맥락이 결정 유형을 좌우한다. 임기가 시작될 때, 우리가 협상이라고 부르는 내부적 조화와 협조 경향이 나타난다. 존슨의 측근에 따르면 다음과 같다. "1965년에 우리는 결정할 것이 없었습니다. 아이디어는 떠오르는 대로 실질적인 제안이 되었습니다. 1966년에 그것이 변화되면서 캘리파노는 깨끗한 집과 정책들이 만들어낸 몇 가지 의견들에 대한 확신을 가졌습니다." 여기에서 필자는 모든 국내 어젠다에 대한 결정은 유동적이며, 모든 선택에는 잠재적인 유형이 있다고 가정한다. 가령 1월에 이뤄지는 복지 개혁안에 대한 결정들은 합의적 제휴를 포함했지만, 3월에는 건강보험에 대한 결정이 국내적 분쟁을 불러올 수도 있다. 그러므로 국내 정책 과정을 이해할 때의 핵심은 선택에 대한 맥락의 특수성과 연관이 있다.

대통령 선택에는 최소한 6개의 특정 상황적 결정 요인이 작용하는데, 몇 가지 개념은 모르가 수행한 '공정한 정책 결정(Judicial Policy-making)' 연구에서 도출되었다(Mohr, 1976). 이 여섯 개 변수들과 결정모델들 간의 관계는 〈표 8-1〉에 요약해놓았다. 이때 점점 기회가 줄어드는 상황을 극복하고 제한된 대통령의 자원을 선택해야 하는 경우 대통령의 희소자원과 어젠다 선택의 맥락적 모델을 통해 대통령 결정 스타일을 예상할 수 있다는 점을 눈여겨볼 만하다. 주어진 대통령 자원들이 갖는 수준이 각기 다르기 때문에, 대부분의 대통령이 협상

〈표 8-1〉 선택의 맥락

맥락적 변수	결정모델 유형			
	합리적 모델	행위 모델		쓰레기통 모델
	포괄적 연구	교섭	지배	투입, 산출, 보류
시간과 에너지	높음	적당	낮음	높음
정보와 전문성	높음	적당	적당	낮음
정치적 자산	적당히 높음	적당	낮음	낮음
목표 공존성	높음	적당	낮음	낮음
참여자들의 일관성	낮음	높음	낮음	낮음
대통령의 정책 참여	낮음	높음	낮음	낮음

과 지배의 종결을 통해 자신의 임기를 시작하는 이유를 이해할 수 있다.

1) 시간과 에너지

시간과 에너지가 필요한 정도는 어떤 모델을 택하는지에 따라 예측할 수 있다. 의사결정을 할 때 합리적 모델은 대통령의 시간과 에너지를 매우 많이 요구한다. 합리적 모델이 곧잘 비판받는 것은 이용 가능한 시간과 에너지가 부족하기 때문이다. 합리적 모델은 분석과 조사를 위해 이용 가능한 내적 자원의 양을 제시하고 특정한 가설을 만들지만, 이는 대통령의 현실과 맞지 않는다. 카터의 측근이 말한다. "대통령에게 모든 잠재적 대안을 제공하라는 요청은 실현될 수 없습니다. 우리는 실현 가능할 뿐 아니라 시간을 절약하기 위해서 대안의 범위를 몇 가지로 제한해야 했습니다. 관료들은 이미 그런 분석이 아니더라도 해야 할 일이 많았습니다."

행위 모델에서 협상 스타일은 내부 관료들이 하는 것보다 더 많은 시간을 요구한다. 지배는 가장 간편한 결정 형태이다. 일단 지배적 연합이 성립되면 시간과 에너지에 대해 상대적으로 고정된 의무가 발생한다. 연합은 내부의 도전에 맞설 수 있으나 요구되는 시간은 크게 줄어든다. 닉슨의 한 측근은 다음과 같이 말했다. "얼리히만은 어느 자리에 있든 효율적이었습니다. 그는 할데만과 함께 수많은 시스템을 만들었습니다. 갈등이 최소화된 상태에서 선택이 이뤄졌습니다. 결정에 동의하지 않는 이는 결국 일을 그만두고는 했지요." 또 다른 닉슨의 측근이 이에 동의했다. "얼리히만이 결국 임무를 떠맡게 된 것은 의사 결정을 내릴 사람이 없었기 때문이었습니다. 1969년 첫 6개월 동안 그것은 실로 어려운 문제였습니다. 타협은 대통령의 정책 참여를 요구하는 데다가 시간이 걸렸습니다. 국내 위원회는 얼리히만의 사람들이 장악했을 때에야 비로소 분쟁을 줄이기 위한 하나의 방법이 되었습니다."

합리적 모델처럼 쓰레기통 모델도 시간을 요구한다. 일단 쓰레기통은 만들어지는 대로 참여자들의 문제에 필요한 특정한 양의 시간과 에너지를 확보하게 한다. 결정들이 비약이나 감시에 따라 만들어지든 그렇지 않든 간에 쓰레기통 모델은 시간의 투자 위에 놓인다. 쓰레기통 모델의 틀이 '투입, 산출, 보류'를 포함하고 있음을 상기해보자. 그런 행위들은 선택에 이용 가능한 시간의 양과 직결된다. 심지어 쓰레기 배출 과정은 일정한 노력을 요구한다. 입지가 굳어진 참여자를 제거하기란 불가능하다. 카터의 한 측근은 다음과 같이 말한다. "대통령은 마감 시한을 확정하는 것이 과정을 진행시키는 한 방법이라고 믿었으나 때때로 마감 시한들은 연기되었습니다. 주요 사안에 대한 의사결정에는 시간이 걸립니다. 만약 대통령이 마감 시한을 비합리적으로 설정했다면 실책이 잇따를 것입니다."

2) 정보와 전문성

합리적 모델은 대통령의 정보와 전문성에 대해 많은 요구를 한다. 하지만 여기에는 한계가 있다. 첫째, 때로는 정보가 존재하지 않는다. 최근에 정책을 감독하려는 움직임은 있지만, 여전히 대통령이 지닌 정보는 적다. 아무도 백악관이 특정 분야에 있어 포괄적 분석을 통해 전문화될 것이라고 기대하지 않는다. 둘째, 국내 정책 과정에 투입된 대부분의 정보는 정치적 인식에 의해 왜곡된다. 존슨의 한 측근은 다음과 같이 말했다. "우리는 법적 자료를 원하지 않았습니다. 사실들은 몇 개의 맥락에 놓여 있어야 했습니다. 우리는 문제들에 바로 연결될 수 있는 정보가 필요했을 따름입니다." 셋째, 대통령들은 합리적 이상을 측정하는 데 전문적이지 않다. 대통령들은 자원을 극대화하려 하지만, 결정 시스템은 합리적이지 않다. 한 여론 전문가는 다음과 같이 말한다.

모든 병폐를 극복하기 위한 방안으로 합리적 모델을 권하는 학자들이 많습니다. 그들은 대통령이 좀 더 신중하게 대책을 만들고, 좀 더 포용적일 것을 주문합니다. 불행히도 대통령이라는 직위는 정치적 지위입니다. 단순히 포괄적인 분석에 안주할 수 없게 하는 변수들이 많습니다. 적어도 제가 이해하는 바로는 그렇습니다. 어떻게 유용한 기능들을 빈약한 프로그램에 선정할 수 있을까요? 외적으로부터 국경을 지키기는 쉽지만 — 미사일 살상률만 계산하면 되니까요 — 국내정치에서는 만사가 이처럼 쉽지는 않습니다.

협상은 더 적은 정보만으로도 진행될 수 있지만, 여전히 특정 전문성이 필요하다. 이것이 노이슈타트가 건네는 하나의 교훈이다. 포드 대통령의 측근은 다음과 같이 말한다. "효과적인 절충안을 만드는 것은 대통령의 상당한 노력을 포함합니다. 만약 대통령이 협상 논쟁에 사로잡혀 적절한 거래를 하지 않는다면 절충안은 작동하지 않을 것입니다. 대통령이 그처럼 주고받는 것에 미숙하다면 절충안도 효력을 발휘하지 못합니다." 특히 지배에 요구되는 것은 더 많은 정보이다. 정치적 연합이 논쟁을 벌이며 공격해올지라도 일반적으로 국면에 따라 성패가 판가름난다. 대통령에 가까운 사람일수록 더 거대한 내적인 힘을 갖는다. 앞으로 보겠지만 내적 영향력은 여러 요인들 — 전문성, 희소한 자원의 통제, 설득력 — 의 결과이다. 지배가 본질적으로 정보를 필요로 하지는 않지만 여기에도 전문 기술은 포함된다. 한 방송 응답자는 "카터 정부 내에서 먼데일의 부상은 그의 워싱턴에서의 경험과 명백히 연관되어 있습니다"라고 말했다. "먼데일은 실질적으로 다방면의 연방 정부 경험을 지닌 유일한 고위급 참모였고 이 점은 백악관에서 그의 평판에 영향을 미쳤습니다. 카터가 고통을 받기 시작하면서 먼데일이 부상했습니다. 그는 그 정부 조직을 어떻게 움직여야 하는지 알고 있었기 때문입니다."

쓰레기통 모델은 최선의 정보와 전문 기술을 가장 적게 요구한다. 이 시스템은 정보보다는 반대에 견디는 능력에 더 의존한다. 결과는 투입과 산출의 영향을 반영한 것이기 때문에, 가장 필요한 사항은 인내심이다. 그러므로 정보와 전문성 모두 쓰레기통 모델이 성공하는 데 본질적으로 연관되어 있지 않다. 정보와 전문성이라는 두 자원들이 최종 결정에 영향을 줄 수는 있겠지만, 그렇다고 해서 참여하는 데 선행조건은 아니다.

3) 정치적 자산

대통령의 정치적 자산은 어젠다 결정 과정에 명백한 영향력을 행사한다. 포드의 측근은 다음과 같이 말한다. "대통령의 정치적 자산은 어젠다 결정 과정의 모든 부분과 관련됩니다. 최선의 대안을 사용할 수 없을 때 소위 말하는 포용적 분석의 요점은 무엇일까요? 정치적으로 단 하나만이 가능한데 어째서 모든 선택사항들을 확인해야 합니까?"

지배와 쓰레기통 모델 모두 대통령의 자산 감소 정도에 따라 영향을 받는다. 선택의 기회가 줄어들면서 내부 충돌 가능성은 늘어난다. 어젠다가 강화될수록 내적으로 고군분투하려는 자연적 선호가 발생한다. 존슨의 임기 첫해와 둘째 해의 대조적인 모습에 주목할 필요가 있다. 1965년에 존슨의 참모들은 의견 일치의 정도가 높다고 보고했다. 내부 싸움이 거의 없다시피 했다. 존슨의 한 측근이 말했다. "큰 싸움에 휘말릴 이유가 없었습니다. 싸울 필요가 없었으니까요. 1965년 초에 존슨은 산타클로스였고 창고는 그득했습니다. 보건교육복지부는 가난구제 계획을 확장하고자 했고 결국 얻어냈습니다. 내무부도 숙원이었던 '자연보호 프로그램(scenic river)' 체계를 얻어냈지요." 하지만 1966년에 분위기는 바뀌었다. 한 측근은 다음과 같이 결론지었다.

> 1966년에 산타클로스는 파산하기 시작했습니다. 계획들이 의회에서 긴축되었으며, 세수를 늘릴 수 없었고, 모델 도시에 들어가는 자금을 조달할 수 없었습니다. 자루가 비었다는 것이 명확해지자마자 참모 간의 분쟁이 증가했습니다. 조직은 균열을 일으켰고, 각각은 서로 다른 프로젝트로 시달렸습니다. 1967년에 캘리파노는 체계의 통치권을 잃었습니다. 싸움 과정에서 큰 이권이 사라졌고 결국 남아 있는 부스러기를 차지하려는 싸움만 남았을 뿐이었습니다.

대통령이 지닌 자산과 참모 간의 분쟁에는 분명한 연관이 있다. 자산이 줄어들면 분쟁은 증가한다. 닉슨의 한 측근은 다음과 같이 보고한다. "아군과 적군이 모두 만족할 만큼 자산이 풍족하면 사이좋게 지내기란 너무나도 쉽습니다. 하지만 승자와 패자가 나뉘는 게임인 경우, 참여자들은 젖먹던 힘을 다해 싸움에 임합니다. 정부 초기에 일시적 휴전이 있을 수는 있지만, 결코 오래가지 못합니다." 이런 식으로 지배와 쓰레기통 모델은 분쟁에 엮여 있다. 분쟁이 증가함에 따라 참모는 내부 지배를 시도하거나 조직화된 무질서 상태로 붕괴된다.

그 반면 합리적 체계는 가장 많은 양의 자산을 필요로 한다. 포용적 전략하에서는 잠재적 대안의 범위까지 충족시킬 수 있을 만큼 충분한 자산이 반드시 요구된다. 합리적 선택이 상대적으로 '값싼' 대안을 만들 수는 있지만, '최선'의 대안이 많은 자산을 필요로 하는 상황에서는 자산 창고가 반드시 필요하다. 대통령은 단지 '최선'이 의미하는 바를 명확히 정한다. 이는 보통 잠재적 프로그램에 대한 질문을 선택하는 것으로 이뤄진다. 대통령은 모든 대안들이 반드시 거쳐야 할 일련의 심사 제도를 마련할 수 있다. 닉슨의 한 측근은 다음과 같이 말했다. "잘 시행될 것 같은 계획과 통과할 계획이 일치하는 것은 아닙니다. 가장 잘 시행될 계획이 통과하지 못할 수도 있습니다. 만일 대통령이 최선의 계획을 원한다면 입법부의 동의를 구하지 못할 수도 있습니다. 최선의 계획을 세웠더라도 실행할 수 없는 경우가 비일비재합니다."

협상 모델은 대통령의 자산 수준이 적당할 때 작동한다. 자산 수준이 높을 때는 모든 연합이 만족할 수 있으므로 협상할 필요도 거의 없다. 자산 수준이 낮은 경우, 지배를 향한 압력이 팽창한다. 존슨의 측근은 다음과 같이 말한다. "임기 초에 거래하기는 쉽습니다. 하지만 임기 말로 치달을수록 모든 사람에게 귀 기울일 수 없으며 모든 사람들이 행복할 수 없음을 절실히 깨닫게 됩니다." 대통령이 막대한 수준의 자산을 갖는 경우는 드물기 때문에, 백악관의 주요 관심사는 내부 평화를 유지하는가이다. 자산이 점차 적어지므로 이조차 명확히 하기가 어려워진다. 자산이 적당한 수준으로 유지되면 적응의 기회가 있지만, 자산이 줄어들면 타협의 재료마저 사라진다.

4) 목표 공존성

백악관 참모들은 한 마음을 가진 통일체가 아니다. 이들은 '개인'이다. 의회 연락관의 목표는 국내 정책회의 관료들의 목표와 다를 수 있다. 경제자문위원회의 목표는 예산관리국의 목표와 경쟁할 수도 있다. 각자의 역할이 다르므로 내적 분쟁이 야기되기도 한다. 카터의 연락관은 다음과 같이 말한다. "때때로 국내 정책 참모들이 주는 것을 내켜하지 않는다는 사실을 깨닫습니다. 그들은 의회가 일을 진행하는 방식과는 시각을 달리합니다. 하나의 계획을 통과시키려 한다는 것은 종종 특정 계획을 바꿔야 함을 의미했습니다. 국내 정책회의 관료들은 가끔 이를 이해하지 못한 채 협력을 꺼렸습니다."

목표 공존성 정도는 결정 스타일과 밀접하게 연관된다. 백악관 관료들이 목표에 동의한다면 대안에 대해 타협할 수 있는 기회도 많아진다. 목표 공존성이 낮으면 날치기나 지배가 발생할 것이다. 지배 연합은 적을 방출하거나 고립시킬 수 있다. 닉슨의 한 보좌관은 다음과 같이 말한다. "모이니한의 이탈은 얼리히만에게 매우 중요한 승리였습니다. 얼리히만은 이미 닉슨의 귀와 마찬가지였는데도 여전히 모이니한을 눈엣가시로 여겼기 때문입니다. 모이니한이 떠나자 곧바로 적개심이 이완되었습니다."

대통령의 참모들은 목표 공존성을 지닌 정도에 따라 다양하게 존재한다. 목표 공존성은 부분적으로 서비스의 지속과 보충을 포함한다. 닉슨과 케네디를 비교해보자. 케네디의 한 측근이 말했다. "참모들은 상원부터 계속 함께했고 서로 어떻게 일하는지를 알았습니다. 꽤 사이좋게 지낸 편입니다. 주요 목표 — 의료보험, 교육 지원, 실업 감소, 평화유지군 — 를 이해하고 있었기에, 최우선순위 어젠다에 대해서는 절대 싸우지 않았습니다." 케네디의 관료들은 높은 목표 공존성을 공유한 것이 특징이었다. 닉슨의 첫해는 그렇지 않았다. 닉슨의 한 측근이 말했다. "모이니한이 한편에 있었고, 번즈가 반대편에 있었습니다. 보건교육복지부와 예산관리국이 각각을 따랐습니다. 핀치와 슐츠가, 슐츠와 번즈가, 번즈와 핀치가 대결 구도를 형성했습니다. 우리가 처음 반년 동안 무언가를 할 수 있었던 것이 놀랍습니다. 권위를 지녔던 얼리히만은 유일하게 관료들을 단합시키려 한 능력자였습니다." 첫해 말, 얼리히만은 국내 정책 진행의 고삐를 쥐고 한편으로는 적의 지배, 다른 한편으로는 '불평분자(Malcontents)'라 불리는 국내 측근들의 이탈을 뿌리치며 지도권을 장악했다.

목표 공존성이 높은 경우, 정책 선택도 합리적으로 진행되는 경향이 있다. 관료들은 주요 목표를 최대화할 수 있다. 목표 공존성이 적절할 경우, 타협하려는 특정 압박이 있다. 합의를 통해 교섭을 성사시킬 기회는 충분하다. 목표 공존성이 낮은 경우, 기본적으로 싸우려는 경향이 지배적이다. 만일 참모들이 가장 기본적인 규칙에도 합의하지 않는다면 분쟁이 더 발생하거나 일부가 떠나는 것 말고는 선택의 여지가 없다. 대통령의 국내 어젠다에 기본 틀이 주어진다면 목표 공존성은 적절한 범위를 유지한다. 이때 획일적인 합의를 막고 큰 갈등을 피하기 위한 적절한 합의를 도출할 수 있다.

5) 참여 일관성

참여 일관성은 두 가지 주요한 구성요소로 나눌 수 있다. ① 직접 대면에 의한 참여를 포함하는 의사결정의 범위, ② 참여자가 미래의 결정에 남는 정도이다(Mohr, 1976). 존슨의 한 측근은 다음과 같이 말한다. "적이 없는 곳에서 그를 깎아내리기는 그리 어렵지 않습니다. 만약 공개된 곳에서 적과 대면해야 한다면 자극을 받아 기운이 납니다." 포드의 한 보좌관은 "매일 함께 일해야 하는 이를 미워해봐야 이로울 것이 없습니다. 이들은 함께 식사하고 일하는 사람이니까요. 어느 날 회의에서 누군가를 완패시킨다면, 다음번 그의 파티에 초대될 일은 없을 것입니다. 백악관은 매우 사교적인 조직체입니다"라고 말한다. 이러한 경향은 다섯 정부 모두 뚜렷했다. 케네디의 한 측근은 "어떤 면에서 우리 모두는 친구였습니다. 같은 건물을 이용했고 유사한 환경에서 일했으니까요. 분쟁도 있었지만 대체로 서로 도왔습니다. 사무실에는 타협에 다다르게 하는 무언가가 있었습니다"라고 말했다. 모르에 따르면 참여 일관성은 행위 모델에서 매우 중요한 변수이다.

(참여) 일관성이 높으면 적어도 서양 사회에서는 희생이라는 거대한 압력이 있다. 참여자 중 누군가가 한 사람씩 반복해 사라지거나 장기적으로 특정한 사람만 대면하는 일을 참아내기란 어렵다. 참여 일관성이 낮다면 여러 가능성이 있다. 만일 목표가 동시에 조화를 이루지 않는다면 쓰레기통 모델과 지배 방식이 우세할 것이다. 즉, 목표에 착수할 때부터 차이가 나거나, 미래 선택에 따른 요구사항을 거래하는 데 개인적 유대와 가능성이 없다면 동기가 없어지거나 다툼이 발생한다. 참여 일관성이 낮으면 합리적 결정을 내리게 하는 압력이 생기는데, 특히 배심원 사례처럼 참여자의 목표가 조화를 이루는 경우에 그렇다(Mohr, 1976: 635).

그러나 모르가 내린 결론처럼 "일관성의 가능성이 아주 약간이라도 있다면 언제라도 교섭하려는 강한 자극이 나타난다. 이성적인 그룹에서조차 참여 일관성은 개인의 잠재적인 목표가 적극적인 요구를 받아들이게 하며 참여자의 원동력을 최대로 이끌어낸다"(Mohr, 1976: 635~636). 보통 백악관에서 참여 일관성이 높게 유지되리라고 기대할 수 있을 것이다. 적어도 처음 두 해 동안은 참모의 변절은 미약하다. 그러나 맥락적 변수에 따라 참여 일관성이 결정 유형에 미치는 영향은 대수롭지 않을 수 있다. 일관성은 중요하지만 정치적 자산이나 목표 공존성과 비교했을 때 그리 중요도가 높지는 않다. 높은 참여 일관성과 낮은 목표 공존성 모두를 조화시키는 방법의 하나는 부적합한 구성원을 제거하는 것이다.

6) 대통령의 정책 참여

대통령은 어젠다를 결정하는 과정에서 다양한 형태로 참여한다. 예를 들어 아이젠하워는 경쟁적 술수에 착수하기를 꺼려했다. 그 대신 보이지 않는 손을 선호했다. 비록 아이젠하워가 전보다 대통령의 술수에 더 많이 개입했다고는 해도 그의 정책 결정 과정 참여에는 여전히 형식적 접근법이 채택되었다. 아이젠하워는 참모 간 분쟁에 직접 연루되기를 원하지 않았다. 앞에서 봤듯이, 닉슨과 카터 모두 분리전략을 선호했다. 레이건은 비슷한 접근, 즉 '이사회 의장'이라 부르는 전략을 도입하면서 자신의 임기를 시작했다. 이는 대통령이 거리를 유지하며 최대한 위임하는 접근법이었다.

대통령의 참여도는 정책 결정 형성 구조에서 어느 정도 효과가 있다. 대통령의 참여는 내부 연합의 신호로 작용한다. 정치적 지배는 대통령 참여의 정도가 낮은 데 따른 산물의 하나이다. 관료들은 세력을 확장할 기회를 감지한다. 하지만 협상에는 대통령 자신의 자원을 상당히 투자해야 한다. 닉슨의 한 측근은 다음과 같이 말한다. "얼리히만이 부상할 수 있었던 주요 추진력은 숨 쉴 공간을 제공했다는 것입니다. 닉슨은 내부 싸움에 과도하게 관여하기를 꺼렸고 자신의 책상에 다다르기 전에 철저히 논의되어 다툼이 해결되기를 바랐습니다." 1971년에 얼리히만은 닉슨의 개인적 필요에 부합하는 지배 연합을 형성했다. 이와 대조적으로 포드는 '합의적' 접근법을 채택하며 임기를 시작했다. 포드의 자전거 바퀴살(Spokes-of-a-wheel style) 유형에 따르면 논쟁은 협상을 통해 안정되어야 했다. 포드가 빠르게 알아차렸듯이, 이 시스템은 대통령이 최대한 관여해야 했다. 포드의 한 측근은 "바퀴살은 종종 휘거나 부러지지만 대통령은 개념에 맡겼습니다. 몇몇 분쟁을 안정시키는 데 어마어마한 시간이 걸렸지만, 그는 방침을 만들고자 했습니다"라고 말한다.

협상이 대통령의 노력 수준을 요구하는 반면, 합리적 모델과 쓰레기통 모델은 대통령이 관리하지 않아도 살아남을 수 있다. 실제로 쓰레기통 체계는 무관심 속에서 성공한다. 만일 목표 공존성이 높고 자원이 풍족하다면, 합리적 모델은 대통령이 무관심할 때 존재할 수 있다. 상당한 내적 갈등, 낮은 참여 일관성, 대통령의 고립이 있다면 '조직화된 무정부 상태'가 나타난다.

관여 방식은 궁극적으로 대통령 개인의 스타일을 반영한다. 관여하는 것은 인격과 성격에 직접 관련된 맥락적 변수이다. 브라이스 할로(Bryce Harlow)가 작성한 전 대통령들의 회고록을 살펴보자.

> 린든 존슨은 내가 만났거나 만나겠다고 생각한 사람 중에 인간관계에 있어서 가장 매력적인 사람이었습니다. 그는 당신을 황홀하게 할 수도, 깜짝 놀라게 할 수도 있었지요. 당신을 매수하거나, 매혹하거나, 꼬시거나, 영향을 미칠 수도 있었습니다. 존슨이 지닌 믿을 수 없을 정도로 다양한 방법으로 말입니다. 그리고 존슨은 이런저런 방식으로 당신을 지배할 수도 있습니다. …… 당신은 강력한 사람이면서 동시에 자비로워야 합니다. 그러나 당신이 비열해질 능력을 지니지 않았다면 아무도 당신에게 주의를 기울이지 않을 것입니다. 존슨은 비열해질 수 있는 사람이었습니다. 존슨이 이사회 방에 앉아 있었는데, 그저 그러고 있는 것만으

로도 그의 주위에서는 온갖 잡음이 일어났습니다. ……

제럴드 포드는 사람에게 달려드는 데 능숙하지 않았습니다. 그런 것은 포드에게 익숙하지 않았습니다. 그는 매우 압제적이며 완강한 면이 있었습니다. 누군가가 포드 대통령을 어떤 특정 지점 아래로 누르려 하면 그는 크게 분개했습니다. 그리고 그가 그저 자신의 발을 가볍게 두드리며 당신을 바라보며 침묵을 지킨다면 당신은 어찌할 바를 모르게 될 것입니다. 포드는 당신에게서 관심을 끊습니다. 하지만 그는 사람을 기세 좋게 해치우지는 않습니다. 속담에서 말하듯이 '사람을 막 굴리지는' 않는다고나 할까요? 존슨은 포드와는 달리 노새몰이꾼이었습니다. 아이젠하워는 육군 출신이었습니다. 아이젠하워는 생전 들어보지 못한 방식으로 당신을 질책할 수 있습니다. 이는 베서머 용광로를 쳐다보는 것과 같았습니다. 이처럼 대통령들의 성격은 각양각색이었습니다. 해리 트루먼은 사람 좋은 미주리 사람이었습니다. 그는 사람에게 다가가 크게 들뜨고, 온갖 종류의 큰 소동을 일으키며 이것저것 약속하고, 끊임없이 뭔가를 하나 싶으면, 한순간에 모두 날려버리고는 했습니다. 그에게 악의나 적의는 없었습니다. 그저 단순했을 뿐이지요. 아이젠하워는 공기를 깨끗하게 해주는 여름의 폭풍과 같았습니다(PBS, 1980: 49~50).

대통령은 결정 형성 과정에 연관되기 위해 '비열'해야 하는가? 그렇지 않을 것이다. 성격에 따라 참여의 적극성은 다를 수 있다. 린든 존슨, 해리 트루먼, 존 케네디, 제럴드 포드는 눈에 띨 정도로 성격이 달랐지만, 모두 다 어느 정도 국내 정책 과정에 관여했다. 여기에 핵심이 있다. 비열한지 냉정한지가 아니라 얼마나 참모진의 분쟁에 개입하는지가 중요하다. 대통령의 관여 — 난폭하든 신사적이든 간에 — 는 지속적으로 관심을 기울이고 관리하고 있다는 신호를 보내며 이뤄져야 한다. 대통령은 잠재적 싸움에 기꺼이 간섭하고 심판을 내려야 한다. 그 유일한 방법은 논쟁에 참여하는 것이다.

7) 대통령의 스타일 예측

지금까지 각각의 맥락적 변수들이 정책 결정 구조에서 각기 영향력이 달랐다는 점이 밝혀졌다. 어떤 스타일이 협상 유형에 더 중요할까? 다른 요인도 합리적 선택에 중요한 요인이다. 변수가 상호 작용한다는 것도 분명하다. 하나의 변수 수준이 다른 변수의 효과에 영향을 끼칠 수 있다.

정보와 전문성은 합리적 모델에 필수적이다. 두 내적 자원이 높은 수준에 이르지 않았다면 다른 맥락적 변수가 존재하더라도 합리적 틀은 작동하지 않을 것이다.

정치적 자산은 정치적 지배에 중요한 요인이다. 자산이 감소하면 지배가 두드러지게 증가한다. 한 예산관리국 관료가 말했다. "대통령과 관료들은 임기 말보다 임기 초에 더 행복할 것입니다. 임기 말에는 찾아볼 수 없는 동료의식이 임기 초에는 있기 때문입니다. 힘겨운 선택의 순간에 높은 동료의식을 유지하기란 어렵습니다."

자산과 참여자들의 일관성은 쓰레기통 체계에서 주요한 압박요소이다. 정치적 자산이 줄어들면서 분쟁은 증가한다. 자산이 줄어들면 조화를 이룰 기회도 줄어든다. 자산이 부족해지는 동시에 참모들의 일관성이 낮아지면서 조직화된 무정부 상태가 나타날 것이다.

만일 네 가지 결정유형 모두에 영향을 미치는 한 변수가 있다면 이는 목표 공존성(Goal Compatibility)이다. 적당한 수준의 목표 공존성과 높은 목표 공존성에서는 협상 노력이 유발된다. 낮은 목표 공존성은 관료 간에 팽팽한 분쟁을 낳는다. 목표 공존성이 다른 다섯 가지 맥락적 변수에 뜻하지 않은 사고를 만들어내는 효과를 가진다는 것은 명백하다. 목표 공존성이 적절하거나 높다면 정치적 자산은 심각한 분쟁을 일으킬 수도 있다. 목표 공존성은 대통령이 참모 충원에 좀 더 많은 주의를 기울이게 하는 데 영향을 줄 수도 있다. 대통령은 다양한 주장의 필요와 낮은 양립성 문제를 훌륭하게 헤쳐나가야 한다.

여섯 가지 문맥적 변수를 되돌아보면 대통령이라는 직위가 매우 역동적인 하나의 기관으로 보인다. 대통령 임기는 보통 상대적으로 높은 정치적 자산, 시간, 에너지와 낮은 수준의 정보, 전문지식, 목표 공존성을 지닌 채 시작한다. 임기가 진행되면서 맥락적 그림은 변화한다. 자본, 시간, 에너지는 영향력 감소 주기가 나타나면서 줄어든다. 정보와 전문성은 증가한다. 영향을 미치지 못하는 자문가가 떠나면 목표 공존성은 증가할 것이다. 그러나 대통령의 정책 참여는 일반적으로 임기 말보다 임기 초에 더 높다. 대통령은 신체 능력이나 개인적 관심 같은 자원을 지녔다. 임기가 지날수록 대통령은 내부 연합의 구축 대신 대외정책에 관심을 기울인다. 지배 연합의 부상은 대통령의 관리 필요성도 해결할 것이다. 참여 일관성은 판에 박힌 결정 형성 방법이 나타나거나 임기가 흐를수록 증가할 것이다. 그러나 불만에 쌓인 전문가에 의존하는 한 지속성은 결정 유형을 예측할 때 덜 중요해질 수 있다. 모든 맥락적 변수들이 임기 첫해와 나머지 임기를 비교했을 때 확연히 다르다는 사실에 주목해야 한다. 특히 첫해에는 다양한 주장들에 큰 기회가 찾아온다. 아직 대통령의 자원에는 여유가 있기에 다양한 주장을 독려할 수 있다.

3. 조직으로서의 대통령직

대통령직은 항상 조직 선택의 세 가지 모델 혼합에 관련된다. 때때로 집무실은 문제, 해결책, 참여자를 다룰 때 쓰레기통 모델을 닮을지 모른다. 정책 결정은 계획적이기보다는 훨씬 우발적으로 나타난다. 이와 달리 포용적 선택을 시도할 경우 합리적 모델의 효과를 기대하게 된다. 하지만 대체로 대통령직은 행위 모델을 닮는다. 선택은 협상이나 지배의 결과이며 시간이 지날수록 구조가 증가한다.

왜 쓰레기통 모델이나 합리적 틀이 아닌 행위 모델일까? 첫째, 맥락적 변수가 행위 틀을 예상하게 한다. 대통령에게는 합리적 접근법에 필요한 자원이 없다. 정보와 전문성은 합리적 선택이 요구하는 수준에 이르지 못한다. 대통령의 정치적 자산도 좀처럼 충분하지 않다. 목표 공존성은 대개 적절한 수준이다. 똑같은 상황이 쓰레기통 모델에도 적용된다. 맥락적 변수는 조직화된 무정부 상태의 요구에 부합하지 않는다. 목표 공존성과 참여 일관성 모두 맥락적 틀에 맞지 않는다. 그 대신 대통령의 자원, 관료 공존성과 참여 일관성은 행위 모델에 더 적합하다. 선택 상황이 협상이나 지배 중 하나를 예상하게 한다.

둘째, 백악관 참모들은 시종일관 행위 모델에 맞는 정책 결정 과정을 보여준다. 협상은 각 정부의 초기에 널리 행해지고 지배는 임기 말로 가면서 감소한다. 그러나 시간이 지나면서 요령이 생긴다. 적어도 국내 정책 과정에서 나타나는 여섯 가지 특색은 행위자 모형에 부합한다. 즉, ① 관료들 간의 다양한 연합, ② 표준관리규정, ③ 불확실성 회피, ④ 문제 중심 탐색, ⑤ 갈등의 준해결, ⑥ 조직 학습이다. 여기서는 이 여섯 가지 요인을 살펴본다.

1) 연합

백악관 참모들은 단순히 대통령의 수족이 아니다. 대통령 자문위원회 내에서 권한을 둘러싼 많은 경쟁이 발생하는 것은 당연히 여기지만 백악관 내부의 경쟁은 간과된다. 대통령의 관료들을 하나의 몸으로 인식하거나 자문위원회와 관료주의에 대항하는 조직체로 보는 경향이 있다. 하지만 참모들에 따르면 백악관 안에서도 다양한 분야별 조직으로 나뉜다. 그리고 각 그룹은 분쟁을 해결하기 위한 연합 가능성을 열어둔다. 예를 들어 의회 공보비서실의 경우 백악관과 상원을 담당한 참모들은 각기 다른 입법전략을 갖는다. 상원을 설득하는 전술이 하원을 설득할 때에도 적절하지는 않기 때문이다.

경쟁 연합에서 국내 정책 관료는 국내 어젠다를 형성하는 데 가장 많은 초기 이점을 갖는다. 역대 다섯 정부에서 국내 정책 관료는 대통령이 계획을 입안하는 데 최우선의 책임을 부여받았다. 정책 평가에 필요한 내부 토의에 기준점을 설정할 것이다. 참모들에 따르면 국내 정책 연합은 부서에서 좀 더 힘을 얻는다. 국내 정책 관료들이 매우 유력한 부서와 기관 사이의 제휴 패턴이 있는 것으로 나타났다. 비록 국내 정책 관료가 종종 일치된 모습을 보이지만, 연합 내에 다툼이 있기도 하다. 가령 1977년에 카터의 국내 정책 관료들끼리 국가의료보험과 복지 개혁의 상대적 위상을 둘러싼 내부 다툼이 있었다. 국가의료보험 지지자들은 포용적인 계획이 수립될 여지를 남겨두고자 했다. 복지정책 지지자들은 더 나은 직업과 수입을 위한 계획을 따르기를 원했다. 복지 개혁이 토론에서 승리했다.

연합 모델은 협상이나 지배를 통해서 대통령 어젠다에 주요한 부분을 형성한다. 비록 대부분의 내부 연합이 어젠다의 광범위한 목표에서는 합의에 도달할 수 있지만 ─ 개선, 역사적 달성, 좋은 정책 ─ 구체적 대안에 관한 분쟁은 상당하다. 이 분쟁은 정책 과정의 경계를 설정한다. 존슨의 한 측근은 다음과 같이 말한다.

> 백악관 내에서는 개인적인 아이디어를 내지 못합니다. 각 참모들은 그들이 속한 사무실이나 부서로 분류됩니다. 캘리파노는 좋은 아이디어를 가졌지만 보건교육복지부 출신이었습니다. 모든 제안은 제안자가 어느 부서 소속이며 누구에게 소속되어 있는지에 따라 판별되었습니다. 개인이 지닌 힘은 대통령을 압박하는 데 중요한 효과를 지녔습니다. 한 보좌관은 자기가 세 개 부서와 정책 관료들을 뒤에 뒀다고 말할 것입니다. 다른 이는 자신이 백악관과 상원 공공복지위원회를 배경으로 뒀다고 할 것입니다. 이는 전쟁놀이와 같습니다. 각 그룹은 말판에서 각자의 말을 움직이고 있었습니다.

내부 연합의 효과를 평가하는 하나의 방법은 1979년 카터의 한여름 위기를 살펴보는 것이다. 6월 초에 일본에서 있었던 경제정상회담을 마치고 귀국한 카터는 중요한 에너지 관련 연설을 계획하고 있었다. 가스 수송관은 길었고 연료 가격은 오르고 있었다. 그러나 연설 예정일이 일주일도 남지 않았을 때, 카터가 느닷없이 연설을 취소하고 캠프 데이비드에서 '국내정상회담'을 요청했다. 결국 카터는 그의 임기 전환점에 무엇이 주요한 국내 메시지인지를 끌어냈다. 메시지 자체가 관료들 간의 팽팽한 분쟁을 내포했다. 이 연설이 패트릭 캐들이 발견한 거대하고 '막연한 불안'이거나 아이젠슈타트의 정책 변화를 위한 연설이었는가? 두 연합이 형성되었다. 캐들 연합은 중대한 형식 변화를 요구했고, 아이젠슈타트 연합은 대중의 지지 하락에 대한 과도한 반응에 주의를 환기시켰다. 카터의 연설을 둘러싼 분쟁 뒤에, 카터가 주요 고문단을 뒤흔들 준비를 하면서 주요 분쟁이 발생했다. 7월 17일, 모든 백악관 관료들과 자문위원 임원들은 주요 고문단의 사임을 요구했다.

가장 불화를 일으키던 고문단의 사퇴는 보건교육복지부 사무관 캘리파노와 연관되어 있었다. 마이클 블루멘탈(Michael Blumenthal: 재무부 소속), 브록 애덤스(Brock Adams: 교통부 소속)를 포함한 주요 인사들이 조기 사임했다. 하지만 조던 - 캐들 - 파월 연합이 캘리파노에 대항하려는 움직임을 나타냈을 때, 분쟁이 격화되었다. 먼데일과 아이젠슈타트 모두 한때 존슨의 측근이기도 했던 캘리파노의 사임을 지지하지 않았다. 아이젠슈타트는 캘리파노가 유능한 사무관이고 상황이 여의치는 않지만 그가 가치 있는 자산이라고 주장했다. 먼데일은 더 단호했다. 그는 캘리파노가 강력한 선거구를 가진 강력한 사무관이라고 주장했다. 캘리파노를 해임하려는 시도는 극적인 분쟁으로 이어졌다. 이 분쟁은 두 연합 간 분쟁이었으며, 결국 '조지아' 연합의 승리로 귀결했다. 비록 먼데일과 아이젠슈타트의 견해가 카터 연설의 일부분에서 다소나마 녹아들어갔다고 하나 그들의 주장은 소수 의견에 불과했다. 국내와 경제 양쪽 정책에서 백악관의 자유진영 관료들은 중요한 전투에서 패배했다.

2) 표준관리규정

　이러한 분쟁을 최소화하는 하나의 방법은 표준관리규정(Standard Operating Procedures)을 세우는 것이다. 표준관리규정은 '조직의 기억'이며, 적어도 지난 다섯 정부 모두에서 존재했다. 이는 정부의 조직 구조가 증가한 현실을 반영한다. 대통령직 임기가 지나면서 규칙이 출현했다. 분쟁이 증가할수록 관리운영 규정도 변화했다. 이러한 관리운영 변화는 레이건 행정부에서도 나타났다. 표준관리규정은 참모진의 행위와 정보를 규제하기 위해 사용되었다. 닉슨의 한 보좌관이 말했다. "우리는 정보를 유입시키는 데 몇 가지 규칙이 필요했습니다. 첫해에는 혼란이 너무 많았고 각종 서류가 무분별하게 돌아다녔습니다. 정보의 홍수를 통제할 체계가 필요했습니다." 다섯 정부의 참모들 모두 임기 첫해의 절반이 끝나갈 무렵에 표준관리규정의 필요성을 피력했다. "우리는 협력이 절대적으로 필요했습니다"라고 케네디의 한 재무부 측근이 말했다. "백악관을 통한 이동이 너무 많았고 우리가 오기도 전에 문제가 이미 정해졌고 몇 가지 문제는 이미 시작되었습니다. 임기 첫해가 끝나갈 무렵 우리는 체계를 궤도에 안착시킬 몇 개의 조직을 만들어내야 했습니다."

　카터의 정책체계는 네 명의 전직 참모를 중심으로 발전되었다. 비록 카터가 닉슨의 국내이사회(Domestic Council)를 국내정책비서진(Domestic Policy Staff)으로 이름을 바꾸는 데는 빠르게 움직였으나 그는 취임 9개월 후인 1977년 9월 14일까지 대통령의 국내정책검토체계(Presidental Domestic Policy Review System)를 수립하지 못했다. 카터는 네 명의 전임 대통령처럼 표준관리운영규정의 필요성을 곧바로 알아차렸다. 임기 첫해의 절반 동안 정책 과정은 막대한 혼란을 불러일으켰다. 카터의 한 측근은 "모두가 대통령에게 모여들었습니다. 첫 번째 선택은 상대적으로 쉬웠지만 청구서가 쌓여갈수록 참모들 사이의 분쟁은 늘어갔습니다"라고 했다. 대통령의 국내정책검토체계는 카터의 재편성 계획에 따라 추천된 것으로서 대통령에게 올라오는 네 개의 각서를 서열화하고자 했다.

이는 논점 정의 각서(Issue-Definition Memoranda), 응답 각서(Response Memoranda), 결정 각서(Decision Memoranda), 대통령의 최종집행명령(Final Presidential Directives)이다. 하지만 이 체계는 9월까지도 정착하지 못했다. 카터의 대통령 국내정책검토체계가 자리를 잡은 시점에서 이미 어젠다의 절반이 의회에 제출되었다. 한 측근은 다음과 같이 말하며 애석해했다. "이는 좋은 아이디어였으나 1977년 1월 1일까지는 준비되었어야 했습니다. 그랬다면 초기의 몇몇 실수를 바로잡는 데 사용될 수도 있었을 것입니다."

카터의 국내정책검토체계는 월터 먼데일 부통령의 지시하에 나타난 실행 어젠다 체계화의 직접적 후신이었다. 그 어젠다는 1976년 11월 과도기에 처음 모습을 드러냈다. 이는 조지아 해안에서 떨어진 세인트시멘스(Saint Simens)라는 휴가지에서 크리스마스 직후에 고위 관료들에게 공개되었다.

> 회의에 참석한 손님들은 29쪽 분량의 기록 사본을 건네받았습니다. 앞으로 반년 동안의 계획이 담겨 있었습니다. 3월 말까지의 대통령 행사시간표를 주 단위로 구분한 상세 일정표도 들어 있었습니다. 이 안내서의 목적은 "카터 정부의 결정적인 첫 몇 개월 동안의 리더십을 위한 전략 제시"로 명시되었다. 먼데일 어젠다는 「정치 전략에 관한 초기실무보고서(An Initial Working Paper on Political Strategy)」라고 불리는, 대통령선거위원회에 의해 주문된 다른 계획 각서의 장점을 구체화한 것이었습니다. 이 문서는 카터 캠페인의 여론 조사 책임자이던 패트릭 캐들이 작성했습니다. 그는 정부에 속하지 않은 정치 자문가로서 백악관에서 대접받았습니다(Shogan, 1977: 109).

카터의 관료에 따르면 먼데일 어젠다는 첫째 달에는 내부 이슈로서 관심을 거의 받지 못했다. 비록 어젠다가 관료들에게 회자되기는 했지만, 늦봄까지도 중요한 사안으로 부상하지 못했다. 카터의 한 국내 정책 측근은 다음과 같이 말했다. "먼데일 어젠다가 너무 경직되어 있다고 생각한 사람이 많았습니다. 그

〈표 8-2〉 실행어젠다 초안(1977년 4월)

범주	4월 1~9일	4월 11~16일	4월 18~23일	4월 25~30일
특별한 사건	-	-	-	-
외교·국방	사다트(Sadat), 비확산 정책 발표	범미국인의 날 연설	카담, 젠킨스	후세인, 경제정상회담
예산				
경제	인플레이션 억제에 관한 검토 및 자문	인플레이션 억제책 발표	경기부양책 승인	경기부양책 승인
에너지 문제	검토	에너지 문제에 관한 검토 및 자문	의회와의 의견 조정안 연설	-
복지	계획	계획	계획	계획
장기안: 세금개혁, 보건	-	-	보건 교서	
정부 개편	「개편법」 승인	-	-	-
기타 항목	-	-	-	「전국 노동 관계법」 개혁
쟁점	-	수자원 프로젝트		

들은 분 단위 규칙에 따라 움직이라는 소리를 듣기 싫어했습니다. 한 나이든 정치권 참모가 자신은 이미 유치원에 다녔다고 불평할 정도였습니다." 4월에 카터는 여러 정치적 실책 — 50달러 세금 환급을 포함한 — 을 저질렀고 표준관리규정을 마련할 필요성이 증가했다. 어젠다는 대개 상당한 내부 분쟁의 소재를 제공했다. 1977년 4월에 발표된 그달의 실행 어젠다 초안이 〈표 8-2〉에 나와 있다. 에너지, 복지, 세금개혁, 건강, 되풀이해 발생하는 방위와 예산에 대한 중요성이 반영되어 적혀 있다. 이 서류를 담당했던 카터의 측근은 "국내 정책 과정에 미칠 어젠다의 영향에 대한 질문은 없었습니다. 어젠다는 국내 선택의 구조를 제공했습니다. 각각의 제안이 뛰어넘어야 할 장애물이 무엇인지도 명확했습니다"라고 말한다. 카터 정권하에서 이는 정책 과정의 영구적인 정착물이 되었다. 이는 매년 1월에 마련되어 3개월마다 갱신되었다.

카터 체계를 살펴보면 표준관리규정의 중요성이 부각된다. 표준관리운영규정은 정치적 영향력이 감소하는 시기의 문제점을 반영하고 있었다. 대통령의 자산이 줄어들면서 신중하게 결정을 내릴 필요성이 증가한다. 이런 점에서 표준관리규정은 조직효율성 증대의 지표라고 할 수 있다. 국내정책검토체계를 실행하기로 한 카터의 결정은 조직적 필요성에 대한 그의 경각심이 높아졌음을 보여준다. 초기의 실수가 국내 정책 과정에서의 여유를 앗아갔다. 역대 대통령 네 명과 마찬가지로 카터도 결국 내부 분쟁의 효과를 줄이기 위해 국내 선택에서는 협력하는 구조로 나아갔다. 그리고 전임 대통령들과 마찬가지로 초기 선택에 영향을 미칠 수 있는 시간의 효율적 안배에는 실패했다.

3) 불확실성 회피

행위 모델을 선택할 때 조직체들은 되도록 불확실성을 피하기를 바란다. 미래는 쉽게 예측되지 않기에 조직체는 현재에 안주하려 한다. 발등에 떨어진 당면 문제들을 먼저 해결하고 장기적 계획을 피하며 환경과 타협한다.

백악관도 마찬가지이다. 대통령은 '불 끄기'에 매우 많은 시간을 들이며 현재에 안주하고자 한다. 국내 정책 과정은 광범위한 계획보다는 임박한 사건이나 사고에 집중하는 경향이 있다. 존슨의 한 보좌관은 다음과 같이 말한다. "우리가 특정 이슈의 우선순위를 실행하려 하면 새로운 문제가 발생합니다. 행동에 나서기 전에 새로운 이슈를 소화해낼 충분한 시간이 있는 경우는 극히 드물었고, 대체로 우리가 한 일은 '잔불 끄기'였지요. 의회에서 뜨거운 바람이 불어올 때는 감당하기가 몹시 힘들었습니다."

대통령의 시간 중 많은 부분은 현재의 구체적 사안을 다루는 데 쓰인다. 닉슨의 국내 정책 담당 보좌관의 임무 중 하나는 당면한 이슈에 재빠르게 대응하는 것이었다. 케셀은 다음과 같이 말했다. "우리가 보고 있는 참모들의 역할은 역설적이었습니다. 참모들의 역할은 아귀가 맞지 않은 듯했습니다. 다른 임무 — 정보 수집, 선택권의 명확화, 우선순위 결정, 감시활동 — 와 관련된 순서를 따라 움직였습니다. 하지만 그 목록 중간에 응급상황에 대한 명백한 언급이 있었습니다." 궁극적으로 케셀은 다음과 같이 결론지었다.

> 소방관 역할은 백악관 관료에게 있어서 피할 수 없는 일이었습니다. 왜 그래야
> 했겠습니까? 정부행위에 영향을 미친 두 요인, 즉 정치적 환경의 복잡성과 고정
> 된 정치적 일정에서 답을 찾을 수 있습니다. 이런 문제들로 수많은 기관과 연락하
> 는 데 대부분의 시간을 허비하게 됩니다. 이 모든 것을 최종 마감일에 맞춰야 합
> 니다. 일이 제때 이뤄지게 하려면 그에 따르는 각별한 노력이 필요합니다. 종종
> 백악관 밖에서 발생한 행동으로 위기 상황이 터지기도 합니다(Kessel, 1975: 95).

합리적 체계를 기대했다면 '불 끄기' 역할은 모순적이다. 행위 모델에서의
'적합한 합리성'을 받아들이면 불 끄기는 현실에 부합한다. 백악관도 안정된 환
경을 만들고자 한다. 표준관리규정과 행정달력 도입은 같은 환경을 공유하는
다른 구성원들에게 언제 계획들이 오는지 예상할 수 있게 한다. 이는 닉슨과 포
드의 '감시사항 일람표(Watchlist)'가 있는 이유이기도 하다. 이들은 불확실성을
없애는 방법의 하나였다. 대통령은 이러한 노력으로 의회 반응을 예상하려 하
기도 한다. 입법부의 연락관도 상황에 맞춰 협상하려 한다. 연락관들은 우호적
인 법률과 적대적 법률의 소개뿐 아니라 문제 있는 법안의 이동까지도 예상하
고자 한다. 백악관에는 환경과의 소통을 강조한다. 이러한 문제는 공공연락사
무소에서도 마찬가지이다. 포드의 한 측근은 다음과 같이 말했다. "문제의 일
부는 단지 진행 상황을 아는 것만으로도 해결될 수 있습니다. 나는 내 시간의
40%를 법안의 진행 상황을 파악하는 데 사용했습니다. 법안이 깨지려 할 때 내
연줄이 영향력을 행사하기를 원했습니다."

4) 문제 중심 탐색

문제 중심 탐색은 행위 모델에서 기본적인 구성요소이다. 이슈와 대안 모두

에 대한 탐색은 유도된 것이고 목적이 있다. 사이어트와 마치에 따르면 문제 중심 탐색은 세 가지 패턴으로 구분된다. 첫째, 탐색에는 동기가 부여된다. 이는 문제로 시작해 해결책으로 끝난다.

> 어떠한 문제는 조직이 한 가지 목표나 그 이상의 목표를 충족시키는 데 실패했거나 그러한 실패가 가까운 미래에 예견될 때 인지된다. 문제가 해결될 때까지 탐색은 계속된다. 목표를 충족시키는 대안을 찾아내거나 받아들일 수 있는 실현 가능한 대안을 마련하도록 목표 수준을 조정하면 문제는 해결된다. 해결책은 문제를 탐색하는 것에도 동기를 부여한다(Cyert and March, 1963: 121).

대통령의 탐색은 오히려 이러한 상황에서 시작된다. 카터의 국내정책심의체계 내에서 대안 탐색은 대통령이 논점 정의 각서를 승인했을 때 비로소 시작된다. 1979년에 카터의 한 측근은 다음과 같이 말했다. "보통 적절한 해결책을 찾아냈을 때 그만둬야 합니다. 그 체계는 일단 결정이 이뤄지면 재고하거나 관리를 허용하지 않았습니다. 목적도 마찬가지였습니다. 그 체계는 결정이 완료되어야 작동을 멈췄습니다."

백악관 관료에 따르면 대안 탐색은 보통 문제가 발생한 초기에 실행된다. 해결책이 문제를 뒤쫓는 사례도 있지만, 국내 정책 과정은 험난한 유입 과정을 반영한다. 내적 자원에 한계가 있다면 대통령이 여러 대안을 꾸준히 검토하거나 뒤로 물러설 힘을 지니지 못한다. 그러나 오히려 자원이 떨어지기 시작할 때, 계획의 질에 대해 더 많이 숙고해야 한다. 대통령은 실질적인 금전적 보상을 원한다. 임기를 시작할 때, 대통령은 '하나의 문제에 하나의 해결책'이라는 이상에 만족한다. 임기가 지나가고 기회가 줄어들면 더욱더 신중하게 선택한다. 불행히도 대통령이 경각심을 키워갈수록 영향력 감소 주기에 속박된다. 대통령은 가장 유능하지도 노련하지도 않을 때 대부분의 선택을 내리게 된다.

둘째, 조사와 탐색 과정은 단순하다. 이는 보통 현존하는 대안들의 '가까운 범위' 내에 한정된다. 대통령이 대안의 질을 고려할지라도 실행 가능한 아이디어에 기반을 둔 다양한 동기를 갖는다. 문제 중심 조사의 원리는 증대하는 국내정책의 본질에 대한 현실적인 설명력에 달렸다. 사이어트와 마치는 기존 정책 규칙들은 조직이 새로운 대안을 향해 급진적으로 이동하는 것을 금지한다(상당한 탐색 압력이 있는 상태는 제외함). 그러한 조직의 급격한 이동 금지는 정책 수행 기능 내에서의 연속성을 가정하거나 급진적 이동에 따라 적응이 요구된다는 측면에서 설명될 수 있을 것이다(Cyert and March, 1963: 122). 대통령직에서 가능한 대안에 대한 압력은 자원 부족에 달려 있다. 대통령과 관료들에게는 최선의 대안에 대한 철저한 탐색을 수행할 시간, 정보, 전문지식, 에너지가 없다. 그 대신 조직적 타협의 산물에 의존하도록 강요받기 일쑤이다. 앞에서 봤듯이 대통령은 재량권의 감소 주기에 직면한다. 대통령이 자세한 계획 입안에 가까이 접근할수록 행정부와 백악관 조직에 의존해야 했다. 카터의 한 측근은 "솔직히 관료들은 한 번도 자세한 분석에 참여할 필수자원을 갖지 못했습니다. 관료들은 되도록 빨리 움직여서 제시간에 계획을 제출해야 했습니다. 창의적인 계획을 수립할 시간은 결코 없었습니다. 어느 부서가 벌써 좋은 계획을 마련했거나, 의회의 누군가가 실행할 준비가 된 계획을 가진 경우는 예외이겠지만요"라고 말했다. 닉슨의 국내이사회 관료는 다음과 같이 말했다. "우리는 대부분 매우 민감했습니다. 계속 진행해야 하는 분야에 박식하지 못했고, 계획의 선택사항이 많이 제공되지도 않았기 때문입니다. 특정한 대안을 타진하려는 사람들을 물리쳤을 때 우리에게 남은 것은 이미 만들어진 해결방법이었습니다. 이는 웨이터에게 오늘밤 어떤 메뉴가 좋은지를 묻는 것과 같았습니다."

셋째, 편견이 탐색에 영향을 미친다. 만일 대통령이 대규모 법안에 관심이 있다면 탐색은 대규모 법안을 만들어낼 것이다. 만일 대통령이 에너지 문제와의 전쟁을 원한다면 구체적인 전투계획을 준비하게 될 것이다. 사이어트와 마치가 제시하듯, 세 가지 종류의 탐색 편견이 존재한다. "① 조직의 다양한 분야에서의 특별한 훈련이나 경험이 반영된 편견, ② 희망과 기대가 상호 작용해 형성된 편견, ③ 조직 내에서 미해결된 많은 분쟁이 반영된 의사소통 편견" 등이 다(Cyert and March, 1963: 122). 세 가지 편견은 모두 국내 정책 과정 내에 존재한다. 대안을 위한 탐색은 분명히 관료의 특수성을 포함한다. 닉슨의 한 측근은 다음과 같이 말했다. "일정 기간이 흐른 후, 계획의 특정 유형에 익숙해질 것입니다. 결국 우리는 정액교부금 개념에 꽤 친숙해졌고 가능할 때마다 사용하고자 했습니다." 존슨의 한 보좌관도 개별보조금에 대한 관심에 비슷한 의견을 제시했다.

> 우리에게는 개별보조금을 국내 정책의 도구로 사용하는 데 숙련된 사람들이 여럿 있었습니다. 그들은 어떻게 법률을 이끌어내고 성취를 보장하는지 알았습니다. 1966년 개별보조금은 존슨과 국내 정책 관료들이 좋아하는 것이었습니다. 하지만 얼마나 빈번하게 방치된 법안을 꺼내 이름과 외형만 바꿔 사용했는지 모릅니다. 법률 입안에 대한 기준 모델에 맞게 조정된 법률들은 위대한 사회를 통해 나타났지요.

편견은 대통령의 희망과 기대에서도 나타난다. 살펴본 것처럼 모이니한은 닉슨의 역사적 달성이라는 목표를 가정부양정책을 팔기 위해 활용했다. 또한 백악관이 어떻게 해서 대안 탐색의 비용에 대해 부분적으로 고려하게 되었는지에 대해서도 살펴봤다. 대통령과 관료들은 잠재적 대안의 범위를 한정하기 위해 '평가 커튼'을 만들어냈다. 포드와 카터에게 최우선적 평가 커튼은 경제적 비용을 포함했다. 카터의 한 측근은 다음과 같이 말한다. "우리는 분명히 대통령의 반응을 예측하려 했습니다. 복지 개혁의 경우, 모든 범위의 선택사항을 시도할 수 있었던 것은 아닙니다. 어떤 것은 너무 비쌌고, 어떤 것은 정작 착수할 때 제외되고는 했습니다."

마지막으로 대안과 이슈 탐색은 미해결된 내적 분쟁을 반영했다. 분쟁의 주된 요인 중 하나는 연중 계획 과정에서 나타났다. 닉슨의 한 측근은 다음과 같이 말했다. "어떤 기관은 매년 같은 프로그램을 실행하려 했습니다. 그때마다 그 아이디어를 거부했지만 달라지지 않았습니다. 기관은 열심히 로비하기도 했지만 결국 실패했습니다." 대통령이 매 기간마다 입법계획을 이끌어낼 때면, 백악관 내의 다양한 연합 간 분쟁은 증가했다. 계획 과정은 아이디어와 분쟁 모두의 원천이었다. 한 연설기고자는 다음과 같이 회고했다. "임기 마지막 두 해에 일반교서를 작성하는 것보다 힘든 일은 없습니다. 모두가 배가 가라앉기 전에 탈출하려고 하기 때문입니다. 타이타닉 호에서는 모두들 내리기를 바랐지만, 백악관에서는 그저 자리를 재배치하는 것을 원했다는 점이 달랐을 따름입니다."

5) 갈등의 준해결

대통령 정치를 지켜봐온 한 숙련된 관찰자는 국내 갈등 상황을 삶의 한 방식으로 간주했다. 한 언론인은 이렇게 말한다. "분쟁은 효과적일 뿐 아니라 필수적입니다. 대통령은 물러앉아 찬반양론을 신중히 고려해 결정해야 한다는 말도 부분적으로는 옳지만, 대개의 경우 대통령은 내적 경쟁을 부추겨야 합니다. 아마 루스벨트가 옳았을 것입니다. 더 많은 사람들이 딱 맞는 아이디어를 얻으려 할수록, 아이디어를 찾을 기회도 더욱 커집니다." 그러나 분쟁이 더욱 강력한 계획을 만들어낸다고 하더라도 여기에는 적절한 지도방법이 요구된다. 분쟁은 '다양한 주장'을 옹호하는 사람에게는 가치 있을지 몰라도 확인되지 않은 채 방기된다면 잠재적으로 파괴적이다.

현시대의 대통령들은 국내 정책 과정에서 매일 나타나는 분쟁을 조화롭게 해결할 여러 가지 방법을 지니고 있다. 우선 공동의 목표를 가진 국내 관료를 충원할 수 있다. 분쟁을 무시하고 마치 존재하지 않는 듯 행동하면서 지하로 쫓아버릴 수도 있다. 하지만 대통령이 분쟁을 유리한 쪽으로 이용하고자 한다면 억제할 수 없는 내전의 여파를 줄일 전략을 적용해야 한다. 백악관 내분을 다루는 기술에도 여러 방법이 있다. 대통령이 어떠한 방법을 선택할지는 관료 공존성, 참여 일관성, 대통령의 정책 참여와 같은 선택적 상황에 달려 있다. 하지만 이들 각각은 분쟁의 정도에 따라 효과가 달라진다. 적정한 수준의 공존성, 일관성, 정책 참여가 더해졌을 때 연합 분쟁에 대한 두 개의 중요한 조직적 응답을 기대할 수 있다.

대통령은 내부 특화를 통해 분쟁을 줄일 수 있다. 사이어트와 마치는 이러한 특화를 '부분적 합리성(local rationality)'이라 불렀다.

> 우리는 조직이 문제 결정 과정을 하위 문제로 나누고 하위 문제를 조직의 하부 조직에 할당할 것이라고 가정했다. 조직분쟁 관점에서 보면, 이러한 부분적 합리성의 중요성은 한정된 목표를 다루는 데 존재하는 각각의 하부 조직들이 갖는 선호도와 관련된다. 이는 오직 한 목표의 관점에서 하나의 문제를 해결하는 것을 줄여줄 것이다(Cyert and March, 1963: 117).

대통령의 관료들이 전문화되었을지라도 분쟁은 종종 문제의 흐름에 따라 강조된다. 백악관 내에서 책임이 하나의 부분에 위임되는 경우는 많지 않다.

국내 정책관은 프로그램에 유일한 결정권을 부여받은 적이 없다. 또한 예산관리국, 대통령 경제자문위원회, 부서들 그리고 대통령도 마찬가지이다. 특화는 국내 정책 결정에 필요한 자원을 감소시킨다. 그러나 이는 각각의 대안에 걸쳐 나타나는 궁극적인 분쟁을 줄이지는 않는다. 그 대신 특화는 분쟁을 다음 과정까지 미루는 경향이 있다. 국내 정책관은 선호되는 대안을 선택할 수 있는 유연성을 부여받는다. 이는 분쟁이 커지면서 최종 결정을 언제 할지 판단해야 함을 의미한다. 대통령은 목적을 달성하기 위해 순차적 관심을 가짐으로써 분쟁을 줄일 수 있다. 그들은 적시에 문제를 공략할 수도 있다. 국내 정책 과정에서 목적을 향한 순차적 관심은 꽤 보편적으로 나타난다. 하지만 이를 통해 정책관이 국내 시스템에 대해 잘 모른다고 말하려는 것은 아니다. 사회복지를 옹호하는 이는 건강 관련 문제를 주시한다. 에너지 관련 법안을 옹호하는 이는 재편을 고려한다. 케네디의 한 측근은 다음과 같이 말한다. "시간과 노력을 다른 정책 분야에서 일어나는 일에 기울이는 것이 낫습니다. 만일 대통령이 교육 분야를 억제하려 한다면 노선이 다른 당신의 프로그램이 부각될지도 모릅니다. 경쟁 프로그램들의 정상에 머무는 데는 그다지 큰 노력이 필요하지 않습니다."

목적을 향한 순차적 관심은 임기 전반에 걸쳐 나타난다. 그 반면에 지위의 변화는 목적의 비교에 큰 기회를 제공한다. 예를 들어 케네디 정부 과도기에 국내 정책 담당 최측근은 팜스프링스와 플로리다에서 잠재적 프로그램을 검토하기 위해 대통령 당선자와 만났다. 곧이어 케네디 암살사건이 일어났고 존슨은 자신의 최고 관료와 국내 정책 선택항의 범위에 대해 논의했다. 닉슨은 아서 번즈와 뉴욕의 피에르 호텔에서 임시로 국내 안건을 결정하기 위해 자주 만났다. 각각의 사례를 볼 때 대통령은 정책 평가를 비교하기 위해 어느 정도 노력을 기울이며 임기를 시작했다. 대통령의 프로그램 리스트들은 구성되거나 재검토되고 있었다. 케네디의 측근은 다음과 같이 말했다.

가장 중요하다는 의문과 목록을 모두 취하는 대신 각각의 항목을 체크하면서 목록을 기록해갔습니다. "재개발을 실행하기를 원했는가?" '그렇다' 또는 '아니다'. "의료보장제도를 실행하기를 원했는가?" '그렇다' 또는 '아니다'. 이와 같은 방식으로 각 프로그램을 분리된 안건으로 재검토했습니다. 이분법적('either/or' type) 논의는 거의 없었습니다. 우리는 '재개발'이나 '의료보장제도'에 관해 묻지 않았습니다.

임기 말에 순차적 관심은 유력한 전략으로 여겨진다. 분쟁이 증가하고 자원은 감퇴하는 만큼 직원들에게는 '최초 접근, 최초 실행'이라는 식의 보고가 지배적이었다. 국내 과정은 대부분 여러 과정으로 구성된다. 포드의 한 보좌관은 다음과 같이 사회복지 개혁을 설명한다.

첫째, 우리는 와인버거에게 적어도 1977년까지는 사회복지 개정을 기다리라고 말했습니다. 우선 경제문제를 처리해야 했습니다. 인플레이션을 통제하지 못한 다면 사회복지도 개정할 수 없었습니다. 둘째, 사회복지 분야의 부정행위도 다뤄야 했습니다. 대통령은 매우 짧은 기간에 규정과 법규를 강화하기를 원했습니다. 낭비를 줄이지 않았다면 최저 수입을 설정하려는 노력도 없었을 것입니다. 셋째, 에너지 구입을 위한 임의의 자금도 최대한 비축해야 했습니다. 무엇보다 에너지 종합계획을 찾아낼 필요가 있었습니다. 우리는 이 세 가지 문제가 해결된 후에야 보건교육복지부에 사회복지 개정을 고려하겠다고 말할 수 있었습니다. 보건교육 복지부는 자신의 차례를 기다려야 했습니다.

다시 말하지만, 대통령의 자원이 없어질수록 분쟁을 조정하려는 노력이 더욱 필요하다. 목적을 위한 순차적 관심은 이러한 노력의 작은 부분일 뿐이다.

결국 대통령과 관료들은 협상이나 정치적 전투를 통해 논쟁을 잠재울 수 있다. 협상과 지배의 차이는 결국 〈표 8-1〉에 요약된 선택 배경과 관련된다. 모든 행정부가 불가피하게 두 가지 방식을 경험하겠지만, 다섯 정부의 관료는 모두 우선 협상을 선호했고, 지배는 최후의 수단이라고 지적했다. 존슨의 한 측근은 다음과 같이 말했다. "어떤 점에서 당신이 충분히 말해야 한다는 것만으로도 족합니다. 모든 관점의 측면을 알아보고자 노력을 기울여야 하지만 한계도 명확합니다."

협상과 지배를 구별하기는 어렵다. 한 참관인에게 정치적 전투로 보이는 것이 다른 이에게는 공격적인 협상으로 보일 수도 있다. 지배 연합 속에 상당한 협상이 존재할 수도 있다. 따라서 협상으로 보이는 것이 지배 연합을 확립하기 위한 노력의 산물일 수도 있다. 어쩌면 그런 혼란을 불식시킬 가장 좋은 수단은 각 결정의 기본 배경을 알아보는 것일지 모른다. 닉슨의 첫 임기의 매개변수에서 정치적 지배에 대한 우리의 관측 결과가 확인된다. 목표 공존성은 낮고 대통령의 정책 참여는 거의 존재하지 않으며 자산은 바닥났다. 그러나 케네디 임기의 맥락적 틀은 좀 더 책임을 공유하는 형태를 띤다. 목표 공존성이 있었고 대통령의 정책 참여는 확실했으며 자산은 적당했고 참여 일관성도 높았다.

6) 조직 학습

조직 학습은 행위 모델의 마지막 특징이다. 이 특징이 가장 중요할 수도 있다. 다음은 사이어트와 마치의 의견이다.

> 조직들은 학습한다. 개개의 소박한 사람들이 하는 것처럼 불필요해 보이는 학습 과정을 거친다. 그러나 조직들은 (다른 사회단체가 그러하듯) 시간이 흐를수록 적합한 행동을 보인다. 개인 수준의 적응이 생리 현상에 달렸듯 조직은 적응을 위해 구성원을 도구로 활용한다(Cyert and March, 1963: 123).

조직은 상당한 변화 가능성을 내포한다. 우리는 자원이 성쇠함에 맞게 대통령직이 적응할 것을 기대한다. 대통령과 관료들은 여러 이슈와 대안에 주의하며 적응해간다. 즉, 무엇이 가능하고 가능하지 않으며, 무엇이 입법할 수 있는 정책이고 그렇지 않은 정책인지를 학습한다. 또한 그들은 불확실한 환경과 증대하는 관료 간의 분쟁을 조정할 전략을 개발한다. 이는 증가하는 유효성의 순환에 이바지하는 학습이다. 카터의 한 참모는 다음과 같이 말했다. "무엇을 제거할지 결정하는 데는 시간이 걸립니다. 우리 모두는 재편이 격렬한 논쟁거리가 되리라고 생각합니다. 그러나 아무도 그렇게 되기를 바라지는 않습니다. 정부 규모에 대한 불평이 모두 지나간 뒤, 상당한 양의 지원을 기대했지만 지원은 전혀 없었습니다." 대통령과 관료는 결국 어떠한 정책 분야가 정치적 약속을 잘 지키는지 알게 된다. 또한 어떠한 이슈가 시행 비용이 가장 많이 수반되는지 배우게 된다. 존슨의 한 보좌관이 증언했다. "우리는 임기 중에 확실히 배웠습니다. 회의를 통해 프로그램을 움직이는 데 더 능숙해졌고 이행하는 데도 더 익숙해졌습니다. 우리의 강점이 무엇이며, 조심해야 할 지점이 어디인지도 알게 되었습니다."

또한 대통령과 관료들은 이슈와 대안을 검토하는 과정에서 상당한 전문성을 터득한다. 행정부는 대안을 살피거나 정보를 얻을 수 있는 곳을 알게 된다. 닉슨과 카터 정부 모두 관료들은 임기를 시작할 때 어느 정도 순진한 관료적 조언을 받아들였다. 카터의 한 측근이 말했다. "우리는 보건교육복지부가 사회복지 개편에 대한 제반사항을 알 것이라고 생각했습니다. 그래서 그들의 의견을 수용했으며, 그들의 초안을 따랐습니다. 하지만 이는 의회에서 무시당하는 결과를 낳았고 그들의 데이터에 의심을 갖게 되었습니다. 이 사건은 분명히 캘리파노의 보건계획에 대한 우리의 분석에도 영향을 미쳤습니다."

사이어트와 마치에 따르면 "조직이 특별한 방법으로 문제에 대한 해결책을 찾아냈다면 미래에 같은 형식의 문제가 발생했을 때 동일한 방법을 적용할 가능성이 높다. 그러나 해결책을 찾지 못했던 방법을 한 번 더 적용하지는 않을 것이다"(Cyert and March, 1963: 124). 이것이 일반적인 대통령의 정책 결정 과정이다. 정책 공식화에 대한 대통령의 특별한 선호 방식으로 전문성에 대한 기록에 의하는 경우가 있다. 카터 행정부에서 1977년 포괄적 에너지 계획은 매우 고립된 과정을 통해 제출되었다. 에너지에 관한 한 독보적 지위에 있었던 제임스 슐레진저(James Schlesinger)에게 법안 입안의 1차적 책임이 돌아갔다. 카터의 관료에 따르면 최종적인 입법부의 실패는 대통령이 국내 정책 재검토 시스템을 도입하는 것을 인정하게 만들었다. 카터의 한 측근이 말했다. "우리는 그런 식의 오류를 다시 범할 여유가 없습니다. 프로그램은 좋았지만, 대통령 자문위원회의 안팎에서 인기가 없었고 프로젝트에 참가하려는 이도 없었습니다. 이에 의회도 매우 놀랐습니다. 그래서 이러한 문제가 재발하는 것을 막기 위해 재검토 시스템을 도입하기로 한 것입니다."

대통령과 관료들은 채택된 아이디어의 자료를 심사하면서 학습한다. 임기가 흐를수록 반발이 심해진다. "우리가 참여한 전투가 화력전이라는 것을 차츰 깨달아갔습니다." 케네디의 측근이 말했다. "임기가 시작할 때 우리는 주로 민주당이나 내부 부서가 국내계획에 관해 도움을 줄 것으로 기대했습니다. 임기의 두 번째나 세 번째 해에는 사건의 잠재적 손해를 따지며 소극적으로 대처했습니다. 우리는 재선에 매진하기 시작했고 최고의 아이디어들이 어디에 있는지 배웠습니다." 결국 대통령과 관료는 최고의 이익을 주는 아이디어의 원천을 가려냈다. 닉슨의 한 측근이 말했다. "1971년에 우리는 사회복지사업 담당 관료들을 대하기가 매우 조심스러웠습니다. 그들은 지나치게 많은 새 아이디어들을 채택하기를 원하지 않았습니다. 사회복지개편을 유지할 수 없었고, 보건교육복지부와 주택도시개발부의 재편성은 성공하지 못했습니다. 우리는 아이디어의 새로운 원천을 찾아내야 했습니다."

4. 결론

대통령 임기는 정책 과정에 대한 조직 행동의 결과이다. 제도적 구조와 관료들의 행위가 상호 작용해 이슈를 결정하고 대안을 마련하며 우선순위를 매긴다. 분쟁이 일어날 때, 정치적 연합은 협상이나 지배의 형태를 띤다. 이익과 비용 인식은 정책 결정 구조에 의해 확실하게 만들어진다. 결정 구조는 각 선택의 배경과 관련되어 있다. 대통령직은 행위 모델과 닮았다. 목표의 공존 가능성은 적당한 수준이고, 참여 일관성은 적절하게 높은 수준이며, 대통령의 자원은 적당하거나 낮은 수준이다. 합리적 선택을 위한 전문적 식견이나 정보는 매우 부족하지만, 조직이나 관료의 명령체제는 유지된다. 4년이라는 짧은 기간에 무정부 상태가 발생할 기회는 거의 없다. 이 점에서 대통령의 결정방식은 영향력 감소와 효율성 증가라는 두 가지 순환과 밀접한 관련이 있다. 전자는 시간이 흐르면서 점점 분쟁을 키움으로써 지배적 연합을 위한 압력을 촉발시킨다. 그러나 후자는 표준관리규정을 마련하고 조직 학습이 시행되는 데 기여한다. 이론적으로 효율성이 증가함에 따라 대통령은 내부 분쟁을 조정할 수단을 갖추는 것은 물론 '좋은 정책'을 만들기도 수월해진다. 그러므로 대통령의 두 번째 임기 시작은 매우 우호적인 상황에서 결정을 내리는 것을 가능하게 할 것으로 기대해봄 직하다.

대부분의 백악관 결정 과정에서 행위 모델의 주된 특징이 나타난다. 연합 행동이 보편적으로 나타나며 관료들은 힘과 영향력을 견주는 과정에서 정책을 형성한다. 많은 표준관리규정에서는 자원 축소의 문제가 부각된다. 노력은 단기간 계획에 의존해 불확실성을 회피한다. 문제 중심 탐색이 시작되지만, 보통 만족스러운 첫 번째 대안까지만 탐색하게 된다. 분쟁은 목적에 대한 순차적 관심을 통해 해결된다. 마지막으로 조직 학습은 대통령이 선택할 때 본질적으로 영향을 끼친다.

백악관 조직에 대한 이와 같은 견해는 대통령 자신의 영향력에 대한 의문을 낳는다. 개개의 대통령은 어떤 차이를 만들어내는가? 이러한 질문에 답하는 가장 좋은 방법은 결정권의 감소 주기를 검증하는 데 있다. 대통령이 국내 정책 결정 과정으로 이동하면서 조직적 행동이 더욱 중요해진다. 이슈가 선택되면 대안도 반드시 발견된다. 조직 자체가 극적인 영향력을 지녔기 때문이다. 대통령들은 이용 가능한 대안만 선택하고 내부 조언과 정보에 귀 기울일 것을 강요받는다.

대통령들은 어젠다를 분명히 할 수 있는 재량권을 폭넓게 가진 데 반해, 특정한 정책을 선택할 때에는 제약에 갇힌다. 대통령 자원에 대한 제한은 표준관리규정과 내부적 합의에 대한 노력들을 이끌어낸다. 대통령은 찬반양론이 적힌 결정 메모들을 받을 뿐, 더 많은 대안들이 존재하는지, 실제로 이익은 있으며 불이익이 치명적인 것은 아닌지 등을 파악할 수 있는 자원을 갖지는 못했다. 만약 대통령이 각 선택의 국부적인 요소에 얽힌다면 거시적인 문제들을 조망하는 시각을 잃어버리게 될 것이다. 대통령이 선택의 세부적인 사항과 격리되어 있다면 선택은 대통령의 직원과 조직에 달려 있다. 대통령은 자신의 정책을 형성할 광야에 진입할 시간과 에너지를 확보하지 못한 채, 긴 터널에 방치되어 있다.

백악관 정책 과정의 결과 내부적 지배로 귀결할 수도 있다. 대통령 자원이 줄어들고 내부적 분쟁을 조정해야 할 상황이 되면 다수의 지지를 받으려는 목표를 달성하기 어렵다. 대통령은 교차하는 압박에 사로잡혀 있다. 대통령들은 '좋은 정책'을 원하는 데다가 즉각적인 결과를 얻고자 한다. 이러한 효과를 낳을 유일한 방법은 내부 분쟁을 제거하는 것이다. 한 의회 전문가는 다음과 같이 말했다. "대통령은 내부 분쟁을 조절해야 하는 동시에 내부 분쟁이 활발히 이뤄지게 이끌 필요도 있습니다. 진정한 개혁안은 논쟁과 다툼을 통해서 만들어집니다. 대통령은 직원들에 대한 인내심을 가져야 합니다. 해결책을 발견하는 데 많은 시간이 걸릴 수도 있지만, 이는 그럴 만한 가치가 있습니다. 물론 직접 실천하는 것은 이렇게 말로 떠드는 것보다 훨씬 어렵겠지만요."

맥락적 선택 모델도 다방면의 지지라는 문제를 양산한다. 원래 알렉산더 조지(Alexander George)가 발전시킨 규범적인 틀 안에서, 대통령은 백악관 참모에게 의견을 달리하는 다양한 계층의 지지자들을 규합할 것을 요구한다. 이 지지자들은 비당파적인 백악관 비서진에 의해 관리되어 내부적 논쟁에 대비한다. 정치적 자원들은 이 지지자들에게서 공정하게 배분되고, 찬반양론의 포괄적 토의는 바람직한 결과로 나타난다. 일반적으로 복잡한 조직 내에서 관료 정치의 과정들이 합리적 고려사항에 대한 기능적인 등가물들과 정치적 대안의 선택을 낳으려면 효과적인 경쟁이 필수적이다(George, 1972: 761). 다방면의 지지는 어빙 재니스(Irving Janis)가 '집단 사고(Group think)'라고 부른 것으로 규정할 수 있고(Janis, 1972), 보좌관 그룹은 이 집단 사고 안에서 구성원들의 압력에 잘못 내려진 결정들을 공식화한다. 불행하게도 다방면의 지지는 분쟁의 위험에 대처하는 치료법으로서는 비싼 해법이다. 포드의 측근은 다음과 같이 말했다. "다방면의 지지는 서류상으로는 보기 좋을지 몰라도 백악관에 도움이 되지는 않았습니다. 시간이 넉넉하지 않았으므로 모든 보좌관이 대통령에게 접근할 수는 없었습니다. 한정된 접근권을 얻기 위해 모두 치열하게 다투었기에 양보할 여지는 없었습니다." 다방면의 지지는 대통령 임기에 최대한의 자원들을 요구한다. 그것은 상당한 시간, 대통령의 개입, 조직 차원의 임무 수행을 요구한다. 게다가 임기가 보장되지 않으면 다방면의 지지는 전면적인 관료 분쟁으로 비화될 위험이 있다. 다방면의 지지는 승자는 관대하고 패자는 결과에 승복해야 한다는 전제를 수반한다. 하지만 이는 이해관계와 결부될 경우, 확실하게 보장되기 어려운 가정이다. 다방면의 지지가 백악관에 존재하지 않는다고 주장할 수는 없다. 특히 대통령 임기 초에는 이를 뒷받침하는 증거 — 1969년에 모이니한과 번즈의 복지 개혁을 둘러싼 싸움 — 가 발견되는 편이다. 그러나 임기가 지날수록 기회와 다방면의 지지에 따르는 비용은 상승했다.

마지막 분석에서 대통령의 정책 개입은 비효율적인 관료 시스템의 결과임을 확인할 수 있다. 대통령이 결정 과정에 참여할 의지가 있더라도 지배로 이끌리는 경향이 있다. 얼마나 표준관리규정이 적용되고 조직 학습이 이뤄지든지 간에 관료들은 언제나 연합적 분쟁을 시작할 태세를 보인다. 대통령의 권위가 세워지지 않는 한 분쟁은 훌륭한 지지자들을 이탈시킨다. 확실히 대중의 지지를 얻는 것은 중요한 목표이다. 문제는 대통령 선택에 따르는 제약 조건하에서 어떻게 그 목표를 달성하는가이다.

9
승산 없는 대통령직
a no win presidency

어느 날 사무실에 앉아 이곳에서 과연 무엇을 했는지 곰곰이 생각했습니다. 우리는 어차피 의회에서 거부당할 프로그램을 어떻게든 구현해보려고 안간 힘을 썼더군요. 포기하고 싶을 때가 한두 번이 아니었지만, 결국 이 자리로 돌아왔습니다. 좋게 말해서, 생계를 꾸려나가는 방식인 셈이었습니다.

앞의 이야기는 환멸을 느낀 카터의 측근, 분개한 포드의 당국자, 워터게이트의 희생자들, 존슨에게 부당한 취급을 받은 사람의 회고가 아니다. 민주당과 공화당 의회 모두에서 일했던 아이젠하워의 보좌관이 한 말이다. 그 뒤로 대통령직은 얼마나 바뀌었는가?

사람들은 프랭클린 루스벨트의 '100일 의회'나 린든 존슨의 입법 능력이 경이적으로 발휘된 '황금기'를 되새기는 경향이 있다. 실패를 감추려 들기도 한다. 역대 대통령 39명은 '승산 없는 대통령직(no win presidency)'이라 불리는 문제에 직면해왔다. 역사는 연방 은행에 대한 앤드루 잭슨(Andrew Jackson)의 싸움부터 국제연맹을 위한 우드로 윌슨(Thomas Woodrow Wilson)의 투쟁까지 대통령직의 교차 압력 사례를 아우른다. 그러나 최근에 교차 압력은 더욱 커졌고 의회의 경쟁·복잡성·감시는 증대되었다. 활용할 수 있는 정책 아이디어가 근본적으로 변화하면서, 대통령이 영향력을 행사할 기회도 줄어들고 있다. 최근 역사에서 대통령은 교차 압력의 흐름에 사로잡혔다. 대통령은 효과성 주기와 영향력 주기, 좋은 정책이라는 목표와 재선이라는 목표에서 균형을 잡아야 한다. 대통령의 자원 기반은 증대된 정책 비용을 따라가지 못했다. '승산 없는 대통령직' 개념을 살펴보기에 앞서 국내 어젠다를 다시 검토해보는 것이 유용할 것이다. 이는 승산 없는 대통령직으로 이끄는 어젠다 과정에 대한 연구이기 때문에, 특히 이 연구에 대한 주요 관점을 조명할 필요가 있다.

1. 단평

대통령의 국내 어젠다에 대한 연구, 즉 그것이 어떻게 전개되고 어떤 결정이 내려지는지 살펴보는 연구가 진행되어왔다. 앞에서 시간, 정책 자원, 압력, 대안 탐색, 우선순위 결정, 의사결정 구조를 살펴봤다. 그 요소들을 분석하면서 국내 어젠다라는 자원이 미치는 영향을 강조했다. 백악관 참모진에 따르면 대통령은 방대한 양의 시간, 정보, 전문지식, 에너지, 자산을 보유한 채 임기를 시작한다. 이러한 자원들은 시간이 지나면서 증대하는 효과성 주기와 시간이 흐를수록 감소하는 영향력 주기가 작동하는 국내 정책 과정에서 사용되고 개발된다. 두 주기는 명백한 교차 압력을 만들어낸다. 이 주기들이 양립할 수 있는 시점은 두 번째 임기의 시작이다. 그렇더라도 두 번째 임기에 내재한 한계가 영향력의 감소를 매우 가속화시킨다. 또다시 대통령은 위기 상황에 직면한다. 그들은 더 강력한 계획을 기다리거나 두 번째 임기의 첫 순간에서 이득을 취해야 한다.

이러한 주기들은 미래의 대통령들이 승산 없는 대통령직에 대처하도록 도와

주는 고유한 정책 선택의 패턴을 만들어낸다. 예를 들어 정책을 선택하는 시기의 조절은 상당히 구조화되어 있다. 사람들이 곧잘 타이밍의 중요성을 신성시하는 데 반해, 대통령들은 어젠다를 미리 설정하고 이를 종종 반복하기도 한다. 타이밍을 좌우했다고 불리는 존슨도 임기의 첫 순간에 어젠다를 제기하는 것의 중요성을 이해했다. 그렇게 노력하더라도 모든 대통령들은 제한에 직면한다. 특정 대안이 준비되었는지 여부는 정책 선택 타이밍에 중대한 영향을 준다. 계획이 준비되지 않았다면 전문 참모와 대통령 단계에서 복잡해져 계획이 지연될 수 있다. 게다가 임기 첫해에는 정책 선택 시기의 차이가 상당하다. 어떤 대통령들은 빠르고 어떤 대통령들은 느리다. 예를 들어 1969년에 닉슨은 상당히 오랜 시간을 들인 뒤 늦여름과 초가을 사이에 정책을 의회로 보낼 수 있었다. 케네디는 취임 첫해인 1961년 일사분기에 일찌감치 정책을 의회로 보냈다. 시기 차이는 의회에서 통과되는지 여부와도 상관이 있다. 닉슨은 임기 초의 기회를 이용하는 데 실패했고, 그 대신 외교정책에 초점을 뒀다.

국내 계획을 세 가지, 즉 ① 국가적 요구 사항을 정의하는 데 관여되는 문제, ② 특정 계획에 대한 대안, ③ 대통령의 관심과 관여 수준을 반영하는 우선순위로 분류하는 것은 정책 선택을 이해할 때 유용하다. 이는 각각의 요소는 서로 동기가 다르며, 모든 대통령의 선택은 의도적이라는 점을 암묵적으로 가정한다. 예를 들어 문제를 정의할 때 대통령은 이득을 탐색한다. 대통령은 세 가지 목표 — 재선, 역사적 업적, 좋은 정책 — 중 하나를 성취할 수 있는 문제들을 선택한다. 지난 20년 동안 재선 목표와 관련한 문제 선택이 경미하게나마 증가했는데, 이는 1968년의 닉슨과 1976년의 카터 정부가 반영하고 있다. 대안에 대한 연구에서 대통령은 정치적·경제적·기술적 비용을 고려해야 한다. 지난 20년 동안 잠재적 계획에 대한 경제적 비용이 매우 강조되었다. 현대의 대통령들은 국내 정책 대안에 대한 재정적 영향에 관해 이전의 대통령들보다 훨씬 더 많은 관심을 기울인다. 이러한 관심은 경제적 조건의 변화나 가장 중대한 국가 문제인 인플레이션에 대한 인식 증대의 직접적 산물이라고 할 수 있다. 마지막으로 우선순위를 정의할 때, 대통령은 의회에서의 성공 가능성을 살펴보는 경향이 있다. 대통령들은 의회의 지연, 비용 증대, 좌초할 우려를 감안한다. 그러므로 닉슨의 복지 개혁, 포드의 국가건강보험, 카터의 실질임금 보장은 대통령들이 검토해봐야 할 정책들의 좋은 예이다.

이 연구에서 가장 중요한 발견은 대통령의 의사결정 구조와 관계된다. 지금까지 조직화된 구조와 연계된 행위를 지닌, 대통령의 세 가지 선택 모델, 즉 합리적 모델, 행위적 모델, 쓰레기통 모델을 살폈다. 대통령의 결정을 이해하기 위해 맥락적으로 접근한 결과, 행위 모델이 어젠다 활동에 대한 가장 유용하고 실질적인 설명을 제공했다. 대통령의 자원, 참모진의 조화, 대통령의 개입 정도는 백악관의 두 가지 주요 어젠다 설정 방식을 좌우한다. 자원의 성쇠에 따라 대통령은 의도적이든 의도적이지 않은 결정 전략을 변경한다. 그리고 참모진 체계가 초기의 교섭 방식을 유지하지 못하고 갈등과 지배 방식으로 빠르게 변화하리라고 예상할 수 있다. 그 패턴은 케네디에서 카터 대통령까지 지난 다섯 번의 행정부에서 모두 나타났으며 레이건 정부에서도 볼 수 있었다. 각각의 행정부는 참모진이 협력해가면서 생산한 참신한 정책 아이디어와 함께 출발했으나 결국 구조화된 지배와 갈등으로 귀결했다. 불평자와 소수 연합은 힘을 발휘했고 지배 연합이 부상했다. 이러한 조직적 변화 모델은 대통령의 개혁에 몇 가지 함의를 제공한다. 다수 옹호자가 백악관 정책 과정을 중시하기 때문에, 그러한 체계를 제안하는 이들은 변화하는 자원의 내역을 밝혀야 한다. 문제는 다수 지지자의 이익이 내적 갈등을 압도할 수 있는 잠재력을 갖고 있는지이다.

2. 대통령의 국내적 지위

대통령의 국내적 지위는 지난 20년 동안 상당히 변화되었다. 백악관 참모진은 압박은 증대하는데 계획은 빈번하게 차질이 빚어지고 정책의 성공 가능성이 희박해진다는 점을 불평해왔다. 국내 과정 구조가 상당히 안정적인데도, 대통령과 의회 사이에는 괄목할 만한 변화가 있었다. 의회는 10년간 내부 개혁을 완수했다. 정당은 시들해졌고 정책에 대한 기본적 이슈는 변화되었다. 그리고 의회에 대한 새로운 감시 분위기가 형성되었다. 카터는 이에 대해 다음과 같이 언급했다.

수많은 장애가 계속 놓였고 이제 이길 수 없는 일이 되었습니다. 각각의 문제 뒤에는 더 어려운 문제들이 뒤따랐습니다. 그 문제들을 쉽사리 종결할 수 없었습니다. 에너지와 복지 개혁 문제는 케네디의 노인의료복지나 존슨의 교육 보조보다 훨씬 더 복잡하게 느껴졌습니다. 대통령의 직무 ― 새로운 행정예산관리국, 새로운 국내 의회, 그 밖의 것들 ― 는 10년이 넘었어도 바뀌지 않았습니다. …… 그 과정에서 대통령은 워싱턴의 다른 부분과 국가 사이에서 상호 작용합니다. 오늘날에는 유연성은 더 적고 갈등은 더 많습니다. 의회는 더욱 적대적이고 혼란스러워 보입니다. 그리고 대중은 실체가 명확하지 않습니다. 1960년보다 지금이 더 성공하기 어렵다고 생각합니다. 존슨이 지금 대통령이 되었다면 매우 좌절감을 느꼈을 것입니다.

이런 승산 없는 대통령직이 증대한 것은 1970년대에 나타난 현상이다. 이는 수많은 대통령의 오판 ― 가장 두드러진 것은 베트남전쟁과 워터게이트 사건 ― 에 의해 부추겨졌고 전쟁결의안과 「예산동결관리법(The Budget and Impoundment Control Act)」 같은 일련의 중요한 의회 대응으로 심화되었다(Greenstein, 1978). 그것은 대통령의 입법 과정과 단임 대통령의 발생에서 알 수 있다. 대통령은 점차 정치적 상황에 꽉 사로잡히게 되었다. 그들은 거의 빠져나갈 기회가 없는 수많은 국면으로부터 교차 압력을 받게 되었다. 국내 정책에서 이러한 승산 없는 대통령직의 발전은 원인과 효과가 제각기인, 적어도 다섯 가지의 분리된 경향을 보였다. 그 경향들은 대통령에 대한 독특한 문제들을 만들어냈고, 대통령의 정책 비용 증대와 혼합되었다. 첫째, 부족한 국내 어젠다 공간을 두고 의회와의 경쟁이 매우 증가했다. 그러한 설명은 부분적으로 닉슨과 포드 시절에 만들어진 법률과 의회 환경 변화에 근거를 둔다. 의회는 새로운 정보 자원, 기술적인 전문지식, 많은 실무진, 어젠다 설정에 점중하는 동기를 갖췄다. 대통령은 이제 입법부 일정에만 자동적으로 맞춰가는 것에 의지할 수 없다. 대통령이 민주당 소속이든 공화당 소속이든 간에, 의회 체계에서 어젠다 설정에 제공되는 경쟁 공간이 점차 활성화되었다. 둘째, 국내 정책 과정은 입법부의 복합성이 증대하면서 파편화되었다. 의회의 소위원회 증가는 백악관을 크게 낙담시켰다. 법률 제정에 수반되는 절차가 늘어났기 때문이다(Patterson, 1978). 의회에서 통과되기 위해 넘어야 할 장애물은 더 적어졌는데도 참여자와 요구자는 증가했다. 복합성 증대는 백악관의 문제를 증가시켰고 대통령이 결과에 미치는 영향력을 제한했다. 셋째, 현재의 대통령들은 의회에서의 잠재적 영향력이 상당히 떨어지는 현상을 겪고 있다. 이제 백악관은 의회나 유권자의 지지를 얻기 위해서 대통령의 당에 의존하지 않는다. 정당은 대통령 후보 지명 과정에만 자신의 구실을 할 뿐 표류했고 의회와의 긴밀함을 상당 부분 상실했다. 1977년에 카터가 의회 다수석을 차지 ― 이는 1965년 존슨의 경우와 맞먹는다 ― 했는데도 카터가 입안한 국내 정책이 통과되지 못했다. 정당은 마치 금융통화 기축의 '금본위제'처럼 대통령 영향력의 토대로 바뀌었다. 넷째, 대통령에 대한 감시가 증대했다. 대중의 불신 분위기는 워터게이트 사건 이후에도 완화되지 않았고 의회가 대통령의 실수에 관대한 것도 아니다. 대통령은 현재 의회 감시 절차 ― 입법 거부권 ― 의 제약을 받고 있다. 다섯째, 국내 문제가 변했다. 이야말로 가장 중요한 변화라고 할 수 있다. 문제는 1980년보다 수월할 수 있으나 통상적인 연대와 관할을 초월한다는 점이 난관이다. 카터의 에너지 계획, 복지 개혁, 의료비 삭감정책은 모두 전통적인 정치 틀과 맞추는 데 실패했다. 케네디와 존슨 정부의 문제와 달리, 새로운 국내 문제들은 활발히 논의될 영역을 갖지 못했다. 애당초 동맹이 거의 없었고 적은 있었다. '문제 영역' 변화는 앤서니 킹(Anthony King)

이 정치의 '원자화'라고 부르는 현상을 반영했다(King, 1978). 연방 자원이 감소하면서 대통령은 점차 '사막'에 자신의 입법 연대를 만들어야 했다. 국내 정책 성공을 위해 치를 대가는 커졌지만 대통령의 영향력은 그렇지 못했다.

1) 증대된 경쟁

얼마 전까지만 해도 대통령은 국내 어젠다에서 '주연배우'로 대접받았다. 정당 리더십은 대통령의 계획을 순순히 기다렸다. 의회는 계속해서 대통령의 입법 어젠다에 필요한 공간을 제공했다. 그러나 1970년대 중반까지 대통령직의 스타성은 점점 약해졌다. 카터는 국내 어젠다를 제안한다고 해서 당연히 세간의 집중을 받으리라고 기대할 수 없었다. 경쟁도 심화되었다. 의회는 새로 취임한 대통령을 위해 내줄 시간이 거의 없었다. 닉슨과 포드 정부에서 거부된 엄청난 양의 입법안이 이미 쌓여 있었다. 8년에 걸친 공화당 시절이 끝났지만 의회는 여전히 그 뒤치다꺼리를 해야 했다. 이제 고무도장을 찍는 것은 의회가 아니라 대통령이었다. 카터의 의회 연락 사무관은 그 문제를 인식했다. 한 보좌관은 다음과 같이 말한다. "의회는 1977년에 우선권을 갖고 있었고 우리의 계획에 대해서는 어떠한 공간도 없었습니다. 그저 포드 정부 시절에 종결하지 못한 수백 개의 의안만 남았을 뿐입니다."

닉슨 행정부의 마지막 시기였던 1974년의 자유 정책을 향한 움직임의 결과로 1977년의 경쟁이 발생했다. 의회 활동가들은 이미 자신의 기능을 수행하지 못하는 행정부와 타협하기보다는 중간 선거에서 압승을 기대할 만한 정책을 도입하는 방침으로 물러섰다. 닉슨의 사임과 포드의 사면에 이어, 의회 민주당원들은 '대통령의 거부권에 맞서는' 의회를 선출할 수 있다는 자신감이 생겼다. 1974년 선거에서 민주당 의석수가 더 늘었는데도 민주당원들은 만족하지 못했다. 2년 동안 거부권이 66번 행사되었고 상원과 하원에서 거부권 행사가 이어지면서 포드의 성공을 예측할 수 없었다. 따라서 1977년까지 의회 민주당원들은 카터의 정책보다 우선순위가 앞선, 지연된 어젠다를 방대하게 가지고 있었던 것이다.

그렇다고 해서 카터의 경험이 일시적인 현상은 아니었다. 대통령이 향후 수년 동안 경쟁을 견뎌야 한다는 사실을 당연하게 여기는 기류가 형성되었다. 경쟁에 대한 동기는 더 높았고 정책 설정에 대한 자원은 많았지만 대통령의 계획과 지혜에 대한 경외심은 적었다. 레이건 정부에서도 민주당의 하원과 공화당의 상원을 통틀어 의회 행동주의가 충분하다고 예상할 수 있다.

1970년 개혁 기간에 의회는 균형을 회복하고자 했다. 워터게이트 이후의 노력들은 대통령과의 경쟁 구조를 다시 구축하는 데 집중되었다. 이러한 개혁 압박은 닉슨 대통령에 대한 반응보다 훨씬 더 큰 것이었다. 카터의 한 측근에 따르면 의회는 국내 정책 과정에서 더 큰 역할을 맡게 되었다.

> 우리가 저지른 가장 중대한 실수 중 하나는 에너지나 건강 분야를 계획하는 과정에서 의회에 관여하지 않았다는 사실입니다. 우리는 닉슨 행정부와 워터게이트에 대한 반응 때문에 개혁 시기가 정해졌을 것이라고 잘못 인식했습니다. 실제로는 그렇지 않았습니다. 의회는 입법 과정에서 한 목소리를 내고자 했습니다. 분명 의회는 위대한 사회와 베트남전쟁을 수행하면서 나타난 잘못에 상당한 책임이 있습니다. 대부분의 의원이 그 계획에 연루되었음을 간과합니다. 만약 그들이 당시에 지출 증대, 인플레이션, 전쟁 등의 국가적 실수들에 대한 비판을 받아들였다면 어째서 이 계획들에 참여했던 것일까요?

1974년의 「예산동결관리법」, 전쟁결의안(War Power Resolution), 입법거부권(legislative veto) 증가, 의회 감독 증가와 같은 신호들은 정치적 힘을 둘러싼 경쟁이 증대했음을 반영한다. 의회의 개혁 노력은 많은 정책 '기업가'에 대한 내적 힘을 확산시킴으로써 더욱 경쟁을 부추겼다. 홍보와 신뢰 획득이 재선을 향한 길로 인식되었다. 그리고 다수의 의회 활동가에게 입법 초안의 책임이 부여되었기 때문에 대통령 어젠다 공간에 대한 경쟁에서 급격하게 밀려날 것임을 예측할 수 있었다.

의회 구성 변화도 국내 경쟁을 부추겼다. 노쇠한 구성원들이 교체되면서 입법에 대한 강조성이 증대되었다. 지난 네 번의 선거 결과 의회 양원에 새로운 기운이 돌기 시작했다. 1974년에 하원에서 92명의 새 의원이, 1980년에 상원에서 18명의 새 의원이 들어왔다. 이러한 변화들은 정당에 상관없이 의회에 더 큰 입법적 이익을 가져온 동시에 경쟁의 확대를 낳았다. 카터의 공보비서관은 다음과 같이 말했다. "많은 새 구성원들이 의회 활동에 자신의 흔적을 남기거나, 영향력을 과시하고자 했습니다. 이는 우리를 더욱 어렵게 만들었습니다. 그들은 시스템을 막았고 우리는 그들과 끝없는 협상을 하는 데 많은 시간을 들일 수밖에 없었습니다." 1980년 선거가 의회의 편견을 바꾸지는 못했다. 상원과 하원의 새로운 공화당 구성원들은 선행자들이 제안했던 입법안에 관심이 있는 것처럼 보였다.

의회는 힘과 인적 구성의 균형에 대한 변화를 넘어서는 데 그치지 않고 경쟁의 기본적 자원에도 관심을 가졌다. 의회예산실, 의회조사국(CRS: Congressional Research Service), 회계감사원(GAO: General Accounting Office) 창설은 입법 정보 기반을 증가시켰다. 의회는 초안을 제시할 때 정보를 하나의 요소라고 여겨 정보 공급의 양과 질을 높이고자 했다. 특히 의회예산실은 정보 자원을 두고 대통령이나 행정부와 경쟁했다. 이러한 강령하에 의회예산실의 분석·검토 능력이 급격하게 커졌다. 그것은 잠재적인 의회 프로그램을 실현하고자 활동하는 예비 실무진에게 중대한 자원이었다. 나아가 의회는 상원과 하원의 보좌관 수를 두 배로 늘렸다. 개인 보좌관도 점차 늘었다. 이처럼 새로운 구성원이 쇄도하면서 더욱 정책 초안을 강조하게 되었다. 입법가는 점차 보좌관들이 새로운 정책 아이디어를 개발하게 했으며, 그들도 기꺼이 이를 따랐다. 새로운 보좌관 체계는 위원회와 소위원회의 활동가를 고용할 충분한 동기를 제공했으며, 이때 그들의 성향이 자유적인지 보수적인지는 문제되지 않았다. 반대로 이들은 대통령의 우선순위와 직접 경쟁하는 주요 계획들을 입안함으로써 보상받았다. 의회가 정보 기반을 확장함에 따라, 정책 경쟁에 필요한 정보 활용력도 커졌다. 현재 의회는 대통령의 국내적 리더십에 도전할 만한 의지와 전문지식을 갖추게 되었다.

1980년 선거가 의회의 경쟁적인 본성을 바꿨는가? 의회가 좀 더 대통령에게 협조적으로 변했는가? 공화당도 민주당처럼 공화당의 대통령에 도전하게 될 것으로 예측되었다. 소수당이었던 그들이 20년 후에 상원 다수당이 된 뒤에도 공화당의 신임 대통령이 주도하는 대로 순응하리라고 예상하기는 어려웠다. 일부 상원의원들은 각자 레이건의 정책과 경쟁할 만한 정책 아이디어를 갖고 있었다. 공화당 의회 구성원 집단은 민주당보다 결합력이 뒤떨어졌다. 그 집단은 좁은 정책 공간에서, 서로 다른 이익을 추구하고 경쟁적인 아이디어를 지닌 이들로 구성되어 있었다.

2) 복합성 증가

임기 초의 카터는 매우 혼란스러웠다. 카터뿐 아니라 그의 참모들은 이제 조지아 주가 아닌 국가 정책을 다뤄야 한다는 현실에 대응할 준비가 되지 않았다. 이러한 문제는 어느 정도 카터의 경험이 상대적으로 부족했다는 점에 기인한다. 게다가 카터는 국내 정책 과정의 본질적 변화에 직면하기도 했다. 존슨에 이은 8년이라는 짧은 기간에 정책 과정은 훨씬 더 복잡해졌다. 새로운 국내 문제가 부상했고 의회에서 소위원회가 증가해 복합성 수준은 더욱 높아졌다. 전임 대통령인 포드는 다음과 같이 말한다.

우리는 개혁이라는 거친 악몽의 길에 들어섰고 의회가 효율적으로 작동하는 방법에 혼란을 느꼈습니다. 여러분들은 개혁이라는 명목으로 행해진 일련의 일들을 평가절하할 수 있습니다. 그것들은 훌륭하게 보이지만, 사실 의회는 대응 능력을 잃었습니다. 나는 1960년대 이후 개혁이라 불리는 모든 것들이 반작용을 일으킨 것은 아닌지 검토할 필요가 있다고 생각합니다(PBS, 1980: 30).

심지어 입법 능력을 소유한 존슨조차 새로운 복합성 문제를 혼란스럽게 생각하고 있었다.

로렌스 도드(Lawrence C. Dodd)와 리처드 쇼트(Richard L. Schott)에 따르면 정부 소위원회의 증가에는 세 가지 흐름이 있었다(Dodd and Schott, 1979). 첫째, 1947년부터 현재까지 입법 업무를 수행하기 위한 소위원회가 필요하다는 목소리가 커졌다. 의회 업무가 증가하자 의장은 자신이 선택하기보다는 소위원회에 많은 업무를 위임했다. 둘째, 같은 기간에 꾸준하게 소위원회의 수가 증대되었다. 1945년에 130개의 하원과 상원 소위원회가 있었는데 1977년에는 267개가 되었다. 이러한 확산은 입법활동의 복합성을 키웠고 관할권 혼란을 야기했다. 카터의 측근은 다음과 같이 주장한다.

에너지 종합법안 사례를 보면 법안이 의회에서 만들어지는 데 얼마나 많은 단계를 거치는지 알게 됩니다. 위원회의 이익에 기여하는 바도 있지만, 더 중요한 것은 특정 행동을 취하는 소위원회가 있다는 것입니다. 우리의 시각에서 볼 때 그것은 너무도 복잡해졌습니다. 법률이 어디에 있는지, 언제 결정이 이뤄졌는지, 무엇을 해야 하는지를 알려고 노력해야 할 지경이었습니다. 이처럼 시스템이 파편화되면서 우리가 결과에 영향을 미치는 능력은 낮아졌습니다.

셋째, 소위원회가 상당한 공식적 자율성을 갖게 되었다. 1970년의 「의회조직개편법(Legislative Reorganization Act)」, 한센 위원회(Hansen Committee) 개혁, 그리고 '소위원회 권리장전(Subcommittee Bill of Rights)'은 의회 소위원회의 힘과 영향력을 확대시켰다. 특히 권리장전은 복합성을 낳은 주요 원천이었다. 소위원회에 공식적 관할권이 주어졌다. 권리장전의 즉각적 위임이 보장되었다.

실무진과 예산이 부여되었고 소위원회가 20명 이상의 하원 위원회를 창설했다. 이에 따라 세입위원회의 힘이 약화되었지만 장기적으로 소위원회는 입법 과정에 직접적인 영향력을 행사했다. 하원의원들은 소위원회의 혼란에 대한 잠재성을 인식했는데도 관할권을 뚜렷하게 다시 구획하기를 거부했다. 그 결과 정책 혼선이 늘어나는 동시에 소위원회의 힘도 증가했다.

소위원회의 혼선은 대부분 관할상의 게리맨더링에서 나온 것이다. 대통령의 국내 정책 계획은 더 많은 교차 요구를 반영한 것일 수 있다. 하원에서의 분열과 공동 위임이 도래하면서 대통령은 다양한 압력에 의해 주요 입법안을 희생하게 될 수도 있다. 예를 들어 카터의 복지 개혁에서, 관할의 복합성은 문제를 심화시켰고 성공 가능성을 낮췄다. 닉슨이 본래 1969년에 복지 개혁을 제안했을 때, 백악관 공보비서들은 위원회 지원에 주요 관심이 있었다. "우리의 전략은 각 하원에서 두세 가지의 주요 장애물을 피해 가족 보조 계획으로 이동하는 것이었습니다"라고 닉슨의 한 측근은 기억했다. "그것은 주로 임용 과정의 문제, 시기 압박의 제공 문제였습니다. 우리는 위원회 단계를 강조했습니다. 만약 소위원회의 이권이 존재했다면, 우리는 마땅히 더 큰 단계에 결집했을 것입니다." 그러나 1977년까지 증가한 소위원회는 이미 분할되어 있던 과정을 더 복잡하게 했다. 의회에서는 자신의 이권을 주장하는 이들이 증가했고 복지 개혁에 대한 싸움이 위원회와 소위원회 수준에서 일어나게 되었다. 카터의 공보관은 다음과 같이 말한다.

복지 개혁 입법은 하원에서 가장 어려운 문제였습니다. 우리는 예산을 무시하고 로비 활동을 조정하는 데 문제점이 많았습니다. 부서들의 도움을 받았다고는 하나 대통령이 강공책(채찍)을 쓴 법안에 국한되었습니다. 문제는 말[馬]을 어디에서 찾는가였습니다. 그 부담은 네 개의 위원회 ― 하원의 세입, 농업, 교육과 노동, 복지 개혁 특별 위원회 ― 로 넘어갔습니다. 적어도 세 개의 위원회 내에서 우리는 소위원회 ― 예산의 영향뿐 아니라 입법 내용에 대한 소위원회 ― 와 거래해야 했습니다. 우리에게는 인력은 물론 담당 부서도 없었습니다. 당신은 다음과 같이 말할지도 모릅니다. "어떻게 백악관이 그렇게 많은 위원회의 결정에 영향력을 행사할 수 있는가? 어떻게 최대한의 투입을 해야 하는 체계를 고안했는가?"

소위원회 증가는 이미 얽힐 대로 얽힌 국내 과정을 더욱 꼬이게 했다. 1960년 이후 제정 방침이 변했다. 나아가 소위원회 정부는 분열과 재정의 공동 위임이 빈번히 사용됨으로써 자극되었다. 이는 여러 부서로 재정이 부담되고 각각 다른 위원회로 부문이 이동되는 것을 의미한다. 1975년 이전에 하원은 분열 위임을 따르지 않았다. 하지만 분열 위임이 도입되면서 하원에는 내적 혼선이 가중되었다. 현재 법안은 해결하기 어려운 거대한 퍼즐처럼 산산조각 나 있다.

소위원회 정부가 대통령에게 근심거리인 것만은 아니었다. 대통령의 정책에 대해서는 거의 장애가 없었다. 카터는 케네디가 했던 것처럼 하원규칙위원회와 협상하지 않았고 존슨이 했던 것처럼 세입위원회 의장을 설득하지도 않았다. 그러나 카터는 기존의 장애물 대신 좀 더 많은 참여자들과 충돌했다. 입법 활동에서 앞서 있던 위원회나 의장의 힘은 1960년과 1980년 사이에 약화되었지만 작은 연대의 힘이 증가하게 되었다.

접근점이 증가할수록 새로운 입법은 정체되기 일쑤였다. 이는 과정 그 자체에 내재된 당연한 결과였다. 의회의 힘이 분산되면서 대통령이 주요 결정지점에 영향력을 집중하기가 어려워졌다. 집중적으로 강력한 로비를 펼칠 기회는 거의 없었다. 대통령의 영향력은 종종 둔감한 수단으로 전락했다. 이제 새로운 의회 정책 과정은 외과의사의 기술과 같은 능력을 요구한다. 카터의 한 보좌관은 다음과 같이 말한다. "에너지를 어디에 두는지가 관건입니다. 어떤 위원회와 함께 일하는 것이 최선이며 어떤 소위원회가 가장 피해를 야기할 것인지를 따져봐야 합니다. 우리는 의장 및 다수 지도부와 함께 일하고 싶지만, 그 과정은 매우 혼란스럽습니다. 지도자들이 너무 많거든요." 상황은 명백하다. 의회는 입법 과정을 방해하는 위원회 의장의 힘을 약화시켰지만, 입법 과정의 복합성은 증대되었다. 의회는 하나의 주요한 장애물을 제거했으나 작은 장애물을 많이 만들어냈다. 1980년 선거는 그 과정을 더욱 복잡하게 했다. 레이건 행정부는 하원에서의 민주당 다수와 상원에서의 새로운 공화당 다수와 마주했다. 구성원 변화, 위원회 재구조화, 상원의 전도는 이미 복잡해진 체계에 혼란을 가중시켰다. 지금의 대통령은 이전보다 체계를 이해할 필요성이 더욱더 커졌다.

3) 영향력 감소

워터게이트 사건 이후 국내 정책에서 대통령의 잠재적인 영향력이 꾸준히 떨어지는 것을 볼 수 있었다. 소위원회 정부와 의회 권력 분산이 이러한 현상을 설명한다. 이제 존슨처럼 개인적 리더십으로 유명해질 기회는 거의 없다. 대통령의 국내 어젠다와 직접 경쟁할 정도로 의회의 영향력을 가진 의회 활동가가 많아졌다. 존슨의 비서관은 다음과 같이 검토했다. "1965년에 하원과 상원에서 입안을 위해 거쳐야 할 사람은 10명 내지 12명이었습니다. 지금은 그런 사람이 100명에 이릅니다. 입안을 좌절시킬 힘을 지닌 이들이 많기 때문에 대통령은 일상적인 결정에도 노력을 배가해야 합니다." 의회 정당의 부식은 문제를 복잡하게 했다. 정당은 하원과 상원의 힘의 분산에 따른 주요 희생양이 되어왔다. 대통령은 성공을 위한 유력한 통로로서 정당에 의존할 수만은 없었다. 카터의 민주당 다수는 대통령을 좀 더 배려하는 데 그칠 뿐이었다. 1965년의 존슨과 달리 카터는 자신의 정당 구성원 전체를 지지자로 간주할 수 없었다. 제럴드 포드는 다음과 같이 제안했다.

나는 의회를 사랑했고 하원에 대한 따뜻한 마음으로 가득했습니다. 나는 민주당과 공화당의 많은 친구들을 사귀었습니다. 이는 거대한 기구이자 세상에서 가장 훌륭한 입법적 체계였습니다. 그러나 그 효과성, 업무 수행 능력은 다양한 이유로 지난 5년 내지 10년 동안 퇴보했습니다. 결국 우리가 해결해야 하는 업무를 수행하는 데 불리한 특성들을 발전시켜 왔습니다. …… 의회는 무책임하고 무기력해졌습니다. 이제 우리는 하원 의장이나 소수 지도부의 능력만으로 민주당 정책 또는 공화당 정책을 따르게 할 수 없습니다. 사공이 너무 많습니다. 그들은 정당 철학보다 대중의 여론을 따르는 것처럼 보입니다. 이는 의회 지도부를 유명무실하게 합니다(PBS, 1980: 36).

최근의 역대 다섯 명의 대통령 중에서, 존슨은 종종 가장 영향력 있는 입법 지도부로 보인다. 심지어 매우 미온적인 동맹을 조종하는 존슨의 능력에 뛰어난 능력에 대한 일화도 많다. 그러나 그러한 인식의 대부분은 미신이었다. 입법 수장으로서 명성과 다르게, 존슨의 성공은 1964년에 민주당이 의회에서 다수를 차지하게 된 것과 연관이 있다. 존슨의 스타일은 매우 독특했으나 실제의 영향력에는 제한이 있었다. 존슨이 워터게이트 후의 대통령직을 수행했다면 심각한 문제에 직면했을 것이다. 그의 개인적 리더십은 오늘날에는 덜 효과적일지도 모른다. 존슨과 같은 리더십은 특히 의회 정당이 부침을 겪으면 이에 따라 쇠락할 소지가 있다. 카터의 한 보좌관은 "미식축구에서 패스를 잘 받는 리시버와 함께라면 최고의 쿼터백이 되는 것도 식은 죽 먹기입니다. 존슨은 대통령이 되었을 때, 매우 잘 통솔된 팀을 갖고 있었습니다. 하지만 지금 민주당원은 거의 모든 게임에서 오프사이드 위치에 있습니다. 리시버들은 뭐든지 잡아낼 수 있었지만 제멋대로 달리려 들었습니다"라고 말했다. 잭 발렌티는 "아이젠하워 때와 다른 것은 발칸화와 의회 분열"이라며 다음과 같이 주장한다.

항상 자신을 자유적 민주당원이라고 생각해왔으나, 내 판단대로라면 자유 개혁자들이 의회에서 분열되었기 때문에 그렇다고 하기가 꺼려집니다. 불과 10년 전에는 대통령이 의회 지도부와 자리를 함께하며 이 나라의 삶의 질을 향상시키기 위해 협상했고 그 계획들이 실효성을 갖게 하고자 리더십을 발휘했습니다. 10년 전의 평온했던 시절에 민주당원인 하원의 샘 레이번(Sam Rayburn)과 상원의

린든 존슨(Lyndon Johnson)은 대통령이 된 아이젠하워를 매우 잘 보좌했습니다. 그들은 서로 의결사항을 주고받았습니다 …… (그렇지만) 이제는 불가능한 일입니다(Valenti, 1980: 7~8).

국내 정책 과정에 영향을 미치는 이가 증가한 것은 대통령이 설득해야 할 사람이 늘어났음을 의미한다. 이제 대통령은 의회의 지지를 촉구할 다수당 지도자가 될 수 없었다. 대통령도 그들처럼 한 명의 행위자에 불과하기 때문에 설득의 기회도 급격히 낮아졌다. 이 문제는 의회 집단의 역할이 바뀌면서 복잡해졌다. 대통령은 지지 기반을 확보하기 위해 조심스럽게 정당에 의존한다. 강한 정당 리더와 힘 있는 의회 의장이 존재하던 시절은 지나갔다. 이제 정당은 대통령 어젠다에 대한 지지를 모을 수 없다. 하원 다수파인 짐 라이트(Jim Wright), 존 브라드마스(John Brademas) 같은 위원회 의장들은 정당 리더십에 헌신할 시간이 없다. 이러한 정당 리더십 쇠퇴가 의회 집단의 종말을 가져오지는 않았다. 하원과 상원의 정당 리더십은 개혁 이후에 강화되어왔다. 하원 의장은 위원회 업무와 입법활동 위임 계획에 미치는 영향력이 컸다. 상원의 공화당원들에게도 이러한 부활을 기대할 수 있다. 그러나 이제 정당은 입법 과정의 전능한 관리자로 되돌아갈 수는 없을 것이다. 법안의 원천은 셀 수 없으며, 결정은 많은 단계를 거쳐 이뤄진다. 오늘날 가장 중요한 정당 기능은 주요 문제에 대한 투표 블록을 동원하는 것이 아니라, 입법 과정을 조율하는 것일지도 모른다. 정당은 여전히 대통령의 기본 자본으로서 백악관이 의회에 미치는 영향력의 기반이다. 여기에 승산 없는 대통령직이라는 중대 국면이 있다. 이제 정당이 입법 과정에 미치는 영향력은 미미하다. 대통령이 기댈 언덕은 정당이지만 정당은 채찍을 제공하지 못하게 되었다.

4) 감독 증대

대통령은 다양하게 변화된 정치 환경 ― 감독 증대 ― 에서 활동한다. 의회, 언론, 대중은 모두 대통령직을 불신한다. 감시 환경이 변하지 않을 것으로 간주하는 주된 이유는 세 가지이다.

첫째, 의회는 대통령의 국내 재량권에 입법적 제한을 부과할 준비가 되어 있다. 1974년의 「예산동결관리법」을 실시하면서 의회는 대통령의 국내 어젠다를 입법적으로 제재할 의지를 보였다. 가령 의회는 행정부 활동을 감시할 수 있는 입법 거부권을 점차 빈번하게 사용했다. 1970년부터 1977년까지 입법 거부권 형식을 포함한 제재가 가해진 법안이 세 배로 증가했다. 대통령이 이의를 제기했는데도 의회는 적절한 관리를 위해 계속 거부권을 사용했다. 이러한 법정 감독은 대통령의 정책 과정에 흔적을 남겼다. 카터의 국내 보좌관은 다음과 같이 말한다. "이 독특한 분위기는 의회의 의심에서 나온 것입니다. 의회는 우리가 하는 어떠한 일도 믿지 않습니다. 의회는 우리의 의도에는 아랑곳하지 않고 나쁜 쪽으로 간주합니다. 우리는 시작부터 불이익을 받았습니다." 카터의 또 다른 보좌관은 다음과 같이 말한다. "의회가 우리의 계획을 주의 깊게 보살피는 것에 대해 뭐라고 하는 것이 아닙니다. 문제는 대통령이 항상 오도(誤導)할 것이라는 가정입니다. 우리는 1960년대부터 똑같은 주기적 양상을 반복하고 있습니다. 예전에는 대통령이 무엇을 하든 다 잘했다고 했지만 지금은 나쁘게만 받아들입니다."

둘째, 언론도 감독 요소이다. 미디어는 워터게이트 사건 이후 대통령이나 참모진에 주목했다. 오늘날에는 언론과의 관계 양상이 더 잘 전달된다. 카터는 다음과 같이 미디어와의 문제를 요약했다.

미디어의 무책임성에 매우 실망했습니다. 아이디어와 계획의 연구·준비·추진, 의회에서의 발언 준비에 몇 달을 매진한 대통령을 무시하거나 대통령의 의견을 왜곡하는 것이 미디어의 본령이라고 여기는 듯했습니다. 물론 이런 것들이 활성화되어야 한다고 생각하기도 합니다. 정부 활동을 공개하는 것이 이로울 수 있으며, 새로운 것에 대한 미디어의 호기심은 미국인의 삶에 중요한 면이라고 볼 수 있기 때문입니다. 워터게이트 사건의 파장이 너무 컸습니다. 많은 미디어가 대중의 공직자인 대통령과 의회 구성원, 주지사, 시장들을 믿지 못하고 그들의 진심을 의심합니다. 이제 이들의 선의조차 신뢰받지 못할 지경이 되었습니다(PBS, 1980: 40~41).

분명히 미디어의 보도는 이롭다. 대통령은 자신의 이익에 맞게 기삿거리를 구성할 수 있고 미디어 보도는 강력한 선거 수단이 되기도 한다. 중요한 것은 미디어 감시가 대통령의 정책 과정을 변화시킨다는 데 있다. 이는 대통령의 영향력이 줄어들게 할 수 있다는 점에서, 승리할 수 없는 또 다른 상황을 만들어 낸다. 포드의 연락 사무관은 "이러한 상황에서 어떻게 대통령이 의회와 일할 수 있겠습니까"라고 반문하기도 했다. "모든 세세한 사항은 내일 발행될 신문에 실릴 것입니다. 빈정대는 수준은 놀라울 정도입니다. 우리에게 필요한 것은 일할 수 있는 조용하고 좋은 환경이건만 끊임없는 감시 상태에 놓여 있는 것이 현실입니다."

셋째, 대통령직에 대한 불신의 증가이다. 의회와 미디어의 증대된 감시 수준은 이 때문에 더욱 복잡해졌다. 워터게이트 사건이 마무리되고 시간이 흘렀으나 대중의 냉소는 줄어들지 않았다. 심지어 천천히 끓어오르며 지속되기까지 했다. 이는 우선적으로 대통령이 대중의 동의를 의회의 지지로 바꿀 수 있는 능력을 제한했다. 대통령 임기에 대중의 동의가 가파르게 하락하면서 백악관이 입법 투쟁에서 대중의 지지를 이용하기가 매우 어려워졌다. 게다가 대통령은 롤러코스터처럼 변덕스러운 대중의 의견과 의회의 운명을 분리시켜야 했다. 앞으로 대통령들은 대중의 불만족이 계속된다는 데 익숙해져야 할지 모른다.

게다가 대중의 불신에 영향을 받아 기이한 선거 주기가 탄생했다. 대중의 불신은 의회와 여론의 감독 수준을 강화시켰고 이는 다시 대중의 불신을 증대시켰다. 깨기 어려운 악순환이다. 이러한 감시 기능의 강화는 대통령이 '좋은 정책'을 제공하려는 동기를 줄인 대신, 재선에 대해서만 관심을 갖게 했다. 하원의원처럼 대통령은 두 번째 임기에 대한 권한을 얻는 데 집착했을지도 모른다. 대중의 지지가 쇠퇴하면서 재선과 좋은 정책이라는 두 가지 목표 사이의 갈등이 나타났던 것이다. 게다가 대중의 높은 불신은 대통령직을 선출할 때 외부인에 대한 관심을 높였다. 그 결과 1976년과 1980년에 카터와 레어건이 당선되었다. 불행하게도 이들은 연방정책에 대한 경험이 부족했던 탓에 이러한 주기를 급격히 가속화시켰다.

5) 이슈 변화

경쟁, 복합성, 감시의 변화와 함께 기본적 문제들이 1970년대 이후 변경되었다. 에너지, 복지 개혁, 의료비 억제, 사회보장비, 정권 윤리, 록히드(Lockheed)와 크라이슬러(Chrysler)와 뉴욕 시 파산 등은 1960년대에 발생한 문제와는 판이하게 달랐다. 존슨이 재선과 좋은 정책이라는 목표를 달성하기 위해 빈곤과의 전쟁이나 노인의료복지제도를 동시에 내세운 데 반해, 1970년대에는 뉴딜과 위대한 사회의 틀을 거부하고 강력한 의회나 관료적 관할권에 순응하기를 거부하는 새로운 국내 문제가 나타났다. 이처럼 연방 자원이 약화되면서 새로운 문제들이 이전의 주와 주, 시와 시 간의 동맹과 연대를 깨뜨렸다.

케네디와 존슨의 계획과 달리 카터의 어젠다에는 철저한 제도적 근거를 마련하지 못하고 입안되었기 때문에 에너지, 복지 개혁, 사회보장비용 프로그램 등은 유권자의 호응도 얻지 못하는 '고아'로 전락했다. 오히려 선거구 없는 현안들이 국가적 어젠다로 부상하는 양상을 많이 나타냈다. 어떤 주요 연대체가 종합적 에너지 계획을 지지했는가? 어떤 집단이 의료비 삭감을 지지했는가? 복지 개혁에 대한 본래 기반은 어디였는가? 이 모든 문제가 이익집단의 지원

없이, 최소한의 대중적 관심을 받은 채 거센 관료 저항을 견뎌내며 의회로 옮겨졌다. 1977년에 카터의 문제 중에서 대중의 지지를 받은 것은 50달러 세금 환급뿐이다. 1978년의 제안에서는 오직 청년 실업 해법과 뉴딜에 연원을 둔 도심 재개발 보조가 지지받은 것이 고작이었다. 카터가 많은 문제 중에서 단지 이들을 순진하게 집어낸 것인가, 아니면 '이용할 수 있는 아이디어의 범위'에 기본적인 변화가 있었는가? 카터의 국내 정책 참모진에 따르면 답은 현재 정부에서 운위되는 일련의 정책 아이디어 변화에 있다.

> 지금은 대통령과 의회 모두 매우 어려운 결정을 내려야 할 시기입니다. 우리가 다룰 문제에 대해 전과 같은 지지를 얻기는 어렵습니다. 지금은 정부가 확고하게 대응해야 하는 자원 결핍의 시기입니다. 가스 배급은 재선에 도움될 문제가 아니지만, 대통령은 그 문제에 착수해야 합니다. 지금은 연방 자금에 대해 극도로 압박을 받는 시기이기도 합니다. B-1 폭탄과 의료장비, MX 미사일과 도심 재개발 사이에 자금을 할당하는 데도 매우 어려운 선택을 내려야 합니다. 어쩌면 단임으로 그치는 대통령 시대일지도 모릅니다. 이제 우리의 선거운동에 도움이 될 만한 이슈가 거의 없습니다.

국내 문제 범위 변화는 국고 자원이 더 부족해지는 결과로 이어졌다. 에너지 위기에 따른 물자 부족과 가격 상승을 예상할 수 있었다. 1980년에 일어났던 이란 - 이라크 전쟁은 석유에 대한 미국의 취약성을 보여주는 사례였다. 인플레이션 압박이 강화되는 동시에 에너지 위기가 이어지자 연방 국고 자원의 중요성에 방점이 찍혔다. 예산 지원에 대한 요구는 없었지만 도시들은 세수 감소를 걱정했다. 주들은 지속되는 감세를 우려했으며, 상원의원들은 더 많은 국방비 지출을 원했다. 흑인은 더 많은 일자리를, 철강과 자동차 업계는 수입 통제와 세제 혜택을 원했다. 새로운 많은 문제가 기존의 입법 구조에서는 다뤄질 수 없는 강한 정치적 갈등을 일으켰다.

문제 범위의 변화는 의회의 관할 난맥 때문에 복잡해졌다. 에너지와 복지 문제는 여전히 이전 의회의 틀에 맞춰져 있었다. 1977년에 두 계획이 하원의 특별 조정을 거쳐 여러 위원회에 회부되었다. 문제는 입법상 검토가 법안 통과에 소요되는 시간을 증가시키는 얽힘 구조를 만들어낸다는 데 있었다. 정책 평가 기반이 없는 탓에 카터의 어젠다는 더욱 다루기 어려워졌다. 에너지가 현안으로 떠올랐지만 의회는 이를 신속하게 통과할 준비가 부족했으며, 복지 개혁은 1969년 이후 여전히 주요 현안이었다. 이것이 카터 행정부의 기술적 문제와 판단 미숙의 면죄부가 될 수는 없다. 그러나 불명확한 책임 소재가 정책 비용을 증대시킨 것만은 사실이다. 개인적 리더십은 특별 에너지 위원회에서 어떻게 작용했는가? 공보실은 하원의 파편화와 공동 위임을 어떻게 다뤘는가? 카터의 보좌관이 성내며 다음과 같이 언급했다.

에너지는 교차 투표를 강요할 수 있는 계획에 해당되지 않았습니다. 심사숙고해야 할 매우 복잡한 문제였습니다. 대통령은 이러한 문제들을 타협으로 해결할 수 있을 만큼 자유롭지 못했습니다. 장기적 수정 과정에 개입할 여유도 없었습니다. 계획을 착수시키든 그렇지 못하든 결정은 하나였습니다. 하원이 이러한 계획에 가라앉도록 내버려둘 수는 없었습니다.

국내 이슈에서 가장 중요한 변화는 안정적인 정치 연대가 붕괴되었다는 점이다. 카터도 레이건도 지속적인 지지 기반을 얻을 수 없었다. 각각의 문제에 따라 새로운 연대가 구조화되었기 때문이다. 킹의 기록에 따르면 정치는 '원자화'되었으며, 연대는 덧없고 불안정한 것이 되었다.

뉴딜 아이디어는 이제 미국 정치가 조직화될 수 있다는 순환적 아이디어가 아닙니다. 그러나 새로운 대중 철학이 무엇이건 간에 뉴딜정책의 자리를 차지할 만큼 부각되지는 않았습니다. 의회의 힘은 전보다 더욱 분산되었습니다. 보수적 연대의 영향력은 희미해졌고 오래된 정당 기구와 실력자들은 사라졌습니다. 그 무엇도 그들을 대체할 수 없었습니다. 예전보다 더 많은 이익과 문제 집단이 생겨났으나 그들 대다수는 내부적 결합이 부족합니다. 워싱턴의 연방 정부의 '철의 삼각'(일종의 연대)은 무너져버려 무정형의 이슈 네트워크가 되었습니다. 심지어 유권자 사이에서도 1930년대와 1940년대의 선거 블록은 시간이 지나면서 부식되었다고 볼 수 있습니다. 여전히 블록으로 남은 것은 오직 흑인뿐입니다. …… 미국 정치는 상당한 단계로 원자화되었습니다(King, 1978: 390~391).

레이건의 집권도 원자화를 변화시키지는 못했다. 의회의 힘은 분산된 채로 남아 있고, 정당은 여전히 혼란스러우며, 이익집단은 계속 세를 불리고 있다. 선거에서 돈이 힘의 원천으로 부상했다. 게다가 아이디어 범주를 지배하는 문제들은 더욱더 성역화되었다. 전임자인 포드나 카터처럼 레이건도 승산 없는 대통령직에 걸려들었다.

6) 정책 비용

지금까지 성공할 수 없는 대통령직을 부추기는 국내 정책의 다섯 가지 경향을 살폈다. 증대된 경쟁과 복합성, 영향력 감소, 감독 체제 확산, 유효한 문제들의 변화 등은 꾸준히 정책 비용을 증대시켰다. 대통령은 국내 계획에 더 많은 비용을 지불해야 했다. 대통령은 시기뿐 아니라, '이길 수 있는' 문제와 대안을 선택하는 데도 좀 더 주의를 기울여야 했다. 정책 비용은 증대되는 반면, 대통령의 자원 기반은 증대하지 않았다. 이제 대통령은 국민을 '교육하는 데' 소비할 자원이 없었다. 그들은 시간을 들여 새로운 아이디어와 계획을 조사하지 않는다. 게다가 대통령의 자원 기반은 1970년대 이후 점차 감소했다. 대통령의 정책 비용은 증가되었지만 대통령이 결과에 미치는 영향력은 쇠퇴했다. 대통령직은 주목할 만한 성공을 이룰 수 없는 지위가 되었다.

3. 승산 없는 대통령직을 극복하는 법

대통령은 국내에서 승산 없는 대통령직을 극복하기 위해 무엇을 할 수 있는 가? 카터나 레이건은 교차 압력 기류에서 어떻게 살아남을 수 있었는가? 그러한 질문에 대답하기 위해서 희망하는 결과를 정의해볼 필요가 있다. 우리가 미래의 행정부에 원하는 것은 무엇인가? 성공적인 입법 전략이나 세심한 행정 계획인가? 대통령은 중요한 문제에 대해 대중을 교육해야 하는가, 아니면 실행 가능한 계획을 탐색해야 하는가? 어떤 선택을 하더라도 그다지 명쾌하지는 않다. 어쩌면 대통령의 재선과 국가 이익의 보호 모두 가능할 수도 있다. 신중하게 수립한 계획을 의회에서 통과시키는 데 성공할 수도 있다. 그러나 분석을 간명하게 하기 위해 이분법을 활용하는 것이 도움이 된다. 대통령과 그 참모진은 임기 내에 상기한 조건 속에서 선택을 검토한다. 나아가 승산 없는 대통령직의 최종 산물 중 하나는 대통령이 그러한 결정을 해야 한다는 것이다. 의회의 복합성과 경쟁이 변화함에 따라 대통령은 법안 제정을 위한 기회 탐색에 심혈을 기울여야 한다. 문제 범주와 영향력에 대한 기회가 변화하는 와중에 대통령은 종종 재선과 좋은 정책 사이에서 선택해야 한다. 여기에서는 대통령이 오직 입법적 성공, 재선, 실행할 수 있는 계획에만 관심을 갖는다고 가정한다. 이때 대통령이 어떻게 행동할지와 관련해 승산 없는 대통령직의 개념을 통해 여덟 가지 제언을 할 수 있다. 이들 중 다수가 통념과 반대되는 것처럼 보이는데, 이는 통념이 보통 대통령이 임기 초에 직면하는 동기 구조를 무시하기 때문이다.

1) 첫 번째 충고: 빨리 하지 않으면 잃는다

승산 없는 대통령직에 대한 가장 중요한 조언은 '빨리 하지 않으면 잃는다'로 요약할 수 있다. 행정부 출범 초기에 대통령은 영향력 감소 주기와 효율성 증대 주기라는 이중 주기 때문에 매우 간단한 선택에 직면하게 된다. 의회 경쟁과 복합성 증가로 대통령은 국내 문제와 대안을 종합적으로 검토할 여유가 없다. 시간, 정보, 에너지가 충분하지 않기 때문이다. 만약 대통령이 가진 자원이 거의 없다면 국내 어젠다를 빠르게 진행시켜야 한다.

'빨리 하지 않으면 잃는다'는 접근법은 두 가지 굴레에 대한 대응이다. 첫째, 대통령은 새로운 입법 문제에 직면한다. 만약 대통령이 임기 초의 짧은 밀월 기간을 이용하기를 원하거나, 만약 그들이 유권자의 호응을 기대할 수 없는 문제들에 대한 선택 ─ 에너지, 복지 개혁, 사회보장 비용 등 ─ 을 계속한다면 대통령은 일찌감치 그 어젠다를 진행하고 이를 때때로 반복해야 한다. 둘째, 이러한 문제들은 진척시키는 데 시간이 많이 걸린다. 에너지나 의료비 삭감의 경우, 이러한 문제들이 처음 표면화되었을 때는 정보나 전문지식이 거의 없는 상황이었다. 카터 시절 공직자에 따르면 대안이 마련되지 않아 빠르게 진행되어야 하는 문제들의 정책 과정이 늦어졌다는 것이다.

> 우리가 업무를 시작할 때 사전에 진척된 계획은 없었습니다. 만약 그랬다고 해도 우리는 시간을 두고 더 살펴봐야 할 정책 아이디어가 많았습니다. 처음에는 의료비 삭감이나 에너지 문제에 대해 일할 전문가도 없었습니다. 우선 체계도 갖추지 않은 계획부터 정리해야 했습니다. 우리는 행정부의 아이디어를 상세히 조사해 잠정적 결론을 도출했습니다. 하지만 처음 착수했을 때 어떠한 준비나 연계도 없었습니다.

'빨리 하지 않으면 잃는다'는 전략을 채택하면서, 대통령은 입법안 묶음에 내재한 결점과 오류까지 수용해야 했다. 대통령과 참모진은 종합적인 대안을 평가할 시간은 물론 아이디어를 개발할 자원도 없었다. 대통령은 국내 어젠다를 기안하면서 실행 가능한 대안들을 찾게끔 강제되었다. 닉슨과 카터가 복지 개혁에 관심을 기울인 이유가 이랬다. 실제로 카터는 닉슨의 덕을 봤다. 카터의 복지 개혁은 1969년 닉슨의 가족 보조 계획과 상당히 유사했기에 의회에 거부감 없이 다가갔기 때문이다.

2) 두 번째 충고: 학습은 미뤄야 한다

대통령학 연구자들은 대통령 임기 초는 학습의 시기이며 대통령이 집무실에서 업무를 익히는 데 여러 날을 보내야 한다고 주장한다. 승산 없는 대통령직의 관점에서는 반대로 주장한다. 대통령은 교육을 받을 시간이 없다. 차라리 곧바로 실전에서 알아가는 것이 더욱 성공적이다. 대통령은 임기 초에 익숙하지도 않은 수많은 업무나 문제에 직면한다. 이에 대응하는 전략의 하나는 정보 기반을 확대하고 더 폭넓은 전문지식을 쌓는 것이다. 그러나 영향력 감소 주기 때문에 대통령은 학습 과정을 미루게 된다. 의회 복합성과 경쟁이 늘어난 탓에 백악관도 재빠르게 대응해야 하므로 학습은 미뤄져야 한다.

이러한 딜레마에서 대통령은 기다림에 따른 위험이 정책 실수가 발생할 가능성을 능가하지는 않는지, 급히 설정된 계획들이 좋은 정책을 위한 연구를 방해하는 것은 아닌지 자문해야 한다. 의회의 복합성과 경쟁의 증대는 대통령과 참모진의 선택을 매우 어렵게 한다. 대통령은 재빨리 제출한 국내 어젠다가 잘 작동하는지를 두고 도박할 수도 있다. 대통령이 입법 성공과 재선에 관심을 기울이는 한 '빨리 하지 않으면 잃는다'는 전략이 가장 매혹적인 선택이다.

3) 세 번째 충고: 첫 번째 대안을 채택하라

대통령은 국내문제의 대안을 탐색하면서 정책 어젠다 채택에 필요한 특정 조건을 설정할 수 있다. 대통령은 재정 부담이 없는 새로운 계획을 끊임없이 요구해왔다. 1978년 도심 재개발 보조 계획이 그 예이다. 또한 대통령은 어느 정도 통과될 잠재성과 최소한의 작동 가능성을 요구한다. 이처럼 분산된 요구는 최종 계획에 영향을 준다. 그러나 종종 국내 문제에 대한 해결책이 한 가지 이상 있을 수도 있다. 대통령은 특정 계획을 채택하기 전에 얼마나 많은 선택을 검토하는가? 얼마나 많은 대안이 그러한 조사에서 도출되는가? 승산 없는 대통령직에서 답은 하나이다. 국내 대안에 대한 연구에서 대통령은 조사 기준을 충족하는 첫 번째 대안을 취하도록 조장된다. 일단 첫 번째 대안이 발견되면 다른 선택에 대한 연구도 종결된다.

첫 번째 대안의 채택은 국가 정책 과정에 몇 가지 함의를 제공한다. 첫 번째 대안은 보통 잘 준비되고 계획되었으며 행정부 내에서 인기가 있게 마련이다. 물론 언제나 최상의 대안인 것은 아니다. 시간이 지나면서 중대한 타협과 조정을 반영하거나 인기 없는 선택들에도 관여하고 있을지 모른다. 첫 번째 대안 수용은 대체로 혁신적 탐색과는 거리가 멀다. 대안 탐색을 설계할 때 대통령에게 선택할 기회가 부여된다. 광범위한 연구는 물론 좀 더 제한적이고 단기적인 접근을 강조할 수도 있다. 종종 정치학자들이 종합적 전략을 강조하기도 하지만, 승산 없는 대통령직은 '관련된 제안'의 탐색에 방점이 찍힌다. 즉, 지난 결정들의 일반적인 범위 안에서 대안을 탐색한다. 그러나 이 과정조차 조사 기준에 부합하는 첫 번째 대안이 도출되는 순간 끝난다.

첫 번째 대안을 왜 수용하는가? 최소한의 자원만 소비되기 때문이다. 첫 번째 대안은 가장 널리 타협되었으며 정치적인 지지를 받기 때문에 결국 대통령은 시간과 에너지를 버는 셈이다. 첫 번째 대안이 '최선'의 결과를 구축하고 있지 않더라도 통과는 물론 실행 가능성이 크다. 물론 이러한 단기 접근에는 실패의 위협이 도사리지만 첫 번째 대안은 정책 결정비용을 줄여주는 동시에 입법상 성공의 가능성은 높여준다.

4) 네 번째 충고: 개혁은 없다

정치학자들은 '대통령의 제안과 의회의 처리' 문제에 많은 공을 들인다. 그리고 학생들에게 주요 입법 개혁 요소를 찾아내거나, 책임이나 평판에 대해 평가할 것을 요구한다. 여러 측면에서 경험은 대통령직의 국내적 조건으로 별 가치가 없다. 첫째, 대통령은 점차 그들이 추진할 수 있는 개혁의 정도를 제한받는다. 그러므로 의회에서 적절한 아이디어를 빌리고 빼앗고 사용하려는 과정 모두가 대통령에게 이익이라고 할 수 있다. 10년이 넘는 지난 세월 동안 대통령이 새로운 아이디어를 만들 유인은 발생하지 않은 반면 개혁 비용만 증대되어 왔다. 대통령은 참신한 해결책이 아니라 실행 가능한 계획에 착수하도록 유도되었다. 둘째, 경쟁과 복합성의 증대는 대통령의 개혁에 많은 정치적 비용을 수반했다. 대통령은 새로운 아이디어를 짜내기보다 실행 가능한 아이디어를 추구하는 데 더 많은 시간을 들였다. 셋째, 대통령직에 주어진 제한된 정보와 전문지식을 갖고 과연 대통령이 새로운 아이디어를 만들 능력이 있는지 의문이다. 개혁을 추진하려면 정보와 전문지식이 필요한데, 이는 대통령이 누구였든지 임기 초에는 언제나 부족했다.

대통령이 개혁을 시도해야 한다는 교과서적 기대는 승산 없는 대통령직과 충돌을 일으킨다. 대통령에게는 광범한 개혁에 뛰어드는 데 필요한 자원이 거의 없다. 참신한 계획에 대한 연구는 그 계획이 통과되지 못한다면 무용지물이 된다. 대통령은 적어도 두 번째 임기까지는 새로운 아이디어를 개발할 동기가 없다. 재선에 성공한다면 좋은 정책에 대한 목표는 두 번째 임기에서 더욱 커질 것이다. 그러나 대통령은 이미 첫 번째 임기에 개혁을 지체시키고 더 나은 기회를 기다리며 실행 가능한 아이디어의 범주를 채택하라는 충고에 길들여졌다. 두 번째 임기에서 더 많은 기회를 가질 수도 있겠지만 이미 늦었다고 봐야 한다. 삼선은 허용되지 않으므로 개혁에 복무할 시간이 거의 없기 때문이다. 즉, 새로운 아이디어에 대한 자율성은 있지만 성공 가능성은 적다. 영향력 감소 주기는 두 번째 임기에서 가속화되고 대통령은 일찌감치 레임덕에 빠진다.

5) 다섯 번째 충고: 세부 항목을 피하라

승산 없는 대통령직에서 대통령은 시간과 정보, 전문지식, 에너지, 자산을 어떻게 배분할지 결정해야 한다. 대통령은 정책 과정에 개인적 시간과 에너지를 얼마나 투자할지도 결정해야 한다. 게다가 국내 정책에 얼마나 많은 전문지식을 할애할지도 문제이다. 승산 없는 대통령직은 이러한 개인적 자원들을 배분하는 데 '비(非)세부적' 접근을 권장한다. 카터 행정부가 초기에 저지른 실수 중 하나는 대통령이 정책에 자세히 개입하고자 한 것이었다. 카터는 어젠다를 선택할 때 각각의 특성을 자세히 파악하려 했으며 정확한 예산을 검토하고자 했다. 카터는 개인적 특성과 배경 때문에 세부 정책에 큰 관심을 기울였다. 그러나 이는 승산 없는 대통령직의 요구와 충돌을 일으켰다. 이러한 카터의 관심은 희소한 자원을 소비했고 참모진을 그들의 의지대로 내버려뒀다. 지침이 될 만한 지시도 내리지 않은 채 국내 어젠다를 방치한 셈이었다.

승산 없는 대통령직은 정책 공식화의 세부 항목으로부터 대통령이 거리를 유지해야 한다고 충고한다. 내부 자원은 제한되어 있기 때문에 참모진에게 입법 항목을 남겨두는 것이 대통령에게 이익이 된다. 대통령은 전반적인 지침을 내리는 역할을 맡아야 한다. 참모진은 특화되어야 한다. 카터는 참모진에게 세부 항목을 남겼다. 하지만 카터의 한 측근은 "대통령이 예산 집행을 감수하는 데 시간을 들여서는 안 됩니다. 그는 뒤로 물러서야 합니다"라고 불평했다. 카터는 세부 항목에 관심을 기울여서 비판을 받기는 했지만, 특정 입법에 더 집중하게 된 데는 나름의 이유가 있었다. 입법 복합성이 증가했기 때문이다. 복지 개혁이나 건강보험과 같은 주요 입법에서 세부 항목은 상당히 중요해졌다. 예를 들어 1970년에 연방 정부의 공식 이익을 계산했을 때 연방 자금으로 10억 달러를 계상했다. 닉슨의 복지 개혁 프로그램은 원래 계획보다 규모가 훨씬 축소되었다. 세부 항목의 영향에 상관없이 승산 없는 대통령직을 위해서는 특징적 정책보다 일반 프로그램을 선호하게 만든 것 같다. 이제 특화는 대통령이 아니라 참모진과 부서의 몫이 되었다.

6) 여섯 번째 충고: 재선이 우선이다

국내 정책 과정은 항상 정치적이었다. 대통령은 서로 경쟁하는 문제와 대안들 사이에서 선택해야 한다는 압박에 시달렸다. 국가 자원이 떨어져가면서 그 과정은 더욱 강화되었다. 학자들은 대통령 정책의 이러한 정치적 본성을 안타까워한다. 어떤 이는 대통령 임기가 6년이면 적어도 선거의 압박에서 자유로워질 것이라고 제안한다. 또 이익집단에 대한 보호 수단으로서 '책임 있는 정당'을 지지하는 사람도 있다. 전략과 관계없이 이 학자들은 대통령이 재선과 좋은 정책 사이의 선택에서 자유로워지기를 바란다. 불행하게도 현재의 틀에서 대통령들은 대개 재선을 우선시한다. 좋은 정책이 따르는 것은 덤으로 여겨질 뿐이다.

대통령들이 첫 취임식 이후 가장 먼저 깨닫는 것은 그들에게 주어진 시간이 많지 않다는 구조적 제약이다. 연방 체계에 어떤 영향을 주기 위해 사용할 수 있는 시간은 기껏해야 8년이다. '빨리 하지 않으면 잃는다'와 '개혁은 없다' 전략을 지지하는 이유는 시간의 침식이다. 만일 입법 과정에서 경쟁하고 있다면 대통령은 재빨리 계획을 진행시켜야 한다. 대통령이 국내 어젠다에서 곤란을 겪을 것임은 불을 보듯 훤하다. 주요 위원회가 방해할 것이고 부서도 시간을 끌 것이며 자금은 동결될지도 모른다. 실행 과정에서 실패할 수도 있거니와 관료들이 방해 행위에 동참할 수도 있다. 첫 임기의 4년은 너무 짧다. 그러므로 대통령이 재선을 통해 두 번째 임기의 4년을 더 얻어 최고의 기회를 마련해야 한다는 것은 정치적 상식이 된 지 오래이다. 게다가 백악관의 재선 의지 표명은 대통령이 재선에 대한 의도가 없을 때조차 연방 정부에 대한 하나의 위협 수단이 될 수 있다. 그러므로 레이건이 한 번의 임기로 마치겠다고 발표했을 때, 그는 국가 정책 과정에서 강력한 영향력 자원을 스스로 배제한 셈이었다.

규범적인 의미와 관계없이, 재선은 대통령의 첫 번째 임기에서 우선순위를 차지하는 항목이다. 목표 자체가 꼭 부정적이지만은 않다. 그러나 언급했던 것처럼, 국내 문제 범주에 있어 최근에 변화가 고조되었고 재선과 좋은 정책 간의 갈등도 심화되었다. 1961년 케네디의 경우, 재선에 대한 움직임과 좋은 정책을 위한 탐색은 양립할 수 있는 듯했다. 교육, 의료, 지역개발, 세금 개혁 모두 중요한 국가적 요구로 제안되었을 뿐 아니라 대중의 광범위한 동의도 얻었다. 하지만 1977년까지 문제 범주가 변화하면서 두 목표 간의 긴장은 더욱더 첨예해졌다. 에너지, 복지 개혁, 의료비 삭감, 사회보장비용 문제는 특히 민주당에 인기 있는 문제가 아니었다. 비록 참신성을 겸비한 좋은 정책일지라도 대통령이 재선될 수 없다면 추구할 가치가 없었다.

7) 일곱 번째 충고: 내각 정부는 없다

대통령은 내각을 임명하며 임기를 시작한다. 닉슨, 카터, 레이건 모두는 팡파레를 터뜨리며 내각 임명자를 발표했다. 이 공직자들은 정책 과정의 중추였다. 그들은 제너럴 모터스처럼 연방 정부를 운영했다. 닉슨, 카터, 레이건은 내각 정부를 수행하려는 첫 번째 대통령이 되고자 했으나, 닉슨과 카터 모두 결국 단념했다. 1981년 2월까지 레이건은 이미 소수의 핵심 각료로 구성된 '행정 내각'을 만들겠다는 내각 정부의 목표에서 벗어나 있었다.

내각은 보고서 업무에 능숙한 것처럼 보인다. 내각은 적절한 충고와 정보를 제공했고, 대통령은 좀 더 중요한 문제를 자유롭게 다룰 수 있었다. 내각은 백악관 실무진의 많은 요구를 배제했으며 대통령이 큰 노력을 요하는 문제에 집중할 수 있게 했다. 내각이 충고와 실행 모두를 제공했기 때문에 백악관의 정책 실무진이 필요 없을 정도였다. 표면적으로 내각 정부는 상대적으로 비용이 덜 들었다. 대통령에 대해서는 무리한 요구를 했고 많은 백악관 자원을 흡수하기는 했지만 말이다. 포드의 한 비서관은 다음과 같이 주장했다.

워싱턴에서는 종종 내각에 많은 관심을 기울이지만 개인적으로는 그것을 시간 낭비라고 생각할 때가 많습니다. …… 만약 계속 관심을 둔다면 백악관은 내각이 무엇을 하고 있는지 감시하는 데 많은 시간을 들여야 합니다. 내각에 대해 여론을 선동하는 사람조차도 내각 공직자들에게 일어나는 일을 이해하지 못합니다. 그들은 당신이 새롭게 부서를 시찰하고 부서에 대해 보고받기 전에 이미 행정부에 속해 근무하던 사람들입니다. 그들은 대통령에게 각 부서의 입장을 대변하고 있습니다. 당신은 그들이 그러지 않기를 바랄 수는 없습니다. 그들이 계속 일하기를 바라기 때문이죠. 이는 단지 조직이 어떻게 작동하는지가 아닙니다. 백악관이 해야 하는 것은 외교와 국내 정책 과정이 유기적으로 연계되어 수행되고 부서들이 이에 맞춰 따르게 하는 것입니다.

카터의 국내 정책보좌진도 비슷한 주장을 했다. "내각 정부는 내각에 좀 더 책임성이 주어지게 할 매우 좋은 아이디어를 갖고 있습니다. 그러나 동시에 실제 정책을 공식화하는 데 발생하는 상황에 대한 경험은 매우 부족합니다. 정책은 내각이 아니라 대통령에게서 나와야 하며, 내각은 대통령을 위해 일하는 것이지 그 반대는 아닙니다."

대통령은 분명히 내각의 도움을 필요로 한다. 백악관은 정보와 전문지식이 부족한데, 이는 각 부서에서 보충될 수 있다. 나아가 대통령은 많은 국내 아이디어와 대안 마련을 행정부에 의존해야 한다. 그러나 내각 정부는 높은 위험에 비해 일반적으로 급료가 낮다. 대통령은 결국 백악관에 책임이 있는 입법을 제안하는 데 대한 내각의 자유를 꺾을 수 없다. 관료의 잠재적인 문제를 무시할 수도 없다. 승산 없는 대통령직의 부상은 의회와의 증대된 경쟁의 토대로서 내각을 이용하는 대신 더욱 엄격하게 통제할 것을 권고한다. 대통령은 내각과 동등하게 경쟁할 수 없다. 영향력 감소와 복합성 증대 때문에 대통령은 신중하게 자원을 사용해야 한다. 백악관 참모진과 내각 사이나 대통령의 계획과 각 부처의 어젠다 사이의 잠재적 갈등에 대한 관심이 내각 정부의 잠재적 이익에 앞서야 한다. 경쟁과 복합성이 줄어들 때까지 대통령은 중요한 결정을 스스로 내려야 한다.

8) 여덟 번째 충고: 바퀴살을 경계하라

　대통령은 과도한 내부 임명을 주의해야 한다. 대통령의 참모진은 단순히 대통령의 확장이 아니다. 백악관 구성원 각각은 잠재적인 창도자이다. 구성원 각각은 자신의 영향력을 키우겠다는 희망을 가졌을지도 모른다. 야망, 충성, 좋은 정책 등 그들의 목표가 무엇이든지 간에 참모진은 국내 정책 결과에 영향을 줄 수 있는 기회가 충분하다. 참모진은 대통령에 대한 선택지를 준비한다. 참모진은 무엇이 실행 가능한지 결정한다. 즉, 대통령이 A, B, C 중에서 선택을 한다면 참모진은 D, E, F를 결정하지 않는 셈이다.

　참모진이 위임된 권한을 지닌 채 홀로 남겨질 수 있다고 기대한 대통령은 중대한 실수를 범한다. 대통령은 참모진이 내부 통치를 하도록 내버려둘 수도 없으며, 자질을 갖춘 보좌진들에 의해 힘의 진공상태가 채워지리라고 기대해서도 안 된다. 대통령이 확실하게 관여하지 않으면 백악관 자원 감소가 결국 갈등을 부른다. 그것은 조직행동론이다. '이사회 의장(chairman of the board)'식 접근을 채택하는 대통령은 참모진의 내분을 예상해야 한다. 대통령은 참모진의 갈등을 중재하기 위해 감시할 준비도 해야 한다. 참모진은 대통령이 처리할 것을 제공했을지라도 국내 정책 과정은 상당한 긴장과 갈등을 낳는다. 내부적 갈등은 문제와 대안에 대한 논의를 통해서나 자질을 갖춘 중간 간부의 사퇴 등을 통해 궁극적으로 대통령에게 영향을 미친다.

　그러나 대통령은 다시 한 번 승산 없는 상황에 사로잡힌다. 대통령에게는 참모진들의 체계를 신중하게 감시할 수 있는 자원이 없다. 앞서 대통령이 세부 항목을 피해야 한다고 주장했는데, 이제 와서 대통령이 갈등을 조정하는 데 시간을 써야 한다고 주장하는 것은 모순이다. 여러 관점에서 볼 때 승산 없는 대통령직의 부상은 지배가 반드시 나쁜 것은 아니라고 제안한다. 참모들과 마찬가지로 대통령도 시간과 정보가 제약되어 있다. 대통령은 참모진을 움직일 자원이 거의 없다. 대통령이 정책 과정에서 표면화된 무수한 문제들을 다루면서 참모진의 갈등을 중재할 수 있는가? 승산 없는 대통령직은 지배적인 내부 연대의 부상을 권장한다. 대통령은 참모진을 살펴야 하는가, 그렇다면 어떻게 하면 되는가? 대통령의 동의가 있든지 없든지 간에 지배적인 연대가 부상한다. 닉슨 시절 얼리히만의 힘의 증대가 그 주요한 예이다. 지배가 다양한 지지자의 목표를 충족시키지 않는데도 이는 자원 관리 도구의 하나가 되었다. 환멸을 느낀 측근들의 탈출이 제한된 자원에 대한 부정적인 시각에서만 이뤄진 것은 아니다. 시간과 에너지를 절약하고 내부 갈등에 대한 대중의 표현을 억제하기 때문이다. 내각 정부처럼 다방면의 지지를 얻는 정부형태는 이론상 그럴듯하나 실제로는 비용이 매우 많이 든다.

지금까지 논의한 생각들의 대부분은 강한 관리와 좋은 정책 명제에 반하는 것이다. 여기에서는 대통령이 국내 계획을 고려하지 않고 빨리 움직일 것을 권했다. 또한 개혁을 피하고 시간을 절약하기 위해 첫 번째로 탐색한 실현 가능한 대안을 택할 것을 권했다. 지배가 모두 나쁘지는 않다고 주장하기도 했다. 이 논의를 위해 대통령이 오직 입법의 성공, 재선, 실행할 수 있는 입법에 관심이 있다고 가정했다. 이제 잠시 그 가정을 되짚어보고자 한다. 필자들의 견해와 무관하게, 승산 없는 대통령직은 공적 감시자가 가장 반대할 만한 행동들을 권고한다. 우리는 계획에 관심을 갖는 대통령, 재선과 단기적 이익 너머를 살필 줄 아는 대통령, 새로운 아이디어와 계획을 추구하는 대통령, 내부 논쟁을 생산적으로 이끄는 대통령을 원한다. 하지만 불행히도 현재 체계는 이를 실현할 동기를 제공하지 못한다. 국내의 승산 없는 대통령직에 대한 장기적 해결책은 대통령에 대한 보상 구조를 바꾸는 것이다. 학습에 대해 대통령을 벌주는 대신 그들이 계획을 세울 수 있는 시간을 줘야 한다. 대통령의 정치적 순진함을 비판하는 대신 그가 내부훈련을 경험할 시간을 마련해줘야 한다.

4. 승산 있는 대통령직으로의 전환

이 연구의 가장 중요한 교훈은 대통령이 1980년대 들어 새로운 국내 문제들에 직면하게 되었다는 것이다. 대통령은 내적·외적 자원뿐 아니라 시간과 국내 어젠다의 규모의 고정된 제한 문제를 다뤄야 한다. 나아가 문제 정의와 대안 모색뿐 아니라 의회와의 경쟁에 대한 명확한 경계선이 존재한다. 영향력은 떨어졌는데 복합성은 증대되었다. 우리가 갖가지 충고를 하더라도 대통령은 여전히 승산 없는 대통령직에 빠져 있다. 그러므로 대통령이 임기에 어떤 일을 할 수 있는지 살펴보는 것이 더욱 중요해졌다. 대통령이 국내 정책에 대한 새로운 제약에 거의 영향력을 행사하지 못하기 때문에 대통령이 가진 정보와 전문지식이 결정적인 것이 되었다.

대통령의 목표에 대한 처음 가정과 반대로 이제 대통령이 성공과 재선의 단순한 결합 이상의 것에 관심이 있다고 가정한다. 대통령은 실패하려고 취임한 것이 아니며, 불충분한 정책을 만들어내기 위해 임무를 수행하지도 않는다. 대통령은 재선과 상관없이 실수를 최소화하고 영향을 최대화하기 위해 노력한다. 대통령은 재선과 좋은 정책, 영향력과 효과성 모두를 원한다. 승산 없는 대통령직을 극복하기 위한 대통령에 대한 충고는 아직 남았다. 어젠다를 일찍 시도하는 것이 중요하다. 개혁은 여전히 어려운 일이고 학습은 내부 훈련 딜레마에 놓여 있다. 그러나 대통령은 승산 없는 대통령직의 압박의 영향을 완화할 힘도 가지고 있다. 대통령의 정보와 전문지식이 많아질수록, 승산 없는 대통령직이 승산 있는 대통령직으로 변화될 가능성은 높아진다.

필자의 관심은 대통령직의 구조적 개혁에 있지 않다. 6년 임기에 대한 요구, 행정부 기구 재조직 등의 주제에 관심이 있지만, 이는 현대의 대통령에게 거의 도움이 되지 못한다. 개혁은 가까운 미래에도 이뤄지지 않을 듯하다. 그러므로 대통령에게 승산 없는 대통령직에서 승산 있는 대통령직으로 전환하는 방법을 제시하려는 것이다. 이에 앞으로의 대통령들에게 네 가지를 충고하고자 한다.

즉, ① 사전 계획, ② 전문지식 채택, ③ 우선순위 설정, ④ 아마추어에서 벗어나기이다.

1) 사전 계획

지난 10년을 지나오면서 대통령의 선거운동 기간은 더 길어졌다. 첫 간부 회의부터 전략 논쟁이 이뤄진다. 후보자들은 2년 앞서 선거운동을 준비한다. 현대의 많은 논평가들은 실질적인 선거운동 기간을 따지려 들며, 주요 정당들은 대통령 후보 임명 시기를 앞당기려는 시도를 계속해왔다. 일반적으로 그러한 기간이 국내 정책에 부정적인 영향을 준다고 생각하지만, 선거운동이 사전 계획을 구상할 수 있는 중요한 기회를 제공해주는 것만은 사실이다. 대통령은 선거운동 자원을 학습에 할당함으로써 '빨리 하지 않으면 잃는다'는 압박에 입각해 유리한 출발을 할 수 있다. 대통령에게는 취임 후 학습할 시간이 거의 주어지지 않기 때문에, 선거운동에서 사용했던 어젠다를 국내 어젠다로 활용한다. 그러나 예전에 그러한 사전 계획은 보상받지 못했다.

첫째, 정치적 선거운동을 펼치면서 정책 계획에 오점이 생길 수 있다. 1976년에 카터의 사전 계획 노력은 지나친 자신감의 표시로 잘못 해석되었다. 카터의 한 측근은 이렇게 말한다. "계획팀은 비밀을 유지해야 합니다. 대중에게 우리가 선거를 염두에 두고 있다는 인상을 심어주는 것은 좋지 않기 때문입니다. 그러한 오만 때문에 선거에서 대가를 치뤄야 할 수도 있습니다." 또 다른 카터의 비서관은 이러한 문제에 대해 염려를 나타냈다.

회의 후 우리는 포드가 이끌어낸 문제를 20개나 갖게 되었습니다. 당연히 우리는 11월 이행을 생각하기 시작했습니다. 1977년 어젠다를 계획하려고 했지만 그 노력은 매우 빠르게 차단되었습니다. 너무 정치적이라는 느낌을 줬기 때문입니다. 그래서 계획 실무진은 애틀랜타에 숨어 있었습니다. 미국 유권자들은 질 것 같은 사람에게 호감을 갖는 경향이 있는데, 특히 인기 있는 자가 약자를 괴롭힐 때 더욱 그랬습니다.

카터 정책팀의 고립은 선거 후 정권 인수 시기의 영향력을 제한했다. 게다가 심각한 참모진의 불화를 낳았다. 대통령은 선거운동 중에도 많은 문제들을 다뤄야 했다. 사전 계획이 종종 지지도를 가늠하는 데 쓰이기도 하지만 첫 번째 목적은 선거를 이기는 데 있다. 정책 계획은 소모될 수 있다. 사전 계획은 필수 조건이기보다는 의심을 사기 십상이다. 우리는 후보자들이 문제에 집중하기를 원하지만 너무 구체적으로 몰입하기를 바라지는 않는다.

사전 계획에 대한 두 번째 문제는 자원 부족이다. 1971년 「연방 선거운동법 (Federal Election Campaign Act)」 발효는 후보자들에게 사전 계획의 이익보다는 선거운동의 이점을 더욱더 고려하게 했다. 이는 현재의 재정 구조에서는 쉬운 선택이다. 카터의 계획에 목표가 부족했던 이유 중 하나는 선거운동 참모진이 선거를 이긴 뒤에야 자원이 더 잘 분배될 수 있다고 느꼈기 때문이었다. 선거운동 활동가는 정책 실무진이 선거를 위해 충분히 활동하지 않는다고 주장했다. 1976년 선거운동의 3년 후, 카터의 한 측근은 다음과 같은 문제를 제기했다. "만약 대통령이 선출되지 않았다면 계획팀에게도 좋을 게 없습니다. 우리는 변화가 아니라, 선거운동에 모든 에너지를 주입해야만 합니다. 특정 계획은 우리가 승리할 때까지 유보될 수 있습니다. 계획에 대한 요구는 이해해지만, 이는 선거운동에서 부차적입니다. 중요한 것부터 먼저 다뤄야 하기 때문입니다." 카터의 계획 비서관은 의견이 달랐다.

선거운동 실무진은 지난 몇 달 동안 선거 기간에 내달려야 했습니다. 그들은 선거가 우선이라고 하겠지만, 이는 오직 절반만 옳은 말입니다. 카터는 이겼습니다. 그러면 이제 우리는 무엇을 해야 할까요? 우리는 특정 계획을 개발하는 데 더 더졌고 임기 초의 날카로움도 잃었습니다. 그렇다면 선거운동 실무진은 무엇을 달성한 것일까요? 우리는 선거에서는 이겼지만 앞장설 준비는 되어 있지 않았습니다.

만약 대통령이 선거운동 기간에 국내 계획을 준비한다면 이에 대한 보상이 있어야 한다. 여러 공식적 변화가 사전 계획을 촉진할지도 모른다. 「연방 선거운동법」은 정책 계획에 따르는 비용 지출 제한을 초과하더라도 쉽게 용인되도록 개정될 수 있었다. '기준 초과'의 개념은 그다지 새로운 것이 아니다. 현재 연방 선거 위원회는 대통령의 기금 모금뿐 아니라 지출 발표에 수반하는 비용도 보조한다. 그것은 정책 계획 참모진에 배당된 자금의 지출 제한에 면제를 권고하는 단계이다. 연방 선거 위원회가 정책 참모진의 정의를 제한하더라도 그러한 기준 초과는 실행될 수 있다. 둘째, 좀 더 매력적인 선택은 계획에 직접적인 대중의 자금 모금을 허가하는 것이다. 이는 간단한 기준 초과는 아니지만, 자금 조달 노력을 분산시킨다. 후보자들은 선거운동과 계획 사이에서 선택할 수 없다. 그러한 특정 자금이 사전 계획의 오점을 제거해줄 수 있는 동시에 정책 분석에 그 자금을 배분하게끔 후보자들을 부추기기도 한다. 이는 연방 정부가 현재 대통령 선거에서 자금을 제공하고 있기 때문에, 이를 약간 변형한 형태이다.

그러나 사전 계획에 대한 마지막 압력은 후보자 자신에게서 나온다. 후보자들은 대통령의 자원이 얼마나 제한되는지 인식할 필요가 있다. 선거운동은 아이디어를 개발하고 정보를 증대시키는 데 거의 기회를 주지 않는다. 하지만 선거운동 자원을 계획에 배분함으로써 후보자들은 교차 압력에서 벗어나기 위한 유리한 출발을 할 수 있다. 선거운동에서 사전 계획을 위해 쏟는 노력은 승산 없는 대통령직을 좀 더 승산 있는 대통령직으로 전환하는 강한 유인이 된다. 후보자들은 자신이 대통령이 된 뒤 임기 초 대처법을 결정하기 위해 단기간의 정치적 요구를 살펴야 한다. 후보자들이 취임 전 3개월의 과도기 제한을 인식해야 비로소 사전 계획의 가치와 중요성이 부각될 것이다.

2) 전문지식 채택

이 연구의 가장 흥미로운 점 중 하나는 백악관에서 일하며 상대적으로 규모가 적은 측근 그룹 실무진의 중요성이다. 평균 실무진의 수가 100명에서 500명 정도인데도 대통령에 영향을 미치는 측근 그룹은 훨씬 적다. 대통령에게 내부적 영향력과 효율성은 매우 중요하다. 측근 그룹은 정책에 대한 장막이 되어주고 국내 어젠다에 강력한 책임을 진다.

백악관 실무진들이 중요한데도 대통령은 임명 과정에 거의 시간을 들이지 않는다. 과거에 대통령이 100여 명의 실무진을 선출할 때는 한정된 기준이 중시되었다. 첫째, 대통령은 충절을 평가해야 했다. 사실상 충절은 능력보다 중요하다. 충절은 측근의 영향력에서 가장 주요한 요소이다. 할데만, 리처드 체니, 조디 파월, 해밀턴 조던, 에드윈 미즈는 각각의 대통령과 오랫동안 교분이 있었다. 이들이 백악관에서 영향력을 행사했던 것은 당연한 일이기도 하다. 둘째, 대통령은 참모들이 수행한 노고에 종종 논공행상을 한다. 카터의 고위 참모는 대부분 선거운동을 함께했거나 조지아 주에서 당시 주지사였던 카터를 보좌했다. 그들은 일찍부터 대통령의 측근 그룹 자리를 차지했다. 연방 정부의 자원이 제한적으로 지원되는 선거운동은 각 후보자의 참모진에게 주요한 실험 무대가 되었다. 닉슨과 카터 모두 자신의 선거운동 기구에 많은 자문가를 뒀다. 닉슨의 한 측근은 이렇게 술회했다. "닉슨이 임명한 이들의 다수는 1968년에 선거운동을 함께한 사람들이었습니다. 당시 참모진의 절반이 국가 문제를 논의하기 위해 첫 번째로 연락을 받았습니다." 셋째, 전문지식이다. 이는 충성심과 서비스라는 두 기준에 의해 때때로 덜 부각되는 경향이 있다. 대통령은 언제나 경험이 많은 측근을 원하지만 그들이 충성심을 갖추지 못했고 공적도 쌓지 않았다면 경험이라는 요소는 종종 간과된다. 전문가는 백악관의 인재 발탁 시 부차적인 관심사이다. 그러므로 대통령은 전문가를 찾아 참모진으로 등용할 필요가 있다. 자질을 갖춘 측근 선택은 중요한 자원이다. 여기서 하위급 참모진에 대한 충고를 더하고자 한다.

대통령은 참모진을 선택하면서 보통 조직표의 수장에 주목한다. 대통령의 비서실장, 대변인, 개인 자문역, 예산 책임자, 국가 안보 위원회, 국내 정책 고문 모두 하위급 참모진보다 더 큰 관심을 받는다. 그러나 승산 없는 대통령직의 교훈은 바로 하위급 참모진의 잠재적 영향력에 관한 것이다. 국내 정책에서의 에너지 정책 담당 부보좌관은 때로 최종 결과에 상당한 영향을 준다. 대통령이 자질 있는 하위급 측근에 대한 조사를 소홀히 하고 있지만, 임기 초에는 이들의 임명 문제가 요구되기도 한다. 이들의 임명 과정은 잠재적인 내부 연대를 더 발전시키고 전문가에 대한 조사를 최소화한다. 이는 적어도 두 개의 특정한 백악관 사무처, 즉 의회연락처와 예산관리국에 중대한 실수가 될 수 있다. 대통령은 이 부처들의 실무진을 임명하는 과정에 더 관여해야 하며, 논공행상에 따른 임명을 재고해야 한다. 이 직책은 장기간의 우정에 대한 보답으로 주어지는 '배당'이어서는 안 된다.

의회연락처와 예산관리국이 정책 과정에서 왜 중요한가? 이 두 부처는 대통령의 외부에 있기 때문이다. 이 두 기관은 백악관, 의회, 행정부 사이의 주요 완충장치이다. 이 두 부서에 전문가를 모집함으로써 대통령은 승산 없는 대통령직의 영향을 줄일 수 있다. 입법 연락을 담당할 유능한 참모진을 기용함으로써 대통령은 의회 복합성의 영향을 줄이고 좁은 정책 공간에서 경쟁 능력을 증대시킬 수 있다. 예산관리국에도 마찬가지로 유능한 참모진을 임명함으로써 대통령은 새로운 정책 아이디어와 정보를 접하고 원활한 조정을 위한 기회를 증대시킬 수 있다. 전문가를 기용하는 것은 대통령이 결국 더 많은 정보나 전문지식과 연결될 수 있음을 의미한다. 즉, 전문지식이 전문지식을 낳는다. 이처럼 상대적으로 중요한 비중을 차지하는 두 사무처에서 정작 임명 과정을 무시하는 경우가 빈번했다. 그중에서도 의회연락처의 공보관직이 특히 심했다. 대통령이 공보관의 가치를 알면서도 연락자 임명의 영향을 과소평가하는 경향이 있는 것이다.

입법 공보관은 승산 없는 대통령직에 좀 더 혼란스러운 문제를 건넨다. 공보관은 백악관의 주요한 로비스트이지만 측근 그룹 내에서 명성이 퇴색되어왔다. 닉슨과 카터 모두 불필요한 지원을 줄이는 과정에서 공보관도 줄였다. 그러나 이 두 대통령은 활발히 공보관을 지원했고 1960년대의 교훈은 이제 의회와 로비활동에 적용되지 않는다. 입법 공보관의 수가 제한되므로 성공적인 로비활동을 하기는 어려웠다. 의회에서의 경쟁이 중대하면서 공보관은 영향력에 필요한 두 가지 기본 자원, 즉 ① 의회 내 최근 변화를 이해하는 참모진, ② 참모진을 구성하는 측근의 증가를 요구하게 된다. 카터의 1977년 공보팀이 갖고 있던 문제가 무엇이든지 간에 입법 과정 자체에 대한 기본적 지식은 부족했다. 측근들은 의회의 요구가 변화했음을 이해하지 못했고 최근 개혁이 미치는 영향도 충분히 인지하지 못했다. 1977년 말까지 의회연락처는 문제 지향적 로비를 금지하고 개별적인 접근을 택했다. 예를 들어 에너지 정책에 대한 주요 행위자에 주목하는 대신 카터의 참모진은 특정 상원의원과 하원의원의 각 의회연락처의 담당자를 교체했다. 그러한 접근이 행정부에 대한 더 많은 기대를 가져다줬는지는 명확하지 않다. 현재 백악관 입법 연락처도 이러한 구성 방식을 따르게 되면서 의회 내부에서 경쟁할 준비가 갖춰지지 않은 것으로 평가된다. 앞으로 공보관들은 전략과 무관하게 자신이 의회 행동주의에 압도된다는 것을 발견할 것이다. 1970년대에 의회 복합성은 참모진과 정보가 급증하면서 급격히 높아졌다. 같은 기간에 입법 공보관 규모는 그대로 유지되었다. 단지 12명의 비서가 있는 백악관 공보관만으로 대통령이 의회의 분산된 힘에 대응할 수는 없었다. 다양한 부서의 연락 사무처로부터 도움이 있었는데도, 결국 의회 의사당이 백악관 실무진을 능가하게 되었다.

예산관리국도 대통령의 관심에 초점을 뒀다. 예산관리국은 임기가 시작되고부터 대통령의 행정부 내의 가장 중요한 정보 원천이었다. 예산관리국은 집행을 요구하고 예산을 분석하며 프로그램을 계획하는 곳이었다. 예산관리국은 국내 정책에 대한 가장 오래된 정보까지 관할하는 대통령의 자원이었다. 초기에는 주로 예산관리국이 희소 정보를 제공할 수 있었다. 그러나 초기에 백악관이 가장 의심한 것도 예산관리국이었다. 카터의 한 보좌관이 다음과 같이 말했다. "예산관리국은 매우 보수적인 기관입니다. 실무진은 인색하고 검소하며, 항상 부정적인 태도를 보이는 집단입니다. 이래서는 임기 초기에 대통령의 필요에 부응하기 어렵습니다." 이 시기를 지나면서 대통령은 예산관리국과 좀 더 가까워졌다. 자원이 떨어져갈수록 예산관리국의 거부가 갖는 중요성도 커졌다. 예산관리국은 대통령과 행정부 사이에서 중요한 완충장치가 되었다. 불행하게도 예산관리국은 자원이 떨어지기 전까지는 곧잘 무시되었다. 예산관리국은 정보와 전문지식을 갖고 있었지만, 대통령은 임기 막바지까지 예산관리국을 도외시하는 경향을 보이기도 했다. 예산관리국에 능력 있는 측근을 임명함으로써 대통령은 예산관리국와 연계를 설정할 수 있었다.

3) 우선순위 설정

카터가 레이건에게 패배한 지 3주가 지나, 해밀턴 조던은 만약 시간을 돌릴 수 있다면 달리 행동하고 싶은 것이 무엇인지 질문을 받았다. 그의 대답은 간단했다.

> 우선 처음 2~3년 동안 실수했다고 말할 것이다. 서너 개의 주요 문제에 대한 공적인 우선순위를 설정하지 않은 행정부의 첫 2년 말이다. 우리는 워싱턴에 왔고 국민에게 중요한 모든 문제들에 도달했다. 하지만 때때로 행정부의 모든 것을 실제로는 확실히 이해하지 못했다고 생각한다(NBC, 1980: 3).

카터 행정부의 뚜렷한 우선순위 결핍은 적어도 세 개의 주요 결과를 가져왔다. 첫째, 조던이 인정한 것처럼 미국 대중과 우선순위에 대한 의사소통이 뚜렷하지 않았다. 두세 개의 주요한 국가적 요구에 대한 지지를 이끌어내는 대신 카터 행정부는 정면 돌파를 고집했다. 의료 비용, 에너지, 정부 윤리와 인식, 복지 등과 관련된 위기가 있었다. 카터의 한 보좌관은 다음과 같이 말했다. "대중이 거의 혼란을 느끼지 않는다는 것을 의심할 필요는 없었습니다. 내부에 있는 우리는 그저 더 많이 노력할 뿐이었습니다." 둘째, 더욱 중요한 것은 우선순위 부재가 대통령의 시간과 에너지를 불필요하게 낭비했다는 것이다. 이는 어느 정도 카터 자신의 문제였다. 카터는 주요한 결정에서 자신이 중심이 되고자 했기 때문이다. 하지만 불행하게도 대통령의 확실한 지시 없이 백악관 참모진은 광범하게 앞으로 나아갔다. 효과적인 선택을 하기에는 자원이 너무 희소했던 것이다. 셋째, 우선순위 부재는 카터의 의회 문제를 불필요하게 몰아놓았다. 닉슨과 포드 시절에 마치지 못한 입법의 잔재에 직면해, 의회는 대통령에게 우선순위 설정을 요구했다. 그러한 지시가 시행되지 못했을 때, 의회는 백악관 영향이 최소화된 상태에서 국내 어젠다를 종합해야만 했다. 가뜩이나 제한적이었던 카터의 정치적 능력은 다양한 어젠다를 요구하면서 탕진되었다.

　카터 행정부의 경험이 주는 교훈은 간단하다. 처음 변화의 시기에 무턱대고 접근하기보다는 대통령이 한정된 수의 중요한 문제에 자신의 희소한 자원을 집중해야 한다는 점이다. 이는 그들이 합리적으로 신중하게 선택하는 동안 '빨리 하지 않으면 잃는다'는 전략에 마주치게 한다. 나아가 의회의 경쟁이 증가한 상황에서 우선순위 설정은 의회에 대통령 어젠다에 대한 명백한 신호를 제공했다. 의회가 얼마 되지 않는 최우선순위 어젠다를 정리하고 공격하는 동안, 대통령은 다른 어젠다들을 요청할 수 있었다. 참모진은 그들의 새로운 대통령에 익숙해지는 데 시간이 걸릴 것이고 학습이 필요할 것이다. 동시에 대통령은 일련의 계획 설정에 대중의 지지를 이끌어내 다음 선거의 기반으로 삼을 수 있다. 드문 일이기는 하지만 우선순위를 설정하는 것이 정치 환경의 요구에 부응할 좋은 정책을 수립한다는 목표와 균형을 맞추는 가능성을 제공하기도 한다. 우선순위 설정은 어려운 일이 아니다. 대통령의 분명한 지침은 의회와 대중에게 보내는 신호가 된다.

4) 아마추어에서 벗어나기

정치학자들은 1976년과 1980년에 대통령 임용 패턴이 변화했음을 발견했다. 1976년 이전에는 상원에서 활동하다가 백악관으로 들어가는 것이 일반적이었다. 대통령 내지는 후보자가 국가 정치 기관에서 배출된 것이다. 1976년에 카터는 조지아 주지사로서 임기를 보내고 대통령이 되었다. 1980년에 레이건은 캘리포니아 주지사를 보낸 뒤 대통령으로 선출되었다. 1980년은 50년 만에 대통령 선거에서 주지사 간의 경합이 벌어졌다.

이 연구에서 강조하고자 하는 것은 전문지식의 영향이다. 전문지식은 국내 어젠다의 시기는 물론 문제의 선택과 대안, 결정 구조의 발달에 영향을 준다. 전문지식은 개별 대통령들이 다양해질 수 있는 아주 중요한 직접적 자원으로서 대통령으로 당선되기 전에 겪은 학습의 총화이다. 예를 들어 닉슨은 1968년에 선출되기 이전에 상당한 연방 활동 경험을 했다. 그는 하원의원, 상원의원, 부통령은 물론 연방 관료로도 활동해왔다. 그러나 닉슨의 주요 관심은 외교정책에 있었다. 그가 1969년에 국내 문제로 관심을 환기했지만 그는 정책 과정을 마음대로 지휘할 수 없었다. 광범한 경험은 있었지만, 국내 정책에 대한 전문지식은 부족했던 것이다.

우리가 아마추어에 관심을 갖게 된 데는 최근의 대통령 선출 패턴 변화라는 원인이 있다. 이론상 상원의원, 하원의원, 부통령은 주지사나 주 공직자들보다 국가 정책 과정에 대해 더 폭넓게 이해하고 있다고 볼 수 있다. 전문지식이 공직에 좀 더 많은 영향을 부여하는데도 우리는 국가의 정치적 특성이 주나 지방 공직보다 입법 과정에 더 크게 노출되어 있다고 기대한다. 그러나 정부 서비스의 본질 때문에 그러한 비교는 왜곡된 결과를 가져온다. 따라서 우리의 관심사는 이전 지위와 무관하게 개인의 학습 본질로 향한다. 조지아 주지사는 일상의 문제가 무엇이든지 간에 국가 정책에 대한 방대한 지식을 얻을 수 없었다. 카터는 관리 방식과 구성원의 조정에 대해 배웠으나 연방 체계에 대해서는 잘 알 수 없었다. 조지아는 워싱턴에서 멀리 떨어진 곳에 있었던 것이다.

　레이건에게도 같은 문제가 적용된다. 캘리포니아는 미국의 축소판이 될 수 없었다. 캘리포니아에서 했던 일들이 워싱턴에서도 필요한 것은 아니었다. 레이건의 경험은 카터보다 국가 정치에 대한 관련성이 좀 더 있었지만 캘리포니아 주지사로서의 업무는 대통령직과 상당히 달랐다. 레이건의 캘리포니아 주지사 경험은 행정부 체계를 통제하는 데 도움이 되지 못했다. 주지사로서의 경험은 그다지 쓸모가 없었다. 상원의원들은 행정부를 통제하기 위한 관리 훈련을 받지 못했다. 그러나 우리는 대통령을 선출할 때 다른 선택에 직면했다. 우리는 행정부를 어떻게 운용하는지 알고 있는 대통령이나 연방 체계가 어떻게 작동하는지 알고 있는 대통령을 원하는가? 워터게이트 사건에서 유래한 불신은 주류 정계에서 벗어난 '외부인' 대통령을 선호하게 했다. 카터와 레이건의 선거운동이 성공한 것은 이처럼 대중을 불행하게 한 요소를 포착했기 때문이다. 그러나 대통령이 될 가능성이 있는 주지사를 선출하는 것은 대중이 불신하는 후보의 공직 임용이라는 악순환으로 나타났다. 외부인에 대한 대중의 지지는 결국 또 다른 외부인에 대한 더 큰 요구로 이어질지 모른다. 조지아 주에서 카터가 겪은 제한적 경험은 그의 대통령 업무 수행을 침식했기 때문에 그의 자리를 채우기 위한 또 다른 외부인의 선출은 순환 체계를 보여준다. 레이건의 1980년 선거운동은 내부자에 대한 대중의 불만족에 호소하는 것이었으며, 레이건이 빠른 산출물을 낳는 데 집착하게 하는 압력으로 작용했다. 만약 레이건이 성공하지 않았다면 우리는 1984년에 외부인에 대한 더 큰 압박을 볼 수 있었을 것이다.

5. 결론

　지금까지 대통령 어젠다의 중요성을 강조했다. 이는 정치적 이익의 분배를 결정하며, 의회와 대중의 국가적 요구에 대한 신호이기도 하다. 동시에 과거와 미래에 대한 대통령의 비전을 전한다.

불행하게도 어젠다 설정은 종종 계획성 없이 이뤄진다. 빨리 어젠다를 설정해야 한다는 강한 압박 때문에 대통령은 경쟁적인 어젠다를 서로 비교하는 과정을 생략하기도 한다. 어젠다는 체계적 발전에 의해서보다는 우발적으로 터지는 사건처럼 생겨날 수 있다. 게다가 현재의 정치적 환경은 대통령이 '빨리 하지 않으면 잃는다'는 접근법을 시도하게 부추긴다. 국내 어젠다 설정은 잘못된 주기를 갖게 되었다. 실패는 행동에 대한 더 큰 압박을 낳고 이는 다시 더 큰 실패를 이끌어냈다. 어떤 관점에서 보면 주기는 사전 계획, 더 많은 전문지식, 체계적인 우선순위 설정을 통해 깨질 수 있다.

궁극적으로 유인 구조는 변화될 것이다. 대통령은 서두르지 않는다면 단기적 성공 대신 계획하는 데 필요했던 인내심에 대한 보상을 받을 수 있다. 우리가 정책 과정을 바라보는 관점에 대한 근본적 변화가 중요하다. 의회와 대중, 미디어, 심지어 정치학자들조차 신중한 정책을 기다리지 않는다면 대통령은 우리의 조바심에 응할 수밖에 없다.

10

레이건의 경험
the reagan experience

> 2010년에 대통령이 될 사람을 위해 나의 정치적 자산을 쏟아 붓지는 않을 것
> 이다.
>
> 데이비드 스토크먼

대통령은 자신의 역사적 업적과 국민 여론, 즉 유산을 남길지와 현재 압승하
는 대통령이 될지를 두고 항상 고민해왔다. 장기간 정책의 성취와 단기간 정책
의 정치적 이익을 가늠해야 하는 대통령은 정치인임과 동시에 선지자가 되어
야 한다.

이처럼 깨지기 쉬운 균형관계를 가장 잘 이해한 사람에는 1981년부터 1985
년까지 레이건의 예산담당 국장이었던 데이비드 스토크먼(David Stockman)이
있다. 스토크먼은 임기를 시작하자마자 지속적인 변화에 대한 잠재력을 봤다.
여기에는 대통령이 신속하게 발의해 경제적인 위기만 모면해야 한다는 전제가
따랐다. 그는 대통령직을 인수할 때 다음과 같이 경고했다. "처음 6개월에 대
담한 정책을 신속하고 솜씨 있게(교묘하게), 그리고 대범하게 시행하지 않는다

면 워싱턴은 주변 경제의 혼란과 정치적 무질서로 뒤덮이게 될 것입니다. 보수적인 정책을 영구적으로 개정하고 정치적 재편을 할 수 있는 절호의 기회는 레이건 정부가 속도를 내기도 전에 완전히 없어질 수 있습니다."

스토크먼은 장기 변화에 대한 예언자이기도 했지만, 나중에 자인한 대로 '회계상 트릭, 법망 피하기, 핵심적 논점 회피하기, 철저한 부정직'을 통해 의회를 설득한 뒤 예산안을 통과시켜 세금 감면안을 추진하는 단기 정책에도 능한 정치인이었다(Ullman, 1986: 322). 그는 정치적 파멸을 두려워하며 워싱턴(레이건의 내각 장관들)이 자신의 뜻과 다르게 조직되기 전에 근시안적으로 움직이고, 새 예산안을 짜며, 기본적인 경제적 가설들을 한순간에 바꾸고, 예산관리국 컴퓨터 프로그램을 다시 만들어 결산도 다시 계산하게 했다. 그가 나중에 인정한 대로 "우리는 광적으로 전체 예산을 삭감했습니다. 사람들을 몰아대고 이 회의 저 회의 돌아다니며 여기서는 주택정책안을 중단시키고 저기서는 농촌 전기 보급 관련안을 중단시키는 식으로 세부 사항을 처리하고 있었습니다. 이러한 일들을 빨리 해치웠지만, 어떻게 끝날지는 확실하지 않았습니다"(≪애틀랜틱(Atlantic)≫, 1981년 12월호).

그러므로 어젠다 설정 과정 자체가 최종 정책안을 스스로 결정한 셈이다. 예산국장이 내린 결정들은 3월 초에 카터 예산안을 개정했고, 4월에는 이미 확정된 것으로 여겨졌던 사회보장세를 감면했으며, 여름에는 예산과 세금을 대폭 감면하는 등 광적인 정책안을 만들었다. 레이건 국정 어젠다 ─ 거의 대부분이 스토크먼의 정책 ─ 를 이해하고자 할 때 중요한 점은 (장기적으로 볼 때 큰 실패라 하더라도) 국내적 문제에 즉각적인 영향을 행사하려는 목적을 가졌다는 것이다. 예산 절감은 즉각적인 효력을 발생한다. 정책안은 하룻밤 사이에 변경되고 세금은 삭감된다. 이런 조치에 과연 효과가 있을지 아무도 묻지 않는다.

그런데도 레이건의 어젠다는 즉각 영향을 가져왔다. 민주당이 내놓은 대안은 일찌감치 입법 일정에서 날려버렸다. 스토크먼의 사회보장 종합안을 상원에서 만장일치로 거부했는데도(Light, 1985 참고), 레이건의 예산과 조세 감면 정책은 여름 내내 교섭과 표 대결을 거친 후 또다시 등장했다.

단 하나의 문제는 예산 삭감과 조세 감면이 적자를 줄이지는 못했다는 점이었다. 연방 정부는 1984년경 약속한 균형예산 대신 적자만 막대하게 쌓여가고 있었다. 나중에 스토크먼은 이러한 상황에 대해 다음과 같이 말했다. "우리가 그것을 잘못하게 된 것은 ― 사실 잘못했다기보다는 최선이 아니었다는 것이지만 ― 빨리 예산을 삭감해야 하는데 광범위하고 깊이 있는 정책안을 서둘러 해결하고자 했기 때문입니다. 우리에게 주어진 시간은 20일이나 25일 정도였기에 정책안을 모든 상황을 염두에 두고 일관성 있게 고려하지 못했습니다"(≪애틀랜틱≫, 1981년 12월호).

10년 후 부시의 예산국장 리처드 다먼(Richard Darman)은 자신이 레이건의 비서실 부실장이었다는 사실을 잊고, 스토크먼의 '나우나우이즘(now-now-ism: 찰나주의)'이 지속적으로 적자 위기를 낳았다며 비난하고는 했다. 스토크먼의 친구이자 동료였던 사람이 그의 첫 '예산국장 메시지'에 다음과 같이 썼다. "비유적으로 말하면 이 모든 것을 아이들 놀이의 일종으로 보는 경향이 있었습니다. 예산은 '쿠키 몬스터(괴물 모양의 과자)'이고, 그 미래는 '팩맨'의 위협을 받으며, 일정은 '원더랜드'로 가는 여행 정도로 생각하는 것이었습니다. 그러나 어떤 지점에서 게임을 치워버려야 합니다. 잠시만이라도 말입니다. 심각해져야 할 때도 있어야 하며, 당파성에 사로잡히기보다 관리 책임을 앞세워야 할 때도 있습니다."

그러나 공정히 말하면 스토크먼은 단기 정책을 감행했던 첫 번째 예산국장도 마지막 예산국장도 아니었다. 사실 다먼 국장이 레이건 행정부와 의회가 '단기 정책안 집착증'에 걸렸다며 비난했지만, 부시도 한 신문 기고가가 명명한 '바우와우이즘(bow-wow-ism)'에 사로잡혀 있다고 집중 포화를 받았다. 방향감각 없이 여론의 새로운 불평거리, 즉 마약, 국기 소각행위, 저축과 대출 위기 등만을 해결하려 한다는 것이다. 스토크먼이 우리가 익히 알고 있는 모든 트릭뿐 아니라 새로운 트릭을 이용해 어젠다 설정을 복잡화·정교화시킨 것은 맞지만,

다면 국장의 냉소적인 메시지에 암시된 모든 비난을 받을 정도는 아니다. 예를 들면 대통령 임기를 중임으로 제한하기 전에 있었던 헌법 제22조 수정안을 둘러싼 예언자와 정치가와의 논쟁이 훨씬 더 격렬했다고 볼 수도 있다.

스토크먼은 대통령직에서 30년 정도 장기적인 생각에서 그의 역할을 했을 뿐이다. 간단히 말해 대통령들이 마주한 자극과 제약은 단기 목표를 향해 질주하도록 압박받는 것이다. 그들은 점점 정치인이 되어간다. 필자가 제시한 자료에 따르면 레이건이 가장 뛰어난 입법 성적을 달성한 해인 1981년은 빠르게 성과를 낳기 위해 경제나 정치 등 거의 모든 영역에서 단기 정책안에 집중한 해로 나타난다. 제9장에서 언급한 '승산 없는 대통령직'은 '단기 정책 대통령직(short-term presidency)'에 자리를 내줬다.

1. 레이건 시절 백악관의 어젠다 설정

단기 정책 대통령직에 대한 설명은 레이건의 어젠다 설정 과정부터 시작된다. 그의 8년 임기가 '레이건 혁명'으로 기록되지만, 레이건 어젠다는 사실 다섯 명의 전임자들이 만든 틀에 오히려 더 잘 맞는다.

실제로 1981년에 본격적으로 대통령 업무를 시작한 레이건은 자신의 열정으로 제9장에서 언급된 여덟 가지 새로운 법규 중 적어도 일곱 가지를 따랐다.

- 위에서 언급한 대로 예산 개정안과 조세정책의 초안을 되도록 빨리 잡을 때, 레이건은 '빨리 하지 않으면 잃는다'는 원칙을 받아들였다.
- 내각을 임명하고 동의를 받기 훨씬 전에 이러한 예산과 조세안과 같은 중요 결정을 함으로써 레이건은 학습은 기다려야 이뤄지는 것임을 알게 되었다.
- 그러한 정책안의 기본 틀에 대한 스토크먼의 독특한 비전을 기꺼이 받아들임으로써 레이건은 옳든 그르든 첫 번째 대안을 채택했다.

- 세부적 사안들은 마음 급한 예산 국장이 한밤중에 술수를 쓰게 위임했다. 이 때문에 레이건은 지엽적인 것을 비켜갈 수 있었고 임기 내내 이 틀을 유지했다.
- 에드윈 미즈, 제임스 베이커(James Baker), 마이클 디버(Michael Deaver)를 백악관 보좌관 3인방으로 임명했다. 레이건은 직접 조정할 필요가 없게 되었다.
- 별개의 정책 분야, 즉 경제, 안보, 국정 등에 대한 내각 위원회를 만들었다. 레이건은 전통적인 내각 책임제의 위험을 피했다.
- 백악관 역사에서 그 무엇과도 비할 바 없는 정무 조직을 세웠다. 레이건이 재선을 최우선으로 삼았다는 데는 의문의 여지가 없다.

레이건이 '승산 없는 대통령직' 법칙에 정통한 첫 번째 대통령이긴 했지만, 이 법칙 중 적어도 한 가지를 위반했다. 바로 혁신이 없었다. 10년 후에도 여전히 적자였으며, '공급 측 중시 경제학(supply-side economics)'* 이라는 검증되지 않은 개혁안을 채택한 레이건의 결정은 가장 큰 정책 실수로 평가된다.

1) 집중시키는 능력

레이건은 '승산 없는 대통령직'의 비전통적인 법칙을 따랐을 뿐 아니라, '승산 없는 대통령직'을 좀 더 유능한 조직으로 바꾸기 위해 제9장에 제시된 네 가지 전략 중 적어도 세 가지를 채택했다.

- 1980년 여름, 레이건은 신중하게 조율해가며 인수 업무를 시작하면서 신속한 선택을 선호했다. 그가 가장 신뢰하는 미즈 보좌관과 함께 레이건의 1981년 입법 성공으로 노력은 소기의 성과를 거뒀다(다음에 언급한 대로 그는 집중적인

---

* 경제 안정 회복과 인플레이션 억제를 위해 감세나 기업의 투자 확대 촉진법을 만들어 재화와 서비스의 공급을 증가시킬 필요가 있다는 이론(옮긴이 주).

인수 계획을 수립했는데도 첫 번째 내각 임명을 카터와 닉슨, 케네디보다 뒤로 미뤘다).

- 레이건은 가장 중요한 인물 제임스 베이커와 그의 보좌관 리처드 다면을 기용해 경험 많은 백악관 보좌관 팀을 꾸렸다. 마찬가지로 유능한 입법 로비 팀을 구성해 전문가 고용의 중요성을 입증했다. 특히 경험이 훨씬 부족한 미즈와의 내부 싸움에서 그가 기꺼이 그 전문가 팀의 말에 귀 기울였는지는 여전히 의문스럽다. 그러나 적어도 처음에는 그 전문가들이 성공한 것으로 보였다.
- 얼마 안 되는 법안 상정에 집중해, 1981년 사회보장 종합안 같은 실패를 피했다. 레이건은 우선사항을 설정할 필요성을 인정했다. 그의 조세와 예산 삭감안은 1965년 '위대한 사회'를 위한 존슨의 시도 이래로 볼 수 없었던 의회의 관심을 끌어낸 1981년도의 유일한 어젠다였다.

캘리포니아 주지사였던 레이건은 조지아 주지사였던 카터가 했던 많은 실수를 반복했다. 그러나 레이건이 카터와 다른 것은 기꺼이 우선사항을 설정했다는 것이다. 첫해에는 우선사항 두 개에 중점을 둠으로서 임기 첫해에 20여 개 우선사항을 목표로 뒀던 카터와는 극명한 대조를 보였다.

사실 레이건의 법제 성공 여부는 특정한 정책안에 의회의 관심을 집중시킬 수 있는 능력에 좌우된다는 말을 뒷받침한다. 의회에 멋진 프로젝트를 상정하고 기다리는 것으로는 충분하지 않다. 대통령은 의회에 그 자산을 어디에 쓸 것인지 알리려고 노력해야 한다.

이번에는 의회가 적어도 대통령이 무엇을 어떻게 말하는지에 관심을 기울이게 된다. 대통령이 주요 법안을 내놓았어도 전혀 법안을 언급하지 않으면 의회는 그런 줄 안다. 그러나 대통령이 법안을 상정한 후, 총괄적인 예산정책에 대해서만 말하고 다른 것은 언급하지 않으면 의회는 언급된 것에 주목하게 된다. 모든 것이 같은 조건이라면 의회는 대통령이 신경 쓰는 법안을 화제로 삼게 된다. 특히 대통령이 의회에서 적정한 의석을 확보하고 있고 지역구에서 여론의 지지를 받고 있는 경우에는 더욱 그렇다.

확실히 법안 통과 능력은 최고의 경화 자산(hard capital)이다. 의회의 의석과 지역구의 여론 지지도 등도 그러한 자산이다. 조지 에드워즈가 작성한 철저한 검토서에는 다음의 내용이 있다. "법안 통과 능력은 의회에서 대통령 지도력의 핵심은 아니다. 변화를 위한 기회를 만들어내는 것이 아니라 기회를 잘 활용하는 한계 수익점에서 효용이 발생한다"(Edwards, 1989: 185). 존슨은 회고록에서 다음과 같이 언급했다. "다른 사람에게 지옥에 떨어지라고 할 수는 있어도 실제 지옥에 가게 할 수는 없습니다. 하원이나 상원과 싸우고 있을 때, 종종 목소리를 높이게 됩니다. 그런 식으로 의회에 몇 번 요청할 수는 있지만, 그렇게 하라고 직접 끌고 갈 수는 없습니다"(Johnson, 1971: 461).

그러나 의회의 관심을 모으려고 노력하지 않는다면 의회는 대통령의 여러 정책안들을 대수롭지 않게 살펴보며 어떤 의안을 먼저 결정해야 할지도 모른 채, 대통령이 원하는 것과는 다른 것을 기초로 하여 법안을 마련하게 된다. 따라서 의원들을 집중시키는 대통령의 능력은 처음 정치적 자산의 가치를 증대하는 중요한 '개입 능력'이 될 수 있다. 새 차를 구입하는 사람이 설득과 압력을 활용하는 능력이 빼어나거나 실상에 정통하면 더 나은 협상을 할 수 있는 것과 마찬가지로 대통령도 의회의 관심을 집중시켜 더 나은 협상을 할 수 있다. 대통령의 처음 자원이 무엇이었든 집중시키는 능력은 대통령이 기회를 최대한 활용할 수 있도록 도와준다. 이것이 바로 에드워즈가 언급했던 것처럼 한계 수익점에서 작용하는 능력일 것이다. 그러나 그 한계 수익점은 대통령의 우선사안이 많이 실패한 곳이기도 하다. 존슨의 경우 '빈곤과의 전쟁'이 그랬고 카터의 경우 '에너지와의 전쟁'이 그랬다.

1981년의 예산 조세 싸움을 예로 들어보자. 레이건은 의회에 그가 원하는 것을 알리기 위해 적어도 네 가지 전략을 사용했다.

① 의사소통

6~8월에 예산과 세금 감면에 대한 네 번의 주요 대통령 교서와 함께, 레이건은 개인적인 정치적인 의사소통에 그의 능력을 쏟아 부었다. 사실 세금 감면에 대한 레이건의 7월 27일 메시지는 역사상 가장 큰 효력을 낳은 방송 연설이었다. 백악관은 국민의 반응을 많은 부분 조정할 수 있지만, 의회는 넘쳐나는 지역구민의 전화와 전보를 무시할 수 없었다. 연설이 있은 다음 날 의회 교환대는 3만 3,000통의 전화를 받았는데, 이는 평소 전화의 두 배에 이르는 수치이다. "이런 일은 정말 생전 처음입니다. 이 일은 어느 기관이 맡아서 하지요? 미국의 대통령이 이를 입법화하는 데 관심이 있으면 언제라도 상정할 수 있다는 것인가요? 누구에게 영향을 미치고 경제에는 어떤 영향을 미치는지에 대한 절차와 공청회, 토론회에는 관심이 없지요. 우리가 법 제정권이 있기는 한가요?" 6월에 중요한 투표에서 진 후 하원 의장이 한 말이다.

② 개인적 친분 유지

워싱턴은 과거에도 그랬듯 지금도 여전히 사교 도시이다. 레이건과 그의 섭외 보좌관들은 이 점을 십분 활용했다. 만찬회 초대, 케네디 센터의 대통령 칸막이석 초대, 캠프 데이비드(대통령 전용 별장) 초대, 백악관 특별 초대 등은 의회의 표를 바로 가져오지 못하더라도 여러 사안에서 대통령에게 유리한 표를 행사하게 하기가 훨씬 쉬워진다. 언젠가 전 부통령 허버트 험프리가 말했다. "무엇이 그들의 마음을 움직이는지 알아야 합니다. 부인들과 가족은 물론 그들의 배경도 알아야지요. 저는 존슨 대통령이 개인 FBI 요원이었다고 얘기하고는 합니다. 믿지 못하겠지만, 케네디가 그랬고 포드도 약간 그랬습니다."

③ 투표 거래

케네디 센터 좌석보다 훨씬 더 중요한 것은 지역구에서 좋아할 만한 프로젝트이다. 레이건은 6월의 예산 삭감안과 설탕 가격 유지안을 맞교환했고 7월에는 세금 감면과 땅콩 가격 유지안을 거래했다. 한 의원은 세금 감면에 대한 그의 투표권을 자신의 지역구에 있는 군 기지를 폐쇄하지 않고 스리마일 섬의 원자력 발전소 사고 뒤처리를 위해 3,700만 달러를 원조해준다는 백악관의 약속과 맞바꿨다. 천연가스가 매장되어 있는 주의 의원들은 가스 회사의 불로소득에 세금을 부과한다는 안에 거부권을 행사하겠다는 대통령의 약속을 받아냈다. 투표 거래를 했던 민주당 의원 데이비드 맥커디(David McCurdy)는 당시 일을 이렇게 설명했다. "접근 가능성이었습니다. 접근 가능성을 타진하고 있다면 더 많은 것을 확보하기를 원했습니다. 대통령은 제 지역구에 세 곳의 미군 기지가 있음을 안다고 했습니다. 나는 단지 결정적 시기가 되었을 때 대통령이 나를 기억할지 궁금합니다."

④ 압력 가하기

레이건은 대국민 설득, 투표 거래 같은 방법들이 모두 실패하면 항상 압력을 가했다. 엄청난 협박꾼이었던 존슨과는 달리 레이건은 압력을 가하는 것을 자신의 대리자에게 맡겼다. 보수파 선거운동 자금 조달자들로 하여금 자금 수혜자에게 압력을 가하게 한 것은 유명한 일화이다. 지역구 회사 경영진들을 통해 그들의 지역구 의원들에게 표결에 동참할 것을 주문하기도 했다. 압력 가하기는 6~8월에 의회에서 주요 예산 삭감과 세금 감면안을 처리할 때 레이건 법안에 겨우 세 명의 공화당원만이 반대했다는 사실을 설명하는 요소이다.

이 방법이 레이건의 임기 첫해에 법안을 통과시키는 데 큰 도움이 되었다고는 하지만, 레이건이 하원의 과반수를 안정적으로 움직일 수 있을 만큼 충분한 공화당원과 보수적인 민주당원을 확보했다는 단순한 사실에 비하면 아무것도 아니다. 이는 엄청난 개인적 인기와 더불어 그의 '집중시키는 능력'이 잘 활용될 수 있었음을 의미한다(집중시키는 능력이 대통령의 영향력에 미치는 역할에 대한 상세한 설명은 Light, 1989 참조).

2. 레이건 어젠다

그렇다면 문제는 레이건이 자신의 자원을 어디에 사용했는지이다. 앞서 언급한 것처럼 레이건은 자신의 정치적 자원을 법안 어젠다에 주력하는 데 전임 대통령들과 크게 다를 바 없었다. 심지어 레이건이 집중시키기 능력을 효과적으로 사용해 자신의 자원을 늘리기는 했지만 의회에서의 구매력은 많이 제한된 상태였다. 상원의원의 과반수를 확보했는데도 하원에서는 민주당이 1980년에 242석 대 189석, 1983년에 268석 대 167석, 1985년에 253석 대 182석, 1987년에는 260석 대 175석으로 의석수에서 우위에 있었다. 포드 대통령만이 지지 당파가 거의 없었다.

이는 레이건이 닉슨이나 포드를 답습하지만은 않았음을 보여주는 대목이다. 레이건은 적어도 1981~1982년의 첫 회기 동안 자신의 두 공화당 전임 대통령인 닉슨과 포드보다 구매할 수 있는 자원이 더 많았다. 결과적으로 레이건은 행정부가 아닌 입법부를 주된 정책 수단으로 삼을 수 있었다. 사실 레이건은 임기 8년 동안 여섯 명의 대통령 중에 가장 적은 381개의 대통령령을 공포했는데 이 수치는 연평균 48개에 불과한 것이다. 그 반면 카터는 연평균 79개, 케네디는 70개, 존슨은 64개, 닉슨은 63개, 포드는 61개의 대통령령을 공포했다.

이것이 임명권, 대통령령, 비공식 개편 등 대통령의 막대한 행정 선택에 레이건이 소홀했음을 의미하지는 않는다. 그는 법원 구성과 행정기관 관리·감독을 위해 임명권을 사용하는 데 탁월한 능력을 발휘했다. 또한 다른 대통령에 비해 대통령령을 공포한 총수가 훨씬 적었을 뿐, 그가 공포한 대통령령은 오히려 아주 큰 힘을 발휘했다. 예를 들어 평생교육에 관한 규정을 제정한 대통령령은 근대사를 통틀어 연방 정부 관료를 관리하는 데 가장 결정적인 시도였다. 닉슨과 포드보다 더 적극적으로 입법채널을 이용할 수 있었던 것은 상원과 하원에 함께 일할 마음 맞는 당파가 있었기 때문이었다.

하지만 레이건은 하원에 안정적 다수를 확보했는데도 세 사람의 민주당 전

<표 10-1> 레이건의 법안 발의(1981~1989년)

임기	연도(년)	총 발의 건수	반복 수[1]
레이건 1기	1981	8	0
	1982	7	1
	1983	11	3
	1984	4	5
레이건 2기	1985	0	7
	1986	0	5
	1987	0	5
	1988	0	4

주: 1) 전년 대비 연두교서 연설 반복 수.
자료: 연간 의회계간지 연감과 연계된 연두교서 및 취임교서.

임 대통령인 케네디, 존슨, 카터에 비해 정치적 자원은 더 적었다. 전임 대통령들 모두 의회에서 더 막대한 자원을 갖고 일했다. 그러므로 1982년 중간 선거에서 26명의 공화당 하원의원이 감소해 안정 다수까지 잃게 된 뒤 레이건이 더욱더 대통령 거부권을 자주 행사했다는 사실은 그리 놀라운 일이 아니었다. 총계를 보면 레이건은 78회로 연간 10회의 거부권을 행사했는데 이는 케네디, 존슨, 카터의 거부권 수를 합한 것과 거의 같은 수준이다. 포드가 연간 33개로 높은 거부권을 행사했지만, 이는 의회에 일할 자원이 전혀 없었던 사정을 고려해야 한다.

정치적 자원이 대통령의 정책안을 구체화한다는 생각은 <표 10-1>에서 확인된다. 이는 레이건의 어젠다 전체를 개괄한 것이다(<표 2-2>의 케네디 - 카터 자료에서도 확인할 수 있다). <표 10-1>에서 볼 수 있듯, 레이건은 매년 총 발의 건수에서 자신의 민주당 전임 대통령을 따라가는 경향이 있었다. 집중시키는 능력, 상원의 공화당 과반수, 개인적 인기, 상당한 사교술이 어떻든 간에 승산 없는 대통령직의 한계 내에서 활동하며 레이건은 할 수 있는 것만 하기로 했다.

하지만 표를 상세히 보기 전에 레이건의 자료는 케네디 - 카터 자료와 같지 않음에 주목해야 한다. 케네디 - 카터의 발의 건수 확인을 위해 1980년에 필자가 사용한 프로그래밍 과정을 중복했기에 원 자료는 활용할 수 없었다. 케네디 - 카터 리스트는 ① 대통령의 정책에 따라 예산관리국에서 삭제했으며, ② 대통령의 연두교서에서 언급한 모든 법안에 기초를 둔 것임을 상기해야 한다.

공교롭게도 1981년 레이건 암살 시도로 예산관리국 기록의 접근이 제한되었다. 백악관과 구(舊) 행정부 청사 주변의 보안 강화 때문에 국가보안기관도 신(新) 행정부 청사와 청사 내 작은 공공 도서관을 일반대중에게 공개하지 않기로 결정했다. 좀 더 정확하게 말하자면 도서관 출입이 허용되었다 하더라도 삭제기록을 열람할 수 없었다. 기록과 기록을 만든 추적 시스템이 존재하는 한, 레이건 대통령 도서관이 호기심 강한 조사자들에게 공개되기까지 향후 10년은 지나야 될 것으로 보인다.

따라서 레이건 어젠다를 추가하면서 필자는 완전히 다른 형태의 자료를 이용하고 대통령 어젠다 우선권을 다소 추측하면서 삭제기록을 손수 다시 작성해야 했다. 대학 도서관을 이용하면서 필자는 ① 취임연설이나 이후 연두교서에서 언급되었거나, ② 추후 연간 의회계간지 연감에 기록된 법안 발의권으로 공식 상정된 모든 법안을 포함하는 것으로 레이건의 어젠다를 정의했다.

결과적으로 다섯 명의 대통령과 레이건을 비교하는 데는 한계가 있다. 첫째, 발의 후 정책안만 산정했기 때문에 레이건의 어젠다 규모는 과소평가될 가능성이 있다. 예를 들면 스토크먼의 사회보장제도는 공식적으로 발의되지 않았기 때문에 정책안으로서 모습을 드러내지 못했다.

둘째, 종합법안으로 정리된 후의 정책안만 포함시켰기 때문에 규모가 과소평가되었을 가능성이 있다. 레이건의 1981년 예산종합안이 취임연설에서 일곱 개의 광범위한 목적으로 약술되었고 결국 단 한 개의 종합 정책안으로 의회에 상정되었다. 그 결과 이 법안은 당시 특별 계획 수백 개로 구성되었지만, 필자가 1981년 어젠다를 셀 때 일곱 개 정책안으로 집계되었다. 언뜻 보면 문제가 아닌 것처럼 보인다. 예산관리국 삭제기록에서도 시민권, 교육지원, 복지 개혁, 종합교부세나 다양한 형태의 규제 완화 등의 의안 제출권을 기록하는 과정에서 해당 행정기관이 한 개의 의안을 제출하는 것처럼 광범위하게 다뤘기 때문이다.

셋째, 의회계간지에 의존한 나머지 연감 어딘가에 레이건의 정책안이 있기만 하면 직원에게 크게 의지했다. 4만 개의 법안을 보면, 1981년에서 1988년까지 공개·비공개로 하원과 상원에 상정되었으며, 물론 일부는 의회계간지에 빠져 있었다. 문제는 레이건의 어젠다가 실제보다 적게 평가되었을 공산이 크다는 것이다. 얼핏 보면 그다지 문제처럼 보이지는 않는다. 4만 개 중에는 중복된 것도 있고 민간인의 관심사에 연루된 것도 있으며 이런 저런 결의안과 맞물려 있는 것도 있다. 의회계간지에 망라된 온갖 법안 중에 대통령의 정책안이 누락된 것 같다.

실제보다 적게 평가되었을 가능성이 있으며 케네디 - 카터 자료와 정확하게 비교할 수 없음을 감안하더라도 레이건의 자료는 견고해 보인다. 하지만 필자가 서문의 마지막 절에서 경고한 내용을 다시 읽는다면 독자들은 이 새로운 자료가 특정 결론의 완벽한 증거물이 아닌 어떤 이론의 실례로 봐야 함을 알게 될 것이다.

경고에서 지적한 것처럼 〈표 10-1〉에서는 레이건 어젠다의 타이밍과 내용에 관해 흥미로운 것을 발견할 수 있다. 첫째, 레이건 어젠다는 임기 8년 동안 연간 네 개의 정책안을 발의했다. 이는 최근 경험에서 볼 때 가장 적은 수치이다. 레이건 어젠다는 임기 첫해 제시한 여덟 개 정책안 중 일곱 개 모두가 종합예산 결의안임을 고려하면 훨씬 더 적게 느껴진다. 첫 임기만을 본다면 레이건은 연평균 일곱 개의 정책안을 발의함으로써 닉슨과 포드보다도 약간 밑도는 수준이다.

놀랄 정도로 적은 정책안을 제시하기는 했지만 레이건 어젠다를 전혀 작동하지 않는 것으로 특징짓는 것은 잘못이다. 정책안이 적었다는 것은 우선권을 조심스레 사용하려는 레이건의 결정에 따른 논리적 결과이다. 카터의 21개 개별 정책안이 종종 기각된 것에 비해 레이건의 종합 정책안 두 개는 입법 일정표에서 우위를 차지했다. 게다가 레이건의 예산종합법안과 조세 법안은 광범위한 개별 의안 제출권을 포함하는 것이었다. 예를 들면 예산종합법안이 사실상 모든 정책 경비에서 삭감되기는 했지만 조세 법안은 법인세율과 개인세율을 감소시켰고 자본투자 감가상각규칙(가속조세감가상각)을 개정했다. 또한 이른바 세율등급의 누진 현상을 없애기 위해 과세부호를 지표화했다.

반세기 역사에서 가장 보수적인 대통령인 레이건은 현상을 유지하는 것만으로 자신의 정책 목표를 달성할 수 없음을 분명하게 알았다. 1981년경 민주당의 과반수 역전 현상이 있었기 때문이다. 따라서 자신의 민주당 전임 대통령들의 적극적 행동에 필적할 입법 어젠다를 채택해야 했다.

둘째, 레이건 어젠다는 임기 첫해가 아닌 세 번째 해에 두각을 나타내는 등 매우 새로운 면을 보인다. 그러나 레이건 임기 세 번째 해의 두각은 사회적 어젠다에 비롯된 것이 아니라 구(舊)정책과 신(新)정책, 대규모 정책과 소규모 정책이 조화를 이룬 결과이다. 예를 들어 사회보장 구제안은 조세 간소화에 대한 최초 요구와 조화시켰고 시민권위원회의 재허가안은 교육비 공제, 자녀부양비 시행과 결합시켰다. 여러 방면에서 레이건의 임기 3년차는 대부분 다른 대통령의 초기 시절과 상당히 흡사하다.

그리고 임기 첫해, 레이건이 독자적 우선권에 필적할 만큼 예산 삭감과 세금 감면에 중점을 둔 이유가 하나 있다. 레이건이 언제나 집단탄원 수정안, 예산항목 거부권, 균형예산 수정안, 사립학교 교육비 공제, 낙태반대 수정안 등을 발의하고자 했다. 레이건이 사회적 어젠다를 의회에 발의하기 위해 재임 후 3~4년을 기다렸다는 것이야말로 자신의 정치적 인내심을 보여주는 증거이다. 보수 우파 모두가 원하는 대로 첫해에 다섯 개 항목을 상정했더라면, 레이건의 타이밍은 훨씬 더 전형적으로 보이는 한편, 1년차 13개, 2년차 일곱 개, 3년차 일곱 개, 4년차 세 개로 변화된 양상을 나타냈을 것이다. 이때 사회적 어젠다를 빨리 발의했다면 예산 삭감안과 세금 감면안이 부결되는 결과를 가져왔을 수 있다. 아마도 우선순위를 설정하는 것이 승산 없는 대통령직에서 대통령이 성공하는 데 더욱 중요한 처방전일 것이다.

셋째, 레이건 어젠다는 여섯 명의 대통령 중에서 가장 반복적이다. 두 번째 임기는 전적으로 첫 번째 임기의 반복이었다. 세제 개혁(1983년 처음 발의), 도시 산업개발구역(1982년), 예산항목 거부권(1984년), 집단탄원(1984년)은 물론 1981년부터 발의했지만 부결된 많은 정책안을 활용해 연방 예산 삭감을 위해 끊임없이 노력한 것 등이 그 사례이다.

1988년에 대통령 선거가 진행되는 동안, 더 정확히 말하면 레이건의 두 번째 취임식을 마치자마자 백악관은 혼란에 휩싸였다. 행정부 각료들은 새로운 교체 기록을 수립하려는 듯 경질되었다. 1986년에 상원은 민주당에 패배했고 레이건의 발의는 거의 없어졌다. 따라서 입법 성공의 기회도 희박해졌다. 실제로 〈표 10-1〉에 따르면 1984년 이후 레이건은 새로운 계획을 거의 수립하지 않는다. 노이슈타트가 예측한 것처럼 대통령의 임기 5년차와 6년차에 혁신안을 쏟아내는 대신, 레이건의 두 번째 임기 전체는 자신의 첫 임기 정책안들로 이뤄져 있다. 예산 삭감과 조세 감면 실패가 가장 큰 이유이다. 1986년에 의회를 통과한 세제개혁에서 레이건이 중요한 역할을 했다 하더라도 자신의 마지막 2년과는 거의 관계가 없다. 해마다 2,000억 달러의 적자에 집착한 나머지 의회나 대통령 모두 새로운 항목을 어젠다에 추가할 여유가 없었다.

좀 더 중요한 것은 두 번째 임기 초반에 레이건은 자신의 입법 어젠다에 한 번쯤 자극제가 될 수 있었던 정치적 자원을 거의 다 잃었다는 데 있다. 1984년 선거에서 월터 먼데일 전 부통령을 상대로 압승을 거뒀으며 개인적 인기도 지속되었는데도 국민은 레이건의 정책 어젠다에 관해서는 점점 더 비판적이었다. 레이건은 반(反) 이란 무기인질거래 등 부정사건 목록이 늘어나는 것을 감당해보려 했지만 1986년에 공화당 상원 과반수를 잃었다. 또한 1988년 선거에서 민주당원들이 세를 불렸을 때 레이건은 임기 7년차의 레임덕 상태에 있었다. 되돌아보면 신속한 발의와 우선권 설정이라는 레이건의 양대 결정 사항은 아주 현명한 방향이었다.

1) 크기와 규모

레이건의 광범위한 전략은 레이건의 신·구 정책안과 대·소 정책안의 수를 비교한 〈표 10-2〉와 〈표 10-3〉에서 훨씬 명확하게 나타난다(케네디와 카터를 비교하려면 〈 표 5-3)과 〈표 5-4〉 참조). 모든 정책안이 공평하게 만들어지지 않음을 기억해둬야 한다. 마크 피터슨(Mark Peterson)은 의회와 대통령직에 대한 최근 연구에서 다음과 같이 적고 있다. "대통령과 의회의 법안 선택 과정을 완전히 이해하는 동시에 그들의 정책 결정 능력을 평가하려면(대통령의 '성공' 개념에 의미를 부여하는 것을 포함해), 다양한 정책 발의안을 제대로 분류하기 위해 신중한 노력을 기하는 것이 필수적입니다."

이때 의회가 소규모 의안과 대규모 의안 사이의 차이를 알 수 있다. 즉, 존슨 대통령의 경우에는 고속도로 미화작업(소규모 의안)과 시민권(대규모 의안), 닉슨 대통령의 경우에는 서머타임제(일광시간 절약제도: 소규모 의안), 국민 최저소득(대규모 의안), 카터 대통령의 경우에는 백악관 소비자보호부(소규모 의안), 에너지부(대규모 의안), 레이건 대통령의 경우에는 도시 경제 구역(소규모 의안)과 조세안 개정(대규모 의안) 등이다. 법안을 거부하는 것보다는 의회를 통해 대통령의 법안을 통과시키는 것이 더 큰 부담을 안게 되는 만큼 소규모 구정책 법안보다는 대규모 신정책 법안을 통과시키는 데 더 큰 대가를 치르게 된다. 크게 생각하는 것은 그만큼 치를 대가도 크게 마련이다.

또한 새로운 정책안은 현상유지를 출발점으로 정부의 사회 역할을 확대하거나 줄어들게 한다는 점을 기억해야 한다. 결국 새로운 정책안에 대한 일반적인 부호화(코딩) 규칙은 대통령에게 유리하게 해석되지 않는다는 것에 주목한다. 어떤 정책안이 특별히 새로운 의안을 담고 있는 경우이더라도 의안의 전체적

<표 10-2> 대통령의 법안 발의: 신정책 대 구정책(케네디부터 레이건까지)

대통령	신정책(건)		구정책(건)		
	총 발의	연평균 발의	총 발의	연평균 발의	신정책 비율(%)
케네디 - 존슨	33	8	20	5	62
존슨	55	14	36	9	60
닉슨	46	12	19	5	71
포드	6	3	10	5	44
카터	25	6	16	4	61
레이건	18	2	12	2	60

주: 반복되는 수는 포함하지 않았음.

<표 10-3> 대통령의 법안 발의: 대정책 대 소정책(케네디부터 레이건까지)

대통령	대정책(건)		소정책(건)		
	총 발의	연평균 발의	총 발의	연평균 발의	대정책 비율(%)
케네디 - 존슨	28	7	25	6	53
존슨	50	12	41	10	55
닉슨	23	4	42	7	35
포드	8	4	8	4	50
카터	22	6	19	5	54
레이건	13	2	17	2	43

비중이 기존 법안의 범위에 있는 경우, 그 안은 오래된 어젠다로 분류된다. 그러므로 <표 10-4>는 케네디 - 카터의 어젠다에 대한 새로운 의안의 수를 줄인 것만큼이나, 레이건 어젠다에 대한 새로운 아이디어의 수도 전체적으로 줄여서 보여준다.

<표 10-4>는 레이건의 국정 어젠다를 연구할 때 발생하는 문제점을 제시한다. 대규모 신정책 어젠다에 집중된 의안 비율을 보면, 레이건은 닉슨이나 포드보다 더 민주당원으로 보인다. 그런가 하면 수치만을 따져봤을 때는 보수적으

<표 10-4> 레이건 어젠다: 대소정책 대 신구정책

회기	대규모 신정책	대규모 구정책	소규모 신정책	소규모 구정책
1981~1982년	6	0	5	4
1983~1984년	5	2	2	6
1985~1986년	0	0	0	0
1987~1988년	0	0	0	0
어젠다 총수	11	2	7	10
백분율(%)	36	6	23	33

로 보인다.

일괄 법안을 보면 이 차이가 설명된다. 예를 들어 레이건의 등록된 예산종합 법안은 실제로 모든 수혜권을 다뤘고, 정부 서비스에 사용자 비용을 새롭게 설정했으며, 지출안의 후원자(학생 급식, 학생 보조금, 기숙사 자금)에 대한 연방 기부금을 줄였고, 사회·교육·보건 서비스 분야의 77개 분류안을 다섯 개 정액 교부금으로 통합하는 것을 제안했다. 그러므로 전체적인 예산에 대한 각 항목이 정상적인 예산관리국의 취급허가 절차를 거쳐 별도의 어젠다로 발의되었다면, 레이건의 첫해 어젠다는 존슨 이래 가장 적극적인 어젠다가 되었을 것이다.

의회가 가장 긴 어젠다로 간주한 종합안의 하나로 상정되었기에 이 어젠다는 더 많이 제약받았던 것으로 보인다. 이러한 종합안 결정은 레이건의 처음 여덟 개 정책안 중 여섯 개(75%)가 새로운 안이었는데, 레이건은 그의 새로운 안을 통과시키려면 신속하게 절차를 밟아야 함을 알고 있었다. 그러나 새로운 안을 신속하게 발의한 것이 레이건만의 특징은 아니었다. 케네디의 처음 25개 정책안 중 13개가 새로운 어젠다였고(52%), 존슨의 첫 임기 1965~1966년에 34개 중 20개(59%)가 새로운 어젠다였으며, 닉슨은 17개 중 13개(77%), 카터는 21개 중 12개(57%)가 새로운 어젠다였다. 새로운 어젠다는 어떤 대통령이든 임기 초의 밀월 기간에 가장 큰 비중을 차지하겠지만 정치적 자산에 한계가 있었던 공화당 대통령의 경우에는 더욱더 그랬다.

레이건 어젠다가 완전히 새로운 것은 아니었다. 전임 대통령과 마찬가지로 레이건 어젠다 중에는 기존의 것을 재인가하고 범위만 확장시킨 것이 상당히 많았는데, 리처드 로즈(Richard Rose)는 영국 정책에 대한 자신의 논문에서 이를 일컬어 '유산'이라 했다. 그러나 레이건은 대규모가 아닌 소규모의 확장으로 가능한 범위까지 필요악을 양산했다. 예를 들면 환경 보호를 위해 부여된 더 많은 자금은 앤 버퍼드(Anne Gorsuch Burford)의 스캔들로 이어졌다. 사실 레이건의 12개 구어젠다 중에서 두 개만이 대규모 정책안이었다. 하나는 스토크먼의 최초 실패작에서 남은 것을 가지고 만든 1983년 사회보장 절충안이었고, 다른 하나는 실제 백악관이 아닌 상원에서 발의된 형법의 전면적인 개정안이었다.

2) 비점증적 어젠다

대규모 어젠다에 대한 레이건의 전체적인 초점은 〈표 10-4〉에서 확실하게 나타난다. 여기에서 그의 정책안은 점증적 어젠다(소규모 구정책, 대규모 구정책, 소규모 신정책)와 비점증적 어젠다(대규모 신정책)로 나뉜다. 존슨의 의료 서비스나 닉슨의 복지 개혁, 카터의 행정 서비스 개정, 레이건의 예산 삭감 같은 비점증적 어젠다들은 대통령의 시간과 에너지, 자산을 훨씬 더 많이 쏟아 부어야 하며, 점증적 어젠다보다 훨씬 더 많은 대가를 필요로 한다.

정확하게 표현하면 현재 상황을 극적으로 바꾸려는 시도에 드는 희생은 결코 만만하지 않다. 폴 슐만(Paul Schulman)은 이렇게 주장한다. "비점증적 정책을 추구할 때 소규모 어젠다 편향이 장애가 됩니다. 조직 개혁과 밀접하게 연결되어 있는 창작력과 수용도를 높이려 한다면 이러한 특징을 극복하는 것이 필수적입니다"(Schulman, 1975: 1,357). 소규모 신정책안이 비점증적이더라도 이러한 어젠다는 거의 점증적으로 조절되지 않는다. 그러므로 〈표 10-4〉에서 다양한 형태의 점증적 정책안, 즉 비점증적이지 않은 정책안을 별도로 분리할 필요가 있다.

슐만은 아폴로 우주선 정책을 예로 들면서 비점증적 정책안에 대해 다음과 같이 주장한다. "점증적 결정에 대한 요청보다는 종합적인 결정에 대한 요청, 그리고 단편적인 전망이나 비전보다는 총괄적인 전망이 특징입니다. 이러한 정책은 성공하기 위한 자원과 정치적 집중이 분리되지 않는다는 것이 특징입니다. 이런 종류의 비점증적이고 분리할 수 없는 정책은 아마도 소규모 법안이겠지만 중요한 가치를 내포합니다. 여기에는 공공 예산을 나눠야 하는 대규모 사업이 포함됩니다"(Schulman, 1975: 1,355). 케네디는 달 탐사 우주비행사들을 위한 자금을 요청할 때 그들이 돌아오는 데 필요한 자금도 반드시 같이 요청해야 했다.

〈표 10-4〉가 시사하듯 레이건은 그의 임기 첫 두 해 동안에는 큰 어젠다만을 생각했는데, 그 수는 이전 민주당 출신 대통령 세 명의 평균 비점증적 정책안 수와 같았다. 1981년 예산종합법안이 모두 큰 것은 아니었지만 복지 수혜자로서 그가 제안한 요건은 소규모 신정책안으로 나뉜다. 그의 종합적인 예산 법안이 야기할 가중되는 영향은 명백히 점증적이지 않다.

정책안을 크게 하나로 묶어보면 레이건의 1981년도 어젠다는 과거의 연방정책안을 뒤집어 정부의 유력한 유권자 층을 바꿔버린 루스벨트의 '100일 의회'와 비슷하며, '위대한 사회' 이후 가장 중요한 대통령 어젠다였을 것이다. 레이건 어젠다는 기존에 혜택을 받지 못했던 국민에게 혜택을 주고자 했던 1960년대와 1970년대의 분배·재분배 어젠다와는 달리 대부분 수백만의 하층·중산층 미국인에게 한 번은 제공되었던 기존 혜택제도를 철폐한다는 의미에서 보면 대부분 탈분배(dedistributive) 어젠다라고 할 수 있었다. 대조적으로 국가안전보장 어젠다에서 레이건의 국방비 증강은 1979년에 카터가 시작한 확장의 지속일 뿐 달리 새로운 것은 아니었다.

그러므로 레이건은 자신의 이전 민주당 대통령 두 명 못지않게 비점증적인 대통령으로 간주될 수 있다. 사실 1981년에 보인 그의 업적은 어젠다 설정이 민주당 방식이라는 의구심을 사그라지게 했다. 〈표 10-5〉에서 보듯이, 38%였

〈표 10-5〉 대통령의 법안 발의율: 민주당 대 공화당 대 레이건(1961~1989년)

정책 차이	민주당 소속 대통령[1](%)	공화당 소속 대통령[2](%)	레이건 대통령(%)
대규모 신정책안	38	27	36
소규모 신정책안	18	37	23
대규모 구정책안	22	11	6
소규모 구정책안	23	25	33

주: 민주당 표본 185건, 공화당 표본 81건, 레이건 표본 30건.
　1) 케네디·존슨·카터 대통령. 2) 닉슨·포드 대통령.

던 케네디·존슨·카터와 27%였던 닉슨과 포드와 비교했을 때, 30개 정책안 중 11개(36%)가 대규모 신정책안이었다.

〈표 10-5〉에서 재미있는 것은 레이건이 다른 민주당 소속 대통령처럼 소규모 신정책 발의안에서 보면 다른 공화당 대통령보다 훨씬 뒤처졌다는 사실이다. 레이건은 대규모 의안을 낼 수 있는 능력이 충분했다. 〈표 10-5〉는 레이건이 구정책안을 되도록 소규모 정책안으로 제한하는 데 성공했음을 증명한다. 레이건은 여섯 명의 대통령 중 대규모 구정책안은 가장 적고 소규모 구정책안은 가장 많았다. 레이건은 또다시 이러한 필요악을 최소한으로 유지한 것이다.

당연히 공화당은 소극적일 것이라고 믿는 사람들에게 앞에서 제시한 표 네 개는 아주 단순한 사실을 알려준다. 첫째, 대통령은 자신이 감당할 있는 수준의 발의안만 상정한다. 둘째, 현 상황의 형태는 얼마나 새로운 어젠다가 필요한지에 달렸다. 현 상황이 지난 50년간 민주당 법률 제정(입법 행위)을 반영하는 한 (뉴딜부터 위대한 사회까지), 공화당 대통령은 이를 바꾸기 위해 노력할 것이라고 예상할 수 있다. 그리고 정치적 자산이 충분히 갖춰졌을 때 그들은 먼저 법률 제정을 목표로 한다. 대통령령과 기타 행정 조치는 다음 행정부에 의해 아주 쉽게 물거품이 되기 때문이다.

게다가 법률 제정은 의회 의안을 거저 사용할 수 있게 함으로써 대통령이 미처 생각하지 못한 개혁의 기회를 우연히 제공할 수도 있다. 예를 들면 1981년에 공화당 상원의원들은 동일 세율 계층의 지수화를 요구하면서 레이건의 조세 감면 정책을 개정했다. 이 단 하나의 개정은 연방 정부가 앞으로 10년 동안 연간 300억~600억 달러씩 성장하는 일은 없음을 의미했는데, 이는 의료 서비스나 보훈 혜택과 같은 민주당 정책안을 위한 전통적인 자금원을 제거한 결과를 가져왔다.

3. 결론: 두 명의 레이건

이 표는 여러 방법으로 두 명의 레이건이 있음을 보여준다. 1981년에 속도감 있게 밀어붙였던 레이건이 있는 반면, 시간이 지나면서 정치적 기복에 따라 수동적으로 변해간 레이건도 있다. 전자는 1981년에 자신의 최우선과제를 성취하려고 거세게 투쟁했고, 후자는 1982년 이후 의석수는 말할 것도 없고 의회의 관심조차 받지 못했다.

무슨 일이 있었던 것인가? 첫째, 레이건은 하원을 장악하지 못했다. 대통령 임기 첫해, 그는 자신에게 항상 찬성할 수 있었던 보수적인 남부 민주당원들, 즉 '볼 위빌스(Boll Weevils)'에게 의지하면서 그의 정책안에 항상 반대해왔던 자유주의 북부 공화당원들을 잡을 수 있었다. 하지만 이는 깨지기 쉬운 연합이었다. 볼 위빌스에 대한 하원 민주당 지도부의 압력이 증가했을뿐더러 자유로운 북부 공화당원들이 1982년에 재선을 치러야 했기 때문이었다.

또한 '사회보장 개정 국가위원회'라는 명칭이 무색할 만치 스토크먼의 1981년 사회보장 개정이 처참하게 실패한 여파로 1982년 중간 선거에서 공격받기 좋은 실마리를 제공했다. 스토크먼이 이미 알고 있는 것을 개정하기 위해 신속하나 부정한 방법으로 시작한 것은 결국 대통령으로 하여금 하원의 안정 다수를 잃게 했다.

둘째, 레이건은 사회보장 어젠다에서 결코 물러설 수 없었다. 즉, 레이건의 당선을 도왔던 사람들은 의회에서 자신들의 관심사가 다뤄지질 기대했다. 레이건은 임기 첫해에 의회의 관심을 경제에 대한 국민의 관심사에 잡아둘 수 있었다. 하지만 1983~1984년 어젠다에 낙태와 학교 예배, 등록금 세금 공제 등을 상정한 결과, 레이건의 불안한 입법 기반은 돌이킬 수 없을 정도로 산산이 부서졌다. 점점 더 많은 우익 공화당원들이 레이건이 '레이건다울' 것을 원할수록 법제정 노력이 결실을 맺기 어려워졌다.

셋째, 예산 삭감과 세금 감면의 실패이다. 앞서 언급한 대로 레이건은 1984년까지 균형 잡힌 예산을 세우겠다고 약속하면서, 늘어나는 적자에 대해 값비싼 대가를 치렀다. 민주당원이 예산에 관한 대안을 제시하지 못했지만 레이건 어젠다는 입법 절차에서 비난의 포화를 받게 되었다. 민주당원이 공화당원을 비난하듯, 하원의원은 상원의원을 비난했다. 주지사는 시장을 비난했다. 모든 사람들이 대통령을 비난했고 정부의 행정 절차는 방향을 잃고 곤경에 빠졌다.

넷째, 레이건 자신이 문제였다. 임기 초부터 그는 입법 행위의 본질보다는 큰 주제에 더욱 관심을 보였다. 그러나 시간이 지나면서 레이건의 정치적 자산도 줄어들었고, 결국 그는 입법 절차와 더욱 멀어졌다. 내각의 각료들과 핵심 참모들은 계속 교체되었는데 행정부 5년차에 이 현상이 최고조에 달했다. 레이건의 백악관 업무가 비틀거리기 시작하면서 어젠다도 방향을 잃었다.

궁극적으로 레이건은 대통령으로서 취임 첫해에 했던 일이 그의 공적으로 기억될 것이다. 예산에서는 그렇지 못했지만 뛰어난 법안 처리를 했던 그 한 해 말이다. 정부를 재조직하고자 레이건이 자주 목표를 언급한 것이 무색하게 레이건과 핵심 참모들은 엄청나게 많은 단기 정책안으로만 법안 어젠다를 만들어갔다. 제11장에서 논의하겠지만, 레이건은 장기적인 목표를 장기적인 정책안과 결합하는 것을 훨씬 더 어렵게 만든 장본인이었으며 이러한 정치적 분위기의 희생양이기도 했다.

이런 점에서 보면 세 명의 레이건이 있었던 것으로 볼 수 있다. 한 명은 첫해에 즉각적인 결과를 얻을 수 있는 정책안을 만들었던 사람이고, 또 한 명은 그 다음 3년 동안 지속적인 변화에 초점을 둔 정책안을 대량으로 개발하고 쏟아냈던 사람이다. 그리고 마지막 한 명은 그런 정책안의 대부분이 의회에 계류된 채 연기되는 것을 지켜보며 말기를 보낸 사람이다. 안타깝게도 레이건이 그의 장기적 목표를 장기 정책안으로 결합할 안목과 실력이 생겼을 때에는 이미 이에 필요한 정치적 자산이 바닥난 상태였다.

11

단기 정책안 집착증
short-term-itis

베트남전쟁과 워터게이트 사건 이후 대통령 지위는 회복할 수 없을 정도로 취약해진 듯했다. 1981년의 레이건은 경이로웠다. 레이건이 연방의회나 국민을 그처럼 쉽게 다루리라고 예상했던 사람은 거의 없었다. 대통령이 가진 설득력을 그렇게 온전히 행사할 수 있을 것으로 기대했던 사람도 극소수였다.

필자를 비롯한 대통령학 연구자들은 레이건이 분열된 정당과 특정 이익단체, 근 20년간 쌓인 국민 불신의 희생양이 될 것으로 전망했다. 훌륭한 정책을 내걸었지만 재선에 나서기를 망설이던 레이건은 자신의 영향력과 달리 국내 정책 성공의 대가가 커질 것임을 곧 알게 되었다.

이 책의 1981년도 판에 처음 발표했듯 필자는 개인적으로 레이건이 실패할 것이라고 예측하면서 '승산 없는 대통령직'이 그 주요 원인이라고 제시했다. "대통령은 국민을 '교육'하는 데 쓸 자원이 없으며, 새로운 아이디어와 정책 과제를 심층 탐구하는 데 투자할 시간도 없었다. 대통령 자원의 기반은 1970년대 전반에 걸쳐 점점 축소되었다. 또한 대통령 정책에 필요한 비용은 증가한 반면 정책 성과를 좌우하는 대통령 역량은 쇠퇴해갔다. 대통령직은 분명 승산 없는 지위였다."

학계에서 비관적인 견해를 피력했던 사람이 필자만은 아니었다. 제프리 호지슨(Geoffrey Hodgson)은 1980년에 『모든 사람에게 모든 것을: 현대 미국 대통령의 거짓 약속(All Things to All Men: The False Promise of the Modern American President)』이라는 저서를 출간했고, 1978년에는 앤서니 킹(Anthony King)이 「모래 속의 정치적 연합(Coalitions in the Sand)」이라는 글을 발표했으며, 1981년에는 휴 헤클로(Hugh Heclo)와 레스터 솔로몬(Lester Solomon)이 『대통령 정치 체제의 환상(The Illusion of Presidential Government)』을 기술했다. 루이스 쾨니히(Louis Koenig)는 자신의 대표 저서인 『행정부 수장(The Chief Executive)』의 1981년 판을 '권위가 떨어지는 대통령직'이라는 말로 시작하고 있다.

카터의 대통령직은 루스벨트와 존슨, 다른 20세기 대통령직에 비해서는 상당히 적은 통제력에 따라 좌우될 것으로 보인다. 카터의 후임자인 레이건과 레이건의 후임자가 아무리 탁월한 정치적 재능을 지녔더라도 취약한 통제력의 문제를 피할 수는 없다(Koenig, 1981: 2).

전체적으로 우리의 평가는 암울했지만 카터 전 대통령의 법률고문관 로이드 커틀러(Lloyd Cutler)만큼 대통령직의 미래를 어둡게 조망한 학자는 없었다. 커틀러는 1980년 ≪포린 어페어스(Foreign Affairs)≫ 가을 호에 카터의 낙선은 '미국 건국의 아버지' 탓이라고 기고했다.

의회 회기 중 누군가가 미국 헌법하에 '정부를 구성하는 일'은 이제 실현 가능성이 없다고 말할지도 모른다. (1783년에는 장점이 있었다 해도) 오늘날에는 입법부와 행정부 간 권한 분리가 난관으로 치달을 수밖에 없는 정치적 구조가 되었다. 반드시 내려야 할 결정을 하고 능력과 리더십을 발휘하는 데 이러한 어려움을 겪는 이유가 궁금하다면 미국 헌법이 중대한 이유의 하나는 아닐지 숙고해봐야 한다(Cutler, 1980).

확실히 우리 모두 얼마간 틀렸다. 레이건은 주로 어젠다 설정의 새로운 법칙에 주의를 기울임으로써 대통령이 의회에서 성공할 수 있음을 증명했다. 즉, '빨리 하지 않으면 잃는다'는 입장을 받아들이며 비전문가 배제, 세부사항은 다루지 않기, 우선순위 설정 등을 원칙으로 했다. 또한 레이건은 의회의 관심을 특정 아이디어로 쏠리게 한 뒤, 스토크먼이 인정했듯 속임수, 회피, 핵심 결여, 노골적인 부정직함을 포함해 대통령직의 모든 권력을 행사함으로써 대통령이 분리된 힘 사이에 다리를 놓을 수 있음을 보였다. 헌법 제정 회의에 대한 커틀러의 요청과 관련해 레이건은 대통령이 정부 내각을 조직할 수 있음을 확실히 증명했는데, 특히 새로운 일을 본격적으로 시작함으로써 이를 보여줬다.

따라서 문제는 레이건이 내각을 조각할 수 있는지 여부가 아니라 어떤 유형의 내각을 조직하는지에 있었다. 곧 보겠지만 레이건은 승산 없는 대통령직에 새로운 법칙을 도입함으로써 임기 첫해에 성공했는지 모른다. 새로운 법칙이란 임기를 시작하면서 단기 정책 어젠다를 채택하는 것이었다. 공들여 마련한 일련의 장기 계획으로도 실효를 거두지 못했던 임기 첫해의 레이건은 일련의 단기적 감면과 억제, 회계 장치를 택했다.

하지만 레이건의 임기 초기의 밀월이 퇴색하면서 단기적 감면과 억제, 회계 장치는 쉽게 거부되거나 무시당했다. 레이건이 임기 첫해 어젠다를 미국 복지 상태의 구조, 즉 법령, 구제 방안, 국내 예산집행 계획에 포함된 연간 물가조정 등에 초점을 맞췄다면 1981년은 실로 매우 다른 유산을 남긴 해로 기억될 수도 있다.

그렇다고 해서 레이건이 단기 목표로 소진되었다는 것은 아니다. 오히려 정반대이다. 그는 조세와 지출, 정부의 적절한 역할에 대해 매우 강한 믿음을 가지고 있었다. 자신이 내세웠던 '새로운 세금은 부과하지 않는다'는 공약에 따라, 레이건은 근대 대통령 역사상 가장 강경한 이념을 신봉했다.

개혁의 설득력을 감안할 때, 레이건 행정부가 첫해에 일련의 개혁적인 정책안들을 세부적으로 만드는 데 실패했다는 점은 더욱더 놀랍다. 임기 후반기에 조세와 복지 개정, 닉슨의 신연방주의(New Federalism)에 필적할 몇 가지 주목할 만한 장기적인 구상이 있었는데도 레이건의 정책 어젠다는 전반적으로 즉각적인 반응을 얻으려는 입법화에 집중되었다.

레이건처럼 보수적인 대통령이 임기 초에 중요한 '잡초 베기'를 원했으리라는 것은 의심할 여지가 거의 없지만, 잡초 '베기'와 잡초 '뽑기'에는 차이가 있다. 레이건과 그의 예산국장이 신속한 베기를 선택했다는 사실은 그들이 한정된 정부의 대통령이 짊어진 광범위한 계획을 실현하려면 시간이 지나면서 계속 베고 또 베어야 했을 것임을 의미했다. 잡초는 늘 다시 자라나기 때문이다. 되돌아보면 단기 어젠다를 선택하기로 한 것은 레이건 행정부 초의 일련의 기술적이고 전략적인 문제를 반영한 것이었다.

한편 스토크먼은 미국의 '영구 정부론'에서 3주 만기의 예산도 없는 지속적인 개정을 생각할 여유가 없었다. 단일 일괄 법안으로 통과하더라도 그 같은 종합 정책을 발전시켜나가는 데는 몇 달이 소요될 것이었다. 그러므로 스토크먼이 할 수 있었던 최선은 봉투 뒷면에 누계를 기록하면서, 자르고 붙이는 일이었다. 스토크먼도 인정했다. "하루가 24시간 이상이거나 일이 그렇게 많지 않기를 바랐습니다. 산더미 같은 보고서를 보고 특정 안을 선택해야 했지만, 3주 안에 서류들을 다 검토해 결정하기는 매우 빠듯했습니다. 그래서 성급하게 졸속적인 판단을 내리기도 하는 것입니다"(≪애틀랜틱≫, 1981년 12월호).

게다가 지속적으로 개편해야 하는 임기 첫해의 종합 정책은 의회에서 해당 상임위원회 소속 의원들이 계속 지연시킬 수도 있었다. 카터가 자신의 에너지 정책을 책임지는지 의원이 누구인지 파악하는 데만 첫 두 해를 소비했던 것과 달리, 레이건은 세분화된 의회에서 무슨 정책이든 통과시킬 수 있는 방법이 없는지 고심했다.

한편 레이건처럼 보수적인 대통령에게 의회에서 가져다 쓸 준비된 제안서는 거의 없었다. 1961년에 민주당 동료에게서 입법 어젠다 전체를 빌리거나 훔쳤던 케네디와는 달리 20년 후 레이건에게 그런 선택의 여지는 없었다. 레이건이 당선되기 전에 공화당이 하원이나 상원에서 과반수를 얻지 못했으므로, 레이건이 당선된 후 임기 초 어젠다가 단기적이었던 것은 필연일 수도 있다.

의회에서 공화당이 과반수였다 해도 그처럼 보수적인 대통령에게는 도움이 되지 못했을 것이다. 게다가 국정 운영에 문외한인 주지사 경험만을 지닌 채 입성한 레이건에게는 자기만의 세부적인 대안이 거의 없었다. 의회에서 '채택 가능한' 공화당 어젠다가 없는 가운데 새로운 행정부가 할 수 있었던 최선은 보수적인 두뇌집단의 광범위한 충고를 듣는 것이었는데, 여기서도 완전히 개발된 법령을 얻지는 못했다.

결국 공화당 색이 짙은 어젠다가 준비되어 있었더라도 레이건이 첫해의 종합적인 개편을 위한 정치적 자산을 가졌는지는 확실하지 않았다. 레이건을 위해 일하는 사람의 대부분이 준공화당원이나 의회의 '보수적 민주당 의원'인 남부 민주당원들이었지만 이들은 언제든 깨지기 쉬운 연합관계를 형성한 것에 불과했다. 어쩌면 레이건이 취할 수 있었던 유일한 선택은 일련의 단기적 감면 어젠다였을지 모른다. 이런 맥락에서 정책 과제를 해체하거나 폐지하는 일은 주어진 회계 연도의 예산을 '최저 상태로 삭감'하거나 극도로 줄이는 것과는 매우 달랐다. 정책 과제를 해체하거나 폐지하는 것은 예산 삭감보다 유권자의 반대 압력을 더 올리고 입법상 검열과 지연에 따르는 위험성도 더 높아지게 한다. 민주당원들이 레이건의 예산과 조세정책을 막으려던 투쟁은 힘겨웠다. 결국 정책 과제는 계속 살아남아 훗날을 기약했을 것이다.

그러나 결국 레이건의 첫해 어젠다에는 정교함을 싫어했던 그의 취향이 드러났다. 레이건은 간혹 포괄적인 목표를 구체적인 정책안으로 전환하는 고된 과정을 무시하고 세부적인 부분은 의회와 예산국장에게 떠넘겼다. 이 때문에 레이건이 상세한 부분을 자주 피할 수 있었는지도 모른다. 스토크먼은 이를 방치한 채 단기 어젠다만을 향해 외골수로 치달았다. 물론 레이건이 지속적인 예산 위기를 조성함으로써 제한된 행정부에서 자신의 목표를 달성했다고 주장하는 사람도 있겠지만, 이것이 그가 처음부터 의도했던 바는 아니다. 스토크먼은 다음과 같이 인정했다.

우리는 그런 정책들을 더욱 일관성 있게 기획해야 했습니다. 하지만 정책은 제각각 독립적으로 움직였습니다. 조세정책과 방위정책 어젠다는 수많은 숫자가 적힌 종이 한 장이 고작이었습니다. 이조차 맞아떨어지지 않았습니다. 그런데도 우리는 예산감축이라는 신선함 때문에 한 달 반 만에 어젠다를 실행할 수 있었습니다(≪애틀랜틱≫, 1981년 12월호).

1. 단기 어젠다

레이건이 단기 어젠다를 반드시 택해야 했던 것은 아니었다. 빠르게 공세를 취하는 것에는 단기 정책안을 사용하는 것 외에도 많은 방법이 존재한다. 존슨은 미국 노인의료복지제도를 포함한 장기적 개편 어젠다로 빠르게 공격했다. 닉슨은 존슨보다는 다소 더뎠지만 복지 개혁으로 빠르게 첫해를 시작했다. 사실 첫해의 정책안은 정부의 근본 구조를 변화시키거나 단기 선거 공약의 실천을 위해서, 또는 중요한 장기적 실험을 테스트하거나 대통령 연합의 분열을 복구하는 것을 목표로 할 수 있다.

레이건 어젠다에는 장기 정책안보다 단기 정책안이 더 많이 포함되지만 이 책과 다른 책들에서 강조했듯 대통령직에 나타난 근본적인 변화를 고려한다면 그리 놀랄 일은 아니다. 예를 들면 정치학자들은 최근에 대통령들이 더 자주 공개적으로 변했다는 점에 상당히 동의한다. 새뮤얼 커넬(Samuel Kernell)은 "워싱턴에 불어오는 미풍에 특별한 감수성을 보여준" 공개로 표현했다. 커넬에 따르면 공개는 불가피한 정책 결과를 가져온다.

대통령이 대중화된 리더십을 보이려 할수록, 워싱턴에서는 변덕스러운 정책이 더 많이 나올 것이라는 견해에는 합당한 근거가 있습니다. 정보에 근거해 판단하는 워싱턴의 엘리트층에 비해 국민은 정치가와 정책 평가에 더욱 유연하다고 생각할 수 있습니다. 엘리트보다 국민의 의견이 중시될 때 정치적 이해관계는 더욱 쉽게 붕괴될 것입니다(Kernell, 1986: 233).

하지만 국민에게 공개된다는 것만으로 대통령 어젠다가 장기적이지 않고 단기적으로 변했다고 볼 수는 없다. 오히려 공개는 여론과 대통령 정책의 상호관계를 결합시키고 시간이 지나면서 서로 강화하는 결과를 낳을 수도 있다. 국민이 변덕스러울수록 정책은 더욱 변화무쌍해진다. 그 반대의 경우도 마찬가지이다. 결국 이 악순환은 대통령이 30년은 고사하고 3개월 후에 대해서도 생각하지 못하게 만들 수 있다. 데니스 사이먼(Dennis Simon)과 찰스 오스트롬 2세(Charles Ostrom, Jr.)에 따르면 대통령은 정책 결과의 질을 향상시키기(장기 어젠다)와 중요한 정치에 적극 관여하기(단기 어젠다) 중 하나를 선택해야 하는 딜레마에 봉착한다.

장기적 방법은 대통령의 활동과 에너지를 당시 주된 문제의 해결로 향하게 합니다. 그러한 시도가 문제를 해결하지 못하는 한, 정책 절차에 미치는 대통령의 영향력을 훼손시키는 악순환이 계속될 때 대통령의 자원은 점점 고갈될 것입니다. 이것이 단기적 방법이 매력적인 이유입니다. 대통령은 태연하게 정치적 제스처에 의존하게 되고 정치 무대에서 자신의 행동이 가져오는 폭발적인 지원을 반기게 될 것입니다. 그러나 그 행동의 영향은 일시적이며, 이것만으로는 승인을 받는 절차에 놓인 장애물을 흔들리게 하는 것이 고작입니다. 여기에 딜레마가 존재합니다(Simon and Ostrom, Jr., 1985: 65~66).

그와 같은 거래가 존재한다고 추정할 때, 레이건의 단기 정책과 장기 정책 사이에 어떠한 차이가 있는지 합리적으로 분석할 필요가 있다.

2. 목표, 정책안, 결과

레이건이 단기 정책안과 장기 정책안을 놓고 선택한 최초의 미국 대통령은 아니었다. 조지 워싱턴(George Washington)부터 조지 부시(George H. W. Bush)까지 모든 대통령이 비슷한 압박에 놓였다. 그 압박은 대통령직 자체에 내재해 있는 것이다.

또한 레이건이 단기 계획을 시행한 첫 번째 대통령도 아니었다. 그 이전에 이미 200년의 전례가 있다. 실제로 찬사를 받는 많은 장기적 국정정책, 즉 사회보장제도, 미국 노인의료복지제도, 실업수당, 주(州) 간 고속도로 시스템, 자연보호구역 보존 등도 부분적으로 단기적 정치 요소를 갖고 있었다. 존슨이 미국노인의료복지제도를 법령으로 제정한 것에는 노인 압력단체가 부상한 데 따른 영향이 있었다.

레이건은 장기적 목표를 장기적인 정책안으로 전환하는 능력을 발휘하기 어려워진 대통령직을 물려받았는지도 모른다. 그리고 이 장의 뒷 부분에서 언급하겠지만 확실히 레이건은 대통령직을 더욱 허약하게 만들었다. 대통령은 장기적인 효과를 고려하기 때문에, 이러한 현상은 정책안의 초안을 잡아 장기 법안을 통과시키거나 의도한 결과를 도출할 수 있도록 성공적으로 시행될 것을 보장하는 것과는 별개의 문제이다.

그러나 장기 정책을 향한 국민의 인내심이 엷어질 것이고, 정책안 자체는 즉각 이용되지 못하며, 성공적인 시행에 대한 가망은 극도로 약화될지 모른다는 데 문제가 있다. 목표는 둘째 치고 단순히 현대 대통령들이 장기 계획을 진척시키는 능력이 부족한 것일 수도 있다.

목표, 정책안, 결과의 차이가 레이건 어젠다를 이해하는 데 핵심이다. 간단히 말하면 장기적 목표가 반드시 장기적인 법률 제정이나 장기적인 성공의 길로 이어지는 것은 아니다. 사실 미국에는 의도는 좋았지만 이에 걸맞은 장기적 결과를 산출하는 데는 실패한 정책 과제들로 넘쳐난다. 빈곤과의 전쟁, 모델 도

〈표 11-1〉 목표와 정책안

		목표	
		단기	장기
정책안	단기	I 1981년 사회보장안	II 1981년 예산 및 조세 종합 정책안
	장기	III 1974년 국민건강보험안	IV 1983년 사회보장안

〈표 11-2〉 정책안과 결과

		정책안	
		단기	장기
결과	단기	I 1981년 가속화된 조세 감가상각	II 1977년 사회보장안
	장기	III 1981년 예산 및 조세 종합 정책안	IV 1983년 사회보장안

시, 마약과의 전쟁, 에너지 보존 등이 그렇다. 지나치게 해결하기 힘들었거나, 법률 초안이 제대로 잡히지 않았거나, 현실이 예상하던 것과 다르게 변했기 때문에 실패를 맛봤다.

어쨌든 장기적 목표가 빗나갈 가능성을 살펴보자. 첫째, 대통령이 성공할 만한 장기적 계획을 찾지 못하거나 전개하지 못할 수 있다. 둘째, 정책안을 둘러싼 외부 조건이 불리하거나 관료들의 저항 때문에 실패할 수 있다. 이 두 가지 실패 가능성은 〈표 11-1〉과 〈표 11-2〉에 요약되어 있다.

각 표의 II항과 III항에 있는 예는 대통령 정책 결정의 독특한 종류를 목표와 정책안, 또는 정책안과 결과 간의 '단절'을 보여주기 위한 것이다. 단적으로 이

표들은 특정 정책의 실패, 즉 예측·설계·시행에서의 실수를 나타낸다.

각 표에 '정책 단절'로 나온 레이건의 1981년 예산 및 조세 종합 정책안은 처음에는 장기 목표와 장기 정책안과의 연결에 실패했다. 또한 단기 정책안과 애초 의도했던 장기 결과와의 조화에도 실패한 것으로 나타났다. 이와는 반대로 레이건의 1983년 사회보장안은 성공적인 것으로 나타났다. 이는 장기 목표와 장기 정책안이 연계되었고 장기 결과를 산출했다.

역설적이게도 카터의 1977년 사회보장안은 레이건이 성공할 토대를 마련했다. 그 당시 카터는 자신의 정책안이 사회보장제도를 70년 이상 지속될 정도로 안정시킬 것이라고 약속했지만, 최종 안은 1970년대 후반의 극심한 인플레이션을 견디지 못했다. 경제적 실수를 허용할 오차 범위가 몹시 협소했기 때문이다.

결과적으로 사회보장제도는 1981년에 두 번째 자금 위기를 맞았다. 하지만 〈표 11-1〉이 보여주듯 레이건의 첫 번째 통과 정책은 결코 장기적인 것이 아니었다. 예산을 절감할 방법을 필사적으로 찾아낸 스토크먼은 이 위기를 국민보험 급부의 25% 삭감을 제안할 기회로 삼았고, 이른바 연간 물가 수당이 영구적으로 지연되었다. 1982년에 정년퇴임할 예정인 사람들에게는 7개월의 말미만을 주고 이 같은 사실이 통보되었다. 당연히 이러한 단기 목표와 단기 정책안의 성급한 결합은 상원에서 96 대 0으로 거부되었고 1983년에 세 번째 개혁을 시도하기에 이른다.

표에서 확인되는 가장 흥미로운 부분은 닉슨의 1974년 국민건강보험 계획에서 발견된다. 몇몇 중요 단위의 계획은 나중에 장기 계획 목표나 경과와 관련성을 갖고 있었다. 민주당의 관심을 워터게이트 사건에서 돌리려고 필사적으로 애쓰던 닉슨은 국민건강보험 안건을 그의 대통령 자리를 살리기 위한 최종 거래로 제시했다. 하지만 단기 정책안을 제시했다면 의회의 관심을 더 많이 끌었을 것이다.

민주당은 1976년 선거에서 민주당이 승리해 더 강력한 안을 제시할 수 있으리라고 생각해 닉슨의 제안을 거부했다. 게다가 국민 가운데 3,700만 명이나 보험에 가입하지 않았기에 실패한 안이라고 할 수 있었다. 카터가 대통령으로 입성했을 때, 의료물가는 매우 빠르게 상승해 국민보험제도로는 감당할 수 없을 지경에 이르렀다.

정책 실패가 아무리 흥미로워도 대통령과 그의 참모들이 실수를 저지르는지는 문제가 되지 않는다. 더욱이 정책 과정이 정책안의 목표나 그 결과와 어울리지 않는 경우도 크게 문제되지 않았다. 대체로 대부분의 단기 목표는 단기 정책안과 단기적 결과로 쉽게 전환된다. 그리고 적어도 1970년대 후반까지는 대부분의 장기 목표가 장기 정책안과 장기적 결과로 원활하게 전환되었다.

오히려 문제는 지난 30년 동안 장기 정책이 성공할 가능성이 감소했는지에 있었다. 감소하는 이유는 다음과 같다. 첫째, 대통령의 목표를 해석하기가 매우 어렵다(공보 담당관은 처음에는 거의 모든 법률 제정이 중요하며 한정적인 것이 아니라고 공포한다). 둘째, 그 결과가 백악관의 영향력 밖의 일일 수 있기에 정책 제안으로 단기적 생각이 증가하기를 원한다. 정책 제안은 의도와 결과를 잇는 접착제이다. 어떤 종류라도 정책안이 없다면 목표는 그저 목표로 남을 뿐이다.

단기 정책안과 장기 정책안을 구성하는 것이 무엇인지 이 책에서 서술하기는 어렵다. 많은 정책 제안이 두 가지 요소를 모두 포함하기 때문에 간단하지 않다. 입법상 특성, 즉 ① 법률 제정 자체가 즉각적·장기적 영향을 목적으로 구성되었는지, ② 정책 제안이 당장 정치적인 대가를 얻으려 기획되었음을 암시하고 있는지를 기초로 합리적인 판단을 내리기란 힘들다. 초점은 목표도 아니고 결과도 아닌 구체적인 입법안임을 기억하면, 다음의 예들이 폭넓은 분야에 대해 설명할 것이다.

단기 정책 우편요금 인상, 케네디의 지역 재개발, 청소년 범죄 단속, 가속화된 관공서 공사, 수도 사업, 카터의 의료비 관리, 초과이득세, 비상파업 관리, 특별교부세, 비상가스 배급, 식료품 교환권 배급과 부양자녀 가족 지원제도, 사회보장제도 개편(1981년), 레이건의 상해보험 재검토 촉진(1980년).

<표 11-3> 대통령의 법안 발의: 단기 대 장기 정책

대통령	연도(년)	단기 정책(건)	장기 정책(건)
케네디	1961	11	14
	1962	7	9
	1963	2	4
(존슨 1기)	1964	3	3
합계	1961~1964	23	30
백분율(%)		43	57
닉슨 1기	1969	6	11
	1970	4	8
	1971	4	4
	1972	1	2
합계	1969~1972	15	25
백분율(%)		38	62
카터	1977	6	15
	1978	6	2
	1979	4	4
	1980	3	1
합계	1977~1980	19	22
백분율(%)		46	54
레이건[1]	1981	7	1
	1982	3	4
	1983	4	7
	1984	3	1
합계	1981~1984	17	13
백분율(%)		57	43

주: 1) 레이건은 1985~1988년에는 입법상 발의가 없었다.

장기 정책 「해치법(Hatch Act)」 개편(공무원 정치 참여), 미국 노인의료복지제도, 시민권, 수질 오염 방지(Clean Water), 알래스카 보호정책, 「대기오염방지법(Clean Air Act)」, 빈곤층 법적 원조, 사회보장제도 개편(1977년과 1983년), 항공사·은행업·운수업의 규제 완화, 닉슨의 가족지원계획, 카터의 나은 직업과 소득을 위한 프로그램, 레이건의 복지 시범 사업, 대규모 건강보험, 균형예산과 공립학교 기도시간 규정 개정, 국가보훈처 설립, 에너지·교육부의 해체 제안.

이는 미국 노인의료복지제도, 평등권 같은 장기 정책안에 단기적 효과가 전혀 없음을 보여주려는 것이 아니며, 많은 정책처럼 단기 정책안이 '불멸'할 수 없다고 하려는 것도 아니다. 그보다 정책을 제안하려는 시점에서 입법 기록의 무게에 기초를 두고 판단을 내릴 것을 제안하려는 것이다. 특히 법률 제정이 즉각적인 효과를 얻을 수 있는 시기에 맞춰졌는지, 법안은 기초 법규의 변경을 수반하는지, 좀 더 지속적인 개혁이 이뤄지게 할 수 있는지 등을 따져봐야 한다.

궁극적으로 그러한 판단은 대통령 어젠다에 포함된 경향을 대강이나마 알아볼 수 있는 단서로 취급된다. 위에 제시된 예에 동의하지 않더라도 〈표 11-3〉에 있는 자료는 대통령 어젠다가 단기 정책으로 이동할 것임을 암시한다. 케네디-존슨(1961~1965년), 닉슨의 첫해와 전 임기(1969~1973년), 카터(1977~1981년), 레이건(1981~1989년)의 상황을 되돌아볼 때 단기 정책안의 비율은 3분의 1이나 상승했다. 자료는 불완전하지만 〈표 11-3〉은 대통령 정책 발의가 드러내는 몇 가지 유형을 제시하고 있다.

1) 10년 단위로 차이가 있나?

첫째, 레이건과 카터는 케네디나 닉슨보다 단기 정책안 비중을 높였다. 레이건의 처음 여덟 개 정책안은 단기로 평가된다. 강조하건대 이는 1981년 예산 및 조세 삭감정책이 장기 효과를 발휘하는 데 실패했기 때문이 아니라 특정 정책안들이 즉각적인 정치적 대가와 예산상 대가를 목표로 했기 때문이었다. 결론은 스토크먼 자신이 겪은 일들로 명확히 입증된다.

레이건은 행정상 대통령직에서도 단기 정책안을 지지했을 것이다. 그의 규제와 심의 절차는 일반적으로 새로운 규정을 지키기보다는 지체시킬 때 성공률이 더 높았다. 반면 관리 측면에서는 주로 단기적 생산성에 초점을 맞췄다. 카터 정부로부터 물려받은 법률안을 시행할 때조차 레이건과 그 팀은 즉각적인 수익에 집중했다.

1980년 장애인 사회보장제도 개정(SSA: Social Security Disability Amendments) 시행이 대표적 사례이다. 이 개정은 원래 얼마 되지 않는 부적격 수혜자를 보험 명부에서 제거해 1,000만 달러 정도를 절감하려는 것이었는데, 레이건 정부는 2억 달러를 절감할 수 있는 가능성을 보여준 회계감사원의 보고서에 힘입어, 그 정책 어젠다를 가속화시켜 목표 대상을 늘렸다. 마사 더식(Martha Derthick)은 이 일을 다음과 같이 요약했다.

> '새로워진 관리팀'은 회계감사원이 열거한 부적격 수혜자를 '잡초 솎아내기'로 천명한 레이건 정부의 목표대로 장애인 사회보장제도를 재검토해서 6년간(1981~1986년) 총 34억 5,000만 달러를 감축했다. 이는 초기에 4년(1982~1985년)간 예상 감축 액수가 1,000만 달러였던 것과 비교하면 완벽한 출발이었다. 게다가 법률적 절차를 심사숙고한 끝에 1982년 1월 1일이 아닌 1981년 봄에 장애인 사회보장제도 개정이 즉시 재검토되기 시작했다. 이 변화들의 효과는 사업 정신을 개조하는 것이었다. 1980년에 의회가 떠올린 것은 큰 효과를 기대하기에는 지나치게 허술했던 심의 절차였지만, 1981년에 추진된 것은 거의 숙청에 가까운 감축이었다(Derthick, 1990: 36).

아이러니하게도 예산과 조세 감면처럼 레이건의 장애인 발의건은 실패했다. 명단에서 제외된 장애인들이 즉시 장애인 사회보장제도 개정을 통해 자신들의 상황을 연방 법원에 상소했다. 레이건 정부는 다른 문제의 심의에 사용되어야 했을 시간을 허비한 셈이 되었다.

이 단기 노력의 결과는 원고가 거의 언제나 승리했고 초기 절감은 논쟁점이 되었다. 더식이 언급한 실패의 원인은 "잘 수립된 대규모 어젠다를 더 신속하게 시행한 데 있었다. 하지만 이는 많은 것을 설명한다. 즉, 특별한 상황에서 평범한 절차라는 함정은 확대되고 극화되었다"(Derthick, 1990: 37).

레이건이 단기 제안을 한 것만은 아니었다고 명확히 들 수 있는 예는 사법 임명권이었다. 물론 그 특성상 사법 임명은 지속적인 영향력을 행사한다. 이런 점에서 레이건과 핵심 참모들은 대통령의 장기 어젠다를 지원했던 법관을 임명하기 위해 최대한 노력했다. 그 전략이 얼마나 효과적일지는 시간이 말해주겠지만 레이건의 발자취는 시민권에서 곧바로 나타났다. 이는 레이건의 사법 제안을 즉각적으로 따를 수 있는 장기 재직 법관을 장기 목표에 맞춰 뽑는 것이었다. 이는 정책 제안에 대한 목표(임명된 법관)와 결과(법관의 판단)의 명백한 조화였다.

2) 레이건 전략

둘째, 레이건은 첫해에 대량의 단기 정책안을 발의했는데 이는 케네디, 닉슨, 카터와 정확히 반대되는 행동이었다. 이 부분이 장기 계획과 단기 계획을 통틀어 가장 중요한 발견일 것이다. 앞서 언급했듯, 레이건에게 선택의 여지가 거의 없었을지도 모른다. 레이건이 가져가기를 바라는 장기 어젠다(의회에서 가져다 사용할 장기 어젠다)는 없었고 보수적인 장기 정책안도 준비하지 않았기 때문이었다.

안타깝게도 레이건이 장기 정책안을 '작업 중'일 때 그의 정치적 자산은 사라져버렸다. 요컨대 레이건 정부가 남긴 것의 대부분은 1981년에 처리된 것들이다. 레이건이 두 번째 임기의 조세 간소화와 복지 개혁에 관해 어느 정도 우호적인 평가를 기대할 수는 있겠지만 정치적 지원을 얻지는 못했다. 또한 이 문제와 관련해 그가 5~6년 전에 바랐던 결과물을 얻게 해줄 상원 과반수도 없었다.

단기 정책안으로 빨리 성과를 내겠다는 레이건의 결정은 장기 정책안을 우선순위의 앞에 뒀던 케네디, 닉슨, 카터와 정확히 대조를 이룬다. 이들 세 명은 단순히 재선을 준비하기 위한 방편으로 임기 후반에 내놓을 고급스러운 단기 정책안을 가졌을 수도 있다. 어쩌면 이 세 명은 자신을 지원하는 연합이 정당에 대한 강한 충성심을 토대로 맺어졌기 때문에 이들에게 진 빚을 빨리 갚아야 한다고 생각하지 않았을 수도 있다. 또한 국민이 '우리에게 해준 것이 도대체 무엇인가'라는 식으로 전가하는 압력을 덜 느꼈는지도 모른다.

카터는 시간이 지나자 단기 어젠다 중심으로 정책을 선회했다. 참모들이 미국 정치는 변했다고 카터를 설득했기 때문이었다. 테드 케네디와의 지명 경쟁에 직면한 카터는 이제 대통령이라고 해서 정당이 자동적으로 대통령 후보로 재지명해주지 않음을 알아챘을 것이다. 그리고 잇따른 정치적 실수로 첫해를 소비했기에 카터는 의회와 대중 모두가 좋아할 프로그램을 선물할 필요를 깨달았을 수 있다. 게다가 1970년대 후반 초인플레이션 때문에 예산상 압력이 상승했기 때문에 카터는 장기적으로 활용할 자금이 거의 없는 실정이었다. 실제로 그의 1977년 의료비 삭감정책안은 장기 국민건강보험 어젠다를 향한 첫 단계로서 단기 문제를 처리하고자 기획되었다.

1980년에 실시된 레이건의 이미지 캠페인 전략(이 때문에 그의 밀월 기간이 짧아지기도 했지만)에 따라 대통령을 향한 국민의 기대가 근본적으로 변했다고 추정할 수도 있다. 유권자에게 카터가 4년간 집권한 뒤 부유해졌는지 거듭 물었던 레이건은 아마도 무언가를 서둘러 내놓아야 했을 것이다. 레이건은 첫해의 엄청난 인기를 예산과 조세 감축 대신 균형 잡힌 예산 수정 같은 장기 아이디어에 이용할 수 있었지만, 선거 연합을 형성해야 한다는 데 뜻이 모아지면서 제한을 받았을지도 모른다. 단기 정책의 비중을 높이는 것이 '승산 없는 대통령직'의 상황에서 국민에게 다가가는 중요 부분이 되었을 수도 있다.

마지막으로 레이건의 입장에서 보면 1981년의 의회가 장기 어젠다를 제정할 것이라는 보장이 없었다. 그가 가진 기회의 창은 너무 좁아 오직 빠르게 결과를 예측할 수 있는 정책안만 생존할 것으로 판단했을 수 있다. 1977년에 카터가 배운 것처럼, 장기 정책안은 의회의 주요 위원회와 소위원회의 움직임을 방해하면서 엄청난 시간과 에너지를 잡아먹었다. 단기 예산과 조세 변경에 맞춘 레이건의 초점은 입법상의 성공에서 유일한 수단이었을지 모른다.

3) 밀물인가?

셋째, 단기 정책안의 비율은 네 명의 대통령을 거치며 살짝 높아진다. 케네디 때 45%로 시작해서 닉슨 때는 38%로 떨어졌지만, 카터 때 46%였다가 레이건 때는 57%로 올랐다. 최근에는 부시 대통령의 처음 두 해 동안에도 지속되는 듯하다. 즉, ① 입법 어젠다는 거의 모두 단기 정책안으로 구성되었고(절약, 대부 긴급대책, 범죄, 마약, 다른 예산 위기, 애국심 부추기기 등), ② 교육과 환경에 관해 약속된 장기 어젠다는 1990년 중간 선거까지 개발 중에 있었다. 문제는 이것이 추세인지, 아니면 단기적인 예산과 정치적 변동성의 산물처럼 그저 일시적으로 지나가는 현상인지에 있다. 지나칠 현상이 아니라 하나의 추세임을 곧 보게 될 것이다.

3. 단기 정책의 규모와 범위

궁극적으로 그리 중요하지 않지만 초기 측정치를 〈표 11-4〉와 〈표 11-5〉로 정리해놓은 것은 유용하게 사용될 수 있다.

대규모와 소규모, 새로운 것과 오래된 것, 장기와 단기 등 세 가지 기준으로 구분해 종합한 자료는 대통령이 자산을 어디에 투자하고 있는지를 잘 보여주는 중요한 정보이다. 예를 들어 대통령은 새로운 제안에 대해서는 장기 비전을 가지고 있으면서 구정책에 대해서만 단기 정책안으로 간다는 것이다. 대통령이 큰 기회에 대한 장기적인 아이디어를 가졌다면, 작은 사항에 대해서는 단기 정책안으로 처리한다.

〈표 11-4〉 대통령의 법안 발의: 새로운 단기 정책 대 새로운 장기 정책

대통령	새로운 단기 정책		새로운 장기 정책	
	총 건수(건)	백분율(%)	총 건수(건)	백분율(%)
케네디	11	33	22	67
닉슨 1기	7	28	18	72
카터	12	48	13	52
레이건	9	50	9	50

〈표 11-5〉 대통령의 법안 발의: 대규모 단기 정책 대 대규모 장기 정책

대통령	대규모 단기 정책		대규모 장기 정책	
	총 건수(건)	백분율(%)	총 건수(건)	백분율(%)
케네디	13	46	15	54
닉슨 1기	2	14	14	86
카터	10	45	12	55
레이건	5	39	8	61

　상기한 주장들은 표에 따르면 사실이 아니다. 케네디와 닉슨 모두 장기 정책에 꾸준한 기회를 제공했다. 반면 카터와 레이건은 단기 제안을 많이 했다. 어젠다의 비율로 보면 카터와 레이건 모두 케네디와 닉슨보다 새로운 단기 정책을 거의 두 배 이상 제시했다. 그러나 카터와 레이건의 중요한 차이점은 단기 제안의 타이밍이다. 카터의 1977년 새로운 제안 중에서 12개 중 두 개만이 단기 정책이었다. 반면 레이건의 1981년 새로운 제안을 보면 여섯 개 중 다섯 개 제안이 단기 정책에 관련되었다.

　〈표 11-5〉는 더 해석하기 어렵다. 케네디, 카터, 레이건의 장기 제안 중 절반이 장기 정책이었고 닉슨은 86%에 달한다. 대통령의 장기와 단기 제안 발의의 규모가 항상 최종적으로 선택되는 것은 아니라는 것이 또 다른 설명이다. 구(舊)제안이 어젠다로 채택되었을 때, 최근 두 번의 '사회보장' 자금 조달 위기와 같이 대통령은 장기 정책을 선택할 수밖에 없다.

〈표 11-6〉 대통령의 법안 발의: 새로운 대규모 단기 정책 대 새로운 대규모 장기 정책

대통령	새로운 대규모 단기 정책		새로운 대규모 장기 정책	
	총 건수(건)	백분율(%)	총 건수(건)	백분율(%)
케네디	4	21	15	79
닉슨 1기	1	8	11	92
카터	8	50	8	50
레이건	5	45	6	55

그러나 닉슨 어젠다는 동시에 순수하게 정치적인 현실을 반영했다. 닉슨에게는 자신의 정책 과제(장기와 단기, 대규모와 소규모, 새로운 것과 오래된 것과는 상관없이)를 통과시킬 수 있는 정치적 자산이 없었다. 그와 같은 입법 전망이 제한된 현실에 직면해 닉슨이 선거 유세 팀원들에게 압도적으로 승리할 것을 요구했을 때조차 닉슨은 자신이 위대한 사상가임을 국민에게 보이면서 두 번째 임기 때 자신의 의안을 전개시키고 싶었을 것이다.

닉슨의 장기 어젠다는 역사에 족적을 남기고 싶은 욕심에서 비롯된 것이라고 주장하는 사람도 있을 것이다. 이런 면에서 그의 정책 어젠다 내용은 백악관의 은밀한 도청 시스템 설치를 초래한 심리적인 압박감의 또 다른 표현일 수 있다. 닉슨은 미래에 완벽한 역사적 기록을 원했던 만큼 아마도 완벽한 정책 어젠다를 원했을 것이다.

이러한 가정이 흥미롭기는 하지만, 닉슨 어젠다의 단순한 정치적 현실과 비교하면 빛이 바랜다. 1972년이 1932년의 질서를 재편하는 압도적인 승리였음을 생각한다면 닉슨의 장기 정책은 재임 기간에 풍부한 입법 성과를 거둘 수 있을 것으로 판단했던 결과임을 알 수 있다.

궁극적으로 카터와 레이건 시대에 대해 가장 큰 의문점을 제기하는 것은 각 대통령의 비점증적인 의안 각각에 대해 장단기를 모두 비교한 〈표 11-6〉이다. 여기에서 케네디와 닉슨은 카터와 레이건과는 아주 다른 정책 기간을 보인다. 케네디와 닉슨의 경우 단기 제안이 5분의 1 이하인 데 반해 카터와 레이건은 평

균 두 건 중 한 건이었다.

그러나 위에서 보듯 카터와 레이건 간에는 시간차가 있다. 레이건의 새로운 대규모 단기 제안 다섯 건 모두 레이건이 새로운 대규모 장기 제안을 처음 내기 전에 의회에 제출되었다. 그 반면 카터가 처음 내놓은 새로운 대규모 제안 일곱 건 중 여섯 건은 장기적이어서 의회를 옥죄었던 듯하다.

1) 단기 어젠다 집착증

위에서 제시된 자료가 한계를 보였는데도 당시 대통령들은 단기 정책을 더 많이 발의했다는 확실한 증거가 많다. 레이건은 여러 이유로 단기 어젠다를 신속하게 발의했지만(가장 놀라운 것은 스토크먼의 3주 계획표와 여기에 실행 가능한 장기 정책 어젠다는 없었다는 것이다) 미래의 대통령들은 장기 정책 어젠다 발의를 어렵게 생각한다. 국민의 변덕이 줄었다고는 해도 정부가 근본적인 안을 내거나 지속적으로 시행할 수 있는지는 아직 명확하지 않다.

사실 정부가 정책 기획에 투자를 줄인 것은 레이건 대통령 임기 중 가장 중요한 장기 어젠다의 결과로서 민주당과 공화당에 똑같이 영향을 미치는 것이었다. 스토크먼이 알게 된 대로 하나의 어젠다를 해체할 때는 발의할 때와 마찬가지의 분석과 기획이 필요하다. 임기 초에 여러 가지 정책 제안을 제시할 때, 미래의 대통령과 그들의 정책 입안자들은 장기 제안 가능성을 제한하는 세 가지 상황에 직면한다.

첫째, 대통령 정책 어젠다를 다루는 정치 문화는 점점 더 인내력을 잃게 되어 정치적 시스템에 대한 장기적 애착이 줄고 선거 과정에서 투자가 약해지는 특징을 보였다. 시민들의 생활과 유리되고 대개의 미국 젊은이들, 특히 베이비붐 세대 간에 정당 소속감이 훼손되어 대통령이 장기 정책을 전개할 수 있는 동기가 거의 없는 환경이 되었다. 나라 분위기가 위기에 처했다는 연구가 있었지만, 대통령이 국민과의 약속에 매달려 있었다는 것은 확실하다.

둘째, 정책 시스템이 장기 어젠다에 대한 기본적인 요소들을 제공할지가 불확실해졌다. 1950년대와 1960년대에 대통령 어젠다 발의를 부채질했던 아이디어 원천은 이제 존재하지 않았거나 상대적으로 약화되었다. 최근 번성한 아주 전문적인 조직인 '고급' 이해집단이 확산된다고 해서 대치될 수도 없었다. 또한 기획에 대한 투자 감소와 정부의 평가 능력 감소는 대통령이 장기적인 정책을 전개할 수 있는 능력을 떨어뜨렸다. 정책 과제가 어떻게 작용하는지 이해하는 능력이 없어졌기 때문에 대통령이 정책을 제안하고 의회와 국민을 설득하는 데도 영향을 미쳤다.

셋째, 대통령이 장기 정책을 세우더라도 그것을 이행하기가 점점 더 어려워지고 있다. 이행이 불투명하기에 대통령 정책 입안자들이 단기 어젠다에 초점을 두는 것은 현명한 처사로 볼 수 있다.

역설적으로 이러한 제약의 대부분은 행정부를 독점하려는 노력으로 과거 대통령들이 자초했다. 공공 서비스 국가위원회[볼커(Volcker) 위원회]가 1989년에 주장한 바에 따르면 20여 년 동안 임금 동결, '관료 축소하기', 예산 위기, 정치적 반전과 점점 더 옥죄는 내부 규제 등을 겪은 뒤 혼란이 심해진 탓에 대통령이 가장 짧은 기간의 정책조차 실행 여부를 확신하지 못할 지경에 이르렀다.

4. 정치 흐름

정치 흐름은 확실히 대통령 어젠다의 틀을 만들고 대통령이 정책 어젠다에 사용할 수 있는 정치 자본의 중요한 원천이다. 그러나 대통령 연구 학자들은 의회의 의석수, 단기 여론 지지율과 더불어 존 킹던(John Kingdon)이 나라 분위기라 부른 것을 고려해야 한다. 킹던은 이 개념을 다음과 같이 정리했다.

정부와 정부 주변 사람들은 나라 분위기를 느낄 수 있다. 이들은 그 내용을 편안하게 묘사하고 분위기가 언제 바뀌는지 알고 있다고 믿는다. 이 개념은 나라 분위기, 여론 변화, 폭넓은 사회 움직임 등과 같이 여러 이름으로 알려졌다. 그러나 이렇게 서로 다른 이름들의 공통점은 나라 밖의 꽤 많은 사람들은 공통된 노선에 따라 생각하고, 이 나라 분위기는 감지할 수 있는 방향으로 바뀌며, 이러한 분위기 변화나 정세는 정책 어젠다와 정책 결과에 아주 중요하다고 간주하는 데 있다 (Kingdon, 1984: 153).

킹던의 전체적인 초점은 어젠다의 성쇠에 있지만 그의 정의는 변화에 대한 국민의 인내력, 즉 정치제도에 대한 장기적인 시민의 애착에서 비롯된 인내로 확대될 수 있다. 개인이 공적 생활과 안정적으로 연결되어 있어야 그들이 인내심을 갖고 대통령의 정책 어젠다에 인내심를 지켜볼 수 있다. 시민들이 정치제도와의 상호관계를 일시적이며 믿을 수 없는 것으로 간주한다면 정책 어젠다가 지체되는 것을 참기도 어렵다.

이렇게 포괄적인 나라 분위기의 정의에서도 모든 미국인, 특히 베이비붐 세대의 유권자들 간 정당 소속감 저하는 대통령이 선호하는 정책 종류에 깊은 영향을 미치게 된다. 정당에 대한 애착이 약화되고 국민들이 즉각적인 결과만을 좋아하기 때문이다. 모리스 피오리나(Morris Fiorina)에 따르면 이러한 해체의 첫 번째 양상은 정당 일체감, 즉 영향을 미치는 변수이자 한때는 투표권을 결정지었던 요소의 영향력이 줄어들고 있다는 것이다. 과거 구속력을 가졌던 연결고리가 오늘날에는 다소 느슨해진 듯하다. 다음은 피오리나의 말이다.

두 번째 정당 해체 양상은 조직으로서 정당의 중요성이 줄어든다는 것이다. 행정에서 오래된 '개혁'은 무시된다. 직접 예비선거(direct primary)와 코커스(open caucus)의 영향은 당에서 지명에 대한 영향력을 제거했다. 공적 자금과 정치행동위원회(PAC: Political Action Commitee) 등은 당의 재정적 중요성을 감소시켰다. 대규모 유한·중산 계층이 적극적으로 정치에 참여하면서 당의 인적 자원을 위축한다. 텔레비전은 싸구려 정보를 제공하고, 당은 점점 더 정치 유세를 실시하는 것과 관련이 없어진다(Fiorina, 1981: 203~204).

피오리나가 언급했듯, 이러한 두 흐름은 서로를 강화시켰다. "정당이 무관한 것으로 비쳐지면, 후보자들과 후원자들은 정치 자원을 위해 힘써줄 다른 대안을 편성해야 하며 이러한 경쟁은 기존 당 조직을 더 약화시키고 후보자와 그 후원자들의 독립성을 부추기게 된다"(Fiorina, 1981: 204). 정치학자들은 정당 일체감의 영원한 해체를 언급하고 있다.

미래의 대통령을 더 괴롭히게 될 것은 앞으로 20년간 정치 문화를 지배할 유권자들, 즉 1946년부터 1964년 사이에 태어난 베이비붐 세대인 7,500만여 명이 당에 대한 애착이 줄어드는 현상이 확연하다는 것이다. 헬무트 노포스(Helmut Norpoth)와 제럴드 러스크(Jerrold Rusk)는 1964년부터 1980년 사이에 당의 정체성이 전체적으로 하락하는 것을 철저하게 분석하면서 다음과 같이 말한다.

젊은 유권자는 윗세대 유권자보다 당파적 결속을 포기하는 경향이 더 많다. 이전의 새로운 유권자들의 당파심을 판단 기준으로 삼으려는 경향은 변화의 시대에 투표 자격을 얻은 신세대에서는 급속하게 줄어들고 있다. 사실 이들은 1950년대와 1960년대 초에 선거인단에 합류한 유권자들과 함께 미국 선거인단의 정당 소속감이 줄어드는 데 거의 75% 정도의 영향을 미쳤다(Norpoth and Rusk, 1982: 535~536).

예를 들어 정치학자들이 면밀하게 연구한 1965년도 고등학교 졸업생들의 정당 소속감 손상을 생각해보자. 켄트 제닝스(Kent Jennings)와 리처드 니에미(Richard Niemi)는 1965년과 1973년에 똑같은 학생들을 인터뷰한 결과 약 40%가 정당 소속감이 바뀌었고(민주당이나 공화당에서 무소속으로) 거의 70%가 소속감 강도가 변했다(열성 민주당 지지자에서 평범한 지지자나 무당파로)고 결론지었다.

1965년에 열성 민주당 지지자였다고 말한 사람의 24%와 골수 공화당이라 말한 사람의 32%만이 여전히 그대로였다(Jennings and Niemi, 1981).

1982년에 이 학생들을 다시 인터뷰한 결과, 제닝스와 그의 공동 연구자 그레고리 마커스(Gregory Markus)는 정당 일체감이 최초 예측한 것보다 낮은 수준에서 고정되었으며 이 베이비붐 세대 중 상당수가 무당파로 기울거나 정당 소속감이 약화되었음을 발견했다. 이 응답자들은 1976~1982년 기간에 비해서는 변동이 적지만 부모 세대보다는 당파색이 훨씬 낮았다. 제닝스와 마커스가 내린 결론대로 1965년 세대 그룹은 부모들보다 당파색이 훨씬 적은 상태에서 성인이 되어 정치 생활을 시작했고 이는 거의 20년 동안 변하지 않았다(Jennings and Markus, 1984: 1,015).

그러므로 1982년까지 정당 소속감이 '고착화'되는 증거가 있었는데도 1965년 세대 그룹의 44%가 무소속을 유지했고, 15%만이 민주당이나 공화당 색을 강하게 나타냈다. 선거학자들은 이 수치를 들어 당색이 짙은 사람들보다는 무소속이 훨씬 변화가 적은 '충실한' 층이라고 결론 내렸다. 그러나 의미상 (당연히) 그들이 무소속이라고 말할 때, 이들 베이비붐 세대는 자신들이 정당 소속감이나 일체감이 결여되어 있다고 말한 것이었다. 사실 세대'군'이나 하위집단을 따져본다면, 1973~1982년 사이에 베트남전쟁에 반대하는 것을 계기로 민주당을 지지하게 된 집단의 상대적으로 적은 수만이 강한 정당 소속감을 보인 것으로 나타났을 뿐이다.

그러므로 엄청난 베이비붐 세대가 정치에서 지배적인 연령층으로 자리를 차지하고 있으므로 대통령은 장기간 지속적 지지를 기대할 수 없다. 베이비붐 세대들은 한때 정당 지지자였다고 밝히고 있을뿐더러 누구에게 투표할지 결정할 때 어느 정당인지 개의하지 않는다고 말한다. 마틴 와텐버그(Martin Wattenberg)가 주장하듯 "정당의 이미지는 무의미해지고 있다"(Wattenberg, 1984: 120). 분할투표는 선거할 때마다 늘어나고 투표자 수는 떨어진다. 선거할 때마다 투표 결정은 더 미뤄지고 관심은 더욱 떨어지며 참여도 점점 줄어든다. 제한된 정보와 짧은 시간이라는 한계 속에서 정치적 결정을 하는 베이비붐 세대에게서 이런 분류는 훨씬 더 명확해진다.

사실 베이비붐 세대는 정당 지지의 의미를 바꾼 듯하다. 오늘날 정당 일체감이란 평생의 약속을 표현하기보다는 이슈와 이미지, 최근 유권자의 선거 결정 요약, 정책 선호도의 결과일 뿐이다. 투표 방정식의 종속변수 등을 합산한 성격이 더 짙다. 찰스 프랭클린(Charled Franklin)과 존 잭슨(John Jackson)은 정당 지지에 대해 이렇게 적었다. "그런 변수들은 이전 선거에서 시작된 한 사람에 대한 누적 평가이다. 그리고 이 선거 유세 동안 그리고 그 이후 집권하는 동안 정치 리더들이 활동한 내용에 좌우된다. 이런 방법으로 각 선거운동은 개인의 성향에 대한 흔적이나 잔여물을 남긴다"(Franklin and Jackson, 1983: 968). 그러한 소급제도에서, 유권자들은 장기 정책 약속에 투자하는 것을 달가워하지 않는다. 그들이 정부나 특정 정치인의 역량에 대한 믿음이 없을 경우에는 더욱더 그렇다.

그러나 궁극적으로 이러한 정치적 경향은 대통령이 정책 어젠다를 세우는 데 맞닥뜨리는 여론에서 차지하는 비중이 적다. 기본적인 생활양식 변화는 대통령 정책의 깨지기 쉬운 균형을 이해함에 있어 정당 일체감 손상보다 훨씬 더 중요할 것이다.

베이비붐 세대들이 부모 역할, 직업, 결혼 등 전통적인 사회적 역할을 재정의했다는 사실은 대통령 정책을 연구하는 사람들에게는 자연적으로 중요한 지표로 여겨진다. 그런데도 베이비붐 세대의 정치적 분리는 전통적인 사회적 역할로부터 더 넓은 사회활동의 한 요소일 뿐이라고 볼 수 있다. 조지프 베로프(Joseph Veroff), 엘리자베스 두반(Elizabeth Douvan), 리처드 쿨카(Richard Kulka)에 따르면 1956년과 1976년 사회적 소속감의 비교는 다음과 같다. "사람들의 사회적 통합이 전체적으로 느슨해지고 그들이 사회 조직에서 역할을 맡아 이행하면서 발견하는 의미와 만족감이 줄어들었다. 그들 자신을 규명해달라고 요청하자 1976년대 응답자들은 1957년대 응답자와 비교했을 때, 자신의 위치,

현재 수행하고 있는 역할에 대해 비교적 덜 언급했다"(Veroff, Douvan and Kulka, 1981: 474~475). 여러 방법으로 정당 일체감은 일반적인 미국인, 특히 베이비붐 세대가 1970년대와 1980년대에 남긴 또 하나의 역할일 뿐, 더는 지배적인 것이 아니다.

5. 정책 제안의 흐름

조급함의 문화가 장기 정책의 유일한 걸림돌은 아니다. 대통령의 기획자들이 여론의 변덕(즉흥성)을 따르기로 결정하더라도, 그들은 정부 내에서 장기적 사고를 해야 할 필요가 있다. 결국 정책 제안은 대통령의 상상력에서만 비롯되지는 않는다. 킹던이 특별히 언급했듯, 정책 제안은 행정부와 의회 정치의 첫 번째 '수프' 안에 깊게 녹아 있다.

> 원칙적으로 많은 아이디어가 가능하며 전문가가 여러 방법, 즉 법안 설명, 연설, 증언, 논문, 대화 등을 통해 시도해보려는 '정책의 초기 수프'에 떠다닌다. 그러한 생각으로 제안은 떠다니다가 만나거나 개정되고, 서로 섞인 채 다시 떠다닌다. 그러나 살아남아 심의를 거치게 되는 제안들은 기술적인 실행 가능성이나 지배적인 가치와 현재 나라 분위기에 맞고, 그것이 경험하는 정치적 지지나 반대 등을 포함해 여러 기준에 부합한다. 그러므로 선정 시스템은 나올 수 있는 일련의 제안을 한정시키고 그 많은 제안 중에서 심의할 만한 제안명을 추린다(Kingdon, 1984: 20~21).

안타깝게도 이 정책 수프는 예전만큼 영양가도 없고 언제나처럼 대통령 입맛에만 맞는 것이다.

1) 아이디어 원천

단기 정책에 대해 늘어나는 인센티브를 통찰할 수 있는 한 가지 방법은 장기 아이디어의 잠재적인 원천의 상태를 점검하는 것이다. 예를 들어 우리는 대통령이 완전히 전개된 법안을 가지고 첫 번째 유세를 시작하는 경우가 드물다는 것을 이미 알고 있다. 기존의 의안들을 빌리고, 훔치고, 마음대로 사용하고, 복제하는 경우가 더 흔하다. 1970년대 말에 필자가 인터뷰한 백악관 보좌관에 따르면 대통령은 정강과 선거 공약, 압력단체는 남겨둔 채 의회와 행사, 행정부에서 대부분의 의안을 가져온다.

사실 백악관 참모진은 의회를 정강의 두 배, 대통령 자신의 선거 공약에 비교하면 세 배나 되는 아이디어의 원천으로 지목한 바 있다. 의회 아이디어를 슬쩍하는 것은 새 행정부의 경우에는 오래된 관례이며, 케네디도 전체적인 정책 입법안을 위해 이 방법을 사용했다. 행정기관에서 아이디어를 가져오는 것도 마찬가지였다.

압력단체가 의회 의안에 자료를 제공하지만 대통령 참모들은 제안의 직접적인 자료로 해당 단체를 지목하지는 않는다. 필자의 첫 인터뷰가 레이건과 헤리티지 재단이 서로를 발견하기 전이라고는 해도, 그들은 두뇌집단에 대해서도 언급하지 않는다. 압력단체들은 대통령 어젠다에 영향을 주기 위해 의회에서 자신의 아이디어를 먼저 시험하거나 기관 내에서 후견인으로 활동한다. 압력단체는 의회와 해당 기관이 중개자 역할을 제대로 해내지 못했을 때 백악관 집무실로 통하는 또 다른 통로를 마련하는 듯하다.

버데트 루미스(Burdette Loomis)가 이른바 '새로운 미국 정치가'(Loomis, 1988)라고 부른 것과 의회에서 시작해보자. 루미스가 낸 책의 부제가 암시하듯, 야망과 기업가 정신은 대통령이 시험을 마친 장기 정책 대안에 접촉하는 것을 제한하면서 정치적 생명의 양상을 바꿔놓았다.

한편으로 1970년대 개정안은 자신들의 정책 어젠다를 전개하는 능력뿐 아니라 의회 각 구성원의 시야를 넓혔다. 직원에 대한 지원을 엄청나게 확대해 각 의원들은 각각 별도의 '회사'를 만들었는데 이는 의원을 선출한 거의 모든 유권자에게는 도저히 이해될 수 없는 부분이었다. 그때도 각 의원들은 실제로 매번 재선을 보장하는 재임 기간의 혜택을 지녔다.

다른 한편으로는 당시 의회를 그렇게 특징짓는 개별 기업가 정신은 실제로 새로 뽑힌 대통령을 위해 준비된 장기 제안서가 진전하는 것을 방해했다. 루미스는 다음과 같이 제시했다. "의회의 그런 분열로 인해 야망에 찬 정치가들이 거의 지속적으로 새로운 자리를 얻기 위해 노력할 수 있었다. 기업을 세우거나 홍보하는 것과 마찬가지로 지위가 지속적으로 오르면 정치가들은 구체적인 증거 없이도 자신이 뭔가 이뤄낸 것 같다고 생각한다. 기업가적인 스타일은 유능한 정치인들이 중요하고 가치 있는 업적과는 멀어지고, 쉽게 닿을 수 있는 목표만을 추구하게 한다"(Loomis, 1988: 232).

이러한 새로운 기업가 정신의 영향은 의회사무국에서도 확실하게 나타난다. 예를 들면 의회의 각 구성원의 5,000명의 회계사와 감정사, 정책 분석가 등이 천연자원과 회계 및 재정 관리, 국방, 정책 어젠다 평가, 인력 관리, 일반 정치 등에 관한 문제를 처리하는 데 작업의 85% 이상이 의회 위원회나 의원 개인이 요청했기 때문에 이뤄진다. 20년 전만 해도 많아야 35%에 지나지 않았다.

더 중요한 것은 의회는 행정부를 약화시키는 똑같은 교체 위기로 훼손되었다는 데 있다. 의회 연구자들은 여전히 직원 교체에 대한 문제를 다루고 있지만, 1980년대에는 퇴직의 물결이 몰려와 선임 입법관의 경륜이 전체적으로 떨어졌다. 특히 상원의 경우 1980년대에 민주당에서 공화당으로, 1986년에는 공화당에서 민주당으로 두 번 집권당이 바뀌면서 자연스럽게 직원들이 젊어지는 현상이 발생했다.

행정부를 보면 대통령에게는 장기 정책 어젠다를 설정하는 데 두 가지 문제가 있었다. 첫째, 대통령 임명 과정에서 최고 수뇌부의 참모를 뽑아 고용하기가 점점 더 어려워졌다. 마찬가지로 대통령이 바로 아랫사람인 최고위직 공무원들에 대한 장기 전망을 고려하는 것도 제한되었다.

과거 대통령이 다섯 번 바뀌는 동안 엄청난 변화가 있었지만 대통령 당선자들은 주요 임명권을 발동하거나 정책을 제안하는 것이 전임자들보다 더 늦춰졌다. 조지 부시는 각료들을 임명하고 그 아래 관리들을 임명하는 데 가장 늦장을 부린 대통령이었다. 케네디는 1960~1961년에 최고 관리를 임명하는 데 두 달 정도 걸렸고, 닉슨은 1968~1969년에 세 달 반 정도 걸렸으며, 카터는 네 달 반, 레이건은 1980~1981년에 다섯 달, 부시는 여덟 달 넘게 걸렸다(Mackenzie, 1990: 30~35 참조).

공화당이 8년간 집권한 후 당선된 부시는 잠재적인 모집단이 '고갈'되어 고통을 받았지만 1978년에 「정부 윤리령(Ethics in Government Act)」 때문에 그렇지 않아도 귀찮은 절차에 새로운 심의와 서류 작업이 부가된 것도 일조했다. 캘빈 매켄지(G. Calvin Mackenzie)는 다음과 같이 결론을 내렸다.

> 지난 10년 동안 재정 상태 공개와 이해 상충 요건이 더 엄격해져서 임명 절차에 새로운 걸림돌이 되었다. 이는 국민을 혼란스럽게 했고, 자신의 재산을 바치고 개인적 희생을 견뎌 나라에 충성하려던 사람들을 쉽게 했다. 대통령 임명 절차를 잘 알고 있는 어느 누구도 이 법이 관료를 뽑는 데 효과가 없다고 주장하지 못했다(Mackenzie, 1987: 88).

대통령 임명을 받아 늦게 자리에 앉을수록 빨리 자리를 떠났다. 대통령이 임명한 사람들에 대한 인센티브는, 피임명자의 평균 재임 기간이 지난 30년간 계속 떨어졌고 레이건이 재직할 때는 평균 22개월로 줄어든 것만 봐도 확실해졌다. 빨리 치고 빠지는 식이었다.

대통령이 임명해야 하는 직책은 엄청나게 늘어났다. 프랭클린 루스벨트 때 71개였던 각료 자리는 1985년에 290개가 되었고, 차관급과 고급 공무원 자리는 루스벨트가 재직할 때 수백 건이었던 것이 1985년에는 2,500개가 되는 등 폭발적으로 늘어났다. 그러나 대통령의 더 큰 문제는 수직적 소통 라인은 유지하면서 부서나 기관의 비어 있는 자리를 단지 줄이는 데 있었다. 필자가 주장한 대로 "정치적 경험의 연계는 하부 관리를 채우지 않으면 쉽게 끊어진다. 이 전략이 계획적이든 단순히 자리를 채우겠다는 소산이든 결국 리더십의 부재로 이어진다"(Light, 1987: 163). 그리고 덧붙인다면 이는 장기 정책 지원을 이용하지 못하게 한다.

행정부의 두 번째 문제는 고위 공직자들의 정책 투입이 전체적으로 떨어지며, 이 때문에 장기 전망에서 그만큼 멀어진다는 것이다. 닉슨의 두 번째 임기와 레이건의 첫 번째 임기 말 사이 15년 동안 조엘 애버바흐(Joel Aberbach)와 버트 로크만(Bert Rockman)에 따르면 고위 행정관과 의회 당수들 모두 스스로 정책에 영향력을 잃어버린 사람이라고 생각했다. 이는 행정관과 그들의 의회, 압력단체와의 전통적인 결합이 존재하지 않았기 때문인 것 같다. "정부의 분석 공급은 분석적 입력 정보를 존중하고 지탱하는 문화적이고 구조적 요소에 따른다." 또한 애버바흐와 로크만은 나라가 직면한 문제는 효과적인 해결책을 개진하는 데 필요한 분석을 밀어내는 것이라고 한다(Aberbach and Rockman, 1989: 299).

이 장의 요점을 뒷받침하듯 고위 공직자들조차 정책안에 대한 차선책을 찾는 데 미숙했다고 밝혔다(주로 백악관의 감시 때문이다). 장관급 비서관들은 위에서 언급된 교체 문제가 있는데도 자신이 지닌 영향력의 이점이 있음을 고백했다. 고위 공직자들처럼 상당히 안정된 직책에서 나오는 영향력으로 장관급 비서관과 같이 상대적으로 불안한 직책의 영향력을 대체하는 것은 단기 정책의 전통적인 완충 작용을 침해한다는 것을 암시한다.

공직자의 완충 작용을 더욱 희박하게 하는 것은 직업 공직자의 사기가 떨어지는 것과 관련이 있다. 폭넓게 사기가 저하되어 있고 표류하는 듯한 기분이 생기게 되며, 연방 정부와 사기업들의 보수 수준이 차이나는 것 등이 정부 고위 공직자들의 욕구불만을 가져왔다. 공공 서비스 국가위원회는 다음과 같이 보고한다. "그러한 결과로 미국 공직사회의 질이 떨어지고 있는지 판단하기 어렵습니다. 국내외에서 국정을 수행하는 사람 중에는 뛰어난 사람들이 여전히 많습니다. 그런데도 이제 공직자는 과거처럼 매력적이지도 않고 요구에 부합하는 데 유능하지 않은 것만은 확실합니다."

2) 기획에 대한 투자 감소

대통령의 전통적인 정책 아이디어 원천이 약화되는 것은 연방 정부 전체에 기획과 분석에 대한 투자 감소로 악화되었다. 월터 윌리엄(Walter William)의 말이다.

> 레이건은 정책 정보와 분석, 더 넓게는 행정부의 제도적 능력에 8년 전쟁을 선포했다. 어떤 수치나 사실 없이 정책의 정당성을 확신한, 가장 관념적인 대통령이자 분석에 반기를 든 최초의 현대 대통령이었다. 전문가들의 정책 정보나 분석, 충고를 싫어한 데다가 관심도 없었던 레이건은 인원이나 예산, 분석과 평가의 영향력을 대폭 줄임으로써 전후 기간 행정부에서 키웠던 제도적 분석 능력을 많이 활용하지 않았다(William, 1990: x).

10년 동안 인력을 감축한 탓에 정책 어젠다 평가 사무실에는 장기 정책을 개발하는 데 쓸 자원이 얼마 남지 않았다. 레이건 정부에서는 정부의 데이터 베이스의 골자가 빠져 향후 평가자나 분석가들이 일할 때 필요한 도구가 많지 않았다. 그러므로 애버바흐와 로크만에 따르면 레이건 개혁은 분석에 필연적인 영향을 끼치게 되었다.

> 적어도 20년 전 미국에서 정책 분석은 변화를 거부하는 구조를 탈피하는 방법으로서 포괄적 변화를 자극하기 위한 방법이라고 인식되었다. 그렇지만 현재의 정

치 리더십의 강력한 아이디어가 비점증적인 변화를 이끌었다는 것은 모순적이다. 또한 그 결과는 정치적으로 민감한 예산 위기에 대처할 명목의 '판 깨뜨리기 전략'을 양산했다. 이는 얼마간 정책 입안자들이 새로운 정치의 한계나 마감일과 싸울 때, 정책 분석이 뒤로 밀려나게 했다(Aberbach and Rockman, 1989: 299~300).

여기서 연방 정부의 평가 능력이 떨어진 것을 말하려는 것이 아니다. 연구의 수나 범위는 엄청나게 늘어났다. 회계감사원에 따르면 정책 어젠다 평가를 위한 자원은 1980년부터 1984년 사이 감소되었고 정규직 인원과 예산 총액도 줄었다. 평가 단위의 수가 줄었을 뿐 아니라 평가 종류도 상당히 줄었다. "일반적으로 저비용, 단기 전환, 내부 연구와 비전문적인 보고서 등 고위 관리나 정책 관리자들의 요청에 의해 만들어진 것들은 수치상으로는 증가되었지만, 포괄적이고 장기적이며 외부에서 시행된 연구와 훨씬 전문적인 보고서는 반대로 줄었다"(GAO, 1987: 2).

예를 들어 1980년 정책 어젠다 평가에 관련된 정부 부처는 180개에서 1984년경에는 133개로 줄었다. 같은 기간에 기관의 예산 총액이 전체 4% 올랐지만 회계 자원은 37%(약 1,980달러) 감소되었다. 보건교육복지부에는 여전히 기획평가청이 있었지만 직원 수는 300여 명에서 150명으로 대폭 줄었다. 회계감사원이 당시 추측한 대로 정부 전체에 걸쳐 '생산물'의 품질 감소는 명백했다.

단기 저비용의 비전문적 연구는 일반적으로 정책 어젠다 결과에 대해 설득력 있는 정보를 제시하지 못했다. 그러므로 정책 결과에 대한, 전문적으로 합당하며 포괄적인 평가는 이에 필요한 자금을 조달하고 인원을 채용하기 위해 상당히 큰 투자금을 필요로 하기 때문에 이러한 정보는 앞으로 훨씬 줄어들 것이다. 보고서의 증거를 보면 대규모·소규모 연구결과는 의회와 국민이 쉽게 사용하지 못하게 되었다(GAO, 1987: 4).

짐작한 대로 이런 경향은 레이건의 중임 중 완화되지 않아 회계감사원은 특별히 작성된 인수 브리핑 문서에서 다음 대통령에 대한 관심을 다음과 같이 표명했다. "많지 않은 예외를 제외하고는 정책 어젠다 평가와 데이터 수집 능력 모두 행정부를 심각하게 좀먹었다"(GAO, 1988: 1). 안타깝게도 보고서가 나올 때쯤에는 더 많은 부서가 사라졌다. 예를 들면 국가보훈처에서 정책 기획과 평가 부서는 새로운 부서기관에 의해 완전히 잠식당해 독립적이고 객관적인 연구를 기대할 수 없게 되었다.

아마도 더욱 중요한 것은 레이건이 재집권할 때 데이터 수집에 투자를 계속 감소했던 것이 정책 평가를 영구적으로 손상시켰다. 정책을 평가하는 기본적인 정보 없이, 정부는 미래에 대해 사실상 계획이 없었기에 문제를 예방하려는 노력을 멈췄고, 정책 분석가들과 대통령이 임명한 사람들은 그들이 잘 볼 수 있었던 단기 전략에만 매달렸다. 대통령은 정보 수집을 줄인 대가로 정보 분석 결과를 얻지 못한다.

이렇게 많은 지연과 삭감을 위한 하나의 방편은 1980년 「문서감축법(Paper Work Reduction Act)」으로 예산관리국이 모든 정보 취합 요청에 대한 취급 절차를 정할 수 있게 한 것이었다. 일례로 예산관리국은 질병관리센터에서 일련의 연구를 지체시키는 데 이 법을 이용해, 결국 하원 보고서가 작성될 때 예산관리국은 심각한 보건 문제에 대한 국민의 정보 요청에 답하기 위한 정부의 연구 노력을 지체시키고 방해했다고 결론지었다(U.S. House of Representatives, 1986: 3).

과거에 「문서감축법」을 사용해 환경과 보건 연구를 지연시켰음을 떠올려보더라도 대통령 정책 과정의 중요성은 축소될 수 없다. 정보에 대한 대통령의 관리를 확대하고자 도입된 법은 의도하지 않게 대통령이 정부 내 연구 자료에 접근하는 것을 줄이는 결과를 낳았다. 이는 장기 정책 어젠다를 마련하기 위해 필요한 연구 자료였다. 예산관리국은 증거 자료를 제공한다. 문서 검토 과정에 대한 자세한 연구는 다음과 같이 기술된다. "취급 절차가 어려워서 몇 가지 데이터의 취합을 그만둔 기관이 있음을 발견했다. 이런 기관의 경우, 예산관리국

검토가 자료의 이용 가능성을 저하시켰다. 이로 말미암아 새로운 자료 수집 및 연구 지향적 자료 수집을 표명하는 경향을 낳았다"(GAO, 1989: 64).

6. 실행 가능성

조급함의 문화와 장기 계획에 대한 자원의 제한에 직면했지만 대통령의 정책 기획가들은 여전히 장기 정책을 계획하고 있었다. 그러나 그 실행이 성공적일 것이라는 예측은 줄어들고 있다.

대통령과 참모들이 표면상 논리적인 존재라 가정해보자. 그들이 주변 세계를 조사하고 단기 정책을 위한 결과와 장기 대안 개발 비용, 국민 지지율과 역사 평가에 대한 영향 등을 평가해 그에 따라 행동한다. 이러한 계산에는 의회에서 성공할 가능성에 대한 추측이 포함된다(의회에서 대규모·장기 정책안의 제안에 대해서는 훨씬 더 큰 가능성이 있을 것이다). 또한 성공적으로 적시에 이행할 가능성을 계산한다.

간단히 말하면 대통령은 입법 절차나 행정 이행 중 어느 쪽의 가능성도 없다면 정책안에 투자하지 않는다. 즉, 성공 가능성이 줄어든 것이다. 앞서 언급했듯, 의회에는 얼마 안 되는 어젠다 공간을 놓고 경쟁이 심하기에 입법 사업가들의 관심은 예산 정치에 쏠리고, 장기 이슈에는 소홀하다. 스티븐 스미스(Steven Smith)가 언급했듯, 더 많은 사람들이 '무일푼으로 하려는 의지'를 보일 때, 최종 통과까지는 더 많은 위험이 도사리고 있다(Smith, 1989). 대통령에게 중요한 것은 제도적 변화가 자주 일어난다는 사실이다.

다음에 이어질 논쟁의 요점과 더불어 대통령이 입법 통과 가능성을 확인했더라도 점점 확대되는 지명자 교체와 공석은 성공적인 이행 가능성을 극도로 제한한다. 더군다나 실행을 대체하는 안으로 행정부 내 모니터링 능력을 확대했을 뿐 아니라 정책 관리 자원에 대해 10년 동안 이어온 투자 감소가 있었다.

둘 다 실행 가능성을 더욱 훼손하고 있었다. 물론 그 본질상 장기 정책은 행정부의 실행 가능성에 더 큰 무게를 둔다. 정책 결과를 대통령이 떠난 후 몇 년이 지나서야 얻을 수 있기 때문이다.

1) 새로운 모니터링

행정부에서 지난 10년간 새로운 모니터링 방침을 세운 것은 공공기관에서 가장 두드러진 추세였다. 이 정책은 책임의 증가와 정치적인 위험 관리의 두 가지 목표에 초점을 두고 있다.

주택 도심 재개발 바람에 힘입어 조 단위 달러의 저축과 부채 위기, 연금급여보장공사에서 최근 생겨난 문제는 행정부의 모니터링 역량과 정책 자체에 투자했더라면 결코 일어나지 않았을 것이다. 일반적인 사기와 낭비, 남용을 없애기 위해 1978년 이후로 제정된 법령 가운데, 1980년 「회계감사원법(General Accounting Office Act)」, 1980년 「문서감축법」, 1982년 「연방 관리자 재정 청렴법(Federal Managers Financial Integrity Act)」, 1984년 「정책 사기와 시민 구제법(Program Fraud and Civil Remedies Act)」 등이 있다.

결과적으로 워싱턴에서의 시행은 '취약성 평가', '내부 관리', '성과 감사', '재정 청렴도' 등과 같은 새로운 단어로 채워졌다. 그 법령을 완전히 적용하는 데 필요한 자금과 직원이 부족하고, 한물가서 서로 호환되지 않는 400여 개의 시스템을 새로운 회계 시스템으로 대체하기를 꺼려하는데도 새로운 모니터링 방침은 부서와 기관이 실행하는 방법에 틀림없이 영향을 미쳤다.

워싱턴의 감시단들이 그랬듯 의회와 대통령도 이러한 다양한 법령을 책임감을 높일 자극제로 봤다. 하지만 이는 새로운 정책 실행자들이 '쥐덫 놓기식 포획(Gotcha)' 감사에 따른 단기 위험을 두려워하게 하는 의도치 않은 결과를 낳았다. 모니터링 역량은 의회와 감시단, 회계감사원에 의한 독립적인 감사와 조사를 의미하기 때문에 정책 관리자들은 자신의 부서와 기관이 이미 많은 시간이 필요한 이행 절차를 한층 더 검토함으로써 더욱 철저히 위험 관리를 한다. 대통령은 장기 정책의 성공적인 이행 가능성을 평가하는 결정이 소심한 대응을 만연하게 할 수 있음을 염두에 둬야 한다.

더욱 중요한 것은 이러한 모니터링 법령을 시행하기 위한 자원이 한정된 것이기는 하나 정책 및 관리부서 등에서 제공되었다는 점이다. 간단하게 말하면, 정부에서 새로운 감시단이 생기는 것은 사기나 낭비, 남용을 발견할 수 있는 가능성을 실제로 증가시킬 수 있다.

그러나 새로운 모니터링이 1978년 「일반감사법(Inspector General Act)」, 1978년 「정부윤리법」, 1980년 「문서감축법」 등과 같은 법령에서 비롯된 것은 아니다. 대통령과 예산관리국에서 비롯된 것도 있다. 레이건은 '행정명령 제12,291호'와 '행정명령 제12,498호'를 통해 '요람에서 무덤까지' 이어지는 규제 법안 설정 절차를 신설했다. 이처럼 논란을 일으키는 심사 시스템은 당시 포드 대통령이 주요 법규를 따르려는 첫 번째 노력을 시작했을 때만 해도 불가능하다고 간주된 정도에 이르기까지 백악관의 행정 관리를 중앙 집권화했다.

이러한 감시는 기관과 비용의 중복을 통해 보장되었다. 그러나 규제 심사를 열렬히 지지했던 사람도 예산관리국의 광범위한 내부 서류 작업(외부 서류 작업을 줄임으로서 생긴 모순된 결과)이나 허가받은 사항을 진척시키기 위해 필요한 협상과 조율 과정에서 계속 지연되는 문제점이 무엇인지를 인식했다.

절차가 계속 지연되자 의회와 법원이 기관의 활동에 대한 최종 기한을 설정하는 경향이 증가되었다. 이 때문에 법률학자 헤롤드 브루프(Harold Bruff)가 '행정상의 겁쟁이 게임'이라 부른 문제가 나타났다. "정부 기관은 최종 기한에 맞춰야 하는 공적인 책임이 있으므로 지연 위험에 취약하다. 동시에 정부 기관은 마감일이 다가올 때까지 예산관리국에 제출하는 것을 보류해 바로 심사하도록 압박할 수 있다. 사실 정부 기관이 늑장을 부리면 심사를 완전히 피해갈 수도 있다"(Bruff, 1989: 568). 정부 기관의 재량권에 대한 이 주장은 오늘날 대통령학 연구자들이 직면한 가장 중요한 문제이기도 하다. 대통령은 점차 정책입안의 자율성과 유연성을 확보하려는 참모들과 행정 실무자들에 대해 어젠다 설정 과정의 통제력을 확보할 필요성이 증대되고 있었다.

위에서 언급된 책임 법규와 같이 새로운 규제 모니터링은 대통령 자신의 정책 어젠다이더라도 지연에 대해 비용을 부가한다. 예를 들어 노동부가「문서감축법」에 대한 예산관리국의 해석을 위반하지 않은 입법적인 평가안을 세우기 위해 노력했을 때, 레이건의 직무훈련 파트너십 법령의 이행은 심사 절차로 인해 늦춰졌다. 즉, 정부 기관이 환경과 보건정책을 너무 빨리 진행하지 않게 하기 위해 심사 절차는 대통령의 정책 업적을 이행하는 방법을 맡는다.

2) 관리에 대한 투자 감소

모니터링의 증가와 더불어, 지난 10년 동안은 발의된 정책 어젠다를 관리하는 정부 능력에 대한 투자가 전반적으로 감소했다. 이 투자 감소는 두 가지 기본적인 방법으로 대통령 어젠다에 영향을 미친다.

첫째, 정부는 단기 정책을 추진하는 중 위기에 더 취약하다. 예를 들어 총 감사역 찰스 보셔(Charles Bowsher)에 따르면 더 좋은 규제 시스템과 인력 교육에 투자하지 못함으로써 저축·대출 재앙을 불러왔으며, 미 국세청의 구닥다리 컴퓨터와 직원 채용 문제는 1,000억 달러의 수익 감소를 낳았다.

둘째, 투자 감소는 장기 정책이 성공할 수 있다는 데 대한 정책 기획자들 간 신뢰를 약화시켰다. 예를 들어 모니터링 부서의 인력과 자금 요구를 고려해보자. 인력 사무소를 대폭 줄이면 그 공백을 메우느라 정책은 계속 지연된다. 물품 조달 사무소를 대폭 줄이면 계약에 걸리는 시간이 늘어난다. '기관 합병'(새로운 정책의 초기 비용이나 불명확한 예산 삭감이 요구한 전면적인 축소를 표현하는 단어)으로 두세 개의 정규직을 줄인 것은 국가보훈처와 같이 큰 기관조차 운영 지원 과정에서 커다란 비축품을 갖는다는 것을 의미할 수 있다.

관리 정원 축소는 예산관리국에서 잘 설명된다. 이 기관의 관리 측면은 시간이 지나면서 약화되었다. 로널드 모(Ronald Moe)에 따르면 관리를 전담한 직원 수는 1970년 224명에서 1980년 111명으로, 1988년에는 47명으로 줄었다. 모는 다음과 같이 결론지었다.

> 예산청 관리직원은 한때 다방면에 지식을 가진 고급 엘리트 집단으로서 대통령의 제도적 이권을 보호하고 이러한 일을 수행하는 관리 기관의 역량을 키워주는 데 진력했다. 그러나 1970년대가 지나면서 직원들은 축소되었고 관리 기능은 예산분석과로 넘어갔다. 조직상 문제들은 점점 더 관리적 측면과 결부되지 않게 되었다. 1980년대 예산관리국은 남은 예산·재무 시스템의 우선사항을 조직적으로 하위에 뒀다(Moe, 1990: 134).

영구적으로 폐지된 관리직도 있었고 예산관리국의 예산부서로 넘어간 관리직도 있었다. 관리 역량은 전체적으로 약화되었다. 대통령에게 선거에 대한 압력이 증가하고, 장기적 제안의 공급은 줄어들며 장기 전략이 성공적으로 실행될 수 있을지에 대한 가능성은 줄어들면서(첫해든 10년째든), 슬기롭게도 단기 정책에만 투자하게 되었다.

7. 향후 10년간의 승산 없는 대통령직

마지막 분석을 통해 대통령이야 그렇게 되기를 원하지 않겠지만, '승산 없는 대통령직'은 지금도 존재함을 알 수 있다. 게다가 이 장에서는 약화된 정당, 분화된 압력단체, 증가되는 정책 복잡성 및 감독 등과 같이 '승산 없는 대통령직'이 이기는 것을 훨씬 더 어렵게 하는 일련의 새로운 압력을 제시했다. 그러므로 부시(George H. W. Bush)가 물속에 잠기려는 순간에 자신의 대통령직 두 해 동안 정책을 기각한 것은 잘한 것이다. 그러나 부시가 원하는 정책을 개발하기 위한 내적 자원을 가지고 있었는지는 확실하지 않다.

지금도 확실하지 않은 것은 로이드 커틀러와 그의 헌법제도위원회가 옹호한 철저한 개혁이 필요했는지이다. 필자는 그러한 장기 정책은 당시 대통령과 의회의 단기적 관계에서 거의 성사될 가능성이 없었으리라고 추측한다. 미국 국민이 현명하게 워싱턴 경험이 많은 대통령을 선출하는 것처럼 대통령도 제9장에서 권고한 대로 계획을 진척하고, 전문가를 고용하고, 최우선사항을 설정할 만큼 여전히 현명하다.

미래의 대통령이 레이건을 본보기로 삼아 첫해에 단기 정책 어젠다를 선호할지는 더욱 불분명하다. 레이건이 역사에 남고자 한 바람을 이뤘다면, 그것은 지속적인 적자 유산을 통해 가능했을 것이다. 레이건은 월터 윌리엄이 일컫듯 비분석적인 대통령이 되었다. 레이건은 전통적인 아이디어의 원천과 싸워 이기면서, 그의 후임자들도 단기 정책 어젠다를 채택할 수밖에 없게 했다. 하지만 이것이 그가 원했을 빛나는 업적은 분명 아닐 것이다.

12

파생적 대통령 지위
the derivative presidency

1990년대가 대통령 어젠다에 특별히 우호적인 시대는 아니었다. 조지 부시는 국내 어젠다를 거의 갖고 있지 않았다. 외교정책을 좋아하는 경력 때문에 이미 특정 어젠다로 기울어진 데다가 '새로운 세금은 없다'는 그의 공약에 이미 한계가 있었다. 오히려 빌 클린턴(Bill Clinton)의 첫 임기 어젠다가 단순하면서도 더욱 야심적이었다. 대체로 부시 어젠다는 의욕이 넘친 탓에 연결되지 않는 생각들이 뒤범벅된 것으로 특징지어진다. 그러나 대부분의 어젠다가 폭넓게 나뉘어 있어, 심지어 《뉴욕타임스(New York Times)》가 부시 행정부에 대해 "대통령의 지위가 수천 개 부분으로 나뉜다면 어떻게 정의할 수 있는가"라는 기사를 실었을 정도였다.

그렇다고 해서 대통령직이 원래 작다는 것은 아니다. 하지만 부시 행정부에서의 북미자유무역협정(NAFTA)과 클린턴 행정부에서의 국가보건복지 개혁을 포함해 각 행정부에서 때때로 그리 크지 않은 제안을 했을지라도 1990년대는 국가 정책을 만드는 중심 도구로서의 대통령 어젠다를 확인하기 어렵다.

이와 대조적으로 대통령 어젠다는 위축된 것으로 보이는 한편 국가적인 논쟁을 구축하는 많은 안건들 중 단지 하나의 위상을 차지하는 것으로 점차 내몰렸다. 1960년대의 대통령 어젠다가 어떤 보이지 않는 외부 압력과 정치적인 과정에 노출되었다면 어젠다 형성과 관련된 근본적인 구조에도 어떻게든 변화가 왔을 것이다. 고전적인 공상과학소설 ─ 『놀랄 만큼 줄어든 사나이(The Incredible Shrinking Man)』─ 의 영웅처럼 대통령은 천천히 합법적인 어젠다를 만드는 세력의 시야에서 벗어날 수 있다. 비록 대통령이 공공정책을 수립한 이들과 함께 영웅적인 전쟁에 여전히 개입할 수 있을지라도 그들은 날카로운 핀이나 종이 클립을 가지고 할 수 있는 정도의 일이 많이 있었다.

몇몇 정치학자들은 이러한 위축이 적정하다고 주장한다. 그들이 올바로 주목하는 것은 미국이 대통령 어젠다에 너무 많은 것을 기대하고 있으며 학자들은 직접 입법 과정에서 대통령이 차지하는 역할을 너무 강조하고 있다는 것이다. 찰스 존스(Charles O. Jones)는 이를 효과적으로 경고했다. 대통령직에만 초점을 맞춤으로써 정부가 업무를 수행하는 방법이 얼마나 왜곡되었는지 유도해 낼 수 있다. 그는 수상작인 『분리된 체계하에서의 대통령직(The Presidency in a Separated System)』에서 이렇게 말했다. "분명한 사실은 미국에는 대통령 체계가 없으며, 분리된 체계가 있을 뿐이라는 것이다"(Jones, 1994: 2). 존스에게 국내 어젠다를 만드는 대통령 역할은 각 소유자의 자원, 이점, 전략적 입장과 함께 변한다. 어떤 대통령은 더 많은 기회를 가지고 집무실에 들어오고, 어떤 대통령은 기회가 적다. 그러나 모든 사람들이 미국의 헌법 제정자들이 확립한 견제와 균형에 따라 제약을 받는다. 대통령 어젠다가 해를 거듭하더라도 지배적으로 남아 있기를 기대하는 것은 집무실의 성격에 만들어진 정상적인 권력의 성쇠를 무시하는 것이다.

그러나 존스가 그러한 관점을 주장하는 유일한 정치학자는 아니다. 스티븐 스코로넥(Stephen Skowronek) 같은 대통령 역사가부터 존 본드(Jon R. Bond)와 리처드 플라이셔(Richard Fleisher) 같은 합리적 선택의 연구자, 조지 에드워즈와 단 우드(B. Dan Wood) 같은 학술적 연구자까지 이에 포함된다(Skowronek, 1993; Bond and Fleisher, 1990; Edwards and Wood, 1996). 에드워즈와 우드는 대통령은 대개 그들의 어젠다를 미디어와 세계적 사건에 의한 조기경보에 대응하는 '반응적 형태'로 파악한다고 봤다. 이들은 다음과 같이 결론짓는다. "대통령은 제도적 자원을 제한적으로 가지고 있으며, 모든 이슈에 영향 미치기를 원하지는 않는다. 그러나 대통령은 위험을 회피하는 행동가로서 다른 기관들이 이슈를 더 크게 고려할 가치가 있다고 판단될 때 충분히 관찰하고 대응했다"(Edwards and Wood, 1996: 26).

대통령 어젠다가 관련 없는 것이라고 주장하는 학자들은 물론 없다. 본드와 플라이셔(Bond and Fleisher, 1990: 230)는 "정책에 대한 대통령의 가장 큰 영향력은 자신이 추구하는 어젠다와 그것이 묶이는 방법에서 온다"라고 결론을 내렸다. 그 반면 존스는 많은 의견들 중 하나이기는 하지만, 어젠다를 만드는 대통령 역할에 주의한다(Jones, 1994: 181). 게다가 아이디어가 대통령 어젠다에 도달하는 과정과 대통령 어젠다 자체가 중요하다는 점에는 의문의 여지가 없다. 에드워즈와 배릿(Andrew Barrett)은 1951년부터 1992년까지 40여 년 동안의 대통령 제안 268건을 철저히 분석한 후 다음과 같이 주장했다. "대통령은 잠재적으로 중요한 합법적인 어젠다 공간을 얻는 데 매우 성공적이었다. 한 번은 어젠다 중에서 대통령이 제안한 것의 40%가 법률이 되었는데, 이는 의회가 제안한 것의 거의 두 배였다"(Edwards and Barrett, 1998: 19).

최근에는 대통령 어젠다가 커다란 정책을 만드는 퍼즐의 한 부분이라는 균형적 견해가 등장했다. 즉, 어젠다 형성 과정에서 의회, 언론 매체, 이해관계 집단, 법원 모두가 어떤 이슈는 해결되어야 하고 어떤 것은 남아야 하는지를 결정하는 데 필요한 지배적인 지원을 얻으려 애쓰고 있다는 것이다. 대통령 어젠다에 도달하는 것은 최후의 합법적인 통행권을 얻기 위해 내딛는 커다란 일보이다. 그러나 성공을 위한 마지막 또는 첫걸음은 결코 아닐 것이다.

물론 대통령 어젠다는 여전히 존재한다. 뒤에서 살펴보겠지만 부시는 한 기간에 평균 다섯 개를 제안했다. 반면에 클린턴은 첫 번째 기간에 평균 여덟 개 이상을 제안했다. 그리고 대통령 어젠다는 북미자유무역협정, 교육개혁, 가정의료 수준, 국가 서비스와 같은 논쟁에 여전히 영향을 미쳤다. 그런데도 대통령 어젠다에 대한 새로운 아이디어들은 지속적으로 침식되고 있었다. 아이젠하워 이래 대통령 여덟 명을 되돌아보면 부시는 자신의 어젠다 중 옛 아이디어를 채택한 점에서 현시대의 기록을 세우고 있는데 이는 클린턴이 바짝 뒤따르고 있다. 또한 부시는 자신의 어젠다에서 소규모 아이디어가 차지하는 비중에서도 현대적인 기록을 세우고 있다.

'파생적인' 대통령직을 좀 더 자세히 살펴보기 전에, 이 연구의 몇 가지 발견들을 정리하고 대통령 어젠다의 모습을 살펴보고자 한다. 하지만 1990년대에 대통령 어젠다는 여전히 똑같은 압력에 시달리고 있었다. 즉, 1960년부터 1989년까지 어젠다에 영향을 끼쳤던 똑같은 규정들에 의해 제한되었던 것이다. 어떤 면에서는 1980년에 이 책이 언론에 소개되었을 때보다 오늘날 압력이 뚜렷해졌고 규칙은 더욱더 성역화되었다. 대통령은 결코 어젠다를 움직이거나 잃는 것에 커다란 압력을 받아본 적이 없었다. 그리고 대통령이 미숙하거나 실수했다고 해서 더 위태로운 적도 없었다. 인내심이 없는 대중과 더 짧은 뉴스 순환에 직면하면서, 대통령은 낭비하거나 학습을 도울 시간이 없다고 여겼다. 만약 그들이 영향을 미칠 기회를 더 많이 가지려면 그들은 어젠다를 빨리 확정해야 하고 자주 반복해야 했다.

불행하게도 대통령은 자신이 해야 하는 일을 수행하기 위해 얼마나 준비하고 집무실에 들어가야 할지 몰랐다. 41대 대통령이었던 조지 부시와 제3당의 로스 페로(Ross Perot), 클린턴 후보 간의 치열한 대결에서 클린턴이 대통령이 되기 위해 투자한 시간과 노력은 많지 않았다. 그는 선거운동 시 이행기 계획을 세우지 않았고, 실망스러운 내각 인선에 3개월 이상이나 소모했다(Jones, 1998). 엘리자베스 드류(Elizabeth Drew)가 클린턴에게 내린 결론은 이랬다. "본격적으로 시작하십시오."

1. 레이건 이후 시대에 어젠다 만들기

클린턴이 첫 임기의 첫날에 자신의 어젠다를 만들었을 때 시계 소리를 들었을 것이다. 그는 주도권을 행사하는 데 쩔쩔맸으며, 어젠다에 과부하가 걸리는 상황을 맞이했다. 이는 첫 임기 내내 자주 등장한 풍경이었다. 또한 워싱턴에 문외한이었던 순진함 탓에 실수가 잦았다. 가령 군대에서 동성애자를 둘러싼 논쟁에 휩쓸리거나, 내각을 지명하는 데 주저함으로써 일찌감치 우유부단하다는 명성을 얻었다. 게다가 끝없는 논쟁에 엄청난 관용을 보임으로써 정부가 시간을 잃고 있다는 느낌을 줬다. 클린턴이 대통령직을 맡은 지 몇 주 만에 참모들은 극도의 피로감을 호소하며 불평했다(Drew, 1994).

클린턴의 개인적 스타일이 무엇이든지 간에 그의 어젠다는 앞서 확인된 두 개의 상쇄하는 주기를 따르는 형세를 보였다. 케네디 대통령부터 레이건 대통령에 이르기까지 행해진 것처럼 영향력 감소 주기가 부시와 클린턴이 어젠다를 제한하는 데 힘을 쓰도록 계속 작용했다. 이는 중간 선거에서 정당 의석수가 침식된 것으로 증명된다. 공화당은 1990년 선거에서 하원 아홉 석을 잃었고, 상원 한 석을 잃었다. 하원에서 이미 인상적인 민주당 주도가 더욱더 강화되고 있었다. 하지만 민주당은 1994년 선거에서 대패해 하원 52석을 잃었고, 상원 아홉 석을 잃었다. 40년 만에 처음으로 공화당이 양원에서 다수당이 되었다. 비록 대통령은 자신과 의회가 정당에 따라 분할되더라도 여전히 통치할 수 있지만, 부시와 클린턴의 첫 번째 기간에 발생한 의석수의 손실은 대통령을 더욱 서두르게 했다.

여전히 대통령의 정치적 자산으로 정당 의석수가 중요한 기준으로 남아 있기는 하지만, 부시와 클린턴의 재임 기간에 대중의 지지는 점차적으로 어젠다에 의한 영향에 초연해졌다. 20년 전만 해도 대중 지지는 유사한 경향을 보였다. 대통령의 임기는 대중 지지의 절정에서 시작해 지속적으로 하향세를 보였다. 그러나 가끔은 외교정책 위기 때문에 충돌하고, 지지가 소수의 연합 현상에 좌우되는 것으로 나타났다. 각각의 결정이 대통령 지지자의 일부를 화나게 했고, 계속되는 투표를 통해 서서히 침식되는 지지율을 확인할 수 있었다.

1960년 이래 모든 대통령들이 지켜온 흐름이 부시와 클린턴 정부에서 방향을 바꿨다. 부시가 가장 난폭한 운전자였다. 그의 지지율은 거의 50%에서 시작했고, 다음 2년 동안 70% 대까지 지속적으로 올랐지만, 1990년 중간 선거에서 20%대로 떨어졌다. 걸프전쟁 이후 예상하지 못한 상승세를 보였다가 1992년 선거를 앞두고 경제 침체 때문에 다시 50% 수준으로 떨어졌다. 이 통계로는 그렇게 지지율 변화가 심했던 부시가 어떤 방법으로 자신의 지지율을 입법적 이점의 원천으로 삼을 수 있었는지 규명하기 어렵다. 또한 그러한 불안정성이 대통령이 의회에서 자신의 제안의 명분과 성공 가능성을 납득시키는 데 도움이 되었는지를 설명하기도 매우 어렵다.

클린턴의 지지도는 훨씬 질서 있는 양상을 보였다. 그러나 과거 대통령들과는 방향을 달리했다. 정확히 43% 득표에 의해 대통령직을 얻음으로써 그의 지지는 50% 범위 중간에서 시작해 급격하게 20%가 떨어졌다. 그리고는 1996년까지 천천히, 하지만 꾸준히 50%까지 올라갔다. 그의 지지는 1997년과 1998년 초까지 지속적으로 올라갔다. 심지어 백악관 인턴인 모니카 르윈스키(Monica Lewinsky)와의 관계가 폭로되었는데도 지지율은 상승했다. 1998년 2월에 클린턴의 지지율은 71%였다. 한 달 만에 9%를 더 얻었다. 국민과 신문을 위한 퓨(Pew) 조사센터의 패널 조사에 따르면 대통령의 새로운 지지자 중 5분의 1은 클린턴의 노동부 연설에 이끌렸다. 섹스 스캔들이 있었는데도 업무 수행 능력 때문에 6분의 1이 지지했다. 모든 응답자들 중 절반가량이 대통령을 개인적으로 좋아하지 않는다고 말했지만, 70%는 그의 정책을 좋아했다(Pew Research Center, 1998a: 1).

만약 부시의 롤러코스터와 같은 기복이 행운(걸프전쟁)과 나쁜 타이밍(완만한 경제 하강)의 혼합을 반영했다면, 클린턴의 지속적인 오름세는 대중의 동정심을 얻은 꾸준한 노력의 반영이었다. 에드워즈는 "클린턴 정부는 대중적 대통령직의 전형적인 사례인데, 미국 국민의 지지를 얻기 위한 지속적인 선거운동의 한 기준이었으며 대중적 의견투표와 중요한 집단과 홍보 메모로 육성된 사례였다. 백악관 내에서 클린턴의 대통령 선거운동을 이끌어온 정치 컨설턴트들이 이전에는 보지 못했던 존재감과 영향력을 가지고 있었다"라고 밝힌다(Edwards, 1996; Jacobs and Shapiro, 1994).

비록 클린턴이 커넬(Kernell, 1993)이 전략적으로 언급한 '대중에게 다가선' 첫 번째 대통령은 아니었지만, 자기 노력으로 전임자들의 업적을 가리고 자신을 부각시켰다. 이해를 구하고 대중의 의견에 영향을 미치는 데 더 많은 시간, 에너지, 자본을 소비한 대통령은 그때까지 없었다. 클린턴은 결코 선거운동을 멈추지 않았다. 그가 실제로 재선에 대한 도전을 발표하기 전 거의 1년 동안 대규모 미디어 선거운동을 수행했다. 비록 자금 모집 운동이 결과적으로 자신의 스캔들을 만들어냈지만, 클린턴의 높은 대중적 지지는 자신을 상원 조사에서 벗어날 수 있게 했다. 미국인들은 "모두가 클린턴이 '그것'을 추진한다"라고 확신하기 시작했다. 모두가 인기 있는 대통령에게 의문스러운 혜택을 줄 준비에 나서고 있는 것처럼 보였다.

클린턴이 자신의 지지율을 순전히 혼자서 올릴 수 있었는지는 의문이다. 강력한 경제나 미래에 관해 증가하는 대중의 낙관주의 없이 홍보에 들어가는 돈만으로 영향을 미칠 것으로는 보이지 않는다. 1997년의 예산과 세금 합의를 가능하게 했던 경제는 마침내 클린턴이 균형예산을 위해 신용을 주장하도록 허용했다. 오히려 지지가 입법을 성공시키는 정치적 자본의 형태로 전환될 것인지가 의문이다.

이제 더 어려운 문제가 남는다. 클린턴의 지지율을 끌어올렸던 1998년의 국정연설 메시지에 대한 높은 인기는 공화당이 의회에 많이 진출하면서 분명히 수그러들었다. 백악관의 섹스 스캔들이 미국 대중에게는 중요한 문제가 아니었지만, 공화당 의회에서는 가장 중요한 문제였다.

물론 대중의 지지를 얻기 위해 대중에게 가는 것이 비용을 줄일 수 있다는 주장은 전적으로 가능하다. 지속적인 선거운동을 통해 만들어낸 지지가 대통령직의 수행을 통해 얻은 지지와 같은 것은 아니다. 커넬은 "인기는 아이스크림과 같은 것"이라고 말한다. "사람들은 그 속에서 더 많은 것을 소비하고, 그 다음에 도움이 되는 것에 더 적게 만족한다. 어떤 점을 넘어서면, 대중 지지에서 부가적으로 증가할 수 있는 가치는 급격히 축소될 것이다"(Kernell, 1993: 201). 비록 커넬이 축소로 돌아가는 점이 대통령의 리더십 스타일과 정치적인 상황 전환 때문에 정확히 변화된다고 주장하고 있지만, 축소로 전환되는 점도 정치적 자산에 대한 정당 지지와 밀접하게 연결되어 있다. 정당 의석은 여전히 대통령 어젠다 확정을 위한 중요한 기준으로 남아 있다. 대통령 지지의 단기적 수익은 그 의석들의 영향력을 더 유연하게 만들 수 있다. 그러나 다음 선거에서 지지가 강한 후보자의 힘을 만들어내지 못하는 한 공화당의 의석을 민주당의 의석으로 바꿀 수는 없다.

정당 의석의 영향은 두 가지 방법에서 명백하게 나타난다. 첫째, 단일화된 정부는 대통령 어젠다가 입법 어젠다를 압도할 가능성을 증가시킨다. 에드워즈와 배릿은 다음과 같이 말했다. "대통령은 자신이 의회에서 다수당에 속할 때 자신을 따르는 당원들이 의회 어젠다를 만들게 하고, 공유된 아이디어의 공감대를 형성하는 것을 그들에게 미루려 한다." 둘째, 단일화된 정부는 대통령의 시도가 실제 통과될 것이라는 가능성을 증가시킨다. 에드워즈와 배릿의 데이터에 따르면 대통령과 의회가 같은 정당일 때 대통령 시도의 52%와 의회 시도의 단지 16%가 법률이 된다. 대통령과 의회가 다른 당일 때 대통령의 시도 27%, 의회 시도 25%로 수치에 균형이 잡힌다. 이런 점에서 클린턴의 몰락은 1994년 중간 선거에서 민주당이 다수를 놓쳤을 때 찾아왔다.

만약 영향력 감소 주기가 이 책의 첫째 판에서 지적한 대로 여전히 유지된다면, 증가 효과는 더 명백했을 것이다. 대통령은 그 자체로 더 배우지 못할 수 있다. 그러나 그들은 더욱 어렵다는 것을 발견하게 되고, 추종자들을 지명한다. 많은 문제들이 대통령을 지명하는 과정에 남게 되고, 그 안에서 여러 직무와 중

가하는 어젠다 평가가 대통령의 주요 업무를 대신했다. 그렇게나 집요한 어젠다 평가가 이토록 짧은 시간에 많은 직무에 채워진 적은 없었다. 매켄지가 어젠다 평가의 어려움을 다음과 같이 요약했다.

PAS(상원의 인준을 요하는 대통령의 지명) 숫자가 계속 증가되고 있었습니다. 책임자에게 전가되는 복잡한 책임 때문에 인재 선발자는 특별한 전문지식과 경험을 지닌 지명자를 확인해야 했습니다. 지명 과정의 원칙적인 구성은 윤리와 개인적인 배경의 점검입니다. FBI 조사와 상원 인준은 정교하게 진행되었으며, 시간이 오래 걸렸습니다. 행정 사무의 저평가, 새로운 프로그램을 위한 자금의 결핍, 지속적으로 낮아지는 급여는 많은 재능 있는 사람들을 수용하지 못하게 했습니다. 공격적인 상원의원과 약점을 찾는 보도진과 칼럼니스트들이 그들을 위협했습니다(Mackenzie, 1996: 67).

각 정부를 통과하면서 어젠다의 법안 통과 지연이 증가하는 것은 놀랄 일이 아니다. 예를 들어 1961년에 케네디가 첫 번째로 지명한 사람들은 모두 상원에 의해 인준되었다. 그리고 취임 후 두 달 만에 사무실에서 선서했다. 8년 뒤 닉슨의 첫 번째 지명자들은 취임 후 3.5개월 만에 사무실에 들어갔다. 8년 뒤 카터의 첫 번째 총 지명자는 취임 후 5개월 만에 사무실에 들어갔다. 모두 훌륭한 성과이다. 그러나 1989년에 부시의 첫 지명자들은 취임 후 8개월 만에 사무실에 들어갔다. 그리고 4년 뒤 클린턴의 첫 지명자들은 8.5개월 만에 사무실에 들어갔다. 대통령에게 주어진 기간은 48개월이지만 3개월의 재선 운동 기간이 있으므로 대통령이 여전히 자신감을 가지고 활동할 수 있는 기간은 45개월이다. 지명 과정에서 임기의 5분의 1이 임명 지연으로 손실되는 것은 어젠다 확정 과정에서 결코 적은 부분이 아니다. 클린턴의 지연은 부분적으로 권력이 정당에 주어진 데 따른 문제였다. 레이건이 누렸던 것을 자신의 새로운 회기로 편하게 넘겨받을 수 있던 부시와 달리 클린턴은 공화당 치하 12년 후에 대통령직을 이

어받았다. 클린턴은 이 책에서 다룬 어떤 대통령보다도 신속하게 자기 사람들을 사무실로 데려올 필요가 있었다.

그가 조직 혼란과 클린턴 캠페인을 함께 반영시키는 데 실패한 것은 미국의 단면도처럼 보이는 내각 성격 때문이었다. 클린턴은 캠페인 동안 최고 직무의 목록을 만들고 이력서를 수집하려고 노력하지 않다가 11월에야 급하게 시작했다. 자신들의 거주지에서 사회보장세를 내지 않은 몇몇 후보들의 지명에 실패하면서 클린턴의 인선 과정은 끝없는 교차 점검으로 점철되었다. 매켄지에 따르면, 법무장관인 재닛 리노(Janet Reno) 지명은 전통적인 미국 연방수사국(FBI) 조사를 제외하고도 200통 이상의 전화통화를 통한 확인을 거쳐 이뤄졌다. 조 베어드(Zoe Baird)와 킴바 우드(Kimba Wood)를 지명한다는 제안이 불타버리자 대통령에게 낭패가 될 인사상 문제점을 사전에 찾아내겠다는 인사팀의 외침도 위축되었다.

클린턴이 임명 문제에 어려움을 겪었던 유일한 대통령은 아니다. 부시는 텍사스 주 상원의원인 존 타워(John Tower)를 국방장관으로 임명하기 위해 싸우면서 초기의 귀중한 시간들을 잃었다. 하지만 부시와 비교하더라도 클린턴이 내각 인선에서 발생한 새로운 표준을 적용하는 데 문제가 더 많았던 듯하다. 지명자가 가정부들을 위해 사회보장세를 냈는지 안 냈는지에 대한 의문이 있었지만, 이는 1993년 이전에는 전혀 문제되지 않았다. 그러나 클린턴이 몇몇 고위직 여성들을 내각에 지명했을 때 그러한 문제가 발생했다. 클린턴은 나중에 CNN의 래리 킹(Larry King)과 나눈 인터뷰에서 다음과 같이 언급했다. "전에는 결코 문제가 아니었습니다. 그런데 갑자기 큰 이슈가 되었고 언론이 그 문제로 사람들을 웃음거리로 만들어버렸지요. 그것이 문제였고 우리는 이를 해결해야 했습니다. 이제 공정하고 분명한 규칙이 있기 때문에 앞으로 다시는 그런 일이 생기지 않을 것입니다." 아마 고위직에 임명될 잠재적 후보들은 고뇌하며 법을 준수하기 시작했을 것이다.

이런 조직적 문제들이 고위 임명직을 채우는 일을 복잡하게 했다. 대통령은 정부에 그다지 참모가 많지 않았다. 1992년에 상원에서 인준을 받아야 하는 1,000여 명의 지명자를 포함해 대략 3,000여 개의 정치적 자리가 연방 정부에 있다. 또 다른 600여 개의 비경력직이 고위직으로 분류된다. 연방 인사 코드 계획 C에 따르면 실행 참모와 1,500여 개의 개인 보좌관 자리가 있다. 상위 직책을 확인하는 것만도 쉬운 일이 아니기 때문에 자리를 차지하기 위해 모든 개인적 생활을 희생할 준비가 되어 있는 우수한 개인들을 찾는 일은 소홀하게 여겨진다.

경력직 공무원의 상위직과 중간직 모두 인적 충원이 증가했고 연방 정부의 '충원 부담'은 대통령의 지명 과정을 복잡하게 했을 뿐 아니라 명령체계의 굴곡으로 정보 흐름을 손상시켰다. 연방 정부의 상위직 숫자는 정무직과 경력직을 통틀어 대략 1960년 450명에서 1997년 2,400명으로 증가했다. 1960년에 10개 부서가 있었는데, 1997년에는 14개 부서가 있었다. 1960년에는 장관 밑에 15명이 있었는데, 1997년에는 41명, 장관 보좌관은 87명에서 212명이 되었다.

비대해지는 정부의 인적 충원 문제는 단지 정치인과 경력자 숫자만의 문제가 아니다. 문제는 어떻게 그러한 숫자가 분류되어 대통령과 정부 고위층 사이에 배치되며 관리될지이다. 1960년에 연방 정부의 고위직에 정무직과 경력직에서 상위 관리자의 층은 17단계였다. 1997년 정부에는 49개의 상급 관리자 계층이 있었다. 이들은 장관, 차관, 부차관, 보좌관, 행정관 등 새로운 신설 고위직을 포함했다. 1960년에는 부에 장관을 위한 비서실장이 없었지만 1997년에는 14개 부서 중 13개 부서가 비서실장을 뒀다. 1960년에는 차관 보좌관이 없었는데 1997년에는 여덟 명이 있었고, 1960년에는 부보좌관이 없었는데 1997년에는 13명이나 되었다.

정부 조직 비대화는 내각 부서와 연방 부서의 조직 비대화로 이어졌다. 백악관 참모의 규모도 커지고 범위도 넓어졌다. 1960년에 백악관 참모진은 비서실장 한 명과 대통령 상임 보좌관 한 명, 부보좌관 여섯 명, 특별 보좌관 20명, 특별 부보좌관 한 명으로 구성되었다. 1997년에는 비서실장 한 명과 부비서실장

두 명, 대통령 상임 보좌관 18명, 부보좌관 32명, 특별 보좌관 19명, 부부보좌관 34명으로 구성했다. 비슷한 조직 비대화가 예산관리국에서도 생겨났다. 단지 세 개의 계층이었던 것이 1993년에는 여덟 개가 되었다. 1960년에는 아무 부서도 없던 부통령 사무실에도 앞서 살펴본 참모직이 신설되었다.

이러한 조직 비대화가 영향력 증가 주기에 미친 영향은 무엇인가? 이론적으로 더 많은 참모들이 더 많은 정보를 생산하고 접촉을 시도해야 했다. 새로운 정보 학습을 가속화해야 했다. 하지만 실제로는 그러한 정부 조직 비대화만 진행된 것은 아니다. 정보는 대통령과 고위 참모에 도달하기 전에 더 많은 채널을 거쳐야 했기에 지체와 왜곡 가능성이 생겼다. 정보는 조직 문화가 느슨해지더라도 여전히 정부 위계 구조를 거치면서 잘못 형성되었다. 사법부에서 중요한 정보를 얻으려면 세 단계가 아니라 여섯 단계를 거쳐야 한다는 것은 정부의 위계 구조를 지날 때마다 어젠다 평가가 복잡해짐을 의미했고 목적지에 도달할 때까지 더욱 왜곡되어야 함을 의미했다.

게다가 대통령의 고위 지명자들은 현재 다른 자리로 옮기거나 그만둘 때까지 평균 재직 기간이 18개월에 불과할 정도로 이직률이 높다. 이는 정부 내에서 각자가 새로 시작하는 여러 개의 학습 곡선을 그리게 한다. 필자가 최초에 제시한 순환 주기 개념은 시간이 흐를수록 좀 더 영리하고 효과적인 정부가 형성되는 것이었다. 하지만 최근 대통령직에서 나타나는 정부형태는 효과적이며, 재능 있는 참모가 불가피하게 이직하는 고통을 겪고, 모든 학습을 새로 시작하는 모습을 띤다.

그런 불안정한 순환 과정에서 안정적인 사람은 대통령, 부통령, 그들의 배우자일 뿐이다. 승진을 통해 공석을 채우는 참모들이 생겨나지만, 분명 효과성에 결함이 있을 것이다. 정부에서 초기에 발생하는 학습 기회가 중요해진다. 정부의 초기에 워싱턴의 일들이 어떻게 움직이는지를 배운 고위 지명자는 사실상 재배치되지 않을 것이다. 그래서 클린턴도 자신의 옛 선거운동 고문이자 첫 임기에서 절친한 친구였던 제임스 카빌(James Carville)이나 폴 베갈라(Paul Begala)

를 1998년의 섹스 스캔들에서 벗어나자마자 백악관으로 돌아오게 요청했을 것이다. 첫 임기에 제대로 된 교훈을 얻지 못한 사람은 대통령 자신뿐이었다.

2. 파생적인 대통령직

영향력 감소와 효율성 증대의 순환 과정은 분명히 부시와 클린턴 어젠다에서도 나타난다. 비록 두 사람은 자원과 기회의 배치에서 다소 다른 상황에 직면했지만, 공통적으로 정치적 현실 때문에 날카롭게 제한되었다. 〈표 12-1〉에서 보는 것처럼, 부시와 클린턴 어젠다는 그들의 전임자들에 의해 만들어진 경향을 비슷하게 따랐다.

먼저 부시의 경우를 보면 민주당 의회와 예산 부족에 직면하면서 1981년의 레이건·부시 세금 삭감에서 이어지는 방위를 구축하는 데 큰 역할을 했다. 부시는 대체로 소규모 어젠다를 제안해 유연하게 대처했다. 절대적인 숫자에서, 부시는 첫해에 레이건이 한 것과 똑같은 만큼 제안했다. 그러나 잠시 후 보겠지만, 한 번 제안한 후 부시는 더욱더 유연한 어젠다 발의자가 되었다. 적자 축소에 있어 그의 첫 번째 삭감은 레이건의 방식이라고 보기 어려웠다. 부시는 취임한 지 2주 만에 의회 공동회에 앞선 연설에서 일찌감치 적자 문제를 공격하고는 오랫동안 항목에서 거부된 레이건 제안과 균형예산의 변경할 것을 요구하면서 의회가 적자에서 '매우 실질적인 삭감'을 해야 한다고 주장했다. 레이건은 공립학교를 선택하려는 폭넓은 요구에 따라 공립학교를 육성하기 위해 소규모로 소비하는 긴 리스트와 미국 항공우주국(NASA)에 대한 더 많은 비용 투자, 국립과학재단, 의료, 마약과의 전쟁, 입양을 제안했다. 그러면서 자신의 선거운동 내내 자본소득에 대한 감세를 거듭 요구했고, 심지어 포괄적인 예산 묶음까지 함께 만들었다. 부시의 예산 삭감과 소비 증가는 이 책의 코딩 규칙에서 대통령 어젠다에 포함될 중요한 경계에는 대개 해당되지 않았다. 이는 레이건처럼 혁

<표 12-1> 법안 발의(전 기간)

대통령	연도(년)	전체 요청안(건)	반복된 전체 요청안(건)
케네디	1961	25	0
	1962	16	8
	1963	6	12
존슨 1기	1964	6	11
존슨 2기	1965	34	4
	1966	24	7
	1967	19	8
	1968	14	12
닉슨 1기	1969	17	0
	1970	12	9
	1971	8	12
	1972	3	14
닉슨 2기	1973	20	3
	1974	5	11
포드	1975	10	3
	1976	6	7
카터	1977	21	0
	1978	8	3
	1979	8	5
	1980	4	7
레이건 1기	1981	8	0
	1982	7	1
	1983	11	3
	1984	4	5
레이건 2기	1985	0	7
	1986	0	5
	1987	0	5
	1988	0	4
부시	1989	8	0
	1990	7	5
	1991	6	6
	1992	4	5
클린턴 1기	1993	17	0
	1994	5	5
	1995	5	5
	1996	6	9

명을 이룬 것이 아니었다. 대부분의 아이디어는 대변인 짐 라이트(Jim Wright)의 강요된 사임을 둘러싼 혼란을 틈타 없어졌다. 그리고 재난 시 건강보험계획을 폐기하는 캠페인은 바로 그 전해에 제정되었다.

첫해가 지나자마자 부시는 어젠다 활동에서 지속적으로 하향세를 그렸다. 비록 부시가 예산을 5,000억 달러 삭감하고 세금을 증가하는 일괄안에 동의했다고는 해도, 오히려 이 때문에 '새로운 세금은 없다'는 자신의 약속을 훼손했으며, 1992년 대통령 선거에서 궁극적인 참패를 확인했다. 그의 어젠다는 거의 영감을 주지 못했다. 그의 1990년 국정연설은 낡은 아이디어의 따분한 종합이었고 기존 프로그램의 미세 조정에 불과했다. 본부의 출범과 '글로벌 변화 연구', 내각에 환경보호위원회를 만드는 제안, 맑은 공기 프로그램, 어린이 보호, 교육 향상, 범죄, 마약, 농장 법안, 교통정책, 도시기업지역 같은 일반적 이슈의 신속처리 목록을 포함시키는 데는 약간의 비용 증가가 수반되었다. 이는 단지 일반적인 것을 부시의 두 번째 임기의 총 일곱 개 어젠다에 연결해버리는 단순한 것이었다. 연설에 깔려 있는 단 하나의 문장은 '건강관리 비용 통제'의 필요를 언급한 것이었다. 부시는 비록 이슈에 전적으로 개입하지는 않았지만, 비용 측면에서 위기가 증가해 결국 클린턴의 가장 중요한 어젠다인 국민건강보호 항목을 만들게 했다.

부시의 3년차와 4년차 임기에 전반적인 모습이 바뀐 것은 없었다. 그러나 정치 활동위원회를 없애려는 조그만 제안들이 상원에서 움직이는 종합적인 재정개혁 캠페인의 대안으로 제시되었다. 그리고 멕시코 자유무역협정이라고 부르는 매우 큰 쟁점 어젠다의 서명은 유보된 채 남아 있었다. 부시의 1991년 국정연설의 메시지가 비록 소규모 제안들의 의무적인 처리 목록을 담고 있었지만, 그 아이디어들은 다가오는 이라크와의 전쟁에 초점을 둔 연설에 묻혔다. 그 순간 중요한 것은 아무것도 없었다.

클린턴의 집무 첫해는 부시와 다르지 않았다. 클린턴은 자신의 지적이고 물리적인 인내심을 자랑스러워하면서 국내 정책 혁신을 다뤘다. 그의 참모진에는 불행한 일이었지만 클린턴도 우유부단했다. 참모들이 엄청난 시간과 에너지를 쏟아도 쓸모가 없었다. 클린턴이 혼란스러운 첫해를 거치면서 중요한 아이디어들을 끌어낼 수 있었지만 참모들은 기진맥진했다. 드류는 "클린턴의 움직임과 일에 대한 의욕, 오래 말하고 늦게 일하며 매일, 심지어 주말에도 회의를 주관하는 성향이 참모들의 삶에 거의 파탄을 가져왔습니다"라고 클린턴의 첫해를 평가했다. "2월 초에 한 참모가 '이 일을 얼마나 오래할 수 있을지 모르겠다'며 개인적으로 찾아오기도 했습니다. 참모들은 대통령이나 다른 사람들과 잠시 생각하기 위해 전통적으로 백악관 곳곳에서 열리는 회의에 참석하게끔 계획되어 있었습니다. 그리고 회의가 계속되었습니다. 대통령이 백악관에 있을 때, 최고 참모들은 자신들의 계획이 의미가 없음을 깨달았습니다"(Drew, 1994: 97~98).

어젠다 효과는 말하는 것에서 시작된다. 클린턴의 임기 첫해에 경제를 자극하는 일괄 법안과 적자 감축 계획, 재정개혁 캠페인, 건강보호, 북미자유무역협정에 대한 강력한 지원을 포함한 17개 안건을 의회에 보낸 뒤, 클린턴의 둘째 해는 어려움을 겪게 되었다. 대중 지지는 증가했고 민주당 지원이 계속되었는데도 둘째 해에는 단지 다섯 개의 새로운 안건을 제시하는 데 그쳤다. 이는 지난 30년간 역대 대통령 임기 두 번째 해에 제안된 어젠다로는 가장 적은 것이었다. 심지어 닉슨, 포드, 레이건, 부시보다 더 적었다.

클린턴은 임기 두 번째 해를 희망적으로 전망했다. 1994년 국정연설은 교통정체 종결을 축하하는 메시지로 시작했다. 미국 국민에게 "최근 30년간 대통령과 의회가 수행한 가장 성공적인 협동'이라고 의회에 감사하면서 클린턴은 의회가 자신의 세 가지 우선순위인 건강보험, 복지 개혁, 범죄에 대해 동참할 것을 요청했다. 하지만 의회는 그 세 가지에 대해 행동하지 않았을 뿐 아니라, 건강보험에 대해 악의에 가득 차 논쟁함으로써 수개월 동안 입법 어젠다를 꼼짝못하게 했다. 횡령과 사기 혐의로 고발당한 하원의 댄 로스텐코프스키(Dan Rostenkowski) 의장에 대한 비난이 빌미를 제공했다. 그는 자신의 강력한 위원회가 클린턴의 건강보호계획을 막 시작할 때 의장직을 사임했다.

비록 의회와의 협동하에 항해가 이뤄졌더라도 클린턴의 어젠다 작성 과정이 더 많은 안건을 생산할 수 있었을지는 알 수 없다. 클린턴의 건강보호계획에 대한 과중한 투자는 그의 개인적인 스타일과 연결되었고 제한적인 정치적 자본은 큰 어젠다를 다루기 어려웠다. 모두 합해 클린턴의 연 평균 안건은 여덟 개였다. 극도로 제한적인 기간을 지낸 포드를 약간 웃도는 정도였다. 클린턴의 어젠다는 마치 그가 분리된 정부의 상황이었던 것처럼 보였다. 민주당 내 진보파 측은 자주 불만을 드러냈다. 클린턴의 몇몇 이슈는 공화당보다 더 공화당적이라고 비난받았다.

그의 전임 대통령인 부시처럼 클린턴은 자신의 3년차와 4년차 모습을 바꾸기 위해 할 수 있는 것이 아무것도 없었다. 크게는 실제로 그가 분리된 정부에 직면했기 때문이었다. 클린턴은 재선 싸움이 어려울 것으로 예상하고는 1995년 초에 선거운동을 시작했다. 그는 선거운동 초기에 의회 양당에 대항해 공화당은 너무 거칠고 자신의 민주당은 너무 진보적이라고 공격하기로 결심했다. 클린턴은 이면적 스펙트럼의 양 극단에 대항해 삼각형을 만듦으로써, 복수 투표의 두 조건에서 이긴 역사상 첫 대통령이 되었고 대중 투표에서 6.2%를 추가로 얻어서 이겼다.

클린턴의 프로그램이 크게 관심을 받게 된 것은 부시와 클린턴의 어젠다가 숫자가 아니라 안건의 크기와 범위에 의해 비교될 때였다. 클린턴 어젠다는 큰 규모의 노력을 포함해 대체로 기존의 프로그램을 땜질하는 것이었다. 그것은 안건의 더 긴 목록들을 포함했지만, 부시가 초기에 조정하던 것을 모방했다. 프로그램들이 크든 작든 간에 두 대통령은 국가정책을 전적으로 새롭게 출발하지 않는 선에서, 어젠다 묶음의 공간을 기존 상태에서 수정하려고 노력했다. 사람들은 부시와 클린턴 어젠다를 모두 합해 대통령 어젠다가 파생적 성격을 띠고 있음을 쉽게 발견할 수 있다. 이는 21세기로 가는 가교를 연상시켰다. 후보자 클린턴은 낡은 발톱으로 옛 위원회가 지녔던 모든 것을 그러모아 자신의 재선을 위한 선거운동에서 큰 효과를 내게 했다.

3. 부시와 클린턴 어젠다 고찰하기

'파생적 대통령직'을 좀 더 자세히 설명하기에 앞서 어젠다의 규모와 범위를 개별적으로 살펴볼 필요가 있다. 규모는 제시된 아이디어의 전반적 넓이에 관한 단순한 판단과 관련된다. 큰 아이디어는 일반적으로 더 많은 사람에게 영향을 미치고, 더 많은 돈이 들며, 더 많은 논쟁을 야기한다. 그래서 그들은 정책 과정에서 더 큰 분열을 만들어내고, 더 많은 주의를 끌며, 작은 아이디어를 낼 때보다 입법에 더 많은 시간을 요구하는 경향을 보인다.

또한 범위는 주어진 아이디어가 현재 상태에 미치는 전반적인 충격을 판단할 수 있게 한다. 주된 의문은 제기된 안건이 강화될 것인지, 정책 문제의 묶음을 해결하는 방법에 관한 지배적인 지혜에서 이탈할 것인지에 있다. 새로운 아이디어는 현재 상황과 큰 격차로 결별하도록 제안함으로써 지혜에 도전한다. 반면에 낡은 아이디어들은 수단을 둘러싸고 약간의 수정을 가해 지배적인 지혜를 강화하는 경향이 있다. 예를 들어 의료보험 자격을 엄격히 하는 제안이나 미국 항공우주국 예산을 삭감하는 것은 의도에 따라 새롭거나 낡은 것으로 정의될 수 있다. 의료에서의 중대한 삭감이나 민간 우주프로그램의 종결은 새로운 프로그램으로 간주된다. 그러나 단순히 달에 좀 더 효율적으로 가기 위한 노력은 이를 관장하는 지배적인 지혜를 거스르는 것이 아니다.

1) 규모

〈표 12-2〉가 보여주듯, 부시와 클린턴은 자신의 안건과 관련되는 규모 면에서 여섯 명의 전임자들과 연속성이 있다. 부시 어젠다는 어떤 대통령 연구에 비

<표 12-2> 대통령의 법안 발의: 대규모 프로그램 대 소규모 프로그램

대통령	대규모 프로그램		소규모 프로그램		대규모 프로그램 백분율(%)
	전체	연평균	전체	연평균	
케네디 - 존슨	28	7	25	6	53
존슨	50	12	41	10	55
닉슨	23	4	42	7	35
포드	8	4	8	4	50
카터	22	6	19	5	54
레이건	13	2	17	2	43
부시	4	1	21	5	19
클린턴	16	4	17	4	48

취봐도 무게가 있었다. 그러나 비교적 큰 안건에서 낮은 점유를 보이는 것은 그의 정부가 당면한 계속되는 예산적자의 누적에 따른 정책 소진으로 쉽게 설명된다. 레이건 혁명에 대한 법정상속인으로서 대통령직을 얻은 부시는 상황을 역전할 것으로 기대되지 않았다. 정말로 어떠한 종류의 안건도 없었던 레이건 행정부의 마지막 4년과 비교해보면, 부시 어젠다는 의도에서 빛났다. '대중에게 다가선' 레이건의 기술이 부족했던 부시는 공화당과 1981년 승리에서 특별함을 증명한 남부 민주당의 보수 연합을 재구축할 희망을 가질 수가 없었다. 그의 대통령직의 열정에 불을 붙일 만한 것은 아무것도 없었다.

클린턴은 이와 비슷한 성향으로 민주당 전임자들보다 큰 규모의 프로그램에 덜 개입한 것으로 나타난다. 그가 낸 안건의 거의 절반이 국가 서비스, 가족과 의료허가, 복지 개혁, 총기관리, 자동투표규제, 건강보호를 포함해서 큰 규모로 분류될 수 있다. 비록 클린턴의 안건에서 네 개 중 두 개가 부시 어젠다 중 큰 안건의 반복이었지만, 북미자유무역협정과 적자 감축은 클린턴의 프로그램이 규모에서 훨씬 더 폭넓은 것임을 보여줬다. 부분적으로는 가족과 의료허가 법안처럼 의회에 제안한 뒤 대기하는 긴 목록에 따랐지만, 사실상 대통령 취임일에서부터 선정되기를 기다리고 있던 법안에 불과했다. 클린턴 어젠다는 안건의 총 숫자에서 33대 26으로 부시를 넘어섰지만, 큰 안건이 차지하는 점유율이 더 높았다.

그러나 클린턴의 큰 안건 묶음이 여전히 민주당 의회였던 첫 2년 동안 나왔음에 주목할 필요가 있다. 1993년과 1994년에 의회에 보낸 22개 안건 중 큰 안건 묶음은 14개였는데, 이는 1995년과 1996년에 보냈던 11개 안건 중 큰 안건이 두 개였다는 사실과 비교하면 큰 차이였다. 일단 민주당이 의회의 통제력을 잃자, 클린턴은 입법 안건 규모를 줄이면서 가능할 때마다 행정명령을 통해 자신의 정책 목표를 추구하는 전략으로 바꿨다. 클린턴의 국내 정책위원회 의장은 1997년 후반 ≪뉴욕타임스≫와의 회견에서 다음과 같이 말했다. "우리는 1994년 선거를 개시할 때 집행 행위에 초점을 맞추면서, 더 많은 시간을 소비했고 필요에 따라 과정을 개발했습니다. 알다시피 우리는 지금 구멍을 뚫고 있다고 생각합니다."

또한 새로운 어젠다 제안 과정은 소규모 안건인 학교 교복 지정 위임, 병원 야간분만 보장, 휴대폰을 통한 시민의 방범활동, 성적 가해자 국가 등록, 권총 안전장치 규정, 텔레비전의 V칩, 국가 교육제도를 포함하는 아이디어의 긴 목록과 연결된다. 비록 소수만이 대통령 어젠다에 도달할 수 있지만, 그들은 제한된 범위나마 행동주의를 유발했다. 작은 아이디어에 대한 그의 평판은 1997년에 결국 하원 소수당 리더인 리처드 게파트(Richard Gephart)로 하여금 "큰 문제의 주변을 갉아먹는 작은 아이디어에 푹 빠진 지도자"라고 불평하게 했다.

나중에는 미세 정책에 초점을 맞췄지만, 클린턴의 첫 달은 민주당의 케네디 대통령을 모델로 한 모든 대통령에게 기대되었던 종류의 활동적인 어젠다가 만들어졌다. 클린턴의 건강보호 법안들은 많은 면에서 비난받을 수 있지만 방해가 되거나, 과도하게 설계되었거나, 설명이 빈약하지는 않았다. 그것이 야심적이지 않다고 비난할 수는 없다. 1,342쪽에 달하는 법안은 건강보호비용을 관리할 새로운 연방 체계와, 수백만 명의 미국인에게 제공된 수혜와 복잡한 재정 구조, 모든 방해 요소, 가장 예민한 대중 행정가를 두텁게 하는 충분한 행정 등 모든 것을 포함할 것이라고 예상되었다.

몇몇 관찰자들이 어젠다의 규모를 과소평가했던 것은 아이디어를 혼합시켰기 때문이다. 그의 예측 가능한 경제활성화 일괄 법안처럼 전통적인 민주당식 아이디어에 따르면 클린턴은 첫 회기 어젠다를 만들기 위해 케네디, 존슨, 카터가 제안했던 것과 유사한 다수의 논쟁적인 공화당 안건을 첨부했다. 최소한 규모 면에서 클린턴의 어젠다는 전임자들과 같은 무게를 지니고 있었다. 그의 국가 서비스는 케네디의 평화봉사단(Peace Corps)의 복제판이었고, 국민건강보호계획은 존슨의 의료보호계획보다 더 크지는 않더라도 그만큼 야심적이었으며, 복지 개혁에 대한 요구는 닉슨의 역소득세[*]와 같았다.

2) 범위

부시와 클린턴이 전임자들과 다른 것은 어젠다의 범위이다. 〈표 12-3〉에서 보는 것처럼 어젠다는 새로운 아이디어가 전체 어젠다 총수의 50%를 넘는 일이 없었다. 첫째, 부시를 보면 그의 어젠다는 이미 만들어진 어젠다를 일반적으로 지지하면서 잘 조정된 것을 모은 것이라고 할 수 있다. 부시 정부는 존스가 연합정당(co-partisanship)이라고 부르는 초당파적인 것도 아니며 무당파적이지도 않았다. 그러나 펜실베이니아 주 애비뉴의 양 끝에서 이기적인 행동으로 혼합된 경향이 컸다. 존스에 따르면 연합정당은 "각 정당이 다음과 같은 점에서 독립적인 힘의 원천을 지니는 상황을 고려한다. ① 힘은 정책 과정(안건을 제안하는 것을 포함해서)에 폭넓게 참여하기 위해 사용할 것이고, ② 협상은 양측에 보상을 준다"(Jones, 1991: 53). 대통령의 성공에서 중심은 도전이 아니라 조정

---

* 정부가 저소득자에게 지급하는 보조금(옮긴이 주).

<표 12-3> 대통령의 법안 발의: 새로운 프로그램 대 옛 프로그램

대통령	새로운 프로그램(건)		옛 프로그램(건)		새로운 프로그램의 백분율(%)
	전체	연평균	전체	연평균	
케네디 - 존슨	33	8	20	5	62
존슨	55	14	36	9	60
닉슨	46	12	19	5	71
포드	6	3	10	5	44
카터	25	6	16	4	61
레이건	18	2	12	2	60
부시	7	2	18	4	28
클린턴	12	3	21	5	36

이며, 갈등이 아니라 협력이다. 부시는 처음부터 조정자적인 스타일을 채택했고 취임식 연설인 "충성스러운 반대"에서 친구들에게 손을 내밀었다.

의장님, 내 손은 당신을 잡고 있습니다. 원내총무님, 내 손은 당신을 잡고 있습니다. 국정을 수행하기 위해서입니다. 협력을 제안하는 것입니다. 우리는 시계를 되돌릴 수 없습니다. 게다가 나는 그렇게 하기를 원하지 않습니다. 의장님, 아버지가 젊었을 때 우리의 차이는 시내 가장자리에서 끝났습니다. 우리는 다시 그 시대로 돌아가기를 원하지 않습니다. 원내총무님, 어머니가 젊었을 때 의회와 정부는 국가가 살 수 있는 예산을 만들기 위해서 함께 일할 능력이 있었습니다. 우리 곧 협상을 하십시다. 열심히 합시다. 그리고 결국 위대한 성과를 만들어냅시다.

이는 넓게 퍼진 지혜에 도전하거나 혁명을 이루는 것에 관해 대통령에게서 기대할 수 있는 종류의 담화가 아니다. 정치적 상황이 다른 선택을 허용하지 않았을 것이다. 존스는 다음과 같이 말한다. "부시는 위임을 받지 못했다. 결혼하지 않았다면 신혼도 없다. 힘은 이미 사라졌다. 그래서 영향력은 거의 다시 돌아오지 않을 것 같았다 ……"(Jones, 1991: 53). 부시는 분명히 정책 보트가 암초를 만나지 않게 하려고 노력했다. 그 대신 전에 나왔던 것을 비교적 제한적으로 조정한 긴 목록을 제안하면서 '이미 있었고, 과거에 했던 것'을 정리하려고 했다. 부시의 안건 25개 중 단지 일곱 개만이 새로운 아이디어라고 할 수 있다. 이들은 그의 4년 임기 동안 고르게 퍼졌다.

클린턴도 거의 다르지 않았다. 비록 부시보다 큰 규모의 안건 비율이 더 높지만, 통념에 대해 그저 조금 더 도전할 수 있을 뿐이었다. 그의 옛 아이디어 목록은 확장된 근로소득보전세제(EITC: Earned Income Tax Credit),[*] 「안전한 식수와 맑은 물 법안(Safe Drinking Water and Clean Water Act)」, 이민 개혁, 최저임금의 인상, 정부 재창조, 기존 프로그램의 미세조정이 포함되었다.

예를 들어 정부가 어젠다를 반복해 제안하는 경우를 보자. 많은 관리들이 정부의 일을 만드는 것이 새로운 아이디어인지를 두고 논쟁할 것이다. 부통령 고어(Albert Gore, Jr.)의 정부 재창조 일괄안은 실제로 지적 발상의 많은 부분에서 닉슨과 다르지 않았다. 정부의 문제는 좋은 사람을 나쁜 체계에 잡아놓는 것이라고 처음으로 주장한 사람은 닉슨이었다. 연방 정부 근무자들이 자신의 일을 더 자유롭게 할 수 있게 하자고 제안한 것도 닉슨이 최초였다. 비록 클린턴 정부가 이를 '해방 관리'라고 함으로써 좀 더 부각시키기는 했지만, 그런 노력을 처음 시작한 것은 닉슨이었다. 예산관리국에서 만든 닉슨의 1971년 메시지에서 인용한 부분과 고어의 1994년 정부 재창조 보고서의 시작 부분을 비교했다.

좋은 사람이더라도 나쁜 기제로는 좋은 일을 할 수 없습니다. 나쁜 기제는 심지어 고귀한 목표조차 좌절시킬 수 있습니다. 이야말로 그렇게 많은 공무원들 —

---

* 1975년부터 미국에 도입되어 시행한 제도로서 근로 활동을 통해 수입을 올리더라도 최저생계비 수준에 도달하지 못할 경우 부족한 소득을 재정적으로 지원하는 제도(옮긴이 주).

정당이나 직급은 물론 입법기관인지 정부기관인지를 막론하고 — 이 요새 자주 정부에 대해 환멸을 느끼는 이유입니다.

연방 정부는 예산 체계, 인사 체계, 조달 체계, 재정관리 체계와 같은 나쁜 체계에 갇힌 좋은 사람들로 채워져 있습니다. 우리가 사람들을 비난하고 더 많이 통제할 때 체계는 더욱 나빠집니다.

비록 두 개의 근거가 본질적으로 다르지 않지만, 닉슨과 고어는 매우 다르게 처방했다. 닉슨은 과학적관리운동에서 끌어와 부서의 통합과 더 위대한 중심적 협조를 제안했다. 반면에 고어는 더 위대한 탈중심화를 밀어붙였다. 그러나 고어가 탈중심화를 주장한 첫 번째 사람은 아니었다. 케네디, 존슨, 닉슨 모두가 정부 협조〔통신위성회사 콤샛(Comsat), 미국철도여객공사 암트랙(Amtrak), 미국우정공사(Postal Service)〕나 정액교부금과 세수공유를 통해서라도 어느 정도 필자가 해방 관리라고 부르는 것을 믿었다.

적어도 정부관리개혁의 조건에서 하늘 아래 새로운 것은 없다. 필자는 다음과 같이 말한 적이 있다. "정부에서 지나치게 적은 관리개혁이란 있을 수 없다. 도리어 너무 많다. 전통적 지혜와 대조적으로 의회와 대통령은 수년간 개혁 측정을 통과하는 데 불화가 없었다. 하나의 개혁 철학에서 다른 것으로 갔다가, 다시 되돌아오는 데 별다른 고충이 없었다. 각각의 분리된 행동의 결과와 부정에 의문이 거의 없다. 만약 정부가 더 잘 얻고 있지 않다면, 그것이 입법의 결함이 아님은 분명하다"(Light, 1997: 1). 이런 점에서 새로운 아이디어로 분류될 수 있는 하나의 관리개혁 프로그램을 찾기는 어렵다. 그래서 클린턴의 로비개혁안은 규모가 큰데도 확장이 가장 큰 프로그램으로 평가받은 결과 정부의 관리를 개선하기 위해 잘 만들어진 '눈여겨볼 만한(watchful eye)' 사례가 되었다.

3) 규모와 범위를 함께 다루기

최근 어젠다 작성의 파생적 성격은 규모와 범위가 정책 효과의 단일 측정도구로 혼합되고 있다. 〈표 12-4〉에서 보듯, 부시와 클린턴의 어젠다 조합은 소규모의 기존 어젠다 중심으로 구성되었다. 부시는 미세한 어젠다를 선호한 대통령으로 평가되고 있다. 어젠다에서 거의 3분의 2가 공격적이지 않게 설계되었다. 소규모 아이디어를 향한 그의 경향은 첫해에 명백했다. 어젠다의 반이 기존 소규모 어젠다였다. 그때 바버라 싱클레어(Barbara Sinclair)가 쓴 것처럼 부시는 "친절하고 신사다운 어젠다를 만든" 가장 중도적인 대통령이었다. 반대 당이 의회를 확고하게 통제하고 있었으므로 신뢰성 있는 정책 위임을 할 수 없었으며, 적자 규모가 컸던 탓에 제약을 받았다. 부시는 가장 중도적인 입법 어젠다를 제안했다. 의회의 민주당을 위해 타협에 무게를 둔 전략을 썼다. 의회의 민주당은 부시의 선거인이 두렵지 않았다. 그들은 부시가 선거인에게 정책 위임을 받았다고 믿지 않았다. 그러나 부시에게는 거부권이 있었다. 그리고 민주당은 어젠다를 폐기하는 데 필요한 3분의 2를 모을 수는 없음을 깨달았다.

비록 연합정당이 부시의 기존 소규모 어젠다를 향한 흐름에 포함될 것이 거의 확실했지만, 이를 통해 클린턴의 어젠다를 설명하기란 쉽지 않다. 한 예로 클린턴의 첫 2년을 생각해보자. 클린턴의 새로운 대규모 정책 아홉 개 중 일곱 개가 첫해에 나왔고 아홉 개 모두 둘째 해 말에 제출되었지만, 클린턴의 첫 2년에서도 기존 소규모 정책 14개에서 일곱 개를 도출해냈다. 비율로 따지면 클린턴의 통일된 정부는 더 크고 더 광범위한 아이디어를 제안하는 경향을 보였다. 그러나 절대치에서 클린턴의 첫 2년도 거의 대조될 정도로 동일한 아이디어를 생산했다. 심지어 1995년과 1996년에 클린턴의 기존의 소규모 아이디어를 인식함에 있어 그는 부시가 제약받았던 것처럼 분열 정부에 직면했다. 연합정당에 대해 이렇게 오랫동안 설명하는 것은 왜 대통령 어젠다가 소규모 구정책 범주를 찾아 헤매는지 설명하기 위해서이다. 결국 닉슨도 분열 정부에 직면했고

〈표 12-4〉 대소규모 프로그램 대 신구 프로그램

대통령	대규모 신정책		대규모 구정책		소규모 신정책		소규모 구정책	
	정책	백분율	정책	백분율	정책	백분율	정책	백분율
케네디 - 존슨	19	36	41	26	9	17	11	21
존슨	35	39	20	22	15	17	21	23
닉슨	18	28	5	8	28	43	14	22
포드	4	25	4	25	2	13	6	39
카터	16	39	6	15	9	22	10	24
레이건	11	36	2	6	7	23	10	33
부시	3	12	1	4	5	20	16	64
클린턴	9	27	7	21	3	9	14	42

매우 높은 비율의 새로운 소규모 아이디어를 만들어냈다. 닉슨의 국내 정책자
문인 모이니한은 혁신에 관한 한 신뢰할 만한 사람이었다. 닉슨과 레이건 모두
대담하게 분열된 정부를 다뤘다.

클린턴은 자신을 케네디에 비교하기를 좋아했다. 하지만 그의 첫 회기 어젠
다는 실상 포드가 제출했던 것과 훨씬 닮았다. 포드와 클린턴은 〈표 12-4〉의
네 개 범주, 즉 대규모 신정책(각각 25%와 27%), 대규모 구정책(각각 25%와 21%),
소규모 신정책(각각 13%와 9%), 소규모 구정책(각각 39%와 42%)에서 거의 동일
한 비율로 나타났다. 그들의 정치적 상황이 매우 달랐는데도 최소한 하원 116
석 이상이 클린턴에게 호의적으로 반응했다. 두 대통령은 단순한 파생적 어젠
다들을 두드러지게 제시한 채 임기를 마쳤다.

3. 미세 어젠다의 부상에 대한 설명

포드 대통령이 낡은 정책에 그렇게 중점을 둔 것은 놀라운 일이 아니다. 그

의 정책적 관점은 다른 경로가 없음을 제시하는 듯했다. 그가 선호한 낡은 정책들은 다소 모호한 채 남아 있지만 더 우호적인 정책적 조건에서 파생하는 정책들이 부상했다. 다섯 개의 경쟁적인 설명을 생각해보자.

첫째, 정당 내부 정책이 어젠다 구성의 변화를 지시하는 경우이다. 예를 들어 공화당과 민주당 대통령은 자신들의 첫 번째 후보 지명선거에서 이기기 위해 자신이 속한 정당의 극단적인 흐름과는 비교적 거리를 두고 행동해야 했다. 그리고 본선거에서 이기려면 더 조정적인 자세를 취해야 했다. 정당 지명 과정이 최근에 더 분극화되기 시작했다. 대통령 어젠다는 점차 더 중요한 화합의 도구가 되고 있다. 부시와 클린턴이 매우 높은 기존의 소규모 아이디어를 가진 이유를 분극화가 설명한다. 첫 번째 후보 지명 선거를 이기려면 좌나 우로 기울어서는 안 된다는 점을 배움으로써, 그들은 정치적 균형이 잡힌 어젠다를 첫 번째 임기에 사용한다.

이렇게 고도로 분극화된 지명 과정이 조정 쪽으로 더 기울어진 후보를 만들어냈다. 비록 부시가 대통령직에서 부상한 것은 조정자로서 특별한 재능을 지녔다기보다는 1980년에 레이건이 티켓을 따낼 수 있었던 것과 마찬가지로 선거구 정치제도와 더 관련이 깊었지만 그는 정치적인 환경에서 1980년 후반의 연합정당을 언급하지 않고도 완벽한 것처럼 보였다. 한 고위직이 부시의 어젠다 설정 스타일을 설명하기 위해서 존스와 인터뷰한 내용을 생각해보자.

조지 부시 대통령의 정책은 전적으로 수동적인 것은 아니며, 앞을 내다보고 행동하는 반응이었습니다. 이슈가 생길 때 그의 직관은 "일이 커지도록 놔둡시다"라고 말했습니다. 우리는 잘 해결하고 있었습니다. 혹은 문제가 될 수도 있으니 문제가 되기 전에 무언가를 하는 것이 나았습니다. …… 아마도 문제가 사라졌을 것입니다. 아마도 우리가 생각한 것보다는 덜 중요하게 될 것입니다. 만약 그것이 더 악화되거나, 행동해야 할 시기가 되면 나는 완벽하게 편안한 마음으로 대안을 찾고 의사결정을 할 것입니다. 나는 이 문제를 다루고 싶지 않아서 반응하는 것이 아닙니다(Jones, 1991: 59).

비록 클린턴이 그의 대통령 임기 첫해와 둘째 해에 더 광범위한 정치적 입장을 취하려는 의지를 보였지만, 부시보다 효과적으로 의사결정을 하지는 못한 듯했다. 선거 과정이 흐름을 타거나 그렇게 말하도록 대통령의 유형을 창출하고 있는 것이다.

둘째, 레이건 혁명이 본질적으로 대통령 어젠다가 앞을 내다볼 수 있도록 정치적·경제적 상황을 변화시켰다는 점이다. 레이건의 즉각적인 목표는 빠듯한 연방 예산을 긴축하고 조세를 삭감하는 것이었다. 그러나 그의 장기적인 목표는 미국인의 삶에서 연방이 더 작은 역할을 하는 것이었다. 레이건의 두 번째 전체 회기에서 단 한 번도 그런 시도가 없었던 것은 더 작은 연방 정부의 출현과 딱 맞아떨어지는 것이었다. 부시와 클린턴이 했던 것과 같은 기존의 어젠다 채택과 완전히 새로운 어젠다 채택 사이에서 레이건은 후자를 택했다.

〈표 12-5〉는 '레이건 효과'의 한 모습을 보여준다. 레이건은 변화 엔진으로서의 대통령직에 대한 기대를 줄임으로써 후임자들을 위한 어젠다를 축소할 수 있었다. 그의 첫 취임식 전에 기존 아이디어의 비율은 47%였는데, 그 후 63%가 되었다.

셋째, 예산 적자의 흐름이 기존 아이디어 쪽으로 향하게 했다는 설명이다. 적자를 줄이는 것은 부시와 클린턴 어젠다의 우선 주제였다. 그리고 비용은 어젠다를 작성하는 과정에서 언제나 중심이었다. 두 대통령은 예산 적자를 해결하려고 상당한 시간과 정력을 소비했다. 그리고 비용이 항상 어젠다 작성 과정에서 중요한 역할을 했다.

예산 적자가 1981년 이후에 대통령의 의사결정을 하는 데 제약으로 작용했음은 의문의 여지가 없다. 클린턴 행정부는 첫째 달에는 전혀 개입하지 않았다. 조언자들은 세금 증대 문제를 완곡하게 표현한 예산 삭감과 수입 증대 사이에서 정책 규모는 물론 균형을 잡는 것에 이르기까지 모든 것에 걸쳐 싸워야 했

〈표 12-5〉 대통령의 법안 발의(1981년 전후)

정책 차이	1981년 이전(%)	1981년 이후(%)
대규모 신정책	35	26
소규모 신정책	24	17
대규모 구정책	18	11
소규모 구정책	23	46

주: 레이건 집권 이전(1981년 이전) 표본은 케네디, 존슨, 닉슨, 포드의 266개 사례이며,
그 이후 표본은 레이건, 부시, 클린턴의 85개 사례임.

다. "역동성은 자신 안에 있습니다"라고 했던 백악관 고문 조지 스테파노풀로스(George Stephanopoulos)는 싸움에 대해 다음과 같이 말했다.

> 큰 프로그램을 얻기를 원하는 것과 적자를 줄이고 미래 성장을 얻으며 투자를 해야 하는 것 사이에는 항상 긴장이 있습니다. 이러한 선택 과정 주변에 몇 가지 갈등이 생겼습니다. 어린이 프로그램을 추진하는 것과 실업 문제나 고속도로에 투자하는 것, 1980년대에 중산층이 위축되고 있는 것과 중산층 세금 감면이 중요한 상징적 문제임을 아는 것, 아칸소 주에서 보내는 시간을 줄이고 이 같은 각각의 삭감 조치에 따른 심각한 고통이 야기되는 상황을 깨닫는 것, 월스트리트의 역할을 이해하고 정상적인 사람들이 그러한 원천에 의해 어려워지고 있음을 아는 것이 갈등 분야였습니다(Drew, 1994: 64).

1990년 후반에 새로 발생한 예산 잉여가 역동성을 변화시킬지는 더 확인할 필요가 있다. 클린턴 행정부의 마지막 2년간에 확실한 답이 제공될 것으로 보이지는 않는다.

넷째, 파생적 대통령직을 설명할 수 있는 또 다른 가능성은 미국 복지부가 단순히 자체 동력이 아니라 외부의 힘으로 작동되고 있다는 것이다. 새로운 문제를 만들거나 낡은 것을 조정하는 것을 포함해 지난 수십 년간 지속적인 확장

이 이뤄졌지만 혁신을 위한 공간은 남지 않았다.

이러한 결론은 혁신과 어젠다 작성에 관한 연구로 이끄는 것과 양립할 수 있다. 대중 혁신 분야의 주된 연구는 대부분의 새로운 아이디어가 옛것들의 조합임을 오랫동안 논쟁해왔다. 마틴 레빈(Martin Levin)과 브리나 생어(Bryna Sanger)는 혁신에 관해 다음과 같이 쓰고 있다. "그러한 프로그램들은 점과 조각의 불완전한 조합이다. 그들의 특성 – 그들을 혁신하게 이끄는 – 은 시행착오를 거치면서 시간이 지날수록 발전한다는 데 있다. 혁신의 원천은 곧잘 옛것에서 나오며, 이를 새로운 방법으로 사용할 뿐이다. 혁신 자체가 단순히 익숙한 요소들의 조합인 경우가 빈번하다"(Levin and Sanger, 1992: 89). 킹던의 주장도 비슷하다. 그는 전례가 있는 모든 것에 주목한다. "만약 대안들이 변화가 아니라 재조합 때문에 바뀌는 것이라면, 여기에는 항상 새로운 조합에 익숙한 요소가 있다. 그리고 과정을 부드럽게 하는 것이 우리가 주장하듯 중요한 것이라면, 새로운 아이디어가 초기에 정책이 만들어지는 장면에 갑자기 나타나 곧바로 관심을 집중시키는 것은 극히 놀라운 일이다"(Kingdon, 1984: 141).

재조합이 그렇게 친근하고 타고난 것이라서 혁신이 간단히 사라진다면, 현상유지가 지배적이라서 새로운 아이디어가 제시될 수 없는 정책 범위 확장의 시기가 올 수 있을까? 즉, 잘 개발되고 금세기에 확장된 복지 국가가 결국 반(反)혁신의 '블랙홀'이 될 수 있을까?

우리가 처한 현재에 갇혀 사고하지 말고 뉴딜이 새롭고 낡은, 크고 작은 범주에서 규정되었다면 어떻게 진행되었을지 숙고해보자. 심지어 루스벨트의 첫 회기에서 피상적인 견해는 그의 어젠다가 새로운 대규모 안건에서 매우 높은 비율을 포함하고 있음을 제기한다. 그렇지 않았다면 어떻게 미국 민간자원보존단(CCC: Civilian Conservation Corps), 농업조정국(AAA: the Agriculture Adjustment Administration), 미국 연방예금보험공사(FDIC: the Federal Deposit Insurance Corporation), 증권거래위원회(SEC: the Securities and Exchange Commission), 연방긴급구호국(FERA: the Federal Emergency Relief Administration), 직업개선국(WPA: the

Works Progress Administration), 테네시계곡개발공사(TVA: the Tennessee Valley Authority), 사회보장(Social Security)과 「전국사업복구법(the National Industrial Recovery Act)」이 하나의 범주로 묶일 수 있을까?

크고 새로운 안건이 90%를 차지한 루스벨트의 첫 회기 어젠다를 잠시 떠올려보면 1960년대와 1970년대는 1990년대에 자연스럽게 진행되었던 장기 혁신 주기의 중간 지점으로 아주 잘 들어맞는다. 그 주기의 어떤 지점에서 소규모 확장과 축소를 반기며 현상을 유지하려는 입장의 낡은 아이디어의 새로운 조합 시도는 빛이 바랠 것이다. 그래서 클린턴이 '사회보장을 처음 보장'한다고 부르는 예산 흑자를 발견했다고 축하한 것이다.

다섯째, 파생적인 어젠다에 대한 또 다른 설명은 예산이 인구학적 숙명 때문에 대통령 어젠다의 중점 제약요소로 대체되는 데 있다. 클린턴이 사회보장을 입법 어젠다에 있어 가장 우선순위로 삼지 않은 것은 '뉴딜 깃발'을 간직하기 위해서가 아니라, 그 프로그램이 2029년에는 자금이 바닥나게 계획되었기 때문이었다. 1998년 초에 클린턴이 예고한 예산 잉여는 점점 늘어가는 노년층과 베이비붐 세대의 급여세금을 부풀리는 생존 보험신탁 펀드에서 교차보조금의 생산을 크게 늘렸다. 적자 계정과 연방 정부에서 신탁펀드 유보를 뺀 해결책을 위해 수천억 달러를 빌리는 것이다. 대통령은 의도적으로 옛 정책을 나이든 미국인에게 맞추고자 2010년에 5,000만 명이 될 것으로 보이는 퇴직 미국인 협회를 만족시킬 말은 한마디도 하지 않은 채, 다음 30년 동안 베이비붐 세대와 거래하려 했던 것이다. 이 책은 파생적인 대통령직의 원인을 해명하려는 것이 아니다. 대통령직이 급진적인 정책 아이디어를 실현하기에 좋다고 설명하려는 것도 아니다. 그 기간에 미국인이 더 많은 것을 원하는 것처럼 보이지는 않았다. 심지어 정책을 향한 냉소가 심했지만 경제는 건전했고 국민감정은 낙관적이었다. 미국인들은 옳은 일을 함에 있어 무능력한 정부가 현재 상황에서 보장되지 않는 새로운 대규모 어젠다를 추진하는 것에 반대하는 듯했다.

당연히 문제는 조건의 전환에 있었다. 미국인들이 현재 가치절하되고 있는 대통령직을 일깨우는 정책 혁명을 열렬히 지원할지는 분명하지 않다. 미국인들이 경제가 호황일 때 그들의 정부를 신뢰하지 못했다면, 불경기의 조건에서는 어떻게 민주주의를 평가할 것인지가 의문이다.

4. 향후 20년의 승산 없는 대통령직

이 장에서 승산 없는 대통령직을 쉽게 말하려고 한 것은 아니다. 대통령은 앞으로 나가거나, 아니면 잃어야 한다는 커다란 압력에 놓인다. 그들의 학습 곡선은 정부의 거대화와 대통령 지명 과정의 지연으로 인해 지난해 보인다. 하지만 여전히 학습 과정이 있다는 믿음은 현대 대통령직의 위대한 역설들 중 하나이다. 대통령은 그들이 가장 낮은 수준의 지식을 가지고 있을 때 영향력의 정점에 있다.

아마도 대통령 어젠다는 더욱더 기존 소규모 아이디어를 채택하는 방향으로 흘러가는 듯하다. 적어도 이러한 흐름을 따를 때, 대통령은 안전하며 실수의 장기적 효과도 줄일 수 있다. 대통령들이 자신들의 업무에 관해 가장 많은 지식을 가지고 있을 때 그들이 최대의 영향력을 행사할 수 있는 방법을 알려줄 수 있는 것은 국민일 것이다. 그들이야말로 심각한 수준으로 위축된 어젠다를 되돌릴 수 있다.

참고문헌

Aberbach, Joel and Bert Rockman. 1989. "On the Rise, the Transformation and the Decline of Analysis in Government." *Governance*, 2, pp.293~314.

Allison, Graham T. 1971. *Essence of Decision: Explaining the Cuban Missile Crisis*. Boston: Little, Brown.

Anderson, Martin. 1978. *Welfare: The Political Economy of Welfare Reform in the United States*. Stanford, Calif.: Hoover Institution Press.

Barber, James David. 1972. *The Presidential Character: Predicting Performance in the White House*. Englewood Cliffs, N.J.: Prentice-Hall.

Bond, Jon R. and Fleisher, Richard. 1990. *The President in the Legislative Arena*. Chicago: University of Chicago.

Bowler, M. Kenneth. 1974. *The Nixon Guaranteed Income Proposal: Substance and Process in Policy Change*. Cambridge, Mass.: Ballinger.

Bruff, Harold. 1989. "Presidential Management of Agency Rulemaking." *George Washington University Law Review*, 57, pp.281~318.

Burke, Vee J. and Vincent Burke. 1974. *Nixon's Good Deed: Welfare Reform*. New York: Columbia University Press.

Campbell, John C. 1978. "The Old People Boom and Japanese Policy Making." Paper delivered at the American Political Science Association Meetings. New York.

Carey, William. 1969. "Presidential Staffing in the Sixties and Seventies." *Public Administration Review*, 29, pp.450~458.

Cobb, R. W. and C. D. Elder. 1972. *Participation in American Politics: The Dynamics of Agenda-Building.* Baltimore: Johns Hopkins University Press.

Cohen, Michael D., James G. March and J. P. Olsen. 1972. "A Garbage Can Model of Organizational Choice." *Administrative Science Quarterly*, 17, pp.1~25.

Cronin, Thomas E. 1974. "Presidents as Chief Executives." in Rexford G. Tugwell and Thomas E. Cronin(eds,). *The Presidency Reappraised.* New York: Praeger.

_____. 1975. *The State of the Presidency.* Boston: Little, Brown.

Cutler, Lloyd. 1980. "To Form a Government." *Foreign Affairs*, 59, pp.126~143.

Cyert, Richard M. and James G. March. 1963. *A Behavioral Theory of the Firm.* Englewood Cliffs, N.J.: Prentice-Hall.

Davis, Eric L. 1979. "Legislative Liaison in the Carter Administration." *Political Science Quarterly*, 95, pp.287~302.

Derthick, Martha. 1990. *Agency under Stress: The Social Security Administration in American Government.* Washington, D.C.: Brookings Institution.

Dodd, Lawrence C. and Richard L. Schott. 1979. *Congress and the Administrative State.* New York: Wiley.

Drew, Elizabeth. 1994. *On the Edge: The Clinton Presidency.* New York: Simon & Schuster.

Edwards, George. 1980. *Presidential Influence in Congress.* San Francisco: W. H. Freeman.

_____. 1989. *At he Margins: Presidential Leadership of Congress.* New Haven, Conn.: Yale University Press.

Edwards, George C., III. 1996. "Frustration and Folly: Bill Clinton and the Public Presidency." in C. Campbell and B. Rockman(eds.). *The Clinton Presidency: First Appraisals.* Chatham, N.J.: Chatham House.

Edwards, George C., III and Barrett, Andrew. 1998. "Presidential Agenda Setting in Congress." Unpublished paper.

Edwards, George C., III and Wood, B. Dan. 1996. "Who Uses Whom? The President, the Media and the Public Agenda." Paper prepared for the Midwest Political Science Association meeting, Chicago.

Edwards, George, with Alec M. Gallup. 1990. *Presidential Approval: A Sourcebook.* Baltimore: Johns Hopkins University Press.

Eizenstat, Stuart E. 1979. "Remarks." Presented at the Women's National Democratic Club, 4(January).

Fenno, Richard F. 1978. *Home Style: House Members in Their Districts.* Boston: Little, Brown.

Fiorina, Morris. 1981. *Retrospective Voting in American National Elections.* New Haven, Conn.: Yale University Press.

Fishel, Jeffrey. 1979. "From Campaign Promise to Presidential Performance: The First Two (and 1/2) Years of the Carter Presidency." Paper presented at the Woodrow Wilson International Center for Scholars. Washington, D.C., 20 (June).

Franklin, Charles and John Jackson. 1983. "The Dynamics of Party Identification." *American Political Science Review*, 77, pp.957~973.

George, Alexander. 1972. "The Case for Multiple Advocacy in Foreign Policy." *American Political Science Review*, 66, pp.751~795.

Greenstein, Fred I. 1978. "Change and Continuity in the Modern Presidency." in Anthony King(ed.). *The New American Political System.* Washington, D.C.: The American Enterprise Institute.

Grogan, Fred L. 1977. "Candidate Promises and Presidential Performance, 1964~1972." Paper delivered at the Midwest Political Science Association Meetings. Chicago.

Heclo, Hugh and Lester Solomon. 1981. *The Illusion of Presidential Government.* Boulder, Colo.: Westview Press.

Hodgson, Geoffrey. 1980. *All Things to All Men: The False Promise of the Modern Presidency.* New York: Harper and Row.

Hughes, Emmet J. 1963. *The Ordeal of Power: A Political Memoir of the Eisenhower Years.* New York: Atheneum.

Jacobs, Lawrence R. and Shapiro, Robert Y. 1994. "Disorganized Democracy: The Institutionalization of Polling and Public Opinion Analysis during the Kennedy, Johnson and Nixon Presidencies." Paper delivered at the American Political Science Association meetings, New York.

Janis, Irving L. 1972. *Victims of Groupthink: A Psychological Study of Foreign-Policy Decisions and Fiascoes.* Boston: Houghton, Mifflin.

Jennings, M. Kent and Gregory Markus. 1984. "Partisan Orientations over the Long Haul: Results from the Three-Wave Political Socialization Panel Study." *American Political Science Review,* 78, pp. 1,000~1,018.

Jennings, M. Kent and Richard Niemi. 1981. *Generations and Politics: A Panel Study of Young Adults and Their Parents.* Princeton: Princeton University Press.

Johnson, Lyndon B. 1971. *The Vantage Point: Perspectives of the Presidency, 1963~1969.* New York: Holt, Rinehart and Winston.

Jones, Charles O. 1991. "Meeting Low Expectations: Strategy and Prospects of the Bush Presidency." in C. Campbell and B. Rockman(eds.). *The Bush Presidency: First Appraisals.* Chatham, N.J.: Chatham House.

_____. 1994. *The Presidency in a Separated System.* Washington, D.C.: Brookings Institution.

_____. 1998. *Passages to the Presidency: From Campaigning to Governing.* Washington, D.C.: Brookings Institution.

Kearns, Doris. 1976. *Lyndon Johnson and the American Dream.* New York: Harper and Row.

Kernell, Samuel. 1986. *Going Public: New Strategies of Presidential Leadership.*

Washington, D.C.: Congressional Quarterly Press.

_____. 1993. *Going Public: New Strategies of Presidential Leadership*. 2nd ed. Washington, D.C.: CQ Press.

Kernell, S., Peter W. Sperlich and Aaron Wildavsky. 1975. "Public Support for Presidents." in Aaron Wildavsky(ed.). *Perspectives on the Presidency*. Boston: Little, Brown.

Kessel, John H. 1972. "The Parameters of Presidential Politics." Paper delivered at the American Political Science Association Meetings. New York.

_____. 1975. *The Domestic Presidency: Decision-Making in the White House*. Boston: Duxbury Press.

King, Anthony. 1978. "The American Polity in the Late 1970s: Building Coalitions in the Sand." in Anthony King(ed.). *The New American Political System*. Washington, D.C.: The American Enterprise Institute.

Kingdon, John. 1978. "Pre-Decision Public Policy Precesses." Grant Proposal to the National Science Foundation.

_____. 1984. *Agendas, Alternatives and Public Policy*. Boston: Little, Brown.

Koenig, Louis. 1981. *The Chief Executive*. 4th ed. New York: Harcourt, Brace, Jovanovich.

Levin, Martin and Bryna Sanger. 1992. "Using Old Stuff in New Ways: Innovation as a Case of Evolutionary Thinking." *Journal of Policy Analysis and Management*, 11, pp.88~115.

Light, Paul. 1985. *Artful Work: The Politics of Social Security Reform*. New York: Random House.

_____. 1987. "When Worlds Collide: The Political-Career Nexus." in G. Calvin Mackenzie(ed.). *The In-and-Outers: Presidential Appointees and Transient Government in Washington*. Baltimore: Johns Hopkins University Press.

_____. 1989. "The Focusing Skill and Presidential Influence in Congress." in C.

Deering. *Congressional Politics.* Chicago: Dorsey Press.

_____. 1995a. *Still Artful Work: The Continuing Politics of Social Security Reform.* New York: McGraw-Hill.

_____. 1995b. *Thickening Government: Federal Hierarchy and the Diffusion of Accountability.* Washington, D.C.: Brookings Institution.

_____. 1997. *The Tides of Reform: Making Government Work, 1945~1995.* New Haven: Yale University Press.

Loomis, Burdette. 1988. *The New American Politics: Ambition, Entrepreneurship and the Changing Face of Political Life.* New York: Basic Books.

Lowi, Theodore J. 1964. "American Business, Public Policy, Case-Studies and Political Theory." *World Politics,* 16, pp.677~715.

Mackenzie, G. Calvin. 1987. " 'If You Want to Play, You've Got to Pay': Ethics Regulation and the Presidential Appointments System, 1964~1984." in G. Calvin Mackenzie(ed.). *The In-and-Outers: Presidential Appointees and Transient Government in Washington.* Baltimore: Johns Hopkins University Press.

_____. 1996. "The Clinton Presidency." in *Obstacle Course: The Report of the Twentieth Century Fund Task Force on the Presidential Appointments Process.* New York: Twentieth Century Fund.

McPherson, Harry. 1972. *A Political Education.* Boston: Little, Brown.

Mayhew, David R. 1974. *Congress: The Electoral Connection.* New Haven, Conn.: Yale University Press.

Moe, Ronald. 1990. "Traditional Organizational Principles and the Managerial Presidency: From Phoenix to Ashes." *Public Administration Review,* 50, pp.129~140.

Mohr, Lawrence B. 1976. "Organizations, Decisions and Courts," *Law and Society Review,* 10, pp.621~642.

Nathan, Richard P. 1975. *The Plot that Failed: Nixon and the Administrative Presidency.* New York: Wiley.

National Broadcasting Corporation. 1980. "Meet the Press." transcript, 23(November). Washington, D.C.: Kelley Press.

National Commission on the Public Service. 1989. *Leadership for America*. Washington, D.C.: National Commission on the Public Service.

Neustadt, Richard E. 1954. "Presidency and Legislation: The Growth of Central Clearance." *American Political Science Review*, 48, pp.641~647.

_____. 1960. *Presidential Power: The Political of Leadership*. New York: Wiley.

_____. 1966. "White House and Whitehall." *The Public Interest*, 14, pp.55~69.

Norpoth, Helmut and Jerrold Rusk. 1982. "Partisan Dealignment in the American Electorate: Itemizing the Deductions." *American Political Science Review*, 76, pp.522~537.

Patterson, Samuel C. 1978. "The Semi-Sovereign Congress." in Anthony King(ed.). *The New American Political System*. Washington, D.C.: The American Enterprise Institute.

Peabody, Robert I. Norman J. Ornstein and David. W. Rohde. 1976. "The United States Senate as a Presidential Incubator: Many Are Called but Few Are Chosen." *Political Science Quarterly*, 91, pp.237~258.

Pew Research Center for The People & The Press. 1998a. *Deconstructing Distrust: How Americans View Government*, March 9. Washington, D.C.: Pew Research Center.

_____. 1998b. *Popular Politics and Unpopular Press Lift Clinton Ratings*, February 6. Washington, D.C.: Pew Research Center.

Pomper, Gerald. 1968. *Elections in America*. New York: Dodd, Mead.

Price, Ray. 1977. *With Nixon*. New York: Viking.

Public Broadcasting System. 1980. "Every Four Years." transcript, January~February. Philadelphia: WHYY.

Public Paper of the Presidents of the United States. 1963, 1965. Washington. D.C.:

U.S. Government Printing Office.

Reedy, George. 1970. *The Twilight of the Presidency*. New York: World.

Reichley, A. James. 1981. *Conservatives in an Age of Change: The Nixon and Ford Administrations*. Washington, D.C.: Brookings Institution.

Reinhold, Robert. 1978. "How Urban Policy Gets Made: Very Carefully." *New York Times*, 2(April).

Rivlin, Alice. 1971. *Systematic Thinking for Social Action*. Washington, D.C.: Brookings Institution.

Rose, Richard. 1989. *Inheritance before Choice in Public Policy*. Studies in Public Policy Number 180. Glasgow, Scotland: University of Strathclyde.

Schattschneider, E. E. 1960. *The Semi-Sovereign People*. New York: Holt, Rinehart and Winston.

Schick, Allen. 1975. "The Battle of the Budget." *Proceedings of the Academy of Political Science*, 32, pp.51~70.

_____. 1980. *Congress and Money: Budgeting, Spending and Taxing*. Washington, D.C.: The Urban Institute.

Schlesinger, Arthur M., Jr. 1965. *A Thousand Days: John F. Kennedy in the White House*. Boston: Houghton, Mifflin.

Schramm, Sarah S. 1977. "The Politics of Executive Orders: Presidential Activism and Restraint." Paper delivered at the Midwest Political Science Association Meeting. Chicago.

Schulman, Paul. 1975. "Nonincremental Policy Making: Notes toward an Alternative Paradigm." *American Political Science Review*, 69, pp.1,354~1,370.

Schultze, Charles S., E. R. Fried, Alice Rivlin and N. H. Teeters. 1971. *Setting National Priorities: The 1972 Budget*. Washington, D.C.: Brookings Institution.

Shogan, Robert. 1977. *Promises to Keep: Carter's First Hundred Days*. New York: Thomas Crowell.

Simon, Dennis and Charles Ostrom, Jr. 1985. "The President and Public Support: A Strategic Perspective." in G. Edwards, S. Shull and N. Thomas(eds.). *The Presidency and Public Policy Making*. Pittsburgh: University of Pittsburgh Press.

Sinclair, Barbara. 1991. "Bush and the 101st Congress." in C. Campbell and B. Rockman(eds.). *The Bush Presidency: First Appraisals*. Chatham, N.J.: Chatham House.

Skowronek, Stephen. 1993. *The Politics Presidents Make: Leadership from John Adams to George Bush*. Cambridge: Belknap Press, Harvard University Press.

Smith, Steven. 1989. *Call to Order: Floor Politics in the House and Senate*. Washington, D.C.: Brookings Institution.

Sorenson, Theodore C. 1963. *Decision-Making in the White House: The Olive Branch or the Arrows*. New York: Columbia University Press.

Sperlich, Peter W. 1975. "Bargaining and Overload: An Essay on Presidential Power." in Aaron Wildavsky(ed.). *Perspectives on the Presidency*. Boston: Little Brown.

Sundquist, James L. 1968. *Politics and Policy: The Eisenhower, Kennedy and Johnson Year*. Washington, D.C.: Brookings Institution.

Ullmann, Owen. 1986. *Stockman: The Man, the Myth, the Future*. New York: Donald Fine.

U.S. General Accounting Office. 1987. *Federal Evaluation: Fewer Units, Reduced Resources, Different Studies from 1980*. GAO/PEMD-87-9(January).

_____. 1988. *Program Evaluation Issues*. Transition Series, GAO/OCG-89-8TR(November).

_____. 1989. *Paperwork Reduction: Mixed Effects on Agency Decision Processes and Data Availability*. GAO/PEMD-89-20(September).

U.S. House of Representatives, Committee on Energy and Commerce, Subcommittee on Oversight and Investigations. 1986. *OMB Review of CDC Research:*

Impact of the Paperwork Reduction Act. Washington, D.C.: U.S. Government Printing Office.

Valenti, Jack. 1975. *A Very Human President*. New York: Norton.

_____. 1980. "The President as Political Leader." in Kenneth W. Thompson(ed.). *The Virginia Papers on the Presidency*, vol.4. Lanham, Md.: University Press, pp.1~29.

Veroff, Joseph, Elizabeth Douvan and Richard Kulka. 1981. *The Inner American: A Self-Portrait from 1957~1976*. New York: Basic Books.

Walker, Jack L. 1977. "Setting the Agenda in the U.S. Senate: A Theory of Problem Selection." *British Journal of Political Science*, 7, pp.423~445.

Wattenberg, Martin. 1984. *The Decline of American Political Parties, 1952~1980*. Cambridge, Mass.: Harvard University Press.

Wayne, Stephen J. 1978. *The Legislative Presidency*. New York: Harper and Row.

Williams, Walter. 1990. *Mismanaging America: The Rise of the Anti-Analytic Presidency*. Lawrence: University of Kansas Press.

Wood, Robert. 1970. "When Government Works." *The Public Interest*, 18, pp.39~51.

부록: 조사방법

1. 인터뷰 샘플

이 연구는 126명의 전·현직 백악관 관료들과의 인터뷰 자료를 기초로 하여 진행되었고 1979년 1월과 3월 사이에 끝났다. 그러나 인터뷰를 해석하면서 제기된 문제를 해결하기 위한 인터뷰가 추가로 필요했다. 게다가 인터뷰를 마쳤더라도 일부는 수차례 더 인터뷰를 했다.

원래는 170명 이상의 전·현직 지원자들과 접촉했는데, 대략 70%의 응답률을 보였다. 참모진 외에도 열세 명의 언론 논평가들과 인터뷰를 했다. 이 응답자들은 약간의 색다른 인터뷰를 성사하는 데 도움을 줬지만 그들의 응답은 어떤 목록에도 포함되지 않았다.

126명의 인터뷰 중 69명은 전화로, 57명은 직접 만나 진행했다. 전화와 직접 인터뷰 모두 할애된 시간은 같았고, 인터뷰의 질적 문제는 실상 차이점이 없었다. 전화 인터뷰는 다양한 이점을 제공했다. 전화 인터뷰는 비용이 덜 들었다. 전화 인터뷰 비용은 10달러가 든 반면 직접 인터뷰 비용은 20달러가 들었다. 또한 전화 인터뷰로 시간을 절약할 수 있었다. 일례로 직접 만날 때 인터뷰 시간에 지각하는 경우는 비일비재했지만, 전화 인터뷰는 이 점에서 자유로웠다. 그리고 만약 인터뷰 대상자의 상황이 여의치 않다면 매우 쉽게 다른 이와의 인터뷰로 대체할 수 있었다. 마지막 분석에서 (인터뷰의) 질은 주요한 고려요소여야 한다.

잠재적 응답자들의 선택에서, 다섯 개의 특별 '정보 제공자' 그룹, 즉 ① 의회 연락관, ② 국내 정책보좌관, ③ 예산 관리국, ④ 경제 정책보좌관, ⑤ 대통령 개인보좌관에 초점을 뒀다. 가중치를 더한 샘플을 만들려는 시도를 하지 않았으며, 오히려 통보된 개인과의 대화에 더 관심을 기울였다. 간단한 샘플 요약은 다음과 같다.

총 인터뷰 요청	172건		
총 인터뷰 완성	126건		
의회 연락관	18건	경제 정책보좌관	13건
국내 정책보좌관	45건	대통령 개인보좌관	32건
예산관리국	18건	미디어	13건
총 후속 인터뷰	42건	평균 인터뷰 시간	50분
총 전화 인터뷰	69건	최장 인터뷰 시간	150분
총 대면 인터뷰	57건	최단 인터뷰 시간	10분

2. 인터뷰 질문

모든 응답자에게 표준 질문을 적용했다. 그러나 인터뷰에는 체계화되지 않은 자료들이 많이 사용되었다. 인터뷰 질문이 다섯 개 항목에 불과했기에 특별한 경우를 논의하려면 시간이 많이 걸렸다. 대화하는 방식으로 인터뷰를 진행하려고 노력했다. 인터뷰를 하면서 기록을 남겼지만, 되도록 비공식적인 틀 속에서 진행하려고 노력했다. 정형화된 질문을 할 때조차 질문의 일부라기보다는 대화 형태를 유지하게끔 애썼다. 정형화된 질문은 다음과 같이 요약된다.

1. 일반적으로, 당신은 대통령의 파워를 어떻게 정의하는가? 특히 당신은 그것을 국내 어젠다 측면에서 어떻게 정의하는가?
2. ○○ 행정부의 가장 중요한 프로그램은 무엇이라고 할 수 있는가?

3. 대통령이 ○○를 최고 관심 이슈로 선택한 주요 이유는 무엇이라고 생각하는가?

4. 일반적으로 국내 어젠다 측면에서 아이디어들의 가장 중요한 원천이 무엇이라고 보는가?

5. 행정부가 가능한 프로그램들을 검토할 때, 특별한 대안에 대해 제기되었던 첫 번째 질문이 무엇이라고 기억하는가? 당신은 경제적 비용, 의회 반응, 실현 가능성에 대한 문제를 제기했는가?

3. 코드화

인터뷰와 예산관리국 자료 두 가지를 코드화하는 작업은 매우 간단하고 실제적인 문제였다. 대부분의 인터뷰 자료들은 직설적인 문제들을 포함했는데, 상당한 양의 예산관리국 자료 분류는 간단한 특징들을 내포하고 있었다.

그러나 데이터의 신뢰성을 확인하는 중에, 더 난해한 여러 아이템들이 체크코드화(Check coded)되었다. 신뢰성을 위해 인터뷰에서 활용한 세 번째 질문과 예산관리국의 새로운 자료와 옛 자료의 구분을 서로 비교해 확인했다.

신뢰성은 매우 단순한 절차를 거쳐 평가되었다. 각 데이터 세트에서 30개의 아이템 중 한 가지 샘플을 평가했다. 그 다음 하나의 체크코더가 각 코드에 속한 특별한 특징들에 적용되었다. 이후 그 체크코더를 통해 데이터를 검토했다. 데이터 세트와 신뢰성은 일치하는 경우의 숫자들로 정의했다. 신뢰성은 인터뷰 데이터에서는 84%였고, 예산관리국 데이터에서는 87%로 나타났다. 이 신뢰성 수치는 네 번째 인터뷰 질문과 예산관리국 데이터의 신구 대조에 적용된다. 그러나 신뢰성 수치는 양 데이터 세트에 약간의 신뢰를 부여할 뿐이다. 그 수치들은 받아들일 만한 수준 내에 있으며, 특정한 코드들은 어느 정도 특별한 문제를 포함하기도 했다.

찾아보기

지은이

폴 C. 라이트 _Paul C. Light

뉴욕 대학교의 공공사업 및 재단 경영기획 등을 담당하는 바그너 파울레트 고더드(Wagner's Paulette Goddard) 교수로 있다. 브루킹스 연구소 더글러스 딜런(Douglas Dillon) 상임 연구위원, 행정부 정책기획 프로그램 부위원장, 미네소타 대학교 공공정책학과 부학장 및 후버트 험프리(Hubert Humphrey) 연구교수를 역임했다. 이 책을 포함해 정부의 역할 강화와 개혁정책에 관한 열여덟 편의 저서를 집필했다. 특히 주요 대학의 미국 행정부 관련 교재를 공저했으며 관료정치와 공공정책, 시민행정, 의회, 행정조직과 개혁, 신정부 개혁과제와 관료역할 등 조직 개편과 기능 강화 분야에서 활발하게 연구를 수행하고 있다.

옮긴이

차재훈

경기대학교 정치전문대학원 공공정책학과와 북한학과 주임교수로 있으며, 한국협상학회와 국제통상학회 상임이사를 맡고 있다. 대학원 공공정책학 박사과정 수업에서 이 책을 읽으며 정부 불신, 정책 어젠다 설정, 대통령 리더십에 관해 활발하게 토론했던 것이 계기가 되어 한국어판으로 옮길 용기를 얻었다. 현재 협상학 분야에서 어젠다 설정, 이슈제기 범위와 타이밍, 다자협상 및 중개모형, 협상력 평가 등을 연구하고 있다. 주요 논문과 저서로 「다자협상에 있어서 중개전략의 구조와 영향변수 연구」, 「중개전략에 미치는 문화적 요소분석」, 「중개전략에 미치는 공정성과 갈등기간 상관성 연구」, 『북한의 협상전술 특징연구: 남북대화 사례를 중심으로』, 『일본의 대미무역협상』 등이 있다.

한울아카데미 1086

대통령학 국정 어젠다, 성공에서 실패까지

ⓒ 차재훈, 2009

지은이 | 폴 C. 라이트
옮긴이 | 차재훈
펴낸이 | 김종수
펴낸곳 | 도서출판 한울

편집책임 | 이교혜
편집 | 윤상훈

초판 1쇄 인쇄 | 2009년 1월 30일
초판 1쇄 발행 | 2009년 2월 10일

주소 | 413-832 파주시 교하읍 문발리 507-2(본사)
       121-801 서울시 마포구 공덕동 105-90 서울빌딩 3층(서울 사무소)
전화 | 영업 02-326-0095, 편집 02-336-6183
팩스 | 02-333-7543
홈페이지 | www.hanulbooks.co.kr
등록 | 1980년 3월 13일, 제406-2003-051호

Printed in Korea.
ISBN 978-89-460-5086-0 93340

* 가격은 겉표지에 표시되어 있습니다.